Hugo de Brito Machado

MANDADO DE SEGURANÇA EM MATÉRIA TRIBUTÁRIA

9ª edição

MALHEIROS EDITORES

MANDADO DE SEGURANÇA EM MATÉRIA TRIBUTÁRIA

1ª ed., Ed. RT, 1994; 2ª ed., Ed. RT, 1995; 3ª ed., Dialética, 1998; 4ª ed., Dialética, 2000; 5ª ed., Dialética, 2003; 6ª ed., Dialética, 2006; 7ª e 8ª eds., Dialética, 2009.

Direitos reservados desta edição por
MALHEIROS EDITORES LTDA.
Rua Paes de Araújo, 29, conjunto 171
CEP 04531-940 – São Paulo – SP
Tel.: (11) 3078-7205 – Fax: (11) 3168-5495
URL: www.malheiroseditores.com.br
e-mail: malheiroseditores@terra.com.br

Composição: PC Editorial Ltda.
Capa
Criação: Vânia Lúcia Amato
Arte: PC Editorial Ltda.

Impresso no Brasil
Printed in Brazil
07.2016

Dados Internacionais de Catalogação na Publicação (CIP)

M 149m Machado, Hugo de Brito.
Mandado de segurança em matéria tributária / Hugo de Brito Machado. – 9. ed. – São Paulo : Malheiros, 2016.
416 p. ; 21 cm.

Inclui bibliografia e índice.
ISBN 978-85-392-0338-3

1. Mandado de segurança - Brasil. 2. Recursos e protestos tributários - Brasil. I. Título.

CDU 347.919.3:336.2(81)
CDD 343.81040269

Índice para catálogo sistemático:
1. Mandado de segurança : Brasil : Direito tributário 347.919.3:336.2(81)
(Bibliotecária responsável: Sabrina Leal Araujo – CRB 10/1507)

SUMÁRIO

1. NOÇÕES FUNDAMENTAIS

1.1 A separação dos Poderes do Estado. 1.1.1 Ideia antiga. 1.1.2 Divisão de Poderes e garantia de direitos. 1.2 Divisão de Poderes e função jurisdicional. 1.2.1 Independência orgânica. 1.2.2 O Poder Judiciário. 1.3 A função ou atividade jurisdicional. 1.3.1 Atividade imparcial. 1.3.2 A atividade jurisdicional e garantia de imparcialidade. 1.4 A garantia de tutela judiciária e o mandado de segurança na Constituição Federal de 1988. 1.4.1 A garantia de tutela judiciária. 1.4.2 O mandado de segurança. Direito líquido e certo. 1.4.3 Cabimento em matéria tributária. 1.5 Distinções importantes entre os instrumentos de defesa do contribuinte. 1.5.1 O mandado de segurança e a ação ordinária. 1.5.2 Ação declaratória. 1.5.3 Ação anulatória. 1.5.4 Embargos à execução.

1.1 A separação dos Poderes do Estado

1.1.1 Ideia antiga

A ideia de classificar as funções do Estado e, de certa forma, dividir os seus poderes é antiga. Encontra-se em Aristóteles e em

> John Locke e Rousseau, que também conceberam uma doutrina da separação de poderes, que, afinal, em termos diversos, veio a ser definida e divulgada por Montesquieu.[1]

A este cabem os méritos de haver feito estudo de sociologia jurídica e política, na medida em que, nas palavras do Professor Paulo Bonavides, um de seus mais autorizados intérpretes, é

1. José Afonso da Silva, *Curso de Direito Constitucional Positivo*, 39ª ed., São Paulo, Malheiros Editores, 2016, p. 111.

> precursor do estudo da lei em conexão com a parte concreta da vida social, com o campo dos fatos, os costumes.[2]

Com a obra de Montesquieu, o princípio da separação de poderes assume influência vasta e capital, convertendo-se "num postulado primário da liberdade política".[3]

E tal foi a influência da idéia da separação de poderes,

> que os primeiros juristas da Revolução Francesa, impressionados com o seu alcance, a inscreveram no artigo 16 da "Declaração dos Direitos do Homem e do Cidadão" [*a dizer que*] "toda sociedade, onde a garantia dos direitos não esteja assegurada nem a separação de poderes determinada, não possui Constituição".[4]

1.1.2 Divisão de poderes e garantia de direitos

A nosso ver a questão da separação de poderes é fundamental para a garantia dos direitos. Pode mudar a terminologia, mas na essência a questão é sempre a mesma. Pertine ao instrumento que a sociedade há de utilizar para evitar o arbítrio. Daí a grande importância e validade atual da doutrina.

Como assevera um de seus mais autorizados intérpretes, o Professor Paulo Bonavides,

> o princípio da separação de poderes consagra o capítulo doutrinário mais pujante da obra de Montesquieu, aquele que, a despeito de todas as refutações, permanece vivo e atual, por ser o da problemática do próprio poder.[5]

Por isto tem sido a mais persistente doutrina do poder.

> Ainda hoje, embora rejeitada por diversos autores, que a substituem por outras formas de divisão das funções estatais, que entendem mais afinadas com a realidade política dos nossos dias, ela é, na prática, adotada pela quase unanimidade dos Estados ocidentais,

2. Paulo Bonavides, *Teoria do Estado*, 2ª ed., Forense, Rio de Janeiro, 1980, p. 124.

3. Paulo Bonavides, *Teoria Geral do Estado*, 10ª ed., São Paulo, Malheiros Editores, 2015, p. 292.

4. Paulo Bonavides, *Teoria Geral do Estado*, cit., p. 292.

5. Idem, ibidem.

figurando ao lado da afirmação da soberania popular, como os dois pilares sobre os quais se assenta a organização jurídico-política do Estado Moderno.[6]

1.2 Divisão de Poderes e função jurisdicional

1.2.1 Independência orgânica

A divisão de poderes não se confunde com a simples *especialização funcional*. Ela exige a

> *independência orgânica,* significando que, além da especialização funcional, é necessário que cada órgão seja efetivamente independente dos outros, o que postula ausência de meios de subordinação.[7]

Desde a antiguidade tem sido feita a classificação das funções do Estado em legislativa, executiva e jurisdicional. Não é nessa classificação, portanto, que está o mérito da teoria de Montesquieu, posto que a idéia dessa especialização funcional vem de Aristóteles.

> Montesquieu, entretanto, foi aquele que, por primeiro, de forma translúcida, afirmou que "a tais funções devem corresponder órgãos distintos e autônomos". Em outras palavras, para Montesquieu à *divisão funcional* deve corresponder uma *divisão orgânica.* Os órgãos que dispõem de forma genérica e abstrata, que legislam enfim, não podem, segundo ele, ser os mesmos que executam, assim como nenhum destes pode ser encarregado de decidir as controvérsias. Há que existir um orgão (usualmente denominado poder) incumbido do desempenho de cada uma dessas funções, da mesma forma que entre eles não poderá ocorrer qualquer vínculo de subordinação. Um não deve receber ordens do outro, mas cingir-se ao exercício da função que lhe empresta o nome.[8]

1.2.2 O Poder Judiciário

Ao Poder Judiciário, embora caiba o exercício de certas atividades administrativas, e mesmo legislativas, como atividades instrumentais,

6. Celso Ribeiro Bastos, *Comentários à Constituição do Brasil*, 1º vol., São Paulo, Saraiva, 1993, p. 434.
7. José Afonso da Silva, *Curso de Direito Constitucional Positivo*, cit., p. 111.
8. Celso Ribeiro Bastos, *Comentários à Constituição do Brasil*, cit., p. 433.

cabe precipuamente o exercício da atividade jurisdicional, que constitui sua atividade-fim.

Ganha-se, assim, em efetividade, posto que a função jurisdicional é desempenhada por órgãos desvinculados dos que exercem a função legislativa, e também daqueles que exercem função executiva. Não se tem apenas órgãos especializados no desempenho da função jurisdicional, distintos daqueles especializados no desempenho da função administrativa, ou executiva. Tem-se tais órgãos situados numa estrutura autônoma, que permite a independência dos que os integram.

1.3 A função ou atividade jurisdicional

1.3.1 Atividade imparcial

Como ensina Albuquerque Rocha,

> a imparcialidade é uma das notas mais destacadas da função jurisdicional. Tanto que hoje em dia não há praticamente estudioso do processo que não a apresente como um dos atributos essenciais da atividade jurisdicional.[9]

Realmente, a função ou atividade jurisdicional tem como uma de suas características mais importantes o fato de ser desempenhada com imparcialidade. Destinada a resolver conflito entre partes, é desempenhada por quem não é parte nesses conflitos, e está, tanto quanto possível, desvinculado destas e dos interesses conflitantes.

A propósito do mandado de segurança, porém, não se pode deixar de registrar um defeito grave de nosso ordenamento jurídico, no ponto em que atribui aos tribunais competência para julgar aqueles impetrados contra seus próprios atos.

1.3.2 A atividade jurisdicional e garantia de imparcialidade

A doutrina da separação de poderes está expressamente incorporada a todas as Constituições do Brasil. E nelas consagrada a independência do Poder Judiciário.[10]

9. José Albuquerque Rocha, *Teoria Geral do Processo*, 2ª ed., São Paulo, Saraiva, 1991, p. 55.

10. As Constituições do Brasil estabelecem:

É certo que o fato de haver uma separação dos órgãos, ou *poderes,* e até de haver uma certa coincidência entre os nomes destes e as expressões qualificadoras das funções clássicas do Estado, não significa seja a função jurisdicional monopólio do Poder Judiciário. Assim, garantir a atividade jurisdicional para a solução dos conflitos não seria o bastante. É importante, além disto, que se garanta a todos o direito de ter suas lides resolvidas com imparcialidade.

1.4 A garantia de tutela judiciária e o mandado de segurança na Constituição Federal de 1988

1.4.1 A garantia de tutela judiciária

Repetindo as anteriores, a Constituição de 1988 assegura que "a lei não excluirá da apreciação do Poder Judiciário lesão ou ameaça a direito".[11]

Constituição do Império, de 1824: Art. 9º. A divisão, e harmonia dos Poderes Políticos é o princípio conservador dos Direitos dos Cidadãos, e o mais seguro meio de fazer effectivas as garantias que a constituição offerece.

Art. 10. Os Poderes Políticos reconhecidos pela Constituição do Império do Brazil são quatro: o Poder Legislativo, o Poder Moderador, o Poder Executivo, e o Poder Judicial. (...). Art. 151. O Poder Judicial é independente, e será composto de Juízes, e Jurados, os quaes terão logar assim no Civel, como no Crime, nos caso, e pelo modo, que os Códigos determinares.

Constituição de 1891: Art. 15. São órgãos da soberania nacional o Poder Legislativo, o Executivo e o Judiciário, harmônicos e independentes entre si.

Constituição de 1934: Art. 3º. São órgãos da soberania nacional, dentro dos limites constitucionais, os Poderes Legislativo, Executivo e Judiciário, independentes e coordenados entre si.

A ***Constituição de 1937*** não contém dispositivo expresso consagrando a divisao dos poderes, mas os estrutura como órgãos autônomos, em seus artigos 37 a 77 (Legislativo), 78 a 93 (Executivo) e 94 a 124 (Judiciário).

Constituição de 1946: Art. 36. São Poderes da União o Legislativo, o Executivo e Judiciário, independentes e harmônicos entre si.

Constituição de 1967: Art. 6º. São Poderes da União, independentes e harmônicos, o Legislativo, o Executivo e o Judiciário.

Constituição de 1969: Art. 6º. São Poderes da União, independentes e harmônicos, o Legislativo, o Executivo e o Judiciário.

Constituição de 1988: Art. 2º. São Poderes da União, independentes e harmônicos entre si, o Legislativo, o Executivo e o Judiciário.

11. CF, art. 5º, inciso XXXV.

Relevante é notar que essa norma está inscrita entre os direitos individuais, no Título II, que trata dos direitos e garantias fundamentais. Assim, não será objeto de deliberação proposta de emenda constitucional que pretenda a sua supressão.[12]

Além daquela garantia, consagra nossa Constituição uma garantia específica para os direitos individuais líquidos e certos, denominada *mandado de segurança*, que se destina especificamente à proteção do indivíduo contra o Estado.[13]

1.4.2 O mandado de segurança. Direito líquido e certo

Ouvi de um advogado norte-americano a definição singela, mas eloquente, segundo a qual

> *o mandado de segurança é o processo do qual as pessoas podem dispor para obrigar o governo a fazer o que deve, e não faz, ou a não fazer o que faz, mas não deve.*[14]

Segundo o art. 5º, inciso LXIX, de nossa Constituição Federal,

> conceder-se-á mandado de segurança para proteger direito líquido e certo, não amparado por *habeas corpus*, ou *habeas data*, quando o responsável pela ilegalidade ou abuso de poder for autoridade pública ou agente de pessoa jurídica no exercício de atribuições do Poder Público.

Constituem, portanto, elementos essenciais do conceito do mandado de segurança, o ser ele:

a) uma garantia constitucional que, como tal, não pode ser abolida, direta ou indiretamente, pela lei;

b) um instrumento processual destinado a proteger todo e qualquer direito, desde que líquido e certo e não amparado pelo *habeas corpus* nem pelo *habeas data*;

12. CF, art. 60, § 4º, inciso IV.

13. O qualificativo "individuais", para direitos, e a referência ao indivíduo como destinatário da proteção consubstanciada no mandado de segurança decorrem apenas da terminologia adotada pela lei. *Direitos individuais*, quer dizer, neste contexto, direitos das pessoas contra o Estado. Não apenas do indivíduo, mas de quaisquer pessoas, naturais ou jurídicas, inclusive das próprias pessoas jurídicas de Direito Público.

14. P. Kreutzer Garman, Professor em DeKalb College, uma Unidade do Sistema Universitário da Geórgia, em 26.5.1992, em encontro pessoal ocorrido em Atlanta.

c) uma garantia constitucional e um instrumento processual, do particular, contra o Poder Público.

O mandado de segurança, como se vê, destina-se à proteção do direito *líquido e certo.* Sabemos todos que os direitos subjetivos decorrem sempre da incidência da norma. Compõem-se, portanto, de norma e de fato. Todo direito subjetivo tem esses dois ingredientes formadores: a norma e o fato. O direito que pode ser protegido pelo mandado de segurança, vale dizer, o direito líquido e certo, é aquele em cuja composição comparecem fatos que não estão sendo discutidos. Fatos que não são objeto da controvérsia a ser superada pelo juiz em face da impetração.

Em qualquer conflito a controvérsia pode ser estabelecida a respeito do significado da norma jurídica ou a respeito do fato sobre o qual essa norma poderá incidir. Diz-se, portanto, que as controvérsias a serem superadas pela atividade jurisdicional em geral podem ser sobre matéria de direito, ou sobre matéria de fato, ou sobre ambas as matérias. Se há controvérsia quanto à matéria de fato certamente não se trata de defender um direito líquido e certo e, portanto, não é cabível o mandado de segurança. Já a controvérsia quanto à matéria de direito não retira a liquidez e certeza deste, e por isto mesmo não impede a utilização do mandado de segurança.

Não obstante essa interpretação já fosse consagrada pela doutrina mais autorizada, e pela jurisprudência majoritária, ainda existiam vozes a dizer que havendo controvérsia séria quanto à matéria de direito poderia restar excluído o cabimento do mandado de segurança. O Supremo Tribunal Federal, entretanto, terminou por firmar o seu entendimento no sentido de que "controvérsia sobre matéria de direito não impede a concessão de mandado de segurança".[15]

As restrições ao cabimento do mandado de segurança em geral resultam de visão autoritária do Estado, a amesquinhar este importante instrumento processual de controle do poder. O conceito de direito líquido e certo no âmbito do mandado de segurança está ligado à questão procedimental. O mandado de segurança é um instrumento de atuação rápida, urgente, que por isto mesmo não é compatível com a instrução probatória. Quando o direito subjetivo, para o qual se pede o amparo judicial, depende da prova dos fatos dos quais decorre, e por isto seja necessária a produção de provas em juízo, não se está diante de direito líquido e certo

15. STF, Súmula 625.

e, assim, não é cabível o mandado de segurança. Se, todavia, os fatos são incontroversos, o mandado de segurança é cabível, por mais intrincada que seja a questão jurídica a ser enfrentada.

Dizer-se que se está diante de fatos incontroversos é o mesmo que se dizer que a questão a ser deslindada pelo juiz envolve controvérsia apenas sobre matéria de direito. E não há dúvida de que se a controvérsia é meramente *de direito* é sempre o mandado de segurança, em face do conceito de direito líquido e certo, que adotamos. Conceito que, aliás, foi seguido pelo Supremo Tribunal Federal na Súmula 625 de sua jurisprudência, segundo a qual: "Controvérsia sobre matéria de direito não impede concessão de mandado de segurança". Súmula que já foi criticada por Leonardo Greco, para quem não se pode extrair, nem da súmula, nem dos poucos julgados que a fundamentam, uma conclusão, que a ele parece inteiramente procedente – a de que se a prova documental for suficiente e produzida nos autos, o mandado é apto a resolver qualquer questão de fato.[16] Ocorre que, como o próprio Greco reconhece, esta é doutrina inteiramente alheia aos julgados. A Súmula 625, portanto, não poderia envolvê-la.

Ocorre que, em não raras oportunidades, mandados de segurança são indeferidos sob o fundamento de que não se trata de direito líquido e certo porque a questão posta é considerada uma questão complexa, embora a rigor seja uma questão apenas de direito. Por isto nos parece que a Súmula em questão tem a utilidade de deixar fora de dúvida o conceito de direito líquido e certo. Em outras palavras, tem significativa utilidade no sentido de afastar o entendimento, infelizmente ainda adotado por alguns juízes, que denegam mandado de segurança alegando a complexidade da questão de direito nele colocada.

1.4.3 Cabimento em matéria tributária

O cabimento do mandado de segurança em matéria tributária, vale dizer, para impugnar ilegalidades ou abusos na atividade administrativa de tributação, é hoje pacífico. Incontroversos os fatos, assim não sendo necessária a produção de prova no contraditório comum, é cabível o mandado de segurança para impugnar lançamento tributário. O Código

16. Leonardo Greco, "Novas Súmulas do STF e alguns reflexos sobre o mandado de segurança", *Revista Dialética de Direito Processual* 10/52, Dialética, São Paulo, janeiro/2004.

Tributário Nacional, ao dizer expressamente que a medida liminar em mandado de segurança suspende a exigibilidade do crédito tributário, espancou qualquer dúvida que ainda pudesse restar.[17] Além disto, a jurisprudência do Supremo Tribunal Federal é tranquila a esse respeito. Por isto mesmo, o Professor Dejalma de Campos ensina que o mandado de segurança

> representa o meio adequado para o contribuinte proteger direito líquido e certo, insurgindo-se, assim, contra atos ilegais praticados com abuso de poder por autoridades fiscais.[18]

Presta-se, outrossim, o mandado de segurança como instrumento de controle de constitucionalidade das leis tributárias, especialmente em sua feição preventiva, a cujo exame dedicamos um capítulo deste livro.

Em síntese, o mandado de segurança é um excelente instrumento que nossa ordem jurídica coloca à disposição do contribuinte para o controle da validade jurídica da tributação. Não apenas para o controle da legalidade e da constitucionalidade da exigência do tributo, mas também do lançamento tributário em todas as suas fases e, ainda, de todo e qualquer ato praticado por autoridade da Administração Tributária. Desde que o direito a ser defendido seja líquido e certo, é cabível o mandado de segurança contra ato desprovido de validade jurídica, praticado por qualquer autoridade da Administração Tributária, de qualquer dos níveis governamentais.

Nem sempre, porém, foi assim.

Houve época em que a lei excluía expressamente o uso do mandado de segurança das questões pertinentes a tributação, sendo ele admitido somente contra as denominadas "sanções políticas", mas não para atacar a própria exigência do tributo.[19] Tal exclusão, todavia, deixou de ser possível com o advento da Constituição de 1946,[20] e hoje, em face da vigente Constituição, seria flagrantemente desprovida de validade a norma que a albergasse.

17. Lei 5.172, de 25.10.1966, art. 151, inciso IV.

18. Dejalma de Campos, *Direito Processual Tributário*, São Paulo, Atlas, 1993, p. 87.

19. O art. 320, do CPC/1939, vedava o uso do mandado de segurança contra a exigência de tributo.

20. Cf. Celso Ribeiro Bastos, *Reflexões, Estudos e Pareceres de Direito Público*, Rio de Janeiro, Forense, 1984, p. 62.

Sendo, como é, a atividade de tributação tipicamente estatal, é evidente que no seu âmbito o mandado de segurança é o instrumento por excelência destinado ao controle da legalidade.

Infelizmente, com a Lei 12.016, de 7.8. 2009, foram impostas sérias restrições à utilização do mandado de segurança em matéria tributária, com a proibição de medida liminar para assegurar o direito à compensação e para obter a liberação de mercadorias apreendidas. E, o que é pior, vedando a execução provisória da sentença que defira mandado de segurança nessas matérias. A nosso ver essas restrições são inconstitucionais porque amesquinham o direito à jurisdição, mas a declaração dessa inconstitucionalidade é um grave obstáculo a ser enfrentado pelo contribuinte.

Um obstáculo a mais, especialmente em face da mentalidade de muitos juízes, geralmente inclinados a decidir a favor do Estado. Aliás, é tamanha essa inclinação que ainda surgem, às vezes, manifestações restritivas ao mandado de segurança, com base numa argumentação aparentemente lógica, a colocar restrições incompatíveis com a garantia constitucional. Diz-se que, estando inscrito o crédito tributário como dívida ativa, é inadmissível o mandado de segurança contra sua exigência, porque, segundo disposição expressa da lei, tal dívida goza de presunção de liquidez e certeza, não sendo lógico admitir-se a existência, contra ela, de um direito que seja líquido e certo. Assim, o mandado de segurança contra a exigência de tributo somente seria cabível antes da inscrição do crédito respectivo como dívida ativa.

A lógica do argumento é apenas aparente. Basta que se examine o significado da presunção de liquidez e certeza de que desfruta a dívida inscrita e o significado da expressão direito líquido e certo no contexto normativo do mandado de segurança, para que se veja que uma expressão não se contrapõe à outra, como parece à primeira vista.

A presunção de liquidez e certeza legalmente erigida em favor da dívida ativa diz respeito a questões de fato. Significa um atestado de que os fatos geradores do tributo efetivamente ocorreram, e que a lei foi aplicada com adequação.

A tal propósito já escrevemos:

> A dívida ativa regularmente inscrita goza de presunção de certeza e liquidez. A certidão de inscrição respectiva tem o efeito de prova pré-constituída (CTN, art. 204). Essa presunção, todavia, é relativa,

> podendo ser elidida por prova inequívoca a cargo do sujeito passivo ou do terceiro a quem aproveite (CTN, art. 204, parágrafo único). A isto equivale dizer que a dívida ativa regularmente inscrita é líquida e certa até prova em contrário. Líquida, quanto a seu montante; certa, quanto a sua legalidade. O executado, se alegar que não deve, ou deve menos, terá o ônus de provar o alegado.[21]

Efetivamente, a liquidez e a certeza da dívida ativa regularmente inscrita, que se presume, diz respeito apenas a seus aspectos fáticos. Liquidez está a indicar um montante determinado, que não carece de apuração posterior. Certeza está a indicar a legalidade do procedimento de lançamento, no sentido de que os fatos que a lei define como geradores da obrigação tributária efetivamente ocorreram.

Já a expressão *direito líquido e certo*, no contexto normativo do mandado de segurança, está a indicar a ausência de controvérsia quanto aos fatos. O impetrante não pode questionar a verdade dos fatos, a não ser que disponha de prova pré-constituída. Assim, aqueles aspectos de fato, aos quais diz respeito a presunção de liquidez e certeza da dívida inscrita, não são atacados no mandado de segurança. O impetrante não contesta os fatos, que, em face daquela presunção de liquidez e certeza, são aceitos como verdadeiros. O que o impetrante ataca é o significado jurídico dos mesmos, ou, no mais das vezes, a constitucionalidade da norma tributária. E a disputa em torno desse significado jurídico dos fatos tidos como geradores de tributo, ou da constitucionalidade da norma tributária, nada tem a ver com aquela presunção de liquidez e certeza da dívida.

Pode, outrossim, o contribuinte, dispondo de prova plena pré-constituída, colocar em juízo, no mandado de segurança, uma questão de fato. Aquela presunção de liquidez e certeza, legalmente erigida em favor da dívida ativa regularmente inscrita, não pode ser considerada um obstáculo ao cabimento do mandado de segurança. Sendo, como é, relativa tal presunção, há de ceder diante de prova em contrário.

Em outras palavras, a lei estabeleceu a presunção de liquidez e certeza em favor da dívida inscrita, simplesmente porque se assim não fosse seria impossível a execução fiscal. Tal presunção apenas quer dizer que a Fazenda Pública fica dispensada de comprovar os fatos que deram lugar à constituição do crédito tributário. Nada mais. Não pode retirar

21. *Curso de Direito Tributário*, 37ª ed., São Paulo, Malheiros Editores, 2016, p. 264.

do contribuinte o direito de provar o contrário. E se ele dispõe de prova pré-constituída capaz de elidir aquela presunção, não há porque seja impedido de usar, para tal fim, o mandado de segurança.

Restrições têm sido colocadas, igualmente, ao uso do mandado de segurança preventivo. Existem decisões judiciais segundo as quais a prevenção é incabível para impedir a prática do ato administrativo. O contribuinte teria de esperar a feitura do lançamento tributário, para, somente depois, impetrar a segurança, que seria cabível apenas para impedir os efeitos do ato, vale dizer, do lançamento.

Tais restrições evidentemente não devem prevalecer, porque incompatíveis com o destino constitucional do mandado de segurança. Mas existem, infelizmente. Por isto devem ser examinadas.[22]

1.5 Distinções importantes entre os instrumentos de defesa do contribuinte

1.5.1 O mandado de segurança e a ação ordinária

Não obstante algumas vezes possa ter o mandado de segurança o mesmo objetivo da ação ordinária, na verdade com esta não se confunde. A desatenção de muitos advogados para as diferenças existentes entre esses dois instrumentos processuais, na defesa de direitos do contribuinte, responde muita vez por insucessos nas demandas, mesmo em se tratando de direito material já até reconhecido em tranquila jurisprudência.

A primeira e mais elementar diferença está em que, no mandado de segurança, em princípio, não se pode pleitear a produção de provas,

22. No Mandado de Segurança objeto da AMS 5.237-PE, da qual fui relator, a sentença denegatória da segurança, invocando acórdão proferido pelo antigo TFR no MS 114.369, do qual foi relator o Min. Pedro Acioli, adotou tese extremamente restritiva do mandado de segurança preventivo. Segundo o referido acórdão, remédio extremo presta-se a corrigir ou restaurar o direito lesionado por efeitos de ato já existente. Se a simples expectativa da existência do ato autorizasse a concessão de segurança, mesmo que preventiva, dado o receio da edição de determinado ato, o Judiciário estaria a invadir seara alheia, ou seja, coibindo a edição de atos de outros Poderes. Assim, a prevenção destinada ao mandado de segurança faz referência quando da existência do ato, mas ainda não gerados os efeitos. Não se presta o *mandamus* para impedir a Administração de editar normas ou punições. "Não se pode impedir um ato, mas tão somente os seus efeitos, se lesivos ao bom direito" (*RDA* 167/224, Rio de Janeiro, FGV).

enquanto na ação ordinária, seja anulatória ou declaratória, a instrução do processo é a mais ampla possível.

Assim é porque o mandado de segurança tem regime processual específico, sumário, com o objetivo de tornar mais rápida a decisão final da causa.

Diversamente do que ocorre com o direito de promover a ação ordinária, o direito de impetrar mandado de segurança extingue-se quando não exercitado em 120 dias contados da data em que o impetrante tomou conhecimento do ato contra o qual se insurge.

Outra diferença importante diz respeito à competência. Nem sempre o Juízo competente para o processo e julgamento da ação ordinária é o mesmo competente para apreciar o pedido do mandado de segurança.[23]

No que diz respeito aos recursos cabíveis, também o mandado de segurança distingue-se da ação ordinária, pelo menos para uma corrente ponderável da doutrina e da jurisprudência, devendo o advogado estar sempre atento para este aspecto.

Embora nos pareça uma colocação extremamente formalista, e desatenta à natureza instrumental do processo, há quem entenda que, diversamente do que acontece nas ações de procedimento ordinário, no mandado de segurança não seria cabível o depósito a que alude o art. 151, inc. II, do Código Tributário Nacional, de sorte que também este ponto há de merecer a atenção do advogado do impetrante.[24]

Distinção essencial, outrossim, reside na própria natureza da prestação jurisdicional requerida. É sabido que as ações em geral caracterizam-se pelo pedido que na propositura de cada qual é formulado. Na impetração do mandado de segurança o pedido é sempre de uma ordem do Juiz, que há de ser dirigida à autoridade impetrada, proibindo ou determinando a prática de um ato. A obrigação que *diretamente* decorre da sentença, proferida em mandado de segurança, é uma *obrigação de*

23. Não é o domicílio do impetrante e sim o da autoridade que praticou ou pode praticar o ato que determina a competência em mandado de segurança (TFR, 5ª Turma, AMS 143.018-SP, rel. Min. Garcia Vieira, *Repertório IOB de Jurisprudência* 10/1989, p. 151).

24. Temos ponto de vista diverso. Entendemos que o depósito é sempre cabível, como demonstraremos no local próprio deste livro. De todo modo, o advogado deve estar preparado para enfrentar decisão que lhe denegue o direito de depositar o crédito tributário que pretende impugnar, ou está impugnando, pela via do mandado de segurança.

fazer. Por isto se diz que o mandado de segurança não pode ser usado como ação de cobrança. Se o contribuinte pagou o tributo indevido, o mandado de segurança não é instrumento processual adequado para pedir a respectiva restituição, pois não é substitutivo da ação de cobrança.[25] Os efeitos patrimoniais da sentença proferida em mandado de segurança devem ser pleiteados em ação própria.[26]

Este aspecto é de grande importância para a definição do objeto do mandado de segurança e para a demonstração da necessidade de deferimento de liminar. Se a impetração, mesmo deferida a final, não é capaz de assegurar desde logo a reparação do direito lesado, a sentença é ineficaz. Justifica-se, portanto, o deferimento da liminar, precisamente para evitar tal ineficácia.

Por outro lado, a sentença proferida no mandado de segurança não consubstancia, em princípio, uma tese jurídica, como acontece com a sentença proferida em ação declaratória. A questão jurídica nele apreciada rende ensejo à elaboração de uma tese jurídica, mas esta servirá simplesmente de fundamento da decisão. Assim, não ganhará eficácia de coisa julgada.[27]

Não obstante, entendemos cabível o pedido de declaração, feito no mandado de segurança, mas isto é coisa diversa.

1.5.2 Ação declaratória

Para a propositura da ação, qualquer que seja ela, é necessário ter interesse e legitimidade.[28] O interesse do autor, todavia, pode limitar-se à declaração da existência, ou inexistência de uma relação jurídica.[29] Por isto é que se fala de *ação declaratória*.

Como ensina o Professor José de Albuquerque Rocha,

> O elemento peculiar das ações meramente declaratórias está em que estas tendem só a *declarar* a situação jurídica existente entre as

25. STF, Súmula 269.
26. STF, Súmula 271.
27. TRF-2ª Região, AR 89.02.02916-6-RJ, Pleno, *DJU* Seção II, de 8.1.1991, v.u, pp. 95-96, e *Repertório IOB de Jurisprudência* 5/1991, p. 80.
28. CPC/1973, art. 3º; CPC/2015, art. 17.
29. CPC/1973, art. 4º; CPC/2015, art. 19.

partes com o fim exclusivo de eliminar a incerteza sobre a existência ou inexistência dessa situação.[30]

No dizer de Buzaid,

se é certo que em toda ação se mira a declaração do direito, também é certo que há uma categoria de ação, que só objetiva essa declaração e com ela se exaure.[31]

Esta peculiaridade é muito importante quando se enfrenta a questão dos limites objetivos da coisa julgada.

Nas questões tributárias pode haver disputa a respeito de elementos circunstanciais, ocasionais, que eventualmente interferem no modo de ser da relação tributária. Pode ocorrer, porém, que se discuta a respeito de elementos essenciais, permanentes, da relação tributária. Enquanto na primeira hipótese não é importante o uso da ação declaratória, na segunda ele é decisivo, pois permite a obtenção de coisa julgada capaz de dar segurança às partes na relação tributária, tornando desnecessária a reprodução de ações idênticas. Embora ainda não se tenha jurisprudência pacífica neste sentido, valiosos precedentes podem ser invocados, entre os quais um julgado do Superior Tribunal de Justiça.[32]

Salvo tratando-se de ação direta de controle de constitucionalidade, na qual o Supremo Tribunal Federal desempenha atividade tipicamente legislativa, toda e qualquer ação pressupõe situação concreta. Não se promove ação diante de simples hipótese, pois a atividade jurisdicional se desenvolve necessariamente em face de fatos, pressupõe a concreção do Direito.

30. José de Albuquerque Rocha, *Teoria Geral do Processo*, Saraiva, São Paulo, 1986, p. 154.

31. Alfredo Buzaid, *A ação declaratória no direito brasileiro*, 2ª ed., Saraiva, São Paulo, 1986, p. 131.

32. "Tributário. ICM. Operações entre cooperativa e seus associados. Não incidência do tributo, reconhecida por meio de sentença declaratória trânsita em julgado. Hipótese em que somente novo tratamento legal da matéria poderá ter o efeito de subtrair da eficácia da *res judicata* as operações da espécie, realizadas pelo contribuinte. Decidindo em sentido contrário, violou o acórdão a norma do art. 468 do Código de Processo Civil. Recurso provido" (STJ, 2ª Turma, REsp 4.838-MG, rel. Min. Ilmar Galvão, j. 17.10.1990, v.u., *DJU* I de 5.11.1990, p. 12.426, e *Repertório IOB de Jurisprudência* 23/1990, p. 389).

Assim, a propositura da ação declaratória da inexistência de uma relação tributária, ou do modo de ser desta, ou de uma relação jurídica isentiva, depende da ocorrência do fato sobre cujo significado jurídico se questiona.

O antigo Tribunal Federal de Recursos, por sua 6ª Turma, decidiu em sentido contrário.[33] Sua 2ª Seção, todavia, reformou aquele julgado, decidindo não ser cabível a ação declaratória antes da ocorrência do fato sobre o qual incidiria a norma de tributação.[34] E tal orientação nos parece correta, a não ser que se admita a formulação de consulta ao Poder Judiciário.[35]

Pode ocorrer que se tenha dúvida sobre a validade de uma norma. Pode-se pôr em dúvida, como frequentemente acontece em matéria tributária, a constitucionalidade de uma lei. Também neste caso a propositura da ação só é viável se já ocorrido o suporte fático da questionada lei. Somente pela via da ação direta, perante o Supremo Tribunal Federal, é viável o questionamento da constitucionalidade da lei em tese.

O uso adequado da ação declaratória é de fundamental importância. Ela não se destina a remover o ato lesivo, mas a ensejar uma declaração. Não pode, por isto mesmo, ser substituída, em qualquer caso, pelo mandado de segurança.

Já decidiu o antigo Tribunal Federal de Recursos, em acórdão da lavra do eminente Min. Eduardo Ribeiro:

33. TFR, 6ª Turma, ApCiv 76.542-SP, *RTFR* 115/87-97.

34. TFR, 2ª Seção, EI na ApCiv 76.542-SP, j. 6.12.1983 (Registro 4.193.237).

35. A atividade jurisdicional pressupõe situações concretas. Destina-se a resolver litígios surgidos em face de fatos, e não a oferecer interpretação das normas, hipoteticamente consideradas.

A ação declaratória destina-se a afastar o estado de incerteza a respeito de uma relação jurídica. Assim, o seu cabimento depende de que a existência dessa relação jurídica seja possível concretamente, vale dizer, depende da ocorrência dos fatos dos quais pode ser ela resultante. A sentença poderá ser afirmativa ou negativa, da existência da relação jurídica resultante da incidência da norma.

Admitir ação declaratória de relação jurídica sem que o fato, cuja significação jurídica é questionada, tenha ocorrido, é admitir ação para discutir apenas a interpretação da lei, em tese, no plano abstrato. Ação que haverá de ser julgada necessariamente improcedente, posto que, sem a ocorrência do fato, não pode haver relação jurídica, mesmo que o fato descrito hipoteticamente na inicial seja, quando ocorrer, capaz de fazer nascer aquela relação jurídica.

> Cancelada a multa, por força de lei, resta sem objeto o mandado de segurança. Inadmissível pretender-se tenha o seu mérito apreciado para que se decida sobre matérias que constituíram causa de pedir mas não integraram o pedido. Assim, é que, se não mais subsiste a multa, não há espaço para indagar sobre a competência da autoridade que a impôs, ou eventuais vícios da decisão administrativa.[36]

Em casos assim, parece mais adequada a declaratória, não obstante tenhamos ponto de vista pessoal no sentido da possibilidade de ser, no mandado de segurança, pedida também a declaração.

1.5.3 Ação anulatória

Mais comum como instrumento de defesa do contribuinte é a ação anulatória de lançamento tributário. Há quem sustente que a ação declaratória negativa, vale dizer, a ação em que se pede seja declarada a inexistência da relação jurídica de tributação é a mesma ação anulatória do lançamento tributário. Embora possam, em certas circunstâncias, produzir o mesmo efeito prático são, na verdade, ações distintas, como se passa a demonstrar.

A ação declaratória da inexistência da relação jurídica de tributação pode ser proposta sem que tenha sido feito o lançamento. A anulatória não, pois tem como pressuposto exatamente o ato ou procedimento administrativo que busca desconstituir. É certo que o art. 20 do CPC/2015, admite a propositura da declaratória ainda que tenha ocorrido a violação do direito, e isto quer dizer que, mesmo depois de feito o lançamento do tributo, é possível a propositura da declaratória. Ainda assim, mesmo quando proposta depois de feito o lançamento, a declaratória julgada procedente não desconstitui o crédito tributário, isto é, não desfaz o lançamento.

A propositura da ação declaratória, como a de qualquer outra ação, só é admissível quando se tenha verificado o *fato gerador* do tributo ou, mais exatamente, quando se tenha concretizado a situação de fato em função da qual existe a divergência que se pretende resolver com a declaratória.

1.5.4 Embargos à execução

Não tendo o contribuinte utilizado outro instrumento processual, poderá opor-se à execução fiscal mediante embargos. Também poderá

36. Ag. Reg. no MS 95.749-RJ, rel. Min. Eduardo Ribeiro, j. 13.5.1987, v.u., *Boletim do TFR* 125/7.

fazê-lo se, mesmo vencido em outro processo, não tem contra ele sentença de mérito.

Os embargos à execução equivalem à ação anulatória do lançamento tributário no sentido de que comportam todas as provas em direito admitidas. E também no sentido de que ensejam sentença de mérito sobre o crédito tributário em disputa, quer para admitir o prosseguimento da execução, se julgados improcedentes os embargos, ou para determinar a extinção do crédito tributário, se julgados procedentes.

Os embargos à execução caracterizam-se por terem a garantia do juízo como condição de procedibilidade. Em outras palavras, sem haver sido feita a penhora de bens do executado não poderá este opor embargos.

2. O PROCEDIMENTO

2.1 A opção pelo mandado de segurança. 2.2 O depósito. 2.3 Preferência para julgamento. 2.4 A petição inicial. 2.5 Protocolo e distribuição. 2.6 Juízo de admissibilidade. 2.7 O Juízo de admissibilidade nos tribunais. 2.8 Notificação e informações da autoridade impetrada. 2.9 Citação de litisconsortes. 2.10 O parecer do Ministério Público. 2.11 O pedido de suspensão da liminar. 2.12 Recurso contra a denegação da liminar. 2.13 O julgamento do mandado de segurança. 2.14 Remessa de ofício. 2.15 Apelação. 2.16 Julgamento omisso, contraditório ou obscuro. 2.17 Julgamento não unânime. 2.18 Recurso Especial ou Extraordinário. 2.19 Agravo. 2.20 Recursos na instância especial, ou extraordinária. 2.21 Juízo competente. 2.21.1 Justiça Federal e Justiça Estadual. 2.21.2 Juízo de primeiro grau ou tribunal. 2.21.3 Autor ou executor do ato impugnado. 2.21.4 Decisão que declara a incompetência. 2.22 Ainda os Recursos Especial e Extraordinário. 2.22.1 Estreitamento da via recursal. 2.22.2 Conflito entre lei ordinária e lei complementar. 2.22.3 Exame de questão constitucional pelo Superior Tribunal de Justiça. 2.22.4 Recurso prematuro. 2.22.5 Repercussão geral da questão constitucional. 2.23 Intempestividade do recurso prematuro. 2.23.1 Considerações iniciais sobre a tese e seus efeitos. 2.23.2 A finalidade dos prazos. 2.23.3 Início dos prazos. 2.23.4 Intimação e início do prazo recursal. 2.23.5 Renúncia aos prazos. 2.23.6 Prazo aceleratório ou peremptório. 2.23.7 Prazo em favor da parte vencida. 2.23.8 Tratamento excepcional dos embargos de declaração. 2.24 Considerações finais.

2.1 A opção pelo mandado de segurança

Diante de uma exigência fiscal que o contribuinte considera indevida, nem sempre é fácil para o advogado a escolha do instrumento processual adequado. Se não sente muita segurança na tese que vai sustentar, tende a escolher o mandado de segurança pelo simples fato de que, neste, não haverá o ônus da sucumbência.

Em princípio, é cabível o mandado de segurança sempre que se pretenda impugnar um ato de autoridade, o direito a ser defendido seja líquido e certo e não haja decorrido, a partir do ato que se vai impugnar, prazo superior a 120 dias.

Em matéria fiscal o que se impugna é sempre ato de autoridade. Este ponto, portanto, não carece de explicação aqui. E como quase sempre o contribuinte vai a juízo preventivamente, também a questão do prazo de 120 dias, no mais das vezes, não tem sido colocada. Resta, portanto, como fator decisivo para a escolha do mandado de segurança a questão de saber se o direito a ser defendido é líquido e certo.

Havendo controvérsia quanto aos fatos, a ser superada com a produção de provas, não se trata de direito líquido e certo e, portanto, não se pode cogitar do mandado de segurança.

Em muitos casos o modo de formular o pedido é que vai definir o cabimento do mandado de segurança.

2.2 O depósito

Se o contribuinte não quer correr riscos, é recomendável que faça, com fundamento no art. 151, inciso II, do Código Tributário Nacional, o depósito do valor que o Fisco pretende receber e ele, contribuinte, reputa indevido.

Esse depósito não é obrigatório e sua exigência, pelo juiz, era de validade discutível. Agora, porém, nos termos do art. 7º, inciso III, da Lei 12.016/2009, sua exigência é facultada ao juiz, "com o objetivo de assegurar o ressarcimento à pessoa jurídica".

Admitimos a exigência do depósito, como contracautela, nos casos em que o impetrante pede medida liminar, com objetivo outro, diverso da simples suspensão da exigibilidade do crédito tributário.

2.3 Preferência para julgamento

Outro dado relevante para a opção pelo mandado de segurança é a preferência de julgamento que a lei a este atribui.

O mandado de segurança tem o mesmo fundamento constitucional do *habeas corpus*, do qual difere, no essencial, apenas quanto ao direito protegido. Enquanto este protege exclusivamente o direito de liberdade, o denominado *direito de ir e vir*, aquele protege qualquer outro direito, desde que se apresente líquido e certo.

Para os que afirmam, não apenas em tese, mas também na prática, a supremacia constitucional, isto é o bastante para justificar a preferência de julgamento do mandado de segurança. Nota-se, ainda, que a Lei 1.533/1951 já continha regra expressa:

> Art. 17. Os processos de mandado de segurança terão prioridade, sobre todos os atos judiciais, salvo *habeas corpus*. Na instância superior deverão ser levados a julgamento na primeira sessão que se seguir à data em que, feita a distribuição, forem conclusos ao relator.
>
> Parágrafo único. O prazo para conclusão não poderá exceder de vinte e quatro horas, a contar da distribuição.

Na prática, porém, essa preferência não era assegurada. Os regimentos dos tribunais de um modo geral estabeleciam regras que, indiretamente, impediam a aplicação do referido dispositivo legal. Entre estas, a norma que mandava ouvir o Ministério Público nas apelações e a que mandava incluir em pauta de julgamento os processos de mandado de segurança.

No Tribunal Regional Federal da 5ª Região aprovamos emenda regimental excluindo a vista ao Ministério Público nas apelações em mandado de segurança. E, depois, outra emenda dispensando a inclusão em pauta dos mandados de segurança. Tal providência destinava-se a permitir a observância da Constituição e da Lei e contribuir de forma significativa para diminuir a morosidade da Justiça, pelo menos nesses casos em que se questionava direito líquido e certo.

Infelizmente, porém, algumas vozes se alevantaram contra tal alteração de nosso regimento. Sustentaram que o Código de Processo Civil não permitia o julgamento sem que o processo estivesse incluído na pauta. E diziam ser indispensável a manifestação do Ministério Público, também em segunda instância.

É certo que o art. 552 do CPC/1973 determinava fossem os autos dos processos apresentados ao presidente do tribunal, "que designará dia para julgamento, mandando publicar a pauta no órgão oficial". Estariam, então, revogados o art. 17 e seu parágrafo único da Lei 1.533/1951.

Não há dúvida de que a inclusão em pauta, do processo de mandado de segurança, inviabiliza a sua preferência para julgamento, posto que alguns outros processos podem ser julgados independentemente de pauta, e não seria razoável que não sejam julgados apenas porque se está a esperar a publicação da pauta, para julgar primeiramente os mandados de segurança. Era incompatível, outrossim, com a exigência de publicação de pauta, a norma que mandava levar a apelação a julgamento na primeira sessão seguinte à conclusão dos autos ao relator.

O art. 17 e seu parágrafo único da Lei 1.533/51 não admitiam fosse concedida vista ao Ministério Público nas apelações em mandado de segurança. A questão, portanto, estava em saber se tais dispositivos de lei continuavam em vigor.

Nossa resposta era afirmativa. Não haviam sido revogados pelo Código de Processo Civil porque este, como lembrou, com propriedade, o ilustre Juiz Castro Meira,[1] era norma que, por ser geral, convivia com aquela norma especial. Não ficamos, porém, apenas com o argumento jurídico-formal, irrefutável, aliás. Nós o reforçamos, sustentando serem aqueles dispositivos legais simples explicitação do preceito constitucional que assegura o mandado de segurança como instrumento de proteção dos direitos líquidos e certos. E mais, com a necessidade de fazer algo que, na prática, combatesse a morosidade no andamento dos feitos.

Theotonio Negrão registrou decisões do Supremo Tribunal Federal, tanto no sentido da necessidade de publicação de pauta de julgamento como em sentido contrário.[2]

A nosso ver, a inclusão do mandado de segurança em pauta de julgamentos, oficialmente publicada, é obrigatória se prevista no regimento do tribunal. Nada impede, porém, que este dispense tal inclusão, com o que, aliás, melhor observará a lei, viabilizando a preferência para o seu julgamento.

Se o regimento do tribunal determina a inclusão na pauta, e esta não acontece, o julgamento é nulo. Ainda que de legalidade duvidosa, o

1. José de Castro Meira, Ministro aposentado do Superior Tribunal de Justiça, foi Juiz do Tribunal Regional Federal da 5ª Região, e a opinião referida me foi oferecida em uma das inúmeras conversas que tivemos naquele Tribunal a respeito de mandado de segurança.

2. Theotonio Negrão, *Código de Processo Civil e Legislação Processual em Vigor,* Ed. RT, São Paulo, 24ª ed., 1993, p. 1.071, nota 3 ao art. 17 da Lei 1.533/51: "O mandado de segurança deve ser obrigatoriamente publicado na pauta do órgão oficial, visto comportar sustentação (*RTJ* 76/352, *RT* 494/223; STF-2ª Turma, RE 91.012-1-RS, j. 11.12.79, deram provimento, v.u., *DJU* 15.2.80, p. 706, 4ª col., em.; STJ-2ª Turma, RMS 414-RJ, rel. Min. Américo Luz, j. 22.5.91, deram provimento, v.u., *DJU* 17.6.91, p. 8.192, 1ª col., em.). Contra, porque dispensada a publicação pelo regimento interno: STF-1ª Turma, RE 85.811-DF, rel. Min. Rodrigues Alckmin, não conheceram, v.u., *DJU* 7.10.77, p. 6.915, 1ª col., em.".

regimento, no caso, cria para a parte uma expectativa de que a publicação ocorrerá, ensejando oportunidade para sustentação oral. Se o regimento diz que o julgamento do mandado de segurança dar-se-á independentemente de publicação de pauta, a publicação da distribuição já coloca em alerta o interessado, que poderá obter do gabinete do relator informação sobre o dia em que o feito será julgado.

Por outro lado, nem sempre ocorre sustentação oral, de sorte que não se deve criar obstáculo ao rápido julgamento da imensa maioria dos casos, apenas porque, em raros deles, o advogado pode pretender fazer sustentação oral. Aliás, em relação ao *habeas corpus,* é tranquila a desnecessidade de publicação de pauta, não obstante se reconheça ao advogado o direito de fazer sustentação oral. Razão inexiste para que no mandado de segurança seja diverso o procedimento.

Não se pode desconhecer, ainda, a possibilidade de ter o advogado, por outros meios que não a publicação da pauta, conhecimento da data em que ocorrerá o julgamento. Na prática, quando o caso é importante e por isto mesmo há interesse na sustentação oral, o advogado sempre sabe da data do julgamento.

A nova lei sobre o mandado de segurança, isto é, a Lei 12.016, de 7.8.2009, em seu art. 20,[3] reproduz as normas da lei anterior sobre a prioridade para o julgamento, e introduz norma que pode ser de grande importância, estabelecendo que "o prazo para a conclusão dos autos não poderá exceder de 5 (cinco) dias".[4] Assim, podemos considerar confirmado o nosso entendimento segundo o qual os processos de mandado de segurança devem ser julgados nos tribunais independentemente de inclusão nas pautas de julgamento.

2.4 *A petição inicial*

A petição inicial é peça de fundamental importância para o impetrante do mandado de segurança, especialmente porque, em princípio, não lhe será aberta outra oportunidade para manifestar-se antes da sentença.

3. "Art. 20. Os processos de mandado de segurança e os respectivos recursos terão prioridade sobre todos os atos judiciais, salvo *habeas corpus*. § 1º. Na instância superior, deverão ser levados a julgamento na primeira sessão que se seguir à data em que forem conclusos ao relator. (...)".

4. Lei 12.016/2009, art. 20, § 2º.

Por isto mesmo, neste livro, dedicamos um capítulo ao estudo da petição inicial. Aqui cuidaremos apenas de seus aspectos práticos.

A inicial deve ser redigida com clareza, em estilo simples, devendo ser utilizado todo o poder de síntese, sem prejuízo, obviamente, do essencial. Petição inicial muito longa quase sempre não é lida por inteiro, e transmite a impressão de que o caso é complicado, e até de que não se trata de direito líquido e certo.[5]

A petição inicial deve ser subscrita por advogado. E deve ser instruída com os documentos necessários à demonstração de que o impetrante não está postulando contra a lei em tese, mas está diante de uma situação concreta. Se a impetração se faz preventivamente, deve demonstrar as razões pelas quais tem receio de ter direito seu lesado por ato de autoridade. Não precisa comprovar uma *ameaça,* como alguns afirmam, mas precisa demonstrar que os fatos sobre os quais incide a norma que reputa sem validade já ocorreram, e assim já existe um *direito,* cuja lesão teme venha a ocorrer.[6]

A inicial é entregue no protocolo do juízo, em duas vias, sendo a segunda acompanhada de cópias dos documentos que estão sendo oferecidos com a primeira.

Havendo pedido de citação de litisconsortes passivos, deve o impetrante oferecer mais vias da inicial, e dos documentos que a instruem, tantas quantas seja o número dos litisconsortes a serem citados.

2.5 Protocolo e distribuição

O impetrante deve entregar a inicial no protocolo do foro competente, que pode ser o do primeiro grau, ou o do tribunal de segundo grau, ou o foro especial, ou ainda o extraordinário.[7]

Em se tratando de foro de comarca de vara única, onde milita apenas um juiz, o que hoje existe somente em pequenas cidades do interior, deve

5. Para muitos sobrevive a ideia de que o direito só é líquido e certo quando pode ser demonstrado facilmente. A complexidade, mesmo que residente apenas no plano normativo, seria capaz de afastar a liquidez e certeza do direito.

6. Veja-se, a este propósito, o capítulo a respeito da impetração preventiva.

7. A determinação de quem seja a autoridade impetrada, de grande importância para evitar perda de tempo, é assunto tratado em capítulo concernente aos sujeitos da relação processual no mandado de segurança.

ser o mandado de segurança imediatamente apresentado ao juiz, para despacho. Assim também se deve proceder se na comarca houver mais de uma vara, mas apenas uma seja competente em razão de especialização. Havendo mais de uma vara competente, será feita a distribuição, e, embora a lei não o diga expressamente, a conclusão para despacho deve ser feita em 24 horas.[8]

Sendo o mandado de segurança impetrado perante tribunal, a distribuição será feita para um de seus membros, que funcionará como relator, ao qual devem ser os autos conclusos em 24 horas.

2.6 Juízo de admissibilidade

O juiz, recebendo os autos do mandado de segurança, deve, no denominado juízo de admissibilidade,[9] proferir decisão, na qual poderá:

a) deferir medida liminar, ainda que esta não tenha sido solicitada, para suspender o ato impugnado, e determinar a notificação da autoridade impetrada, para que cumpra a liminar e preste informações no prazo de dez dias; ou então,

b) indeferir a medida liminar, e determinar a notificação da autoridade impetrada, como dito no item precedente; ou ainda,

c) declinar de sua competência, determinando a remessa dos autos ao Juízo que considerar competente; ou, finalmente,

d) indeferir liminarmente o pedido, com fundamento no art. 10 da Lei 12.016/2009.

Para deferir, ou indeferir, a medida liminar o juiz deve examinar se estão presentes, ou não, os dois requisitos essenciais que a lei exige para que se conceda medida liminar: a aparência do bom direito, ou como muitos preferem dizer, o *fumus boni juris,* e a possibilidade de ineficácia da sentença que porventura venha, a final, a deferir a segurança. Ou, como muitos preferem dizer, o *periculum in mora.*

O despacho que concede, ou denega, medida liminar, deve ser sempre fundamentado. Não basta dizer, como muitos fazem, que estão pre-

8. Aplica-se, por analogia, o art. 20, § 2º, da Lei 12.016/2009, que se refere ao prazo para a conclusão na instância superior.

9. Juízo de admissibilidade é o momento processual no qual o Juiz decide se aceita, ou não, o processamento da ação que perante ele é proposta.

sentes a aparência do bom direito e o perigo da demora, ou, como muitos preferem dizer, *o fumus boni juris* e o *periculum in mora*. Despacho que apenas faz tal afirmação é despacho não fundamentado e, portanto, nulo, nos termos do art. 93, inciso IX, da Constituição Federal. O despacho deve dizer por que considera presentes aqueles requisitos, embora de forma resumida.

Havendo o denominado perigo da demora inverso, isto é, havendo a possibilidade de prejuízo para a entidade pública interessada no ato impugnado, poderá o juiz exigir do impetrante caução, fiança ou depósito, com o objetivo de assegurar o ressarcimento à pessoa jurídica. Essa providência, aliás, torna inteiramente injustificável a vedação legal de medida liminar em certos casos, vedação que nos parece flagrantemente inconstitucional, especialmente porque estendida aos provimentos de urgência previstos nos artigos 300 e 497 do CPC/2015, deixando o cidadão sem direito à proteção judicial efetiva contra o Estado (Lei 12.016/2009, art. 7º, §§ 2º e 5º).

A decisão pela qual o juiz declina de sua competência não é sentença, mas despacho, porque não põe fim ao processo. Apenas o remete a outro Juízo. Já a decisão que indefere, liminarmente, a inicial, é uma sentença, e deve conter todos os requisitos desta.

Ao despachar a inicial o juiz ordenará que se dê ciência do feito ao órgão de representação judicial da pessoa jurídica interessada, enviando-lhe cópia da inicial sem documentos, para que, querendo, ingresse no feito (Lei 12.026/09, art. 7º, inciso II).

2.7 O juízo de admissibilidade nos tribunais

Em se tratando de mandado de segurança impetrado perante um tribunal, o juízo de admissibilidade é exercido pelo relator, Ministro, Desembargador ou Juiz, ao qual o processo é distribuído.

Embora a lei não o diga, seguindo o exemplo do Supremo Tribunal Federal alguns tribunais já adotam a prática de submeter ao Plenário a decisão a ser proferida no juízo de admissibilidade. A competência para tal decisão é, repita-se, do relator, mas este pode abrir mão de sua competência e submeter a questão ao plenário. É recomendável que assim proceda nos casos de maior repercussão, envolvendo valores patrimoniais ou interesses políticos muito significativos.

2.8 Notificação e informações da autoridade impetrada

A notificação da autoridade impetrada para prestar informações a respeito do pedido se faz mediante ofício do juiz, ou do relator, acompanhado de cópia da inicial e dos documentos que a instruem.

A autoridade impetrada deve prestar, no prazo de dez dias, as informações que reputar necessárias ao correto julgamento do caso. Não se trata de contestação, embora na prática as informações tenham, geralmente, o conteúdo de contestação.[10]

As informações devem ser assinadas pela própria autoridade impetrada, e não por advogado. Constitui, porém, prática comum fazer acompanhar as informações de um parecer no qual o procurador da entidade a que pertence a autoridade impetrada sustenta a validade do ato impugnado.

A não prestação de informações não induz revelia. Em certos casos, porém, é lícito ao juiz presumir verdadeiros certos fatos que, embora não comprovados pelo impetrante, não são negados pela autoridade impetrada. Não que se verifique confissão. O que ocorre, nesses casos, é a admissão, que não se dá em benefício do impetrante, mas como condição para o julgamento do mérito da impetração, que pode ser pela denegação da segurança.

2.9 Citação de litisconsortes

Havendo litisconsortes, estes devem ser citados para, querendo, contestar o pedido.

A citação deve ser feita por mandado, mas tem-se admitido sua feitura mediante ofício do juiz, ou do relator, quando a impetração ocorre perante órgão colegiado.

A contestação deve ser oferecida no prazo de 15 dias, por aplicação do dispositivo que fixa tal prazo no Código de Processo Civil. Há, todavia, quem entenda que o prazo é o mesmo para o oferecimento das informações, vale dizer, de 10 dias.

10. Apenas em se tratando de mandado de segurança impetrado contra ato judicial as informações geralmente são desprovidas de argumentação sustentando a validade do ato impugnado. O Juiz na verdade não tem interesse, a não ser moral, na prevalência de seu ato, e em face do dever de imparcialidade quase sempre não se dispõe a defendê-lo.

A Lei 12.016/2009, que disciplina o mandado de segurança, estabelece que a ele se aplicam os arts. 113, 114, 117 e 118 do CPC/2015, que tratam do litisconsórcio, de sorte que se pode entender que tais dispositivos estão encartados na disciplina legal do mandado de segurança.

2.10 O parecer do Ministério Público

Decorrido o prazo para a prestação das informações, tenham sido estas prestadas, ou não, deve ser intimado o Ministério Público, para emitir parecer sobre a impetração. Esse prazo era de cinco dias, entretanto, a Lei 12.016/09 estabelece, em seu art. 12, que o juiz ouvirá o representante do Ministério Público no prazo improrrogável de dez dias.

Funciona o Ministério Público como *fiscal da lei,* podendo opinar pelo deferimento, ou pelo indeferimento, do mandado de segurança. Se decorrer o prazo sem sua manifestação o juiz pode proferir sentença. Há, é certo, quem entenda que o parecer do Ministério Público é obrigatório, não se admitindo o julgamento sem ele. Neste sentido, aliás, já decidiu o Superior Tribunal de Justiça.[11] Não nos parece adequado tal entendimento, porque, além de outros argumentos que contra ele militam, implica outorgar ao Ministério Público um verdadeiro poder de veto. Para impedir o deferimento do mandado de segurança, basta não se manifestar.

2.11 O pedido de suspensão da liminar

Deferida medida liminar, a pessoa jurídica de direito público, à qual pertence a autoridade impetrada, pode pedir, com fundamento no art. 15 da Lei 12.016/2009, a suspensão de sua execução. O pedido deve ser dirigido ao Presidente do tribunal ao qual cabe o conhecimento do recurso.

Se a liminar é deferida por Juiz de Direito (juiz de primeiro grau da Justiça Estadual), o pedido de suspensão deve ser dirigido ao Presidente do Tribunal de Justiça do Estado. Se a liminar é deferida por Juiz Federal o pedido de suspensão deve ser dirigido ao Presidente do Tribunal Regional Federal da Região correspondente.

11. STJ, 1ª Seção, EI no REsp 15.002-9-AM, rel. Min. Peçanha Martins, seguido dos Mins. Milton Pereira, César Rocha, José de Jesus e Hélio Mosimann. Vencidos os Mins. Gomes de Barros e Garcia Vieira, que entendiam suficiente a notificação do Ministério Público.

Tratando-se de liminar concedida pelo relator, em um tribunal, o pedido de suspensão deve ser dirigido ao Presidente do tribunal competente para conhecer de eventual recurso especial ou extraordinário que seja cabível contra a decisão final do tribunal ao qual pertence o relator. Esse pedido de suspensão é cabível também no caso em que, tendo sido deferido pelo Presidente do tribunal, seja, pelo plenário deste, dado provimento ao agravo interposto pelo impetrante (Lei 12.016/2009, art. 15, § 2º). Note-se que a interposição de agravo de instrumento contra despacho que concede medida liminar nas ações movidas contra o Poder Público e seus agentes não prejudica nem condiciona o julgamento do pedido de suspensão dirigido ao Presidente do tribunal. (Lei 12.016/09, art. 15, § 3º).

O presidente do tribunal ao qual é dirigido o pedido de suspensão da medida liminar, pode conferir a este "efeito suspensivo liminar se constatar, em juízo prévio, a plausibilidade do direito invocado e a urgência na concessão da medida" (Lei 12.016/09, art. 15, § 4º).

Poderá, também, o presidente do tribunal que despachar suspendendo os efeitos de medida liminar, estender os efeitos do seu despacho a liminares supervenientes, mediante simples aditamento do pedido original. (Lei 12.016/09, art. 15, § 5º).

A suspensão da execução da medida liminar tem motivação predominantemente política. Suspende-se a liminar, ainda que concedida com estrita observância da lei, se da execução da liminar resultar *grave lesão à ordem, à saúde, à segurança e à economia públicas*. Não pode o Presidente do tribunal suspender a execução de medida liminar sob o argumento, por exemplo, de que não havia fundamento relevante na impetração, ou não havia possibilidade de ineficácia da sentença que a final viesse a conceder a segurança impetrada. A ausência dos fundamentos legais a justificar o deferimento da medida liminar não constitui motivo para o deferimento do pedido de suspensão de sua execução.

Do ato do Presidente, que defere a suspensão da medida liminar, cabe agravo regimental para o Plenário do tribunal respectivo.

2.12 Recurso contra a denegação da liminar

Do despacho que denega a medida liminar pode o impetrante interpor agravo de instrumento. O agravo é interposto perante o tribunal e o relator pode deferir a liminar que no juízo recorrido tenha sido denegada. Não se trata de dar efeito suspensivo ao recurso, como há algum tempo se dizia com frequência. Trata-se de conceder o provimento liminar denegado pelo despacho contra o qual é interposto o recurso.

Contra a decisão proferida pelo relator, deferindo ou negando a liminar pretendida pelo impetrante, não cabe recurso. A lei estabelecia que tal decisão somente poderia ser reformada no momento do julgamento do agravo, salvo se o relator a reconsiderasse, e o novo Código de Processo Civil manteve essa regra.[12]

Com o atual regime jurídico do agravo de instrumento,[13] hoje dificilmente ocorre uma situação na qual seja necessária a impetração de mandado de segurança contra o ato denegatório de liminar na anterior impetração. Entretanto, embora incabível em princípio a impetração de mandado de segurança contra despacho que denegou a liminar em mandado de segurança, tal impetração é cabível excepcionalmente, nos casos em que a possível demora no processamento do agravo de instrumento coloque em risco a eficácia da prestação jurisdicional pleiteada, especialmente quando a denegação da liminar possa caracterizar-se como um ato teratológico.

O direito à jurisdição é um direito fundamental. Podemos dizer que nele reside o mais fundamental de todos os direitos, porque na verdade nenhum direito será efetivo sem que seja efetivo o direito à jurisdição, especialmente quanto exercitado contra atos de agentes públicos, vale dizer, contra atos do Estado. Aliás, o legislador o reconhece e tem procurado preservar o direito à jurisdição contra eventuais lesões decorrentes da demora em sua prestação, tanto que, ao autorizar a conversão do agravo de instrumento em agravo retido, ressalvou as situações nas quais há urgência na apreciação do recurso.[14]

Pela mesma razão justifica-se a crítica feita à Súmula 622 do Supremo Tribunal Federal,[15] com toda razão por Leonardo Greco, que conclui afirmando:

12. CPC/1973, art. 527, inciso II; art. 1019 do CPC/2015.

13. Vários dispositivos do antigo CPC, relativos ao agravo de instrumento, foram alterados pela Lei 10.352, de 26.12.2001, tornando esse recurso de certa forma semelhante a um mandado de segurança impetrado na instância recursal contra o juízo recorrido. E o novo CPC manteve a regra segundo a qual o relator pode atribuir efeito suspensivo ao recurso, ou deferir a antecipação da tutela jurisdicional pretendida (CPC/2015, art. 1.019, inciso I)

14. CPC/1973, art. 527, inciso II; CPC/2015, art. 1.019, inciso II.

15. STF, Súmula 622: "Não cabe agravo regimental contra decisão do relator que concede ou indefere liminar em mandado de segurança".

Na linguagem de Taruffo, essa Súmula deve ser considerada, por juízos e tribunais inferiores, como um simples *exemplo*, cuja utilização será absolutamente discricionária, pois em matéria de interpretação da lei federal o tribunal superior competente para uniformizar a jurisprudência no âmbito da Justiça comum, estadual e federal, não é o Supremo Tribunal Federal, mas o Superior Tribunal de Justiça. Esse e não aquele, é o tribunal que pode rever em grau de recurso as decisões desses órgãos inferiores a respeito da vigência, aplicação ou interpretação de lei federal. Assim, essa Súmula não poderá servir de fundamento para decisões monocráticas de relatores com base no *caput* e no § 1º-A do art. 557 do CPC.[16]

A rigor, a verdadeira questão reside em se saber se estão, ou não, presentes no caso os requisitos para o deferimento da medida liminar, em especial o requisito do perigo da demora, pois se tal requisito está presente não há razão nenhuma que justifique qualquer obstáculo ao andamento do processo até que a decisão final seja proferida.

Nos mandados de segurança de competência originária dos tribunais, cabe ao relator a instrução do processo e a apreciação do pedido de medida liminar. Da decisão deste, concedendo ou negando a liminar, cabe agravo de instrumento para o órgão competente do tribunal que integre (Lei 12.016/09, art. 16, parágrafo único).

2.13 O julgamento do mandado de segurança

Retornando os autos do Ministério Público, o juiz deve proferir sentença. No tribunal, o relator deve submeter ao plenário, para julgamento.

Emitida a sentença, dela serão intimados os sujeitos do processo, o impetrante, a autoridade impetrada, a pessoa jurídica à qual pertence a autoridade impetrada, que em princípio é responsável pela execução imediata da sentença, e o Ministério Público, bem como os litisconsortes, se for o caso. O mesmo acontece quando o mandado de segurança é julgado pelo tribunal, nos casos de competência originária.

Da sentença que concede, ou denega, o mandado de segurança cabe apelação. Da sentença que concede o mandado de segurança podem interpor apelação tanto a pessoa jurídica atingida pelos efeitos da sentença, como também a autoridade coatora. O que era controvertido na doutrina e

16. Leonardo Greco, "Novas Súmulas do STF e alguns reflexos sobre o mandado de segurança", *RDDP* 10/50, Dialética, São Paulo, janeiro/2004.

na jurisprudência, agora é lei, pois esta estabelece expressamente que se estende à autoridade coatora o direito de recorrer (Lei 12.016/2009, art. 14, § 2º), embora não esclareça se a própria autoridade pode subscrever o recurso ou se necessita de advogado para esse fim.

A sentença que concede a segurança pode ser executada provisoriamente, salvo nos casos em que a lei veda a concessão de medida liminar, isto é, em matéria tributária, quando garante direito à compensação de crédito tributário ou determina a liberação de mercadoria procedente do exterior. Se a sentença denega a segurança entende-se que estará sem efeito a liminar que tenha sido concedida, pois a lei diz expressamente que os efeitos da medida liminar, salvo se revogada ou cassada, persistirão até a prolação da sentença (Lei 12.016/09, art. 7º, § 3º).

2.14 Remessa de ofício

Se o juiz concede o mandado de segurança, deve, decorrido o prazo para o recurso, remeter os autos ao tribunal para reexame obrigatório das questões decididas. É o que se denomina *remessa de ofício,* ou *ex officio.* A sentença que concede mandado de segurança não transita em julgado enquanto não é examinada pelo tribunal.

Contra o acórdão que, apreciando o caso em razão da *remessa de ofício*, mantém a sentença, não são cabíveis recurso especial nem recurso extraordinário. É que não tendo sido interposta apelação, operou-se a preclusão lógica do direito da Fazenda Pública. Sobre o assunto o Superior Tribunal de Justiça já proferiu decisão que porta a seguinte ementa:

> *Processual Civil – Reexame necessário – Ausência de apelação do Ente Público. Inadmissibilidade do recurso especial – Preclusão lógica.*
>
> 1. É fato público e notório que as reformas processuais implementadas no Código de Processo Civil ao longo dos últimos anos têm como objetivo dar efetividade à garantia constitucional do acesso à justiça, positivada no art. 5º, inciso XXXV, da Constituição Federal. Como exemplo desse louvável movimento do legislador tem-se a dispensa do reexame necessário nas causas de competência da Justiça Especial Federal, consoante prevê o art. 13 da Lei 10.259/2001, e nas demais causas mencionadas nos §§ 2º e 3º do art. 475 do diploma processual, na redação que lhes deu a Lei 10.352/2001.[17]

17. Art. 496 do CPC/2015.

2. À luz dessa constatação, incumbe ao STJ harmonizar a aplicação dos institutos processuais criados em benefício da fazenda pública, de que é exemplo o reexame necessário, com os demais valores constitucionalmente protegidos, como é o caso do efetivo acesso à justiça.

3. Diante disso, e da impossibilidade de agravamento da condenação imposto à fazenda pública, nos termos da Súmula 45/STJ, chega a ser incoerente e até mesmo de constitucionalidade duvidosa, a permissão de que os entes públicos rediscutam os fundamentos da sentença não impugnada no momento processual oportuno, por intermédio da interposição de recurso especial contra o acórdão que a manteve em sede de reexame necessário, devendo ser prestigiada a preclusão lógica ocorrida na espécie, regra que, segundo a doutrina, tem como razão de ser o respeito ao princípio da confiança, que orienta a lealdade processual (proibição de *venire contra factum proprium*).

4. A ilação de que fraudes e conluios contra a fazenda pública ocorrem principalmente no primeiro grau de jurisdição, levando à não impugnação da sentença no momento processual oportuno pelos procuradores em suas diversas esferas do Poder Executivo, por si só, não tem o condão de afastar a indispensável busca pela efetividade da tutela jurisdicional, que envolve maior interesse público e não se confunde com o interesse puramente patrimonial da União, dos Estados, do Distrito Federal e de suas autarquias e fundações. Ademais, o ordenamento jurídico possui instrumentos próprios, inclusive na seara penal, eficazes para a repressão de tais desvios de conduta dos funcionários públicos.

5. É irrelevante, ainda, o fato de o art. 105, III, da Constituição Federal não fazer distinção entre a origem da causa decidida, se proveniente de reexame necessário ou não, pois o recurso especial, como de regra os demais recursos de nosso sistema, devem preencher, também, os requisitos genéricos de admissibilidade que, como é cediço, não estão previstos constitucionalmente. Em outras palavras, a Carta Magna não exige, por exemplo, o preparo ou a tempestividade, e nem por isto se discute que o recurso especial deve preencher tais requisitos.

6. Recurso especial não conhecido em razão da existência de fato impeditivo do poder de recorrer (preclusão lógica).[18]

Realmente, se em face da sentença que lhe é contrária a Fazenda Pública não apelou, operou-se a preclusão do seu direito ao recurso. A necessidade de reexame em segunda instância já constitui um privilégio que talvez não seja justificável em face da igualdade que deve existir entre

18. STJ, 1ª Seção, REsp 904.885-SP, rela. Min. Eliana Calmon, j. 12.11.2008, *DJe* de 9.12.2008.

as partes no processo. E o argumento apoiado na possível ocorrência de conluios em primeira instância é absolutamente inadmissível, porque o Estado é quem dispõe de melhores condições para combater tais comportamentos ilícitos.

2.15 Apelação

Interposta apelação, a parte contrária será intimada para oferecer contrarrazões e em seguida, pagas as custas, os autos sobem para o tribunal.

Chegando ao tribunal, os autos da apelação devem ser distribuídos ao relator, e a este conclusos em vinte e quatro horas a contar da distribuição. O relator deve submeter o caso a julgamento na primeira sessão seguinte.

Embora os regimentos, na maioria dos tribunais, determine a ouvida do Ministério Público na apelação, certo é que a lei não oferece espaço para tal providência. Este assunto está bem examinado no capítulo em que são estudados os recursos.

2.16 Julgamento omisso, contraditório ou obscuro

Deixando o acórdão de se manifestar sobre qualquer das questões colocadas a exame, ou se contiver alguma contradição, ou, ainda, se ensejar alguma dúvida em sua interpretação, o interessado deve interpor embargos de declaração com fundamento no art. 1.022 do Código de Processo Civil.

2.17 Julgamento não unânime

Especial atenção merece a questão do julgamento não unânime da apelação. Nas apelações em geral o vencido deve interpor embargos infringentes, recurso cuja utilização é indispensável como condição para o recurso especial, ou o extraordinário. É que esses recursos, tanto o especial como o extraordinário, só são cabíveis de decisões de única ou de última instância. Sem a interposição dos infringentes, portanto, não se tem ainda uma decisão de última instância.

Ocorre que o Supremo Tribunal Federal tem jurisprudência sumulada no sentido de que "não cabem embargos infringentes de acórdão que, em mandado de segurança, decidiu, por maioria de votos, a apelação".[19] E o Superior Tribunal de Justiça também já sumulou a sua jurisprudência afirmando que "são inadmissíveis embargos infringentes no processo de mandado de segurança".[20]

Assim, das decisões, ainda que não unânimes, proferidas no julgamento de apelação em mandado de segurança, o vencido deve interpor desde logo o recurso especial, ou o extraordinário, ou os dois, conforme o caso. Salvo, é claro, se for o caso de cabimento de embargos de declaração.

2.18 Recurso Especial ou Extraordinário

Esgotados os recursos cabíveis junto ao tribunal de segundo grau, o vencido ainda dispõe, em princípio, do recurso especial, ou do recurso extraordinário, ou dos dois, conforme o caso.

O especial é cabível nas hipóteses previstas no art. 105, inciso III, e o extraordinário é cabível nas hipóteses previstas no art. 102, inciso III, da Constituição Federal.

Na interposição do recurso especial ou extraordinário, deve o interessado ter o máximo de atenção com as formalidades processuais, porque o caminho, neste ponto, sofre violento estreitamento, em face da natureza e da finalidade desses recursos e porque tanto o Superior Tribunal de Justiça como o Supremo Tribunal Federal, tudo fazem para que não aumente o volume de casos àqueles tribunais submetidos, que já é imenso.

No momento de definir se é cabível o recurso especial ou o extraordinário, o recorrente se depara com uma dificuldade muito séria. O Supremo Tribunal Federal firmou sua jurisprudência no sentido de que a questão da violação de lei complementar por lei ordinária não é questão constitucional, vale dizer, sua alegação não enseja o recurso extraordinário. O Superior Tribunal de Justiça, entretanto, tem decidido que se trata de uma questão constitucional. Não é assegurado ao impetrante o direito à jurisdição por inteiro. Ficará este sem manifestação de mérito, tanto do Superior Tribunal de Justiça como do Supremo Tribunal Federal sobre a sua pretensão. Em tais casos é recomendável

19. STF, Súmula 597.
20. STJ, Súmula 169.

a interposição dos dois recursos, vale dizer, do recurso especial para o Superior Tribunal de Justiça e do recurso extraordinário para o Supremo Tribunal Federal.

Voltaremos ao assunto, ao cuidarmos do estreitamento da via recursal pelo Supremo Tribunal Federal e pelo Superior Tribunal de Justiça.

Das decisões em mandado de segurança proferidas em única instância pelos tribunais cabe recurso especial e extraordinário, nos casos legalmente previstos (previstos na Constituição Federal) e cabe recurso ordinário se a ordem houver sido denegada (Lei 12.016/2009, art. 18).

2.19 Agravo

Interposto o recurso especial ou o recurso extraordinário, o presidente do tribunal recorrido decide se o admite, ou não. É um primeiro juízo de admissibilidade, exercido para impedir a subida daqueles recursos interpostos sem que estejam presentes os requisitos para o respectivo cabimento.

Da decisão que denega a subida do recurso especial ou do extraordinário, cabe agravo de instrumento. Este recurso sobe de qualquer forma, sendo distribuído, no Superior Tribunal de Justiça, ou no Supremo Tribunal Federal, conforme o caso, para um ministro que, na condição de relator, decidirá se admite, ou não, o recurso especial, ou extraordinário.

Em face do agravo, o relator pode determinar a subida dos autos principais, para melhor exame. E decidirá, então, se conhece, ou não, do especial, ou extraordinário.

Aliás, é possível que, diante do agravo seja desde logo apreciado o próprio recurso especial, ou o extraordinário. Basta que nos autos existam elementos para esse fim. É recomendável, pois, que o agravante cuide para que o tribunal *ad quem* disponha desde logo de tais elementos.

2.20 Recursos na instância especial, ou extraordinária

Na instância especial, isto é, no Superior Tribunal de Justiça, bem como na instância extraordinária, isto é, no Supremo Tribunal Federal, ainda são cabíveis recursos, que estão previstos nos regimentos dos referidos tribunais.

2.21 *Juízo competente*

A questão de saber qual o juízo competente para o julgamento do mandado de segurança desperta particular interesse pelo fato de reger-se por critérios próprios.

> No mandado de segurança a competência funcional do juiz se mede pela natureza e hierarquia da autoridade contra a qual é requerida a garantia constitucional, sendo irrelevante a matéria discutida.[21]

2.21.1 *Justiça Federal e Justiça Estadual*

A questão de saber se o mandado de segurança deve ser impetrado perante a Justiça Federal, ou perante a Justiça Estadual, resolve-se pela identificação da autoridade impetrada.

Se a impetração é dirigida contra ato de autoridade federal, a competência será da Justiça Federal, ainda que se questione exigência de imposto estadual. Assim tem acontecido, por exemplo, nos casos de mandado de segurança contra a exigência de ICMS por ocasião do desembaraço aduaneiro de mercadorias importadas do exterior.

Se a impetração é dirigida contra autoridade estadual ou municipal, a competência será da Justiça Estadual, ainda que eventualmente se discuta exigência de tributo federal.

2.21.2 *Juízo de primeiro grau ou tribunal*

A questão de saber se o mandado de segurança deve ser impetrado perante o juiz singular ou perante um tribunal, resolve-se com o exame da competência originária dos tribunais. Se nesta a hipótese não estiver prevista, a competência se define por exclusão: será do juiz singular.

Perante o Supremo Tribunal Federal deve ser impetrado o mandado de segurança que tenha como autoridade coatora o Presidente da República, as Mesas da Câmara dos Deputados e do Senado Federal, o Tribunal de Contas da União, o Procurador-Geral da República e o próprio Supremo Tribunal Federal.[22] Para tal fim entende-se impetrado contra a

21. STF, CJ 6.664-3-DF, rel. Min. Célio Borja, *DJU* de 25.9.1987, p. 20.411. Neste mesmo sentido é a jurisprudência do STJ, como se vê do CC 3.81-9-RJ, rel. Min. José de Jesus Filho, *RSTJ* 47/28.

22. CF, art. 102, inciso I, alínea "d".

Corte Maior o mandado de segurança impetrado contra qualquer de seus órgãos fracionários.

Perante o Superior Tribunal de Justiça deve ser impetrado o mandado de segurança que tenha como autoridade coatora um Ministro de Estado, ou o próprio tribunal,[23] compreendido como tal qualquer de seus órgãos fracionários.

Perante um Tribunal Regional Federal o mandado de segurança será impetrado contra o próprio tribunal, seus órgãos fracionários, ou Juiz Federal da respectiva Região.

Perante um Tribunal de Justiça (Estadual) deve ser impetrado o mandado de segurança contra autoridade indicada na Constituição do respectivo Estado-membro.

2.21.3 Autor ou executor do ato impugnado

Como o mandado de segurança é cabível contra o autor do ato reputado ilegal ou abusivo, e também contra o executor deste, tem-se que a competência será definida, em cada caso, em razão da autoridade apontada na inicial como coatora. Se a impetração é dirigida apenas contra a execução do ato ilegal ou abusivo, em razão desta é que se definirá a competência. Se a impetração é dirigida contra as duas autoridades, tanto a autora como a executora do ato impugnado, a competência se definirá em razão daquele de mais alta hierarquia.

2.21.4 Decisão que declara a incompetência

Se o juiz, ou o tribunal, perante o qual foi impetrado o mandado de segurança, entende não ser competente para o seu processo e julgamento, deve, declarando-se incompetente, remeter os autos para o Juízo que entende ser o competente e não declarar extinto o processo.[24]

É de grande relevância tal entendimento, posto que a impetração tempestiva do mandado de segurança, mesmo perante Juízo incompetente, evita a extinção do direito à impetração.

23. CF, art. 105, inciso I, alínea "b".

24. STJ, RMS 2.302-3-PR, rel. Min. José de Jesus, *RSTJ* 54/420.

2.22 *Ainda os Recursos Especial e Extraordinário*

2.22.1 *Estreitamento da via recursal*

O grande volume de recursos interpostos tem levado tanto o Supremo Tribunal Federal como o Superior Tribunal de Justiça a adotarem atitude excessivamente rigorosa na apreciação do cabimento dos recursos extraordinário e especial, respectivamente. Assim é que o Supremo Tribunal Federal tem entendido não ser cabível o extraordinário quando a questão seja de inconstitucionalidade indireta. E o Superior Tribunal de Justiça, por sua vez, tem decidido que a questão do conflito entre lei ordinária e lei complementar é matéria constitucional, que não enseja o recurso especial, mas o extraordinário.

2.22.2 *Conflito entre lei ordinária e lei complementar*

Em face de conflito entre lei ordinária e lei complementar, em caso no qual o recorrente alegava violação do art. 43 do Código Tributário Nacional pela lei ordinária, o Superior Tribunal de Justiça decidiu:

> *Tributário. Imposto de Renda. Aplicações de renda fixa e variável. Lei 8.541/92. Incompatibilidade com o art. 43 do CTN e com a Lei 6.404/76.*
>
> 1. À lei complementar cabe estabelecer o fato gerador dos impostos discriminados na Constituição, segundo o prescrito no seu art. 146, III, *a*. Assim, a polêmica segundo a qual a Lei 8.541/92 desrespeita o art. 43 do CTN (lei complementar em que se encontra definido o fato gerador do imposto de renda) situa-se no plano constitucional, pois discute-se, em última análise, a usurpação, por lei ordinária, de competência atribuída pela Constituição à lei complementar. Acaso se constatasse a incompatibilidade entre tais normas, a regra desrespeitada seria a constitucional, razão pela qual é inviável a análise da controvérsia nesta Corte.
>
> 2. Eventual divergência entre a Lei. 8.541/92 e Lei 6.404/76 se resolveria em favor da primeira, pois ambas estão no mesmo patamar hierárquico.
>
> 3. Recurso especial improvido.[25]

25. STJ, 1ª Turma, REsp. 381.406-PR, rel. Min. Teori Albino Zavascki, j. 20.10.2003, ementa publicada no *DOU* I de 16.2.2004, pp. 202-205 e íntegra na *RDDT* 103/195-199.

Como se vê, o Superior Tribunal de Justiça considera que o conflito entre lei ordinária e lei complementar não enseja recurso especial, mas recurso extraordinário. O Supremo Tribunal Federal, todavia, tem entendimento oposto.

> A jurisprudência do STF exige para o cabimento do recurso extraordinário que a ofensa à Constituição tenha sido direta e frontal (*RTJ* 107/661), não o admitindo nas hipóteses de ofensa reflexa, ou seja, quando para comprovar a contrariedade à Constituição, houver necessidade de, antes, demonstrar a ofensa à lei ordinária (*RTJ* 105/704; *RTJ* 135/837).[26]

A razão parece estar com o Supremo Tribunal Federal. Se existe uma lei complementar a definir o conceito utilizado na Constituição, como ocorre com o conceito de renda que está definido pelo art. 43 do Código Tributário Nacional, e a lei ordinária extrapola esse conceito, o conflito se instaura entre a lei ordinária e a lei complementar. Assim, embora tenha o legislador ordinário violado a Constituição quando invadiu a competência por esta reservada ao legislador complementar, a questão essencial a ser deslindada consiste no conflito entre a lei ordinária por ele produzida e a lei complementar definidora do conceito de renda.

Aliás, se admitirmos que a violação, pelo legislador ordinário, da norma da Constituição que estabelece a reserva de certas matérias ao legislador complementar, enseja o recurso extraordinário, teremos de admitir também que as questões de ilegalidade de normas de decretos e regulamentos também ensejam o apelo extremo, porque nessa ilegalidade tem-se igualmente a violação, pelo Chefe do Poder Executivo, da norma da Constituição que lhe atribui a competência para expedir regulamentos para fiel execução das leis.

2.22.3 Exame de questão constitucional pelo Superior Tribunal de Justiça

Temos sustentado que não obstante a questão constitucional caiba ao Supremo Tribunal Federal, que a seu respeito tem sempre a última palavra, existe situação na qual o Superior Tribunal de Justiça deve examinar a questão constitucional no âmbito do recurso especial, sob pena

26. Alexandre de Moraes, *Constituição do Brasil interpretada*, Atlas, São Paulo, 2002, p. 1397.

de deixar a parte vencida sem direito ao exame judicial de sua pretensão ao controle de constitucionalidade.

Realmente, pode ocorrer que uma questão chegue ao tribunal de segunda instância envolvendo uma questão de constitucionalidade de lei, e ao lado desta também questões relativas à interpretação e aplicabilidade da mesma lei. E o tribunal, sem examinar a questão constitucional, decida a favor da parte que alegara a inconstitucionalidade por outros fundamentos. Neste caso, como não foi decidida questão constitucional, não será cabível o recurso extraordinário. A parte que alegara a inconstitucionalidade, como vencedora, não pode recorrer da decisão, e a parte contrária, vencida, certamente não vai tocar na questão constitucional porque o recurso de que dispõe é apenas o especial.

Nas contrarrazões do recurso especial, todavia, a recorrida deve colocar a questão constitucional, que há de ser apreciada pelo Superior Tribunal de Justiça, se este acolher os argumentos da recorrente quanto às questões infraconstitucionais. E ao julgar o recurso especial o STJ, se a este der provimento haverá de decidir a questão constitucional. Por isto, aliás, já decidiu:

> Pedido com duplicidade de fundamentos: inaplicabilidade da disposição legal questionada e alegação de sua inconstitucionalidade.
>
> Acolhimento do primeiro, no julgamento da apelação, não examinado o segundo, por desnecessário. Conhecido o especial e tida como contrária à lei a razão de decidir do acórdão recorrido, cumpre passar ao exame da alegação de inconstitucionalidade.
>
> Embargos declaratórios acolhidos.[27]

Fundamenta este entendimento a judiciosa e bastante esclarecedora manifestação do Min. Eduardo Ribeiro, que em julgamento proferido na 3ª Turma do Superior Tribunal de Justiça assim votou:

> A criação do Superior Tribunal de Justiça, e do recurso especial, teve como objetivo induvidoso reservar ao Supremo Tribunal, precipuamente, o controle de constitucionalidade, deferindo-se à nova corte velar pela integridade e uniformidade da aplicação do direito federal infraconstitucional. Ocorre que a divisão de competência, entre os dois Tribunais, fez-se deixando restos muito significativos. Tanto um poderá, em certas hipóteses, examinar questões que digam

27. STJ ED no REsp 73.106-RS, j. 26.2.1996, rel. Min. Eduardo Ribeiro.

estritamente com a interpretação das leis, como ao outro é também confiado o controle difuso de constitucionalidade das leis, ainda que em casos não muito frequentes.

Não pode haver dúvidas de que aquele controle será exercido, sem limitações, quando se cogite de competência originária, ou do julgamento de recurso ordinário. Coloca-se a questão relativamente ao especial. Abstenho-me de examinar, por desnecessário, no caso, o tormentoso problema que resulta do contido na letra "b" do item III do artigo 105 da Constituição. Interessam as hipóteses das letras "a" e "c".

Será o especial cabível quando a decisão recorrida contrariar tratado ou lei federal, ou der-lhe interpretação diversa da acolhida por outro tribunal. Parece, à primeira vista, que, não contemplada a contrariedade à Constituição, a ensejar recurso extraordinário (105, III, "a"), não se colocaria a possibilidade do controle em exame. Assim não é, entretanto. Pode suceder que o tribunal local haja decidido de modo a violar o disposto em determinada lei, ou dissentido da interpretação que lhe foi dada por outro julgado. O especial, em consequência, haverá de ser conhecido. Entretanto, não se afasta entenda a Turma que aquela mesma lei é inconstitucional. Assim entendendo haverá de declará-lo. O recorrente, que teria direito, em vista do estabelecido na lei ordinária, não o tem por derivar de norma que não se ajusta à Constituição. Isto este tribunal deverá verificar. Note-se que o recorrido, a quem interessaria o reconhecimento da inconstitucionalidade, não poderá recorrer extraordinariamente, pleiteando tal declaração, por falta de interesse, já que não sucumbiu. A solução não pode ser outra. Ao Superior Tribunal de Justiça admitindo que a lei, em princípio, confere o direito postulado, não será lícito furtar-se ao exame de sua constitucionalidade.[28]

Se o Superior Tribunal de Justiça, em situações desse tipo, dá provimento ao recurso especial e não examina a questão constitucional, deve o recorrido interpor embargos de declaração. Neste sentido é esclarecedor o acórdão no qual, tendo deixado de examinar a questão constitucional, a 3ª Turma do Superior Tribunal de Justiça acolheu embargos de declaração para, suprindo a omissão, abrir vista ao Ministério Público e em seguida decidir a questão constitucional suscitada, invocando o Ministro Eduardo Ribeiro as razões de voto, acima transcritas, para a final proferir acórdão que porta a seguinte ementa:

28. STJ, 3ª Turma, REsp 2.658.

Recurso especial.

Possibilidade de cuidar-se de matéria constitucional quando o pedido tenha dois fundamentos e o de natureza constitucional não é examinado na origem porque acolhido o pedido com base no outro. Afastado o que levou à procedência do pedido, cumpre passar-se à alegação de inconstitucionalidade que, de outra forma, jamais seria examinada, uma vez que o vencedor não poderia interpor extraordinário, por falta de interesse de recorrer. Correção monetária. Artigo 75 da Lei 7.799/89. Constitucionalidade. A aplicação do índice de 1,2879 visou a corrigir, em parte, a distorção causada pelo congelamento estabelecido pela Lei 7.730/89 (MP 32), não ferindo direitos adquiridos. [29]

No caso em referência a 3ª Turma do Superior Tribunal de Justiça considerou não existir a inconstitucionalidade alegada. Por isto o julgamento ficou encerrado na Turma, cabendo ao interessado o direito de interpor o recurso extraordinário. Tivesse adotado o entendimento contrário, o caso teria de ser apreciado pela Sessão daquele Tribunal, em face da exigência constante do art. 97 da Constituição Federal.

Afirmada a inconstitucionalidade, pela Sessão, a parte que vinha sustentando a constitucionalidade, então vencida, terá a oportunidade para interpor o recurso extraordinário com fundamento no art. 103, inciso III, alínea "b", da Constituição Federal. Afirmada a constitucionalidade, estará aberta para a parte contrária a oportunidade para o recurso extraordinário, com fundamento no art. 103, inciso III, alíneas "a" e "c", da Constituição Federal.

A manifestação explícita do Superior Tribunal de Justiça, afirmando a constitucionalidade da lei federal, tem a finalidade de estabelecer o prequestionamento, tido como requisito para o recurso extraordinário. Entretanto, penso que,, em casos assim o extraordinário será cabível, mesmo quando no âmbito do recurso especial não tenha sido ventilada a questão constitucional e o caso termine com o julgado da Turma, pela constitucionalidade. É que neste caso o acórdão proferido pelo STJ apenas substitui aquele proferido pelo tribunal de segunda instância, e neste se deu o prequestionamento, pelo quê razão não há para desconsiderá-lo.

Seja como for, diante de acórdão do Superior Tribunal de Justiça que aplica lei cuja inconstitucionalidade fora sustentada nas instâncias

29. STJ, ED no REsp 73.106-RS, rel. Ministro Eduardo Ribeiro, j. 26.2.96, *RSTJ* 129/223.

ordinárias, é recomendável a interposição dos embargos declaratórios, assim como recomendável é a insistência, nas contrarrazões do recurso especial, na arguição de inconstitucionalidade, cujo exame fez-se desnecessário no tribunal de segunda instância. Com isto evita-se o argumento da ausência de prequestionamento, como razão para o não conhecimento do recurso extraordinário.

2.22.4 Recurso prematuro

Outro entendimento adotado pelo Supremo Tribunal Federal que demonstra o seu esforço no sentido do estreitamento da via recursal consiste na rejeição do recurso interposto antes do início do prazo legalmente estabelecido para sua interposição, ou recurso prematuro.

Tudo indica que esse infeliz entendimento já está superado. O bom senso da maioria dos Ministros do Supremo Tribunal Federal parece já haver afastado definitivamente a tese da rejeição do recurso prematuro, que na verdade constitui uma contribuição dos advogados na luta contra a morosidade do Poder Judiciário. Mesmo assim o assunto merece a reflexão de todos e por isto, até pela oportunidade de examinarmos melhor a questão dos prazos no Direito Processual Civil, vamos dele cuidar logo adiante, depois de examinarmos a questão da exigência de demonstração da repercussão geral das questões constitucionais no recurso extraordinário.

2.22.5 Repercussão geral da questão constitucional

A Emenda Constitucional 45, de 8.12.2004, conhecida como Reforma do Judiciário, além de diversas outras alterações na Constituição Federal de 1988, acrescentou ao art. 102 um parágrafo estabelecendo:

> § 3º. No recurso extraordinário o recorrente deverá demonstrar a repercussão geral das questões constitucionais discutidas no caso, nos termos da lei, a fim de que o Tribunal examine a admissão do recurso, somente podendo recusá-lo pela manifestação de dois terços de seus membros.

Esse dispositivo constitucional suscitou várias manifestações da doutrina, em geral sustentando que se cuida simplesmente de mais um requisito de admissibilidade do recurso extraordinário, cujo conhecimento pelo Supremo Tribunal Federal estaria sendo dificultado. Na verdade, porém, essa norma tem enorme relevo na questão do conhecimento do recurso extraordinário, mas deve ser vista como instrumento de aperfeiçoamento do controle difuso de constitucionalidade, e não como um obstáculo ao exercício deste pela Corte Maior. Afinal de contas, a ela compete, precipuamente, a guarda da Constituição. Esta é a sua tarefa principal, mais importante, de sorte que nenhuma lesão à Constituição e desde que capitulada em um dos incisos nos quais estão definidas as hipóteses de cabimento do recurso extraordinário, que tenha repercussão geral, pode ser subtraída de seu exame.

Assim, a nosso ver o § 3º, do art. 102, da Constituição Federal, deve ser entendido como um aperfeiçoamento do mecanismo de controle de constitucionalidade e não como um obstáculo a seu funcionamento. Em texto publicado na *Revista Dialética de Direito Processual*[30] procuramos demonstrar essa nossa tese que, se adotada pelo Supremo Tribunal Federal, com certeza vai consubstanciar notável evolução em nosso sistema de controle de constitucionalidade.

2.23 Intempestividade do recurso prematuro

2.23.1 *Considerações iniciais sobre a tese e seus efeitos*

A tese segundo a qual é intempestivo o recurso interposto antes da publicação do acórdão recorrido foi adotada pelo Min. Celso de Mello, em despacho no qual negou provimento a agravo interposto pelo Estado de Mato Grosso do Sul para ter apreciado recurso extraordinário. Nesse despacho está dito:

> *Cabe assinalar*, por necessário, que a *intempestividade* dos recursos tanto pode derivar *impugnações prematuras* (que se *antecipam* à publicação dos acórdãos) quanto resultar de oposições tardias (que se registram *após o decurso* dos prazos recursais).
>
> Em *qualquer* das duas situações – impugnação prematura ou oposição tardia - , a consequência de ordem processual *é uma só*: o *não conhecimento* do recurso, por efeito de sua *extemporânea* interposição.[31]

30. Hugo de Brito Machado, *RDDP* 34/41-52, São Paulo, Dialética, janeiro/2006.

31. STF, AI 405.602-1, *RDDP* 1/212, São Paulo, Dialética, abril/2003.

Justificando esse ponto de vista o Min. Celso de Mello cita vários precedentes nos quais é afirmado que o prazo para o recurso só começa com a publicação do acórdão recorrido, não bastando a publicação da notícia do julgamento. Pelo menos um desses precedentes, ao que pude verificar, afirma que o prazo começa com a publicação do acórdão para acolher recurso que seria intempestivo porque interposto depois do decurso do prazo, se contado da data da publicação do julgamento, como pretendia a parte contrária.[32]

É certo que o prazo começa da publicação do acórdão. É importante, porém, que se saiba por que é assim. Sem a publicação não se pode afirmar que o vencido, que tem direito ao recurso, conheça a decisão para poder contra ela se insurgir. Entretanto, se ele teve conhecimento da decisão que ainda não foi publicada, e se está assim em condições de interpor o recurso, negar a ele esse direito, obrigando-o a esperar a publicação, é desconsiderar o elemento teleológico na interpretação da norma que estabelece o prazo, dando maior importância ao elemento literal.

Não obstante nos pareça insustentável, certo é que essa tese já foi acolhida pelo Plenário da Corte Maior, que decidiu:

> *Ementa: Ação Direta de Inconstitucionalidade. Embargos de Declaração. Extemporaneidade. Impugnação recursal prematura, eis que deduzida em data anterior à da publicação do acórdão consubstanciador do julgamento. Recurso destituído de objeto. Não conhecimento dos Embargos de Declaração.*
>
> A intempestividade dos recursos tanto pode derivar de impugnações prematuras (que se antecipam à publicação dos acórdãos) quanto decorrer de oposições tardias (que se registram após o decurso dos prazos recursais).
>
> Em qualquer das duas situações (impugnação prematura ou oposição tardia), a consequência de ordem processual é uma só: o não conhecimento do recurso, por efeito de sua extemporânea interposição.
>
> A simples notícia do julgamento – mesmo tratando-se de decisão proferida em sede de controle normativo abstrato – não dá início à fluência do prazo recursal, nem legitima a prematura interposição de recurso, por absoluta falta de objeto. Precedentes.[33]

Como se vê da parte final da ementa acima transcrita, o STF considera que antes da publicação ainda não existe o objeto a ser atacado

32. *RTJ* 88/1.016, início do voto do Min. Cordeiro Guerra.
33. STF, Pleno, ED. na ADI 2.075-7-RJ, j. 22.2.2001, *DJU* de 27.6.2003.

pelo recurso. Também o Superior Tribunal de Justiça tem adotado a tese albergada pelo Supremo, e afirmado ser extemporâneo não apenas o recurso interposto além do prazo, mas também aquele interposto "aquém do termo inicial da existência jurídica do decisório alvejado",[34] como se a intimação fosse condição de existência e não apenas de eficácia do ato processual.

Entretanto, o próprio Supremo Tribunal Federal já decidiu, com inteira razão, que a existência de precedente firmado pelo Plenário autoriza o julgamento imediato de causas que versem o mesmo tema, ainda que o acórdão do *leading case* ainda não tenha sido publicado.[35]

É correto esse entendimento. A existência do acórdão não se confunde com a sua eficácia perante as partes ou perante terceiros. A publicação não é elemento essencial do ato. Não o integra. Não é condição para sua existência. É uma forma de intimação das partes. Dela apenas decorre a produção de efeitos do ato perante estas. Acórdão do qual a parte não foi intimada não tem eficácia contra ela, isto é, não a obriga. Equivocada, portanto, a afirmação de que o recurso prematuro é desprovido de objeto.

Mesmo assim a tese segundo a qual o recurso interposto antes do início do prazo para esse fim estabelecido é extemporâneo, é aparentemente consistente. Não porque o acórdão atacado seja, antes da publicação, inexistente, mas porque antes da publicação ainda não começou o prazo para o recurso. Se o recurso deve ser interposto dentro do prazo, certamente essa exigência legal não está atendida no caso de o recurso ser interposto antes do seu início. O que ocorre antes do início do prazo ocorre fora dele, tanto quanto o que ocorre depois de terminado o prazo. O antes, tal como o depois, está fora do prazo.

Essa consistência, porém, é apenas aparente. Basta que se leve em conta a finalidade dos prazos processuais para que se veja que existem prazos com finalidades distintas e que, por isto mesmo, devem ser entendidos de forma distinta.

Na verdade a interpretação, adotada em casos como o de que se cuida, decorre de uma única razão: o desejo de diminuir o volume de recursos que chegam diariamente à Corte Maior tornando inviável o seu

34. STJ, 6ª Turma, REsp 210.522-MS-EDcl, rel. Min. Hamilton Carvalhido, j. 23.10.2001, *DJU* de 25.2.2002, p. 456, citado por Theotônio Negrão, *Código de Processo Civil*, 35ª ed., São Paulo, Saraiva, p. 310, nota 2a ao art. 241.

35. STF, ED AI 426.271-8-SP, rel. Min. Carlos Velloso, *DJU* I, de 27.6.2003, p. 53.

funcionamento. Esse desejo, porém, termina sendo frustrado porque o resultado desse tipo de decisão é sempre no sentido oposto, vale dizer, essas decisões que não apreciam o mérito das questões terminam aumentando a quantidade de processos.

Frustrado com o não conhecimento de seu recurso, diante do trânsito em julgado da decisão a ele contrária, o recorrente tende a utilizar-se da ação rescisória. A propositura ocorrerá, inexoravelmente, nos casos em que a pretensão do recorrente frustrado tem amparo na jurisprudência do tribunal que se negou a conhecer-lhe o recurso, em especial quando se trate do Supremo Tribunal Federal.

Realmente, se a jurisprudência da Corte Maior está firme em determinado sentido, quem busca o amparo dessa jurisprudência e resta frustrado pelo não conhecimento de seu recurso, proporá a ação rescisória com enorme chance de êxito. Não é razoável, portanto, imaginar que não o faça.

Assim, se o efeito desejado com o não conhecimento do recurso é reduzir o número de processos, o efeito alcançado será, com toda certeza, contrário ao desejado. O número de processos aumentará em virtude das ações rescisórias nas quais a será buscado o tratamento isonômico negado com a não apreciação do recurso.

Quando no recurso não conhecido o recorrente está buscando a reforma de acórdão que contraria a jurisprudência do Supremo Tribunal Federal, o não conhecimento do recurso consubstancia flagrante violência ao princípio da isonomia. Nada justifica, pois, a denegação de acesso à Corte Maior para os que buscam a aplicação de seus precedentes. Afinal de contas a isonomia é certamente um dos princípios mais importantes, chegando mesmo a fazer parte da própria essência do Direito.

É curioso observar-se, a propósito do desejo de reduzir o volume de processos, que muita vez os despachos ou acórdãos nos quais é negada a apreciação de mérito dos recursos consomem, com certeza, mais tempo do que seria necessário para o julgamento de mérito.

Não temos dúvida de que as decisões adotadas com o propósito de reduzir o número de processos, geralmente negando a prestação jurisdicional de mérito, causam mais danos do que benefícios. Como asseveram, com inteira propriedade, Hugo de Brito Machado Segundo e Raquel Cavalcante Ramos Machado:

Os danos causados por esse tipo de compreensão não são poucos, e não se resumem aos princípios constitucionais processuais diretamente implicados. Basta ver a quantidade de ações rescisórias interpostas por conta, exclusivamente, do não conhecimento intransigente de recursos dirigidos às Cortes Superiores, e as inúmeras perplexidades sobre as quais a doutrina processualística se está deparando quanto ao cabimento dessas ações. O formalismo cria, em situações assim, profunda desigualdade e injustiça.[36]

2.23.2 A finalidade dos prazos

É importante que no estudo de qualquer norma jurídica se leve em consideração a sua finalidade. Assim também ocorre com as normas que estabelecem prazos para a prática de atos no processo. Por isto os processualistas classificam os prazos tendo em vista a finalidade para a qual são eles estabelecidos.

Diversamente do que pode parecer, nem todos os prazos têm a mesma finalidade. Alguns se destinam a assegurar o andamento rápido do processo e por isto não merece censura quem a eles se antecipa. Outros se destinam a garantir à parte o tempo necessário para exercitar a defesa de seus direitos, impedindo que certos atos sejam praticados antes do decurso desses prazos.

Sobre o tema doutrina Dinamarco:

> Prazo é a *distância temporal* entre dois atos, estabelecida na lei – distância *máxima* na maioria dos casos, distância *mínima* em outros. Em face disso a imposição de prazos pela lei processual considera-se um aspecto da disciplina do processo no tempo e, portanto, um dos aspectos das exigências formais do processo (...). Os prazos consistentes em uma distância máxima, ditos *prazos máximos*, consistem na exigência de que os atos sejam realizados até a um certo momento e depois não possam mais ser realizados eficazmente. (...) Em virtude disso, os prazos máximos são *aceleratórios*, isto é, visam a impulsionar o procedimento para a frente – eles têm o efeito de limitar as esperas pela realização dos atos processuais. Os chamados *prazos mínimos* têm a finalidade oposta. Consistem na imposição de uma espera pela realização de certo ato, como condição para que possa ser realizado o ato subsequente. (...) Os prazos mínimos consideram-se, por isso,

36. Hugo de Brito Machado Segundo e Raquel Cavalcante Ramos Machado, "O formalismo e a instrumentalidade do processo – Questões relativas à instrução do Agravo de Instrumento", em *RDDP* 2/42, São Paulo, Dialética, maio/2003.

> *dilatórios* – ou seja, sua imposição visa a impedir que o processo vá avante antes de determinado momento. São geralmente *preclusivos* os prazos máximos impostos às partes para a realização dos atos de seu interesse. Não cumprido o ato no tempo preestabelecido, o fenômeno da *preclusão temporal* impede que elas possam realizá-lo depois e obter os resultados desejados (...). Dizem-se *próprios* os prazos preclusivos. *Impróprios*, os não preclusivos.[37]

A distinção entre prazos *dilatórios* e prazos *aceleratórios* não tem sido colocada com clareza pelos processualistas, e talvez não seja possível classificar cada um dos prazos processuais em uma dessas espécies. Mesmo assim, se considerarmos os prazos em relação àquele que deve praticar o ato no processo, vê-se com nitidez a existência de duas espécies de prazos, a saber: a) os prazos impeditivos da prática imediata do ato, isto é, prazos cujo decurso é necessário para que o ato possa ser praticado; e b) prazos preclusivos ou peremptórios, aqueles cujo decurso extingue o direito de praticar o ato.

Essa classificação talvez coincida com aquela adotada por Dinamarco. Preferimos, porém, explicá-la com outras palavras, inclusive utilizando a terminologia utilizada pelo legislador, apenas para tornar mais fácil a compreensão do por que, em certos casos, os atos podem ser praticados antes de iniciado o prazo e, em outros, essa prática antecipada não pode ser admitida.

2.23.3 Início dos prazos

É importante a definição do momento em que se inicia o prazo, seja ele qual for, para que se possa cobrar sua observância. É evidente que somente conhecendo o início pode-se determinar o fim. Em outras palavras, só se pode saber se um prazo terminou sabendo-se quando esse prazo começou.

Entretanto, saber se o ato pode ser praticado, ou não, antes do prazo estabelecido para sua prática, depende de se saber se o prazo é destinado a impedir a prática prematura, ou a impedir a prática serôdia, com o retardamento indefinido do processo. Se a finalidade do prazo é impedir a prática prematura do ato, certamente não se pode admitir seja o ato praticado antes do seu término, e, assim, evidentemente o ato não poderá

37. Cândido Rangel Dinamarco e Bruno Vasconcelos Carrilho Lopes, *Teoria geral do novo Processo Civil*, São Paulo, Malheiros Editores, 2016, p. 189.

ser praticado antes do início do prazo. Entretanto, se a finalidade do prazo é impedir a prática serôdia do ato, tem-se de concluir que a antecipação deste não está vedada. O ato deve ser praticado antes de findo o prazo e certamente poderá ser validamente praticado antes de seu início.[38]

A definição do início dos prazos, portanto, nem sempre demarca um momento antes do qual o ato não pode ser praticado. Se o ato pode ser praticado durante o decurso do prazo, e o término deste é que o torna inadmissível, então ele poderá ser praticado antes do início. A definição desse início, em tais casos, presta-se apenas para viabilizar a definição do final. Por outro lado, se o ato não pode ser praticado durante o decurso do prazo, mas somente depois do seu término, então, evidentemente, também não poderá ser praticado antes do início desse prazo.

2.23.4 *Intimação e início do prazo recursal*

O início do prazo para interposição do recurso ocorre com a intimação do ato contra o qual se recorre. Esta é a regra. Mas o que na verdade é necessário para que o prazo tenha início não é a intimação como ato formal. Muito menos é a publicação oficial como forma de intimação. O que é essencial é o conhecimento que tenha a parte do ato atacado no recurso.

Aliás, o Supremo Tribunal Federal já decidiu que a retirada dos autos do Cartório pela parte recorrente importa inequívoca ciência da decisão, equivalendo a intimação.[39]

Nessa linha de pensamento Theotônio Negrão critica as decisões que afirmam a intempestividade do recurso prematuramente interposto, argumentando que tais decisões não levam em consta que o prazo recursal também se inicia com a ciência inequívoca da decisão pelo advogado. E acrescenta:

> Assim, neste caso, se o advogado aguardar a publicação da decisão para interpor o recurso, este pode ser considerado intempestivo; mas, se apresentar o recurso, o mesmo pode não ser conhecido por ainda não ter sido publicada a decisão.

38. CPC/2015: "Art. 218. (...). § 4º. Será considerado tempestivo o ato praticado antes do termo inicial do prazo".

39. STF, 2ª Turma, RE 98.561-PR, rel. Min. Djaci Falcão, j. 20.5.1986, *DJU* de 31.10.1986, p. 20.922.

> Mais recentemente, a 2ª Turma do STJ decidiu o seguinte: "Em nome da modernidade, tendo em vista a possibilidade de acompanhamento dos andares processuais via Internet, reconsidera-se a decisão que não conheceu de embargos de declaração interpostos antes da publicação do acórdão embargado, afastando as decisões desta Corte no sentido de considerar intempestivo o recurso" (STJ-2ª Turma, REsp 262.313-PR-AgRg-EDcl-AgRg, rela. Min. Eliana Calmon, j. 10.9.2002, deram provimento, v.u., *DJU* 7.10.2002, p. 213.[40]

Note-se a dificuldade em que fica o advogado quando tem vista dos autos e toma conhecimento da decisão contra a qual pretende recorrer. Se o advogado, pelo fato de haver tomado conhecimento da decisão considera-se intimado e dela recorre, o recurso poderá ser considerado extemporâneo porque prematuro. E se espera a publicação para interpor o recurso poderá este ser considerado intempestivo porque o prazo, contado a partir da vista dos autos, estaria esgotado.

Não há dúvida de que a melhor solução é considerar-se tempestivo em qualquer das duas hipóteses. Afinal de contas o processo não pode ser tratado como armadilha para negar a prestação jurisdicional. Entretanto, se em apenas uma dessas duas hipóteses pudesse ser o recurso considerado tempestivo, não teríamos dúvida em preferir a hipótese de interposição antes da publicação, posto que essa postura é a que melhor atende à conveniência, que é de todos, de evitar a demora no andamento do processo.

2.23.5 Renúncia aos prazos

O CPC/1973 admitia que as partes, de comum acordo, reduzissem ou ampliassem os prazos dilatórios, isto é, aqueles prazos estabelecidos com a finalidade de lhes assegurar o pleno exercício de seus direitos.[41] Estabelecia, porém, que a estas, ainda que estivessem todas de acordo, era vedado reduzir ou prorrogar os prazos peremptórios.[42]

O CPC/2015 trata da matéria nos arts. 139 e 222. Quanto à ampliação, diz o art. 139: "O juiz dirigirá o processo conforme as disposições deste Código, incumbindo-lhe: (...) VI – dilatar os prazos processuais

40 Theotônio Negrão, *Código de Processo Civil*, 35ª ed., Saraiva, São Paulo, p. 310, parte final da nota 2a ao art. 241.

41. CPC/1973, art. 181.

42. CPC/1973, art. 182.

(...), adequando-os às necessidades do conflito de modo a conferir maior efetividade à tutela do direito; (...)".

Quanto à redução, o art. 222 (...) § 1º, dispõe que "ao juiz é vedado reduzir prazos peremptórios sem anuência das partes". *A contrario sensu*, "as partes não podem aumentar o prazo peremptório por convenção".[43]

Diz ainda a lei que a parte pode renunciar ao prazo estabelecido exclusivamente em seu favor.[44] Assim, por exemplo, o réu tem prazo para contestar, que começa com a citação. Pode, porém, contestar antes do início desse prazo. Se por qualquer meio toma conhecimento da propositura da ação, tem conhecimento dos termos da inicial respectiva, pode oferecer contestação mesmo sem ter sido citado.

Tudo isso é importante para que se possa cuidar da questão de saber se é válido, ou não, o recurso interposto antes de iniciado o prazo para esse fim estabelecido.

2.23.6 Prazo aceleratório ou peremptório

O prazo para interposição de recursos é sem dúvida um prazo *aceleratório*, na terminologia usada por Dinamarco, ou *peremptório*, se adotarmos a terminologia utilizada pelo CPC. Ele se destina a acelerar a marcha do processo, evitando que ele se eternize. E uma vez decorrido o ato já não pode mais ser praticado. Seu decurso opera a perempção do direito ao recurso. Por se tratar de um prazo peremptório, as partes não podem reduzi-lo, nem prorrogá-lo.

Não se trata, porém, de um prazo estabelecido para impedir a prática imediata do ato, mas para impedir sua prática serôdia. Assim, é evidente que não impede a prática imediata do ato, vale dizer, não impede a interposição do recurso antes do seu início.

A propósito da finalidade dos prazos ditos aceleratórios, que se destinam a acelerar a marcha do processo ou, em outras palavras, impedir seja ela retardada, é digno de observação o fato de que no caso do acórdão do Supremo Tribunal Federal, que transcrevemos (nota 33), entre a data do julgamento, dia 22.2. 2001, e a data da publicação do acórdão no *Diário da Justiça*, dia 27.6.2003, decorreram dois anos e quatro meses.

43. Fabio Caldas de Araújo, *Curso de Processo Civil*, vol. I, São Paulo, Malheiros Editores, p. 761.

44. Art. 225 do CPC/2015.

O julgamento é ato público. Será razoável impor às partes, que a ele estiveram presentes e conhecem o inteiro teor da decisão, aguardar o início de um prazo por mais de dois anos para que possam recorrer? E mais. Será razoável afirmar-se que tais prazos existem para acelerar o andamento do processo?

2.23.7 Prazo em favor da parte vencida

Por outro lado é inegável que a parte vencida, em favor da qual é estabelecido o prazo para a interposição do recurso, pode a ele renunciar. Isto quer dizer que a parte vencida, porque pode renunciar ao prazo, pode renunciar à demarcação de sua data inicial. Pode, portanto, interpor o recurso antes de ser intimada da decisão contra a qual recorre (CPC/2015, art. 218, § 4º). A interposição prematura do recurso, aliás, contribui para a rapidez no andamento do processo, o que tem sido sempre por todos reclamado.

2.23.8 Tratamento excepcional dos embargos de declaração

Os embargos de declaração constituem um recurso apenas em sentido amplo. A rigor, em sentido processual específico, não o são. Tanto que podem ser interpostos pelo vencedor, quando os recursos em geral são instrumentos apenas utilizáveis pelos vencidos.

Realmente, nos embargos de declaração o que se busca não é a mudança da decisão, embora esta possa ocorrer e em muitos casos seja inevitável consequência do seu acolhimento; o que nos embargos de declaração se busca, essencialmente, é a clareza da peça processual que consubstancia a decisão.

Como o que se busca com a interposição dos embargos de declaração é a clareza da peça que consubstancia a decisão, é razoável admitir-se que o prazo para sua interposição começa da data da publicação dessa peça processual.

Antes da publicação pode mesmo acontecer a correção de erros materiais, a mudança de redação, de sorte que é possível, em tese, embora na prática isto não seja comum, que os embargos de declaração se tornem desnecessários em virtude de correções feitas no acórdão antes de sua publicação.

Ainda assim, é razoável admitir a interposição de embargos de declaração antes da publicação do acórdão. Se em face dos embargos o relator entender que pode corrigir o defeito apontado, que o faça, e então julgue os embargos sem objeto. Vale a pena, aliás, repetirmos que o STJ tem decisão que admite, em nome da modernidade, a interposição dos declaratórios antes da publicação do acórdão embargado.[45]

Nos recursos em sentido estrito, porém, é inadmissível impor ao vencido que aguarde a publicação do acórdão para que possa exercer o seu direito de recorrer.

2.24 Considerações finais

É preciso que se compreenda de uma vez por todas a doutrina da instrumentalidade do processo. O Direito na verdade é um instrumento da harmonia social. Instrumento de equacionamento dos interesses individuais e da solução dos inevitáveis conflitos entre os seres humanos. E o processo é um instrumento do Direito, no sentido de que se presta para viabilizar sua adequada aplicação nas situações conflituosas.

Assim, as normas do Direito Processual devem ser interpretadas com atenção à luz da razoabilidade, não se podendo privilegiar o elemento lógico formal como se esse fosse o elemento essencial a ser utilizado na tarefa interpretativa.

Oportuna, pois, a lição que nos oferecem Hugo de Brito Machado Segundo e Raquel Cavalcante Ramos Machado, encerrando excelente texto sobre o formalismo e a instrumentalidade do processo:

> Por tudo isso, é assaz relevante o emprego, também no âmbito do Direito Processual, das modernas técnicas de hermenêutica, que, diante da reconhecida insuficiência de uma lógica dedutiva de subsunção da norma literalmente considerada ao fato nela previsto, preconiza a devida atenção às peculiaridades de cada caso concreto, prestigiando-se o sistema jurídico como um todo, especialmente os princípios constitucionais, que devem ser racionalmente conciliados.[46]

45. Theotônio Negrão, *Código de Processo Civil*, 35ª ed., Saraiva, São Paulo, p. 310, nota 2a ao art. 241.

46. Hugo de Brito Machado Segundo e Raquel Cavalcante Ramos Machado, "O formalismo e a instrumentalidade do processo – Questões relativas à instrução do agravo de instrumento", cit., *RDDP* 2/43.

Registre-se mais uma vez que, felizmente, esse entendimento estapafúrdio que levava à rejeição, por intempestividade, dos recursos prematuros, encontra-se superado no Supremo Tribunal Federal.

Mesmo assim, parece ainda haver no Supremo Tribunal Federal algum resquício daquele entendimento absurdo que dava por intempestivo recurso interposto antes do início do prazo para esse fim. Resquício que talvez seja responsável pela ampliação do entendimento excepcional relativo aos embargos de declaração. Realmente, em se tratando da interposição de embargos de declaração é razoável que se tenha de esperar a publicação do acórdão, porque erros ou omissões podem ser, em regra, corrigidos antes dela pelo relator. Não é o caso, porém, de recurso extraordinário interposto antes da publicação do acórdão que aprecia embargos de declaração. O Supremo Tribunal Federal, todavia, parece seguir decidindo pela intempestividade do recurso extraordinário interposto antes da publicação do acórdão que aprecia embargos de declaração.[47]

47. STF, AgR no AI 638.864-1, j. 26.6.2008, *DJU* de 21.8.2008, p. 23, e *RDDP* 68/233-234 novembro/2008.

3.
O PRAZO PARA IMPETRAÇÃO

3.1 Natureza jurídica. 3.2 Constitucionalidade. 3.3 Termo inicial. 3.3.1 Dispositivo específico. A ciência do ato impugnado. 3.3.2 Peculiaridades. 3.3.3 Ato administrativo único com efeitos permanentes. 3.3.4 Omissão continuada da Administração Pública. 3.4 Impetração e recurso administrativo. 3.4.1 O efeito suspensivo das reclamações e recursos. 3.4.2 Suspensividade e cabimento da impetração. 3.5 O prazo na impetração preventiva. 3.6 O prazo na relação jurídica continuativa. 3.6.1 Relação instantânea e relação continuativa. 3.6.2 Ameaça ou norma de efeito concreto. 3.6.3 O entendimento do STF. 3.7 O prazo no caso de omissão. 3.8 Quando se tem como exercitado o direito. 3.8.1 Entrega da inicial no protocolo. 3.8.2 Hora da entrega da inicial. 3.8.3 Juízo incompetente. 3.9 Síntese.

3.1 Natureza jurídica

Definir a natureza jurídica de alguma coisa é dizer qual seu regime jurídico. Assim, dizer que o prazo de 120 dias, estabelecido no art. 23 da Lei 12.016/2009, para impetração do mandado de segurança, é de decadência – significa dizer que a esse prazo se aplicam as normas pertinentes à decadência. Se se diz que tal prazo é de prescrição, se está a dizer que não são as normas pertinentes à decadência, mas as pertinentes à prescrição, que a ele se aplicam.

Conforme a doutrina mais conhecida, decadência é a extinção do direito, enquanto prescrição é a extinção da ação. Para Câmara Leal

> A decadência extingue diretamente o direito e, com ele, a ação que o protege; ao passo que a prescrição extingue diretamente a ação e, com ela, o direito que protege. A decadência tem por objeto o direito, é estabelecida em relação a este e tem por função imediata extingui-lo;

a prescrição tem por objeto a ação, é estabelecida em relação a esta, e tem por função imediata extingui-la.[1]

Com respaldo na doutrina, a jurisprudência tem afirmado que o prazo para impetração do mandado de segurança é de decadência. E assim tem feito especialmente para afastar a possibilidade de interrupção, ou de suspensão desse prazo.[2]

Se o prazo para a impetração do mandado de segurança é de decadência, então com seu decurso estaria extinto o próprio direito. Entretanto, como esclarece Alfredo Buzaid, os autores que consideram como de decadência esse prazo explicam que ele tem em vista a forma processual e não a relação jurídica material. Ou que é o direito de ação que decai. Ou ainda, que a perda do prazo para impetrar a segurança atinge o direito processual àquele remédio jurídico.[3]

Dizer-se que o decurso do prazo em questão atinge o direito à forma processual especial, ou o direito de ação, ou o direito processual a um remédio jurídico, é o mesmo que dizer simplesmente que ele atinge a *ação*. O prazo seria de prescrição, e não de decadência.

Melhor nos parece a posição de Alfredo Buzaid, que depois de explicar as distinções doutrinárias entre prescrição, decadência e preclusão, esclarece:

> Ora, o Congresso Nacional, ao elaborar a Lei n. 1.533/51, quis deliberadamente afastar a controvérsia sobre prescrição, decadência e preclusão e para isso empregou a fórmula: "O direito de requerer mandado de segurança extinguir-se-á ..." (art. 18). O prazo para impetrar mandado de segurança não é prazo preclusivo, porque ele não se verifica no curso do processo, tampouco é de prescrição ou decadência, porque não fere mortalmente o direito material, que remanesce imprejudicado, podendo ser pleiteado por via ordinária. O prazo é extintivo de uma faculdade pelo seu não exercício dentro de cento e vinte dias, contados da ciência do ato a ser impugnado. Não se justifica, pois, recorrer aos conceitos de prescrição, de decadência

1. Antônio Luís da Câmara Leal, *Da prescrição e da decadência,* 3ª ed., Forense, Rio de Janeiro, 1978, p. 100.

2. TRF-5ª Região, 2ª Turma, AMS 2.358-CE, rel. Juiz José Delgado, *DJU* II, de 8.2.1991, p. 1.680; 1ª Turma, AMS 3.480-PE, rel. Juiz Francisco Falcão, *DJU* II, de 6.9.1991, p. 21.330.

3. Alfredo Buzaid, *Do Mandado de Segurança,* Saraiva, São Paulo, 1989, pp. 152-153.

e de preclusão, para explicar a natureza do prazo, quando a própria lei subministra a idéia correta, que é de extinção do direito de requerer mandado de segurança.[4]

Efetivamente, fosse de *decadência* o prazo em exame, com o seu decurso extinto estaria o direito material. Fosse de *prescrição*, restaria afetada diretamente a ação, qualquer que fosse, para defesa do direito, e indiretamente o próprio direito. Preferível, pois, a posição do eminente processualista, buscando-se então delinear um regime jurídico próprio para o prazo em referência.

Aliás, a jurisprudência de certa forma já se encarregou de fazer isto, na medida em que admitiu não terminar o mesmo em dia no qual não exista expediente no Juízo em que deva ser impetrada a segurança, mesmo admitindo que, em princípio, trata-se de prazo não sujeito a interrupção, nem suspensão.

Interessante, outrossim, é a doutrina de Pontes de Miranda, que afirma tratar-se de prazo de preclusão, que somente se inicia quando surge para o interessado a ação concernente a seu direito certo e líquido,[5] a ação especial de mandado de segurança.

Remanesce, porém, a crítica de Buzaid, segundo a qual a preclusão somente acontece *no processo*:

> A preclusão supõe um processo já instaurado e em desenvolvimento e, como ensina José Frederico Marques, pode ser considerada, do ponto de vista objetivo, como um fato impeditivo destinado a guardar o avanço progressivo da relação processual e obstar o seu recuo para fases anteriores do procedimento e, do ponto de vista subjetivo, como a perda de uma faculdade ou direito processual que, por se haver esgotado ou por não ter sido exercido em tempo e momento oportuno, fica praticamente extinto.[6]

Como o prazo para a impetração do mandado de segurança não é prazo no processo, mas anterior a ele, cujo decurso impede sua instauração, não seria adequado qualificá-lo como prazo preclusivo.

4. Alfredo Buzaid, *Do Mandado de Segurança,* cit., pp. 159-160.

5. Pontes de Miranda, *Comentários à Constituição de 1967*, tomo V, Ed. RT, São Paulo, 1968, p. 352.

6. Alfredo Buzaid, *Do Mandado de Segurança*, cit.,p. 153-154.

Em síntese, o prazo para impetração do mandado de segurança tem natureza própria, específica, tendo sido o seu regime jurídico construído pela jurisprudência. Nele predominam as regras pertinentes à decadência e à preclusão. Em atenção à doutrina predominante, e por questão de ordem prática, a ele eventualmente faremos referência como prazo de *decadência*.

3.2 Constitucionalidade

Há quem afirme ser inconstitucional a norma do art. 23 da Lei 12.016/2009, segundo a qual o direito de impetrar mandado de segurança extingue-se decorridos 120 dias contados da ciência, pelo interessado, do ato impugnado.

Neste sentido Sérgio Ferraz, depois de citar alguns juristas eminentes, entre os quais o Min. Carlos Mário Velloso, do Supremo Tribunal Federal, argumenta:

> Realmente, com a devida vênia dos que sustentam tese oposta, não vemos como pretender a validade do art. 18 [*refere-se à Lei 1.533/1951*] em tela, em face da Constituição. Nosso argumento fundamental repousa nas já tão proclamadas, neste trabalho, origem e moldura constitucionais do mandado de segurança. Esse *writ* foi encartado na Lei Magna com pressupostos estritos e claros, com vistas à realização de objetivos também claros e estritos. Como admitir, cientificamente, que uma garantia dessa magnitude possa ser ignorada pelo decurso de um prazo criado em lei ordinária, sem qualquer indicação constitucional a ele conducente?
>
> As objeções levantadas ao opinamento que esposamos são, *vênia concessa*, de flagrante fragilidade, conforme se passa a evidenciar.
>
> Em primeiro lugar, que os atos do poder administrador, assim, fiquem sempre subordinados ao poder julgador (Sidou), nada há de estranho ou inaceitável. Pelo contrário, isso é, aliás, uma das características excelsas dos plenos Estados de Direito, submetidos ao princípio do *rule of the law.*
>
> Doutra parte (e ainda com Sidou), que o prazo legal seja, *in casu*, apenas simples disciplina do "modo, o processo, a forma de defender esse direito, que tanto pode ser a via privilegiada como outros caminhos judiciais mais lentos", nada mais inexato. E assim não é: I – a uma, porque ser apenas simples disciplina processual não se compatibiliza com a natureza extintiva do prazo sob exame, como consagrado no pré-falado art. 18; II – a duas porque o mandado de segurança não

é apenas uma via judicial privilegiada de defender direitos. Ele é em si um direito fundamental, uma garantia tutelar básica.

Como indaga, com acuidade, Amir José Sarti (ob. cit., p. 117): "De que vale erigir-se um instrumento jurídico à magnitude de garantia constitucional se uma simples lei ordinária tem o poder de fulminá-lo, literalmente, pelo decurso de um lapso de tempo?".

Em terceiro lugar (e já agora reportamo-nos à objeção de Lucia Valle Figueiredo), a quantificação dos dias do prazo da lei é problema, aqui, juridicamente irrelevante. A questão não reside em que a impetração se faça em 120 ou em 20 dias. O problema está em que o legislador ordinário não tem poderes, pelas considerações antes expendidas, de criar, sem supedâneo constitucional, prazos extintivos para o exercício de uma garantia constitucional, instituída sem submissão a termos temporais. No particular, não tem sequer cabimento, *data venia,* a discussão sobre a aceitação apenas de prazos razoáveis (tendo-se os despidos de razão como inconstitucionais), eis que inexiste qualquer critério científico válido para o tema. Por exemplo: por que proclamar que 20 dias seriam constitucionalmente inaceitáveis, porque não razoáveis (como quer Lucia Valle Figueiredo), se o remédio análogo na Áustria deve ser exercido em 15 dias, e em 30 na Suíça, Alemanha e Argentina (todos esses lapsos admitidos, em regra, como suficientes e razoáveis nas considerações doutrinárias que tal tema suscita, nos referidos países)? Aliás, que importância científica tem que em tais países os prazos sejam mais restritos que no Brasil (conforme pareceu sugestivo a Sidou, para sustentar a validade do art. 18 da Lei 1.533)?

Em quarto lugar, nada há de estranhável em que o mandado de segurança não esteja sujeito a prazos de impetração: tal é o que sempre aconteceu com o *habeas corpus* e, já agora, também com o *habeas data,* sem falar na ação direta de inconstitucionalidade.

Em suma, parece-nos insustentável o art. 18 da Lei 1.533, claramente infringente à matriz constitucional disciplinadora do mandado de segurança: enquanto existir o bem de vida cuja salvaguarda específica o *writ* objetiva resguardar, caberá o mandado de segurança.[7]

Em síntese, a fixação do prazo em referência seria inconstitucional porque o legislador ordinário não tem poderes de criar, sem supedâneo constitucional, prazos extintivos de uma garantia instituída pela Constituição sem submissão a termos temporais. A reforçar esse argumento invoca-se a inexistência de prazo extintivo para a impetração de *habeas*

7. Sérgio Ferraz, *Mandado de Segurança*, São Paulo, Malheiros Editores, 1992, pp. 99-100

corpus e de *habeas data.* Alega-se, outrossim, que admitir o prazo em tela equivale a suprimir-se a garantia constitucional para a maioria da população, que não tem condições de acionar imediatamente a Justiça.[8]

A tese da inconstitucionalidade do dispositivo legal que estabelece o prazo para impetração do mandado de segurança já encontrou respaldo na jurisprudência,[9] embora se possa considerar que se trata de decisão isolada, adotada por maioria de votos em uma das Turmas do Tribunal Regional Federal da 5ª Região, e que não representa a posição nem mesmo daquele órgão fracionário do referido Tribunal.[10]

Na verdade trata-se de tese absolutamente minoritária, tanto na jurisprudência quanto na doutrina, e sem respaldo em nosso ordenamento jurídico, posto que, não obstante consagrada pela Constituição a garantia de acesso ao Judiciário, estabelece a lei ordinária prazos prescricionais.

Diz a Constituição que "a lei não excluirá da apreciação do Poder Judiciário lesão ou ameaça a direito". Ao estabelecer os prazos de prescrição das ações, a lei não está excluindo da apreciação do Judiciário as lesões aos direitos respectivos. Apenas está delimitando o tempo durante o qual aquela apreciação é possível. Ao fazê-lo, não poderá estabelecer prazo de tal modo exíguo que, na prática, torne impossível o exercício do direito de ação. O prazo de prescrição há de ser, assim, razoável.

Assim como a lei, ao estabelecer prazos para a propositura das diversas ações, não viola o dispositivo constitucional que garante o acesso ao Judiciário,[11] ao estabelecer o prazo de 120 dias para impetração de mandado de segurança também não viola o dispositivo da Constituição que garante o direito a tal impetração.

Não nos parece que o estabelecimento do prazo de 120 dias, para a impetração do mandado de segurança, implique restrição à garantia constitucional. Pelo contrário, implica seu evidente fortalecimento.

Como ensina Lacerda Dantas, o mandado de segurança consiste numa técnica de sumarização da demanda, por ser reconhecido que, em

8. Cf. Ali Mazloum, "O Prazo para impetração do mandado de segurança", em *Revista Jurídica,* Síntese, Porto Alegre, 186/41, abril/93.

9. TRF-5ª Região, 2ª Turma, AMS 5.057-CE, rel. Juiz Barros Dias, m.v., *DJU* de 16.4.1992, p. 9.762.

10. TFR-5ª Região, 1ª Turma, AMS 526-PE, rel. Juiz Castro Meira, *Diário do Poder Judiciário* (Recife-PE) de 19.12.1989, p. 45.

11. CF, art. 5º, inciso XXXV.

se tratando de ação que tutela um direito líquido e certo, descabe dilação probatória.[12]

O mandado de segurança destina-se à proteção do direito líquido e certo. Não se compreende que o titular de um direito dessa natureza, lesado por ato de autoridade, demore mais do que 120 dias para ir a juízo defendê-lo. Quem sofre lesão a direito seu, realmente importante, vai a juízo imediatamente.

Admitir que ao mandado de segurança fossem aplicáveis os dispositivos pertinentes à prescrição das ações ditas ordinárias, teria a consequência de descaracterizar o instrumento constitucional, que passaria a ser igual à ação de procedimento ordinário, na qual se trata de matéria simplesmente de direito, ou relativamente à qual dispõe o autor de prova pré-constituída. O traço distintivo a caracterizar o instrumento constitucional passaria a residir apenas no afastamento da viabilidade de dilação probatória, com a possibilidade aberta a inúmeras impetrações.

Inexistente o prazo decadencial de que se cuida, o número de mandados de segurança seria de tal sorte elevado que os titulares de direitos líquidos e certos deixariam de dispor de um instrumento ágil, posto que o mandado de segurança estaria na vala comum dos demais processos.

O prazo para a impetração do mandado de segurança, ao contrário do que pode parecer, fortalece significativamente o instrumento processual em causa, reservando-o para a proteção dos direitos cuja importância não admita vacilação, não admita demora na iniciativa da impetração.

Registre-se, finalmente, que o STF já sumulou o seu entendimento no sentido de que é constitucional a lei que fixa o prazo para impetração do mandado de segurança.[13]

3.3 *Termo inicial*

3.3.1 *Dispositivo específico. A ciência do ato impugnado*

Nos termos da lei específica, os 120 dias do prazo para impetração do mandado de segurança devem ser "contados da ciência, pelo interessado, do ato impugnado".[14]

12. Francisco Wildo Lacerda Dantas, "A questão da decadência do mandado de segurança", *RT* 703/27.

13. STF, Súmula 632.

14. Lei 12.016/2009, art. 23.

Na determinação do termo inicial desse prazo aplica-se o entendimento concernente aos prazos processuais em geral, já estabelecido pela jurisprudência do Supremo Tribunal Federal e, agora, constante do CPC/2015.[15]

Assim, tendo o interessado tido ciência do ato impugnado mediante intimação ocorrida em uma sexta-feira, o prazo de 120 dias terá início na segunda-feira seguinte. E se nesta não houver expediente, o prazo começará no primeiro dia útil seguinte.[16]

3.3.2 Peculiaridades

Em matéria tributária, alguns aspectos relativos ao termo inicial do prazo de decadência exigem especial atenção. Como diversos podem ser, na mesma relação tributária, ou até em uma suposta relação tributária, os atos tidos como lesivos do direito do contribuinte, diversos podem ser os marcos a partir dos quais se deve contar o prazo em questão.

Se é considerado abusivo o início da ação fiscal, porque o contribuinte está ao amparo de uma consulta ainda não respondida, por exemplo, cabe a impetração contra o ato inicial da ação fiscal, que se materializa no termo de seu início. Sendo assim, voltando-se a impetração contra o início da ação fiscal, o prazo deve ser contado da data em que o contribuinte é intimado da lavratura do respectivo termo.

Pode, porém, a impetração voltar-se contra a lavratura de um auto de infração. Neste caso, o prazo se conta da data em que o contribuinte tem ciência dessa lavratura. Mas é possível que o contribuinte prefira impugnar o auto de infração perante a autoridade administrativa competente, e neste caso, não ficará impedido de impetrar mandado de segurança contra a decisão de primeira instância administrativa, que porventura julgue procedente, total ou parcialmente, a exigência fiscal. E se prefere usar o recurso administrativo, submetendo a questão à segunda instância administrativa, poderá impetrar o mandado de segurança contra a decisão nesta proferida, dando pela procedência da ação fiscal.

15. "Art. 224. Salvo disposição em contrário, os prazos serão contados excluindo o dia do começo e incluindo o dia do vencimento. § 1º. Os dias do começo e do vencimento do prazo serão protraídos para o primeiro dia útil seguinte, se coincidirem com dia em que o expediente forense for encerrado antes ou iniciado depois da hora normal ou houver indisponibilidade da comunicação eletrônica."

16. STF, Súmula 310.

Poderia parecer que somente depois de se tornar exequível o crédito tributário, pela inscrição deste na dívida ativa, seria cabível a impetração. A tese não tem fundamento. Ainda mesmo entendendo que a exigência fiscal, antes da inscrição do crédito, não é executável e, assim, não lesa direito, tem-se de admitir a possibilidade de impetração preventiva.[17] E assim a impetração, contra qualquer dos atos que antecedem a inscrição do crédito como dívida ativa, seria impetração preventiva.

Há, por outro lado, quem sustente que depois da inscrição do crédito tributário como dívida ativa não cabe mais a impetração de mandado de segurança, pois o direito creditório tornou-se líquido e certo, não se podendo contra ele admitir outro direito líquido e certo.[18] A tese, porém, é improcedente. Aliás, é tese antiga e hoje plenamente superada. Parte de um equívoco no pertinente ao conceito de direito líquido e certo. Considera como tal um direito incontestável. E na verdade, se direito líquido e certo fosse direito incontestável, seria inadmissível um direito líquido e certo opondo-se a um outro direito líquido e certo.[19]

É cabível a impetração de mandado de segurança contra a inscrição do crédito tributário como dívida ativa. E da data em que o contribuinte toma conhecimento dessa inscrição é que, em última análise, conta-se o prazo de 120 dias para a impetração. Explica-se: é que toda e qualquer lesão ao direito do contribuinte, desde o início da ação fiscal, pode ser questionada na impetração contra o ato de inscrição do crédito como dívida ativa.

É importante, porém, que a impetração se faça com objetividade e clareza. Se o contribuinte pede o mandado de segurança contra a lavratura do auto de infração, por exemplo, e não contra o ato de inscrição do crédito como dívida ativa, há de fazê-lo dentro de 120 dias da data em que teve ciência da lavratura do auto de infração. Se quiser, depois desse prazo, questionar aquele auto, porque não se defendeu na via adminis-

17. Na verdade o contribuinte tem direito de não ter contra ele constituído um crédito tributário em desacordo com o ordenamento jurídico. O direito de não ser considerado devedor. Assim, mesmo sem que o crédito seja ainda exigível, esse direito já pode ser considerado atingido pelos atos da Fazenda Pública, tendentes a constituir o crédito tributário.

18. Castro Nunes, *Do Mandado de Segurança*, 9ª ed., Forense, Rio de Janeiro, p. 193: "A cobrança em si mesma contraindica o uso do mandado de segurança, dado o caráter de liquidez e certeza do crédito, por força de presunção legal".

19 . O conceito de direito líquido e certo está examinado no capítulo em que tratamos dos pressupostos constitucionais para a impetração do mandado de segurança.

trativa, mas antes de ser cientificado da inscrição do crédito como dívida ativa, deve impetrar mandado de segurança *preventivo*.

A impetração preventiva, neste caso, será contra a exigência do tributo indevido, que o impetrante tem justo receio venha a ocorrer.

É interessante notar que o lançamento do tributo não deve ser considerado desde logo um ato lesivo de direito do contribuinte, porque, diversamente do que acontece com os atos administrativos em geral, é desprovido de auto-executoriedade. O fisco não pode fazer valer o seu direito de crédito contra o contribuinte a não ser mediante a propositura da execução fiscal correspondente, e esta depende da inscrição do crédito como Dívida Ativa.

3.3.3 Ato administrativo único com efeitos permanentes

O Superior Tribunal de Justiça entende que em se tratando de ato administrativo único, embora de efeitos permanentes, o prazo para a impetração começa da publicação do ato. Neste sentido decidiu:

> *Processual Civil. Mandado de Segurança. Decadência. Termo inicial. Art. 18 da Lei 1.533/51. Ato administrativo único com efeitos permanentes.*
>
> 1. Edital que estabeleceu horário para atendimento a advogados pela magistrada é ato administrativo único, concreto e de efeito permanente, cujas consequências prolongam-se no tempo, sendo sua publicidade o termo inicial para a contagem da decadência, nos termos do art. 18 da Lei 1.533/51, para efeito de interposição do *mandamus*.
>
> 2. Diferentemente, dos atos sucessivos e autônomos decorrem prazos próprios e independentes, com a renovação sucessiva do prazo decadencial para a interposição do mandado de segurança, hipótese não contemplada nos autos.
>
> 3. Decadência configurada na espécie, porque escoados mais de 120 dias (cento e vinte dias) da publicação do ato que supostamente violou direito líquido e certo do ora recorrente.
>
> 4. Recurso ordinário improvido.[20]

Tratava-se de recurso em mandado de segurança impetrado pela Ordem dos Advogados do Brasil, Seção de Santa Catarina, e a nosso ver essa

20. STJ, ROMS 13.792-SC, rela. Min. Eliana Calmon, j. 20.6.2002, *DJU* I de 5.5.2003 (ementa).

decisão não alberga o melhor entendimento sobre o assunto. Na verdade a relação entre os advogados e os magistrados é de natureza continuativa. É perfeitamente possível que não se tenha concretizado nenhuma lesão a direito dos advogados durante os 120 dias contados da publicação do malsinado edital. Esse prazo já constitui uma restrição, que não deve ser ampliada. Ele na verdade somente deve ser imposto aos que, suportando a lesão decorrente do ato administrativo, somente depois de 120 dias resolvem se insurgir contra ele pela via do mandado de segurança.

Este nosso ponto de vista parece ter apoio no entendimento adotado pelo Supremo Tribunal Federal em caso de mandado de segurança impetrado contra omissão continuada da Administração Pública, como a seguir se verá.

3.3.4 Omissão continuada da Administração Pública

O Supremo Tribunal Federal já decidiu que em caso de omissão continuada por parte da Administração Pública não corre o prazo de decadência.[21] A omissão continuada é exatamente igual, para esse fim, ao ato de efeitos permanentes a que nos reportamos no item precedente. Não existe nenhuma razão para o tratamento diferente. Tanto em um, como no outro caso, não se deve admitir o curso da decadência.

3.4 Impetração e recurso administrativo

3.4.1 O efeito suspensivo das reclamações e recursos

Se em face do auto de infração o contribuinte ofereceu defesa administrativa, ou, em outras palavras, se o contribuinte impugnou o auto de infração perante a autoridade administrativa competente, não se inicia o prazo porque a impugnação tem efeito suspensivo, nos termos do art. 151, inciso III, do Código Tributário Nacional. Julgada a causa em primeira instância administrativa, se o contribuinte interpõe o recurso cabível, ainda não terá início o prazo para impetração do mandado de segurança, porque também esse recurso, nos termos do citado dispositivo legal, tem efeito suspensivo.[22]

21. STF, 1ª Turma, ROMS 23.987-9, rel. Min. Moreira Alves, j. 23.3.2003, DJU I de 2.5.2003, p. 40 (ementa) e *RDDP* 4/230-231, Dialética, São Paulo, julho/2003.

22. O TRF-5ª Região já decidiu adotando esse entendimento, em acórdão assim ementado:

A rigor, o prazo em tela não começa com a ciência, pelo contribuinte, do julgado do Conselho de Contribuintes, a não ser que a impetração se volte especificamente contra esse julgado. O prazo começa quando o lançamento, que se completou com aquele julgado, torna-se exequível. Começa, portanto, com a inscrição do crédito correspondente como dívida ativa.

3.4.2 Suspensividade e cabimento da impetração

A Lei 12.016/2009 estabelece que não se dará mandado de segurança contra ato de que caiba recurso administrativo com efeito suspensivo, independente de caução.[23]

Tal prescrição normativa, entretanto, tem sido interpretada no sentido de que só é incabível a segurança se o interessado interpõe o recurso administrativo. É que, uma vez interposto o recurso administrativo, que tem efeito suspensivo, o ato administrativo fica com a sua executoriedade suspensa, deixando, portanto, ainda que temporariamente, de ser lesionador de direito.

Ocorre que sendo, como é, cabível a impetração preventiva, se ocorrer impetração enquanto pendente de apreciação recurso administrativo com efeito suspensivo é razoável admitir-se que se trata de impetração preventiva, justificável em face do receio de que a decisão do recurso não será favorável ao impetrante.

Em matéria tributária, tem-se lei específica determinando que a propositura, pelo contribuinte, de ação para discutir a dívida tributária, importa em renúncia ao poder de recorrer na esfera administrativa e desistência do recurso acaso interposto.[24] Dessa prescrição legal, que se reporta

"*Processual Civil. Mandado de Segurança. Decadência.* Na pendência de julgamento de recurso administrativo com efeito suspensivo, interposto contra ato apontado como ilegal, não se inicia o prazo de decadência da ação mandamental (Lei 1.533/51, art. 5º, inciso I). A teor do art. 151, combinado com os arts. 19 do Decreto-lei 822/69, e 33, do Decreto 70.235/72, o recurso administrativo tributário será recebido no efeito suspensivo, independentemente de garantia de instância. Comprovado nos autos, que da decisão do Conselho de Contribuintes, indeferitória do recurso tomou ciência o impetrante em 24.8.90, e ajuizada a segurança em 28.11.90, afasta-se a alegativa de decadência do direito à impetração. Apelo provido. Sentença reformada. Baixa à instância de origem para exame do mérito da impetração" (AMS 6.078-PE, rel. Juiz Geraldo Apoliano Dias, *DJU* II de 18.9.1992, p. 29.054)

23. Lei 12.016/2009, art. 5º, inciso I.

24. Lei 6.830, de 22.9.1980, art. 38 e seu parágrafo único.

expressamente ao mandado de segurança, conclui-se que este é cabível, mesmo tendo sido utilizado pelo contribuinte o recurso administrativo, posto que a impetração implica desistência do recurso.

3.5 O prazo na impetração preventiva

Afirmando que o prazo de 120 dias para a impetração da segurança "passa a fluir do dia em que, inequívoca e provadamente, o titular do direito toma conhecimento do ato infringente ou ameaçador", admite Sérgio Ferraz [25] a extinção, pelo decurso desse prazo, do direito de requerer mandado de segurança preventivo.

Não nos parece, porém, que se deva cogitar da extinção do direito à impetração, pelo decurso do prazo legalmente estabelecido, tratando-se de impetração preventiva. Ameaça não é ato lesivo. Ameaça apenas cria um receio justo de que o ato lesivo venha a ser praticado.

Pontes de Miranda ensina que a

> ameaça, se houve, não determina o início do prazo preclusivo para as ameaças futuras, nem, com mais forte razão, para as ofensas futuras.[26]

Para ele, se a impetração é contra uma ameaça determinada, deve ocorrer em 120 dias, mas o decurso desse prazo não extingue o direito à impetração contra outra ameaça de prática do mesmo ato lesivo, nem contra a própria prática deste.

Essa tese deve ser examinada com muito cuidado e assim compreendida em seus devidos termos. É preciso que se estabeleça claramente a distinção entre a ameaça capaz de gerar o justo receio, que enseja a impetração preventiva, e o ato lesivo do direito. Admitir, como admite Pontes de Miranda, a decadência do direito à impetração do mandado de segurança preventivo, não quer dizer que, a partir da ameaça, tenha início um prazo de decadência do direito à impetração do mandado de segurança contra o ato lesivo do direito do impetrante.

Também é necessário, para bem compreendermos a tese de Pontes de Miranda, não confundirmos a ameaça consubstanciada em ato objetivo que é anunciador de uma prática lesiva ao direito do contribuinte, mas não perdura no tempo, com a ameaça consubstanciada em uma situação

25. Sérgio Ferraz, *Mandado de Segurança*, cit., pp. 100-101.
26. Pontes de Miranda, *Comentários à Constituição de 1967*, t. V, cit., p. 354.

jurídica permanente, como é a que decorre da edição de uma lei inconstitucional, que gera um estado de ameaça permanente, posto que a lei inconstitucional pode vir a ser aplicada a qualquer tempo.

Em matéria tributária geralmente não se cogita de ameaça, no sentido de um ato anunciador da prática lesiva ao direito do contribuinte. O justo receio decorre da própria existência de lei inconstitucional, ou de norma infralegal contrária à lei. Nestes casos há um *estado de ameaça permanente,* que tem início com o surgimento da situação de fato que enseja a incidência da lei, ou outra norma desprovida de validade jurídica, e vai até a prática efetiva da lesão, ou, em outras palavras, até a aplicação da norma inválida.

Não se há de cogitar de decadência antes de consumada a lesão ao direito do contribuinte. E esta em regra somente acontece com o lançamento, ou, para ser mais exato, com a inscrição do crédito tributário como dívida ativa. Essa tese já foi acolhida pelo Tribunal Regional Federal da 5ª Região, em julgado cuja ementa diz:

> Em mandado de segurança preventivo, fundado em justo receio do contribuinte em sofrer ação do fisco, que reputa abusiva, inexistindo o lançamento ou qualquer ato que lhe seja equiparado, que concretize a ofensa a direito líquido e certo do impetrante, não se pode falar em início do prazo decadencial, previsto no art. 18, da Lei n. 1.533/51.[27]

No mesmo sentido manifestou-se já o TRF da 3ª região:

> Em sede de mandado de segurança preventivo, como no caso, é imprópria qualquer discussão acerca do transcurso do prazo de 120 dias para a impetração.[28]

Preferimos sustentar que em se tratando de impetração preventiva não existe decadência do direito ao mandado de segurança. De todo modo, é razoável admitir que se existiu uma ameaça consubstanciada em ato objetivo, individualizado, praticado há mais de 120 dias, e cujos efeitos não perduram a provocar justo receio da prática do ato lesivo, já não tem sentido a impetração. Não se pode, porém, confundir a ameaça

27. TRF- 5ª Região, 1ª Turma, AMS 2.014-SE, rel. Juiz Francisco Falcão, *DJU* II de 12.10.1990, p. 23.932.

28. TRF-3ª Região, AMS 178.938, rel. Juiz Andrade Martins, *DJU* II de 18.11.1997, p. 98.277, e *RDDT* 29/204-205, Dialética, São Paulo.

que não perdura no tempo com o estado de ameaça permanente, e, seja como for, não se pode admitir que a partir da ameaça comece prazo decadencial do direito à impetração do mandado de segurança contra a efetiva prática da lesão ao direito do impetrante.

3.6 O prazo na relação jurídica continuativa

3.6.1 Relação instantânea e relação continuativa

A relação tributária, ou relação jurídica que se estabelece entre o contribuinte, ou o responsável, e o fisco pode ser: (a) *instantânea*, como acontece no caso de venda eventual de um imóvel, por exemplo, ou (b) *continuativa*, como acontece com o contribuinte do ICMS, por exemplo.

No primeiro caso, o fato tributável é autônomo, isto é, nele residem todos os elementos de que se necessita para determinar o valor do tributo a ser pago, e o pagamento extingue não apenas o crédito tributário respectivo, mas a própria relação obrigacional fisco-contribuinte. No segundo caso, o fato tributável não é autônomo, no sentido de que, embora produza, isoladamente, o efeito de criar a obrigação tributária, ele se insere em um conjunto de outros fatos relevantes para a composição da relação jurídica fisco-contribuinte.

A relação jurídica tributária *instantânea* é peculiar aos tributos relacionados com ocorrências eventuais. Por isto mesmo não existe, nem se faz necessário, um cadastro de contribuintes, sujeitos passivos dessa relação.

A relação jurídica tributária *continuativa* é peculiar aos tributos relacionados a ocorrências que se repetem, formando uma atividade mais ou menos duradoura. Por isto mesmo os contribuintes, sujeitos passivos dessa relação, inscrevem-se em cadastro específico, que se faz necessário precisamente em virtude da continuidade dos acontecimentos relevantes do ponto de vista tributário. Na relação jurídica *continuativa,* ou *continuada*, muita vez até a determinação do valor a ser pago pelo contribuinte depende não apenas de um fato tributável, mas do encadeamento dos fatos que a integram, como acontece no Imposto sobre Produtos Industrializados (IPI), e no Imposto sobre Operações Relativas à Circulação de Mercadorias e Prestação de Serviços de Transporte Interestadual e Intermunicipal e de Comunicação (ICMS), tributos ditos *não cumulativos.*

Realmente, no IPI, como no ICMS, o valor a ser pago, em cada período, é apurado em função de uma *conta corrente* na qual são registrados *débitos*, relativos às saídas de mercadorias ou produtos, e *créditos*, relativos às entradas de mercadorias ou de matérias-primas e outros insumos, no período de apuração respectivo. Havendo saldo devedor, este constituirá o valor devido no período. Havendo saldo credor, será este transferido para o período seguinte, somando-se aos créditos daquele para efeito de nova apuração, e assim sucessivamente. Os fatos relevantes para esta determinação do valor do tributo devido entrelaçam-se de tal modo que tornam evidente a existência de uma relação continuativa.

A natureza *continuativa* da relação jurídica tributária, todavia, não é exclusiva dos impostos não cumulativos, embora nestes seja ela de evidência indiscutível.

A jurisprudência tem feito a distinção

> entre ato administrativo único, mas com efeitos permanentes, e atos administrativos sucessivos e autônomos, embora tendo como origem norma inicial idêntica. Na primeira hipótese, o prazo do art. 18 da lei do mandado de segurança deve ser contado da data do ato impugnado, na segunda, porém, cada ato pode ser atacado pelo writ e, assim, a cada qual corresponderá prazo próprio e independente.[29]

Tratando-se de relação tributária continuativa, não há dúvida de que se está diante da segunda hipótese, vale dizer, cada ato pode ser atacado pelo *writ,* e a cada um deles, portanto, se inicia novo prazo para a impetração.

3.6.2 Ameaça ou norma de efeito concreto

A nosso ver, nos tributos que, na terminologia do Código Tributário Nacional, estão sujeitos a lançamento por homologação,[30] o mandado de segurança deve ser impetrado preventivamente. O sujeito passivo adotará o comportamento que lhe parecer juridicamente correto, e como sabe

29. STF, RE 95.238-PR, rel. Min. Néri da Silveira, *RTJ* 112/278-281.

30. A situação será diversa se houver, em processamento ou já concluído, lançamento de ofício. Neste caso a impetração pode ser contra um ato específico praticado na ação fiscal, embora também possa ser impetrado preventivamente, em certas situações.

que a autoridade administrativa entende de modo diverso, impetrará a segurança, preventivamente, contra futura ação fiscal.

A ameaça, neste caso, não se materializa em ato pelo qual a autoridade esteja a anunciar a prática lesiva. Ela é permanente, porque o contribuinte que se comportou de modo diverso daquele determinado na norma inválida fica sempre exposto à ação da autoridade administrativa competente para aplicá-la, impondo a sanção correspondente. Não se há de falar, portanto, em extinção ao direito à impetração.

Há, todavia, quem entenda ser cabível desde logo a impetração, que não tem o caráter preventivo, por considerar que a norma autoexecutável tem efeitos concretos, e se é juridicamente desvaliosa lesiona o direito do contribuinte de não adotar o comportamento nela determinado. Em se tratando de impostos como o IPI, ou o ICMS, por exemplo, nos quais o contribuinte tem o dever de fazer os pagamentos respectivos independentemente de qualquer iniciativa da autoridade administrativa, a simples edição da norma juridicamente inválida enseja a impetração, para garantir o direito de a ela não se submeter.

Adotando-se tal entendimento, poder-se-ia concluir que o prazo para a impetração da segurança teria de ser contado da edição da norma inválida.

Ocorre que a simples edição da norma não pode produzir nenhum efeito concreto antes da ocorrência de seu suporte fático. Quando se fala, neste contexto, de norma com efeito concreto, o que se quer dizer é exatamente que a norma, para ser aplicada, não depende de ação da autoridade administrativa tributária. Em outras palavras, cuida-se de norma cuja observância constitui um dever do sujeito passivo da relação tributária, independentemente de qualquer iniciativa da autoridade administrativa. É o que acontece com as normas pertinentes ao antigamente denominado *autolançamento*. Ou, na linguagem do Código Tributário Nacional, normas pertinentes à conduta do sujeito passivo da relação tributária, tendentes a ensejar o *lançamento por homologação.*

O *efeito concreto* decorre de estar o contribuinte na situação de que, em face da lei reputada inválida, tem o dever de adotar o comportamento nela prescrito. Tratando-se de tributo relativamente ao qual existe uma relação continuativa, dito *efeito concreto* se renova a cada momento em que o contribuinte tem uma obrigação tributária a cumprir, decorrente da incidência da norma. Embora a relação jurídica seja *continuativa,* cada *obrigação* nela albergada é autônoma. Assim, relativamente a cada uma dessas obrigações tem início um prazo extintivo do direito à impetração.

3.6.3 *O entendimento do STF*

Já decidiu o Supremo Tribunal Federal que relativamente ao ICMS cada cobrança de parcela indevida representa, em princípio, um ato coativo autônomo, não se havendo de considerar, neste caso, a data de vigência da norma, para a verificação da decadência. Invocou, então, o Ministério Público, no parecer acolhido nesse julgado, precedente com manifestação do saudoso Min. Nelson Hungria, assim:

> Tenho para mim que, no tocante ao *dies a quo* do prazo de mandado de segurança, há que distinguir entre o caso de ato administrativo único, mas com efeitos permanentes, e o caso de atos administrativos sucessivos e autônomos, embora emanados em virtude de uma norma inicial idêntica. Na primeira hipótese, o prazo do mandado de segurança há de ser contado da data do ato impugnado; na segunda, porém, cada ato pode ser impugnado pelo *writ* e, assim, a cada qual corresponderá prazo próprio ou independente. Ora, em se tratando do imposto de vendas e consignações, a cobrança deste ocorre acerca de cada operação de compra e venda ou consignação, e, portanto, o contribuinte terá direito a mandado de segurança a cada cobrança individualizada, acoimada de ilegal. De outro modo, dar-se-ia um desconcerto; o comerciante novo poderia acobertar-se contra a cobrança, ao passo que o antigo, por não haver impetrado segurança dentre nos 120 dias após a primeira cobrança, teria de se submeter ao imposto ilegal. Não estou de modo algum antecipando meu pronunciamento sobre a ilegalidade arguida pela recorrente, mas entendo que não se acha caduco o seu direito a mandado de segurança contra cobrança do imposto sobre as operações realizadas nos 120 dias anteriores à impetração do *writ*, bem como as que se seguirem, de futuro.[31]

Em síntese, não se trata de impugnar a norma em tese. Nem isto seria cabível. Cuida-se de impugnar uma provável exigência, fundada em norma que se reputa sem validade jurídica, ou então de impugnar o efeito concreto da norma, produzido em decorrência de cada incidência desta.

Seja como for, a impetração é sempre possível. Ou porque se trata de impetração preventiva, entendimento que preferimos, ou então porque se tem a renovação da lesão ao direito do contribuinte cada vez que acontece

31. STF, RE 95.238-PR, rel. Min. Néri da Silveira, *RTJ* 112/278-281.

o fato que, segundo a norma cuja validade é questionada, seria gerador da obrigação tributária respectiva.

3.7 *O prazo no caso de omissão*

Em se tratando de impetração contra omissão da autoridade, a questão da decadência suscita séria divergência. O Supremo Tribunal Federal já decidiu que em tais casos o prazo de 120 dias para a impetração da segurança conta-se a partir do esgotamento do prazo legal de que dispunha a autoridade para a prática do ato que não praticou. Restaram vencidos, porém, os Mins. Sepúlveda Pertence, Octavio Gallotti, Nery da Silveira e Carlos Velloso, por entenderem inocorrente a decadência, tendo em vista a natureza permanente do ato omissivo.[32]

3.8 *Quando se tem como exercitado o direito*

3.8.1 *Entrega da inicial no protocolo*

O mandado de segurança está impetrado com a entrega da petição no protocolo do juízo ao qual o mesmo é requerido. Não se há de exigir o despacho da inicial. Basta o ingresso no protocolo. Se o despacho demora, não se pode por isto prejudicar o impetrante. A demora, neste caso, é imputável ao aparelho judiciário, não ao impetrante, que nada pode fazer para evitá-la. Seria iniquidade admitir que se desse a extinção do direito à impetração da segurança porque houve demora na obtenção do despacho na inicial.

3.8.2 *Hora da entrega da inicial*

A entrega da inicial no protocolo do juízo perante o qual é impetrado o mandado de segurança pode ocorrer até o último instante do expediente normal do órgão judiciário, que é, para os fins processuais, o determinado no art. 212 do CPC/2015.

O Superior Tribunal de Justiça, apreciando recurso especial contra decisão que considerou extemporâneo um agravo de instrumento, decidiu que, na forma estabelecida pela art. 172 do CPC/1973 (atual art. 212 do CPC/2015), o expediente forense estende-se até às 18 horas, e assim, se

32. *Informativo STF* 125, p. 1

protocolado o recurso antes dessa hora, do último dia do prazo, tal recurso não é extemporâneo.

3.8.3 Juízo incompetente

Mesmo que a impetração se faça perante Juízo incompetente, tem-se como exercitado o direito e cogitar já não se pode de sua extinção. O mestre Hely Lopes Meirelles coloca a questão e a responde com o entendimento do Supremo Tribunal Federal: se o mandado for impetrado perante juízo incompetente e remetido ao competente, contar-se-á daquele ou deste o prazo decadencial? O Supremo Tribunal Federal já decidiu que não ocorre a caducidade se o *mandamus* foi protocolado a tempo, ainda que no juízo incompetente, e realmente é o que se inferia do disposto no § 2º do art. 113 do CPC/1973 (art. 64, §§ 3º e 4º do CPC/2015).

Como se vê, Hely Lopes Meirelles não apenas refere o entendimento do Supremo,[33] mas empresta a ele o aval de sua autoridade.

Na verdade o que importa é a manifestação do interessado, usando o instrumento processual especial, vale dizer, é o fato objetivo de se valer da garantia constitucional para a proteção de seu direito líquido e certo. Se exercitou o seu direito subjetivo processual perante juízo incompetente, isto não tem importância porque, com a impetração, foi instaurado o processo, que não se extingue pelo fato de o juízo perante o qual foi formulado o pedido ser incompetente para apreciá-lo. A decisão que afirma ser o juízo incompetente não extingue o processo. E deve determinar a remessa dos autos ao juízo que considera competente, perante o qual o processo há de ter prosseguimento.

3.9 Síntese

O prazo de 120 dias para impetração do mandado de segurança não é de decadência, como afirmam a jurisprudência e a doutrina predominantes. Ele tem natureza própria, específica, conforme asseverou Alfredo Buzaid, com inteira propriedade.

A norma que fixa tal prazo não é inconstitucional. E ao contrário do que pode parecer, fortalece significativamente o mandado de segurança como instrumento processual, reservando-o para a proteção dos direitos cuja importância não admite demora na iniciativa da impetração.

33. Hely Lopes Meirelles, *Mandado de Segurança*, cit., p. 75.

O termo inicial desse prazo é o dia da ciência do ato impugnado. Na contagem desse prazo aplica-se a regra geral que manda excluir o dia do começo e incluir o do vencimento. Se a ciência do ato impugnado ocorre em uma sexta-feira, o prazo somente tem início na segunda-feira seguinte, e se nesta não houver expediente no juízo da impetração, o prazo começará no primeiro dia útil seguinte.

Em matéria tributária existem peculiaridades interessantes, como a de admitir-se a impetração mesmo que do ato impugnado caiba recurso com efeito suspensivo. Considerando serem vários os atos do procedimento administrativo fiscal que podem ser questionados, deve o interessado definir com clareza contra qual ato está impetrando a segurança.

Na impetração preventiva, em regra não se há de falar em prazo.

Em se tratando de questionar ato que integra uma relação jurídica continuativa, como acontece relativamente ao IPI e ao ICMS, quer se entenda cabível a impetração preventiva, quer se entenda que se trata de norma com efeitos concretos, a impetração é sempre cabível, independentemente de prazo.

Considera-se exercido o direito à impetração, não se podendo mais falar em decurso do prazo extintivo desse direito, na data da entrega da inicial no protocolo do juízo, ainda que incompetente.

4.
OS SUJEITOS

4.1 Noções

O mandado de segurança é ação especialíssima, de sorte que a ela não se ajustam exatamente todos os conceitos do Direito Processual, concernentes à ação. O conceito de parte, por exemplo, no âmbito do mandado de segurança tem ensejado algumas divergências, todas elas, porém, sem maiores consequências de ordem prática.

Assim é que para alguns a autoridade coatora não é parte, mas terceiro interessado, porque parte passiva seria a pessoa jurídica de direito público.[1] Outros inadmitem como parte a pessoa jurídica de direito público à qual se vincula a autoridade coatora, sustentando que esta é litisconsorte passivo necessário, e outros, ainda, nem como tal a consideram.

Certo é que, como dissemos, trata-se de procedimento que tem suas peculiaridades, e assim deve ser tratado com muita cautela, sendo mais prudente admitirem-se, sempre, as soluções que ampliem as possibilidades de proteção do direito do particular, contra o Estado, eis que para esse fim foi imaginado, criado e desenvolvido o mandado de segurança.

1. TJSC, MS 4.655, de Joinville, *Revista Jurídica* 207/82-84, Síntese, Porto Alegre.

Em face das peculiaridades próprias do processo de mandado de segurança preferimos nos referir aos *sujeitos* em vez de às *partes* nesse processo. Registre-se, todavia, que nos termos do art. 24, da Lei 12.016/2009, aplicam-se ao mandado de segurança os arts. 46 a 49 do CPC/1973, aos quais correspondem os arts. 113 e 114 do vigente Código de Processo Civil, o que quer dizer que é admitido o litisconsórcio, ativo e passivo.

Ressalte-se, todavia, que nos termos do art. 10, § 2º, da mesma Lei 12.016/2009, o ingresso de litisconsorte ativo não será admitido após o despacho da petição inicial.

4.2 O impetrante

4.2.1 Titular do direito violado ou ameaçado

Impetrante há de ser o titular do direito líquido e certo, violado ou ameaçado por ato ilegal ou abusivo, de autoridade. No dizer de Barbi,

> a capacidade de ser parte obedece, em princípio, às mesmas regras aplicáveis às ações em geral, isto é, podem ser autores em mandado de segurança a pessoa natural, a pessoa jurídica, a massa falida, a herança, a sociedade sem personalidade jurídica, o condomínio de edifício e a massa do devedor civil insolvente.[2]

O Superior Tribunal de Justiça já decidiu que em se tratando de energia elétrica e de comunicação o contribuinte do ICMS é a empresa concessionária prestadora do serviço, e não o consumidor ou usuário deste. Por isto considerou que o consumidor ou usuário não tem legitimidade para impetrar mandado de segurança contra a cobrança desse imposto e por isto extinguiu o processo sem exame de mérito.[3]

Tal entendimento, data máxima vênia, configura denegação de jurisdição. A empresa concessionária do serviço não tem nenhum interesse de fato, efetivo, em impugnar exigências indevidas da Fazenda, porque está legalmente autorizada a haver do usuário os valores pagos, e o faz facilmente nas faturas dos serviços que, se não pagos, podem ter suspensas as correspondentes prestações. E não se venha dizer que os usuários

2. Celso Agrícola Barbi, *Do Mandado de Segurança,* 6ª ed., Forense, Rio de Janeiro, 1993, p. 144.

3. STJ, 2ª Turma, RMS 23.571-RJ, rel. Min. Castro Meira, j. 6.11.2007, *DJU* de 21.11.2007, p. 321 e *RDDT* 149/228-229, São Paulo, Dialética, fevereiro/2008.

dos serviços são apenas contribuintes de fato. O consumidor ou usuário de energia elétrica, ou do serviço de comunicação, tem relação pessoal e direta com a situação que constitui o respectivo fato gerador do ICMS. É, portanto, contribuintes de fato e de direito desse imposto, embora a lei tenha atribuído, por opção de política legislativa, à empresa concessionária o dever de fazer o correspondente recolhimento aos cofres públicos.

O entendimento do Superior Tribunal de Justiça, que extingue o mandado de segurança sem exame de mérito, à consideração de que o usuário de energia elétrica, ou de serviço de comunicação, não tem legitimidade para a correspondente impetração, é um exemplo típico de denegação de jurisdição, que afronta a garantia prometida pelo art. 5º, inciso XXXV, da Constituição Federal de 1988. Além disto, contraria a jurisprudência do próprio STJ, que tem acolhido inúmeros pleitos de consumidores de energia elétrica concernentes à consideração da demanda contratada como base de cálculo do ICMS. E não se venha argumentar que em se tratando de ação ordinária a legitimidade ativa seria mais ampla. Não é. Qualquer pessoa que tenha legitimidade para pleitear um direito pela via ordinária também pode fazê-lo pela via do mandado de segurança. As restrições que neste se impõem dizem respeito à natureza do direito, que há de ser líquido e certo, e à responsabilidade pela lesão ou ameaça ao direito, que há de partir de autoridade.

No mandado de segurança, aliás, tem sido mais largo do que nas ações em geral, o conceito de parte, no que concerne ao impetrante, graças à consideração de que as garantias constitucionais não devem ser objeto de restrição, para que alcancem sua plenitude. Por isto mesmo, como peculiaridade do mandado de segurança, tem sido admitidas como autores "entidades públicas despersonalizadas como Câmaras, Assembléias, Tribunais de Contas etc.".[4]

Ressalte-se que tal elastério presta-se para ampliar a garantia constitucional, mas não para inverter a sua finalidade, como acontece quando a entidade pública impetra um mandado de segurança contra ato judicial editado para proteger o particular, o cidadão, contra o Poder Público. Parece-nos que nestes casos o mandado de segurança não deve ser admitido, e em face da importância que o assunto merece, dele trataremos em capítulo próprio, versando sobre a impetração do mandado de segurança pelo Estado.

4. Celso Agrícola Barbi, *Mandado de Segurança*, 8ª ed., Rio de Janeiro, Forense, 1988, pp. 14-15.

4.2.2 Titular de direito decorrente

Segundo dispositivo expresso da lei (art. 3º), o titular de direito líquido e certo decorrente de direito em condições idênticas, de terceiro, poderá impetrar mandado de segurança a favor do direito originário, se o seu titular não o fizer no prazo de 30 dias, apesar de para tanto notificado judicialmente.

Em matéria tributária pode-se ter a situação na qual uma empresa paga remuneração a um diretor, e desconta o valor da contribuição para seguridade social. O prestador do serviço e beneficiário da remuneração respectiva tem direito líquido e certo de não pagar tal contribuição, que é inconstitucional, mas esse direito decorre do direito, também líquido e certo, da empresa a quem prestou serviços, de não cumprir determinação de lei inconstitucional. Neste caso, se não consegue convencer a empresa a impetrar mandado de segurança, pode notificá-la judicialmente, e em seguida impetrar o *writ,* como substituto processual.

O adquirente de um produto tem direito líquido e certo de não ter incluído em seu preço o valor de tributo inconstitucional. Não é, porém, sujeito passivo da relação tributária e por isto não pode questionar a exigência diretamente. Pode, porém, fazê-lo como substituto processual, desde que antes notifique judicialmente o contribuinte.

Tem razão Celso Barbi quando assevera que a substituição processual em questão não se funda no abuso de direito de abstenção praticado pelo titular do direito originário.

> Seu fundamento está na necessidade de proteção do direito condicionado do impetrante, e que não se enquadra nas categorias existentes na doutrina.[5]

Realmente, não se pode dizer que o titular do direito originário esteja abusando de seu direito de não demandar. Isto somente estaria caracterizado se ficasse evidenciado que a atitude de não demandar tinha outra finalidade, que não a de simplesmente excluir-se dos riscos da demanda. Tinha a finalidade de prejudicar o titular do direito decorrente.

A impetração do mandado de segurança pelo titular do direito decorrente há de ser feita no prazo de 120 dias, contado da data da lesão ao direito originário. Assim, tão logo ocorra a lesão, deve o titular do direito

5. Celso Agrícola Barbi, *Do Mandado de Segurança*, cit, p. 149.

decorrente fazer a notificação do titular do direito originário, para que lhe reste tempo suficiente para a impetração, depois de haver dado prazo de 30 dias ao titular do direito originário para fazê-lo. O comportamento mais adequado para o titular do direito decorrente, neste caso, é o de fazer a notificação o quanto antes, e a impetração nos últimos dias do prazo legal.

4.2.3 Direito decorrente e legitimidade

O disposto no art. 3º da Lei 1.533/51 tem o mérito de afastar o questionamento a respeito da legitimidade do impetrante, quando o direito defendido na impetração não lhe pertença. Esse dispositivo, porém, não tem sido explorado, sendo praticamente desconhecido, inclusive pelos juízes.

O Tribunal Regional Federal da 5ª Região já decidiu que a empresa não é parte legítima para impetrar mandado de segurança contra a exigência do imposto de renda de 8% sobre o lucro, instituído pelo art. 35 da Lei 7.713, de 22.12.1988, sob o entendimento de que sendo o imposto, no caso, devido pelo sócio, não tem a empresa, por isto mesmo, interesse na causa.[6]

O dispositivo legal em questão estabelece:

> Art. 35. O sócio-quotista, o acionista ou o titular da empresa individual ficará sujeito ao Imposto sobre a Renda na fonte, à alíquota de 8% (oito por cento), calculado com base no lucro líquido apurado pelas pessoas jurídicas na data do encerramento do período-base.

Acolheu, a Turma julgadora, tese da Procuradoria da Fazenda Nacional, desenvolvida nas contrarrazões de apelação, segundo a qual à pessoa jurídica, no caso,

> nao cabe o socorro da figura da "substituição tributária" por duas graves razões. Primeira, porque, segundo o art. 128 do Código Tributário Nacional, somente a lei pode instituir hipótese de substituição tributária, quer dizer, a substituição deve ser expressa e não apenas deduzida. Segunda, porque a recorrente não age, na espécie, como substituta dos seus sócios e acionistas, porque estes não ficam desobrigados de pagar o imposto, caso a empresa não proceda a retenção na fonte.[7]

6. AMS 2.685-CE, rel. Juiz Ridalvo Costa, *DJU* de 10.5.1991.
7. Fls. 62 dos autos da AMS 2.685-CE.

O relator do caso esclareceu:

> Apenas para argumentar, eu diria: concedida a segurança, ficariam os sócios, na situação dos autos, acobertados pelos limites subjetivos da coisa julgada? Entendo que não. O fisco poderia deles cobrar a exigência, vez que não foram partes.[8]

Ocorre que o imposto de renda em referência, instituído pelo art. 35 da Lei 7.713/88, é exigido precisamente das pessoas jurídicas. Incide exclusivamente na fonte. É impossível, portanto, sua exigência das pessoas físicas, vale dizer, dos sócios da pessoa jurídica, a não ser, é claro, na hipótese em que sejam responsabilizados pela dívida tributária da pessoa jurídica. Nesta hipótese, porém, uma vez concedido o mandado de segurança à pessoa jurídica, não há como se possa considerá-la devedora do tributo, e assim não há como possa ser este cobrado dos sócios.

A tese defendida pela Fazenda Pública é de notória improcedência.[9] Não passa de colocação muito hábil de seu ilustre Procurador Antonio de Pádua Lopes de Freitas,[10] acolhida pela 1ª Turma do Tribunal Regional Federal da 5ª Região.[11]

8. Fls. 74 dos autos da AMS 2.685-CE

9. Realmente, a tese da Fazenda, aceita pelo julgado, é inteiramente equivocada, sendo insubsistentes as duas "graves razões" ali apontadas. A primeira, porque a transferência da responsabilidade decorre de disposição expressa de lei. A Lei 7.713/1988, instituindo imposto de renda na fonte, atribuiu à pessoa jurídica o dever de pagar o imposto de renda que seria devido pelos sócios. O sócio é contribuinte, mas a pessoa jurídica é sujeito passivo da obrigação tributária, na condição de responsável, nos termos do art. 121, parágrafo único, item II, do Código Tributário Nacional. A segunda, porque o imposto, no caso, incide exclusivamente na fonte, quando o sócio é pessoa física, ou pode ser compensado em outros casos (Lei 7.713, art. 35, § 4º, letras *a* e *b*). Por outro lado, os lucros que forem distribuídos, se já tributados na forma do art. 35, não sofrerão a incidência do imposto de renda na fonte (Lei 7.713, art. 36), e se não tributados na forma do art. 35, sofrerão a incidência do imposto de renda na fonte, normalmente. Assim, o não pagamento do imposto de renda pela pessoa jurídica, nos termos do art. 35, não autoriza a Fazenda Pública a exigi-lo dos sócios. A consequência será a tributação dos lucros por ocasião da distribuição, que tem fundamento diverso, e não fica invalidada pelo deferimento da segurança de que se cuida.

10. O Doutor Antonio de Pádua Lopes de Freitas, ilustre Procurador da Fazenda Nacional no Ceará, é um dos mais hábeis advogados do Fisco. Esta não é a única tese por ele colocada em favor da Fazenda que, não obstante inteiramente improcedente, logra aceitação. É de sua lavra a tese pela qual a sentença em execução fiscal não embargada faz coisa julgada a favor da Fazenda. Veja-se, a propósito, nosso estudo a respeito de "Aspectos da coisa julgada em matéria tributária", em *Coisa julgada,*

Ressalte-se, por derradeiro, que a impetração tem por escopo desobrigar a pessoa jurídica de efetuar o recolhimento. Não há dúvida de que a Lei 7.713/1988 atribuiu à impetrante o dever jurídico de pagar o imposto em questão, sendo inequívoca, portanto, sua legitimidade para impugnar a exigência.

Se assim não fosse, seria induvidoso o direito líquido e certo da empresa, de não cumprir uma norma desprovida de validade jurídica, como decorrência do direito do sócio, de não sofrer o ônus tributário por ela instituído. Aplicável, portanto, ao caso, o art. 3º da Lei 12.016/2009.

4.2.4 O mandado de segurança coletivo

O mandado de segurança coletivo pode ser impetrado por partido político com representação no Congresso Nacional, e por organização sindical, entidade de classe ou associação legalmente constituída e em funcionamento há pelo menos um ano, em defesa dos interesses de seus membros ou associados.[12]

Tratando-se de questões tributárias, importa especialmente a possibilidade de impetração do mandado de segurança por *entidade de classe ou associação*. O custo tende a ser menor e fica afastada a possibilidade de decisões diferentes para contribuintes em situações iguais. Além disto, o contribuinte não estará em atrito com o fisco, o que evita ou reduz o receio de retaliações, geralmente temidas por ele, e às vezes realmente postas em prática por autoridades fazendárias.

4.2.4.1 Entidade de classe ou associação

Diversamente do que acontece com a legitimação ativa no âmbito da ação direta declaratória de inconstitucionalidade, em que se exige seja a entidade de classe *de âmbito nacional*, para impetração do mandado de segurança tal não é necessário. Para a impetração do mandado de

constitucionalidade e legalidade em matéria tributária, São Paulo/Fortaleza, Dialética/ICET, 2006.

11. Observe-se que o entendimento da Primeira Turma do TRF da 5ª Região, modificou-se, e os mandados de segurança, em casos idênticos, passaram a ser concedidos, ao entendimento de que o art. 35 da Lei 7.713, de 22 de dezembro de 1988, contraria o art. 43, do Código Tributário Nacional.

12. CF, art. 5º, inciso LXX, e art. 21 da Lei 12.016/2009.

segurança coletivo, porém, é indispensável que a entidade de classe, ou associação, tenha sido constituída há mais de um ano.

O ter mais de um ano de funcionamento é requisito que se exige para evitar improvisações. Inadmite-se a constituição de uma entidade de classe com o fito apenas de impetrar um mandado de segurança.

A antecedência de mais de um ano diz respeito à data da impetração do mandado de segurança, e não à edição da Constituição, como se poderia entender, arrimado apenas no elemento literal da norma.

4.2.4.2 O direito a ser protegido

Impreterível, na impetração do mandado de segurança coletivo, pela entidade de classe ou associação, é o direito líquido e certo de seus membros ou associados. Direitos que sejam pertinentes com os fins da entidade, e sejam, portanto, direitos da categoria dos associados, e não especificamente de um, ou de poucos deles. Não se exige que o direito a ser protegido seja comum à totalidade dos associados, mas que seja comum a expressivo número de associados.[13]

Assim, a Federação das Indústrias de um Estado, por exemplo, pode impetrar mandado de segurança coletivo para impugnar o ato administrativo que aumente alíquotas do IPI, que repute ilegal ou inconstitucional, mesmo que nem todos os associados da entidade sejam contribuintes do referido imposto, ou que o aumento de alíquotas não tenha abrangido todos os produtos e assim algum associado, mesmo contribuinte do IPI, não tenha tido direito seu afetado pelo ato atacado.

4.2.4.3 Mandado de Segurança coletivo e declaração de inconstitucionalidade

O mandado de segurança coletivo não se confunde com a ação direta declaratória de inconstitucionalidade exatamente porque a sua impetração pressupõe lesão ou ameaça a *direito*. Pressupõe, pois, tenha havido a incidência da norma. Em outras palavras, pressupõe a existência de seu suporte fático.

13. Em sentido contrário, parece ser o entendimento de Athos Gusmão Carneiro, que fala dessa impetração coletiva, exemplificando com a associação de mutuários do SFH, para defesa de direito da totalidade de seus associados. ("O Mandado de Segurança Coletivo e suas características básicas", *Revista Forense* 316/ 40, Forense, Rio de Janeiro).

Para a propositura da ação direta declaratória de inconstitucionalidade basta a edição da norma que se reputa inconstitucional. Pode ser proposta a ação mesmo não tenha a norma questionada entrado em vigor. Desde que oficialmente publicada, e portanto existente, a norma que se reputa inconstitucional já pode ser atacada pela via da ação direta de inconstitucionalidade, em cujo âmbito o que se questiona é a norma, ou o direito ainda no plano da abstração, e não o direito subjetivo, ou efeito da concreção do suporte fático da norma.

A distinção, de grande importância teórica e prática, está a indicar a necessidade da prova, na impetração do mandado de segurança coletivo, da situação de fato, concernente aos membros ou associados da impetrante, geradora do direito que se pretende com o *writ* proteger.

4.2.4.4 Posição processual da impetrante

A entidade ou associação que impetra mandado de segurança coletivo coloca-se no processo como substituto processual de seus associados. Não como mandatária destes.

Consequência importante dessa posição da impetrante é a desnecessidade de mandato dos membros ou associados. Com mandato, as entidades podem representar os seus associados judicial ou extrajudicialmente,[14] razão pela qual exigir-se mandato para que as entidades ou associações possam impetrar o mandado de segurança coletivo é considerar supérflua a norma do inciso LXX.

Entendimento diverso foi manifestado por Sérgio Ferraz, que foi, entretanto, refutado com propriedade pelo Min. Athos Carneiro.[15] Para o insigne processualista gaúcho, a entidade ou associação pode impetrar o mandado de segurança *em representação* de seus associados, vale dizer, com mandato destes, mas neste caso estará impetrando o mandado de segurança individual, fundada no art. 5º, inciso XXI. E pode, também, impetrar mandado de segurança coletivo. Neste último caso,

> impetra mandado de segurança *coletivo*, com espeque no art. 5º, LXX, *b*, em *substituição processual* de seus membros ou associados, para a defesa de *direitos individuais* líquidos e certos dos mesmos. A impetrante no caso, ou seja, a parte autora, será a *entidade associativa*,

14. CF, art. 5º, inciso XXI.

15. Athos Gusmão Carneiro, "O Mandado de Segurança coletivo e suas características básicas", *Revista Forense* 316/40,

> como *substituta processual*, defendendo em nome próprio o direito alheio, de que sejam titulares os substituídos, sem necessidade de autorização alguma destes, sob o pressuposto, naturalmente, de que o pedido formulado no *mandamus* apresente compatibilidade com os objetivos institucionais nucleares da entidade.[16]

Registre-se que o STF já sumulou o seu entendimento no sentido de que "a impetração de mandado de segurança coletivo por entidade de classe em favor dos associados independe de autorização destes".[17]

Quando a entidade ou associação impetra mandado de segurança *como* representante de associados seus, na verdade são estes, e não a entidade, os impetrantes. Defende esta em juízo, em nome alheio, direito alheio. Quando a entidade impetra mandado de segurança coletivo, a entidade defende em juízo direito alheio, mas o faz em seu próprio nome. Impetrante, pois, é a entidade ou associação.

No primeiro caso, os associados devem ser previamente identificados, posto que seus nomes e qualificações devem constar da inicial. No segundo caso não, basta que sejam identificáveis.

A impetração de mandado de segurança por entidade ou associação, como representante de associados, com autorização expressa destes, decorria em casos do entendimento segundo o qual a entidade ou associação não teria legitimidade para a impetração que não fosse no interesse de todos os seus associados. Esse entendimento, porém, restou afastado pelo STF, que firmou sua jurisprudência no sentido de que

> Entidade de classe tem legitimação para o mandado de segurança ainda quando a pretensão veiculada interesse apenas a uma parte da respectiva categoria.[18]

4.3 A autoridade impetrada

4.3.1 Posição processual

A respeito da posição processual da autoridade impetrada, na relação processual do mandado de segurança, são grandes as divergências doutrinárias. As consequências práticas das diversas posições a respeito,

16. Athos Gusmão Carneiro, ob. e loc. cits.
17. STF, Súmula 629.
18. STF, Súmula 630.

porém, refletem-se especialmente na questão da legitimidade para a interposição de recursos.

Agora, nos termos do art. 14, § 2º, da Lei 12.016/09, estende-se à autoridade coatora o direito de recorrer. Como a norma em questão está encartada em parágrafo de um artigo que trata apenas da apelação, é possível entender-se que a legitimidade da autoridade coatora é apenas para o recurso de apelação, mas a verdade é que a lei se refere a recursos, o que no mínimo enseja polêmica.

4.3.2 Identificação pelo impetrante

O mandado de segurança não é impetrado contra a pessoa jurídica, mas contra alguém que a representa na prática do ato atacado no *writ*. Pessoa natural, qualificada como autoridade porque age em nome do Poder Público. Por isto o impetrante deve identificar a autoridade impetrada.

No dizer de Hely Lopes Meirelles,

> numa imposição fiscal ilegal, atacável por mandado de segurança, o coator não é nem Ministro ou Secretário da Fazenda que expede instruções para a arrecadação de tributos, nem o funcionário subalterno que cientifica o contribuinte da exigência tributária; coator é o chefe do serviço que arrecada o tributo e impõe as sanções fiscais respectivas, usando o seu poder de decisão.[19]

A rigor, numa imposição fiscal ilegal não se pode, aprioristicamente, dizer que o Ministro ou o Secretário de Fazenda, não é autoridade coatora. Melhor, portanto, é admitir-se que a autoridade coatora é sempre aquela que, direta ou indiretamente, é responsável pela prática do ato impugnado.

É autoridade coatora tanto a que determina a prática do ato, como aquela que o executa. A impetração, em princípio, é cabível apenas contra quem determina, posto que tem poder para decidir sobre a legalidade do ato. Em se tratando, porém, de *writ* contra a ameaça de apreensão de mercadorias, por exemplo, pode ser a impetração dirigida contra o funcionário incumbido de executar o ato, pois, tratando-se

19. Hely Lopes Meirelles, Arnoldo Wald e Gilmar Ferreira Mendes, *Mandado de Segurança e ações constitucionais,* 36ª ed., São Paulo, Malheiros Editores, 2014, p. 72.

> de simples ordem proibitiva (não fazer), é admissível o *writ* contra o funcionário que está realizando o ato ilegal, a ser impedido pelo mandado.[20]

Aliás, a impetração é cabível contra ato de autoridade, ou de agente de pessoa jurídica no exercício de atribuições do Poder Público. Assim, mesmo que o autor do ato impugnado não seja autoridade, no sentido de que não tem competência para decidir sobre se pratica, ou não, o ato questionado, é cabível contra ele a impetração, desde que esteja agindo no exercício de atribuições do Poder Público. É o caso, por exemplo, de um diretor de empresa privada que faz o desconto do imposto de renda na fonte. Ele está arrecadando um tributo. Está, portanto, no exercício de atribuições do Poder Público. É agente do Estado, pelo menos para o fim de arrecadar o tributo. Assim, se a exigência tributária é ilegal, ou inconstitucional, seu ato enseja a impetração de mandado de segurança.

Seja como for, não deve o Poder Judiciário amesquinhar o instrumento do mandado de segurança. Para a preservação do prestígio da garantia constitucional, questões processuais menores devem ser superadas. Neste sentido é a lição do eminente Min. Carlos Mário Velloso, segundo a qual, na apreciação de mandado de segurança, que não obstante ser ação, é, todavia, ação constitucional, os juízes

> não se devem perder em questões processuais de somenos, que, em última análise, viriam tirar do instituto toda a sua força: o que a Constituição deseja é que, violado um direito líquido e certo, seja cortada, cesse e de forma imediata a ilegalidade.[21]

A indicação da autoridade responsável pelo ato impugnado nem sempre é fácil. Por outro lado, a rigor, a parte passiva no mandado de segurança é a pessoa jurídica à qual se liga a autoridade coatora. Não esta. Por isto, a indicação imprecisa, ou mesmo errônea, da autoridade coatora, não pode implicar a extinção do processo. Como têm entendido doutrinadores e juízes pouco sensíveis à essência do *writ*, e ainda impregnados pela doutrina do processualismo, que presta serviços ao arbítrio, especialmente

20. Idem, ibidem, p. 73.

21. Carlos Mario da Silva Velloso, cit. por Lúcia Valle Figueiredo, em *A autoridade coatora e o sujeito passivo do Mandado de Segurança*, São Paulo, Ed. RT, 1991, pp. 11-12.

tratando-se de mandado de segurança, para amesquinhar este importante instrumento que a ordem jurídica oferece contra o autoritarismo.

Exemplo dessa lamentável impregnação pelo processualismo nos oferece a 2ª Turma do Superior Tribunal de Justiça, ao dar provimento a recurso especial para declarar extinto processo, em julgado ao qual foi relator o Min. Peçanha Martins, com a seguinte ementa:

> Em sede de mandado de segurança, é vedado ao juiz abrir vista à parte impetrante para corrigir a indicação errônea da autoridade coatora. Reconhecida a ilegitimidade passiva *ad causam* da parte apontada como coatora, há que ser extinto o processo, sem julgamento de mérito, já que ausente uma das condições da ação. Recurso conhecido e provido para extinguir o processo, sem julgamento de mérito, nos termos do art. 267, VI, do CPC.[22]

Como ensina Hely Lopes Meirelles,

> o juiz pode – e deve – determinar a notificação da autoridade certa, como medida de economia processual, e, sento incompetente, remeter o processo ao juízo competente (CPC, art. 113, § 2º). Isto porque a complexa estrutura dos órgãos administrativos nem sempre possibilita ao impetrante identificar com precisão o agente coator, principalmente nas repartições fazendárias, que estabelecem imposições aos contribuintes por chefias e autoridades diversas.[23]

É importante ter-se em consideração que, impetrado o mandado de segurança contra o Ministro, ou o Secretário de Fazenda, ou um outro funcionário de categoria superior, que não seria diretamente responsável pela prática do ato impugnado, se aquela autoridade, mesmo tendo sustentado sua ilegitimidade para figurar como autoridade coatora, sustenta a legalidade do ato impugnado, estará legitimada para o processo. Esta é a orientação adotada pelo Superior Tribunal de Justiça:

> *Mandado de Segurança. Autoridade ministerial impetrada. Ilegitimidade passiva 'ad causam'. Inocorrência. Embargos Declaratórios. Erro material na ementa.*
>
> I – Se a autoridade impetrada, nas informações, refuta o mérito da impetração, encampando ato da autoridade de inferior hierarquia,

22. STJ, REsp 148.655-SP, rel. Min. Francisco Peçanha Martins, *DJU* de 13.3.2000, p. 169.

23. Hely Lopes Meirelles, *Mandado de Segurança*, cit., p. 74.

> cumpre repelir a sua alegação de ilegalidade passiva. II – Embora a ementa não integre o julgado, é de se receber os embargos declaratórios com o objetivo de corrigir erro material dela constante. III – Embargos declaratórios conhecidos, rejeitados os primeiros e recebidos, em parte, os segundos.[24]

Com a Lei 12.016/09, o legislador pretendeu resolver essa questão estabelecendo que, suscitada a ilegitimidade pela autoridade coatora, o impetrante poderá emendar a inicial no prazo de 10 dias, observado o prazo decadencial. Essa norma, todavia, foi vetada pelo Presidente da República, com a justificativa de que o entendimento consubstanciado na norma vetada

> prejudica a utilização do remédio constitucional, em especial, ao se considerar que a autoridade responsável pelo ato ou omissão impugnados nem sempre é evidente ao cidadão comum.[25]

Em face disto mantemos nosso entendimento firmado em face da lei anterior, segundo o qual, se na inicial ocorrer equívoco quanto a autoridade coatora e esta alegar sua ilegitimidade, deverá o juiz, de ofício, providenciar a notificação da autoridade que entenda ser efetivamente a responsável pelo ato impugnado. Somente assim se fará efetiva a garantia constitucional.

4.4 Litisconsorte passivo

4.4.1 Facultativo

A autoridade coatora presenta, no processo, a pessoa jurídica de direito público a cujos quadros pertence. Essa presentação, todavia, se faz especialmente para o cumprimento do dever de prestar informações sobre o ato impugnado. Ninguém melhor do que o autor, ou o executor, do ato impugnado, para prestar sobre ele informação ao juiz.

Embora seja sujeito do processo, a pessoa jurídica de direito público a cujos quadros pertence a autoridade impetrada não precisa ser citada,

24. STJ, 1ª Seção, ED no MS 2.937-DF, rel. Min. Antônio de Pádua Ribeiro, *DJU* de 16.10.1995, p. 34.600.

25. Disponível em < http://planalto.gov.br/ccivil 03/Ato 2007/2010/2009/Msg/VEP-642-09.htm >.

pois já está ciente da impetração, por intermédio de seu presentante no processo, pelo menos em sua primeira fase, que é a autoridade impetrada.

O Superior Tribunal de Justiça já decidiu pela desnecessidade de citação da pessoa jurídica de direito público à qual se vincula a autoridade impetrada, embora entenda ser esta litisconsorte.

> Notificada a autoridade coatora, torna-se desnecessária a citação da pessoa jurídica a que pertence, cuja intervenção é sempre voluntária, como assistente ou litisconsorte facultativo.[26]

Em razão do interesse que tem a pessoa jurídica a cujos quadros pertence a autoridade coatora, não se lhe pode negar participação no processo. Em face, porém, da presença de seu presentante no mesmo – a autoridade coatora – sua participação há de ser facultativa, sob pena de se criar desnecessária dificuldade na tramitação do feito. Daí porque a solução mais adequada, realmente, parece ser a de se dar a ela o tratamento de assistente, ou de litisconsorte passivo facultativo.

4.4.2 Necessário

Litisconsorte necessário, no mandado de segurança, é qualquer pessoa que tenha efetivo interesse jurídico na prevalência do ato impugnado.

Tal situação é sempre presente nas impetrações contra ato judicial. O verdadeiro interessado no ato impugnado não é o juiz, mas a parte no processo em que foi praticado, e é dele beneficiária. Por isto mesmo, no dizer de Barbi, ele é o verdadeiro vencido, se julgado procedente o mandado de segurança.[27]

Assim é que aos poucos a jurisprudência vai abandonando aquela postura inicial, referida por Celso Barbi, para admitir, como vem admitindo, que em tais situações configura-se o litisconsórcio passivo necessário.

Nem podia deixar de ser assim, especialmente diante do disposto no art. 24 da Lei 12.016/2009, que manda aplicar ao mandado de segurança os artigos do Código de Processo Civil que regulam o litisconsórcio.[28]

26. STJ, 6ª Turma, REsp 29.582-1-GO, *Repertório IOB de Jurisprudência* 21/93, texto 3/8.980, p. 412.

27. Celso Agrícola Barbi, *Do Mandado de Segurança*, cit., p. 163.

28. A referência é aos arts. 46 a 49 do CPC (de 1973), que correspondem aos arts. 113 e ss., do CPC/2015.

A citação do litisconsorte passivo necessário é indispensável. Aliás, o Supremo Tribunal Federal já fixou entendimento neste sentido: "Extingue-se o processo de mandado de segurança se o impetrante não promove, no prazo assinado, a citação do litisconsorte passivo necessário".[29] Promover, aqui, tem o sentido de *requerer* e não de *realizar*, pois todos sabem que a citação é realizada pelo Judiciário e não pela parte.

4.5 O Ministério Público

O Ministério Público é um dos sujeitos do mandado de segurança porque a sua presença no processo é indispensável. Nele pode estar como impetrante, como impetrado, ou como *fiscal da lei.*

Segundo Buzaid, ainda quando seja impetrante, ou impetrado, o Ministério Público há de ser ouvido como *fiscal da lei.*[30] Não nos parece que obrigatória seja a manifestação do Ministério Público, mas a oportunidade para manifestar-se.

Considerando a importância do papel que o Ministério Público desempenha no processo do mandado de segurança, dedicamos um capítulo especialmente a esse assunto.

4.6 A pessoa jurídica de direito público

Seja na condição de assistente, ou de litisconsorte facultativa, a pessoa jurídica de direito público a que pertence a autoridade impetrada pode praticar no processo os atos próprios das partes. Apenas a ela não se reconhece o direito à citação, porque se trata de formalidade processual considerada desnecessária, posto que ciência da impetração ela toma por intermédio da autoridade impetrada.

Comum, aliás, é a formulação, por ela, de pedido de suspensão de execução da liminar, ou da sentença que concede o *writ,* cuja decisão, como é sabido, fundada no art. 15 da Lei 12.016/2009, tem caráter predominantemente político.

29. STF, Súmula 631.

30. Alfredo Buzaid, *Do Mandado de Segurança*, Saraiva, São Paulo, 1989, p. 189.

5.
IMPETRAÇÃO DE MANDADO DE SEGURANÇA PELO ESTADO

5.1 Introdução

Porque uma norma jurídica pode, com o passar do tempo, sofrer profundas modificações em seu significado, sem que uma letra na mesma tenha mudado, o elemento histórico segue tendo grande importância na interpretação jurídica.

Por isto, meditando a respeito da imensa quantidade de mandados de segurança impetrados contra atos judiciais, dei-me conta de que o Estado está utilizando o instrumento processual criado para a defesa dos direitos do particular, contra ele. Não obstante possua diversos instrumentos de manipulação dos direitos, o Estado está arrebatando das mãos do indivíduo aquele instrumento que lhe concedera, para combater os abusos do poder. E, o que é pior, está utilizando o mandado de segurança exatamente para neutralizar ou minimizar os efeitos dos instrumentos processuais utilizados pelo particular, inclusive o próprio mandado de segurança, o que é inteiramente inadmissível.

É o que se pretende demonstrar aqui, reconhecendo inteira razão a Celso Barbi, quando afirma que "longo e penoso é o caminho percorrido até hoje pelos indivíduos na luta contra os excessos do Poder Público".[1]

5.2 Origem do mandado de segurança

5.2.1 O "habeas corpus"

O *habeas corpus*, por sua natureza e objeto, é instrumento do indivíduo, destinado a protegê-lo contra o arbítrio do Poder Público.

A origem do mandado de segurança está estreitamente ligada ao *habeas corpus*.[2] O elemento histórico está, pois, a indicar ao hermeneuta que o mandado de segurança é um instrumento processual de defesa do particular contra o Poder Público.

Neste sentido desenvolveu-se a denominada doutrina brasileira do *habeas corpus,*

> cujo marco inicial foi uma petição de Rui Barbosa, em 1892, pleiteando ordem de soltura em favor de presos políticos. Procurou-se, a partir daí, ampliar o âmbito de sua incidência, de modo a proteger o indivíduo não apenas contra prisões ilegais, mas também contra quaisquer atos da autoridade que infletissem, por mais remotamente, na liberdade pessoal.[3]

5.2.2 Ampliação do "habeas corpus" e o novo instrumento processual

Entre ampliar o objeto do *habeas corpus,* e criar um novo instrumento processual, terminou prevalecendo esta última opção.

> Sentia-se, de modo forte e inadiável, a necessidade premente de se criar um remédio que servisse aos particulares de defesa para certas

1. Celso Agrícola Barbi, *Do Mandado de Segurança*, 6ª ed., Rio de Janeiro, Forense, 1993, p. XV.

2. Sérgio Sahione Fadel, *Teoria e prática do Mandado de Segurança,* 2ª ed., Rio de Janeiro, José Konfino, 1976, p. 11; Vicente Greco Filho, *Tutela constitucional das liberdades,* São Paulo, Saraiva, 1989, p. 154; Castro Nunes, *Do Mandado de Segurança,* 9ª ed., Rio de Janeiro, Forense, 1988, pp. 1-12; Milton Flaks, *Mandado de Segurança – Pressupostos da impetração,* Rio de Janeiro, Forense, 1980, pp. 4-8.

3. Milton Flaks, *Mandado de Segurança – Pressupostos da impetração,* cit., p. 7.

> situações irremediáveis que não encontravam, entre as ações judiciais então existentes, guarida e adaptação.[4]

Com a Constituição de 1934 foi afinal instituído o mandado de segurança.

> A fórmula tímida apresentada pelo legislador constituinte ganhou contornos mais amplos na prática dos tribunais, cresceu desordenadamente, acarretando alguns males, mas trazendo imensuráveis vantagens.[5]

Vida efêmera, pereceu, com a Constituição de 1937, o valioso instrumento processual de defesa dos direitos individuais contra o Estado. A razão de sua extinção é óbvia. Estado forte, ditatorial, não podia tolerar tamanha limitação de seus poderes. Sua extinção, aliás, nas circunstâncias em que se deu, está a indicar que se trata de um instrumento de proteção do particular contra o Estado.

5.2.3 Proteção do particular contra o Estado

A quase totalidade dos autores, ao conceituar o mandado de segurança, ou ao fazer referência às suas origens, coloca-o como instrumento de defesa do particular, do indivíduo, ou do cidadão,[6] contra o Estado.

> Com o surgimento, nos primeiros anos deste século [*século XX*], da doutrina brasileira do *habeas corpus*, a jurisprudência, amparando certos direitos a rigor não enquadráveis dentro do verdadeiro espírito daquele instituto, veio demonstrar a necessidade de criação de um similar que protegesse e desse solução rápida *aos direitos individuais dos cidadãos, na esfera civil.*[7]

Castro Nunes afirma categoricamente que o mandado de segurança tem "por objeto amparar direitos do particular contra o Poder Público",[8]

4. Sergio Sahione Fadel, *Teoria e prática do Mandado de Segurança*, cit., p. 12.

5. Celso Agrícola Barbi, *Do Mandado de Segurança*, cit., p. XVI.

6. As palavras *particular*, *indivíduo* e *cidadão*, neste contexto, são sinônimos perfeitos. Significam o governado, aquele que não dispõe de poder estatal.

7. Sergio Sahione Fadel, *Teoria e prática do Mandado de Segurança,* cit., p. 11 (grifamos a expressão: aos direitos individuais do cidadão, na esfera civil).

8. Castro Nunes, *Do Mandado de Segurança*, 9ª ed., Rio de Janeiro, Forense, 1988, p. 44.

e que o direito exercitado pela via do mandado de segurança é sempre "um direito subjetivo do particular *contra o Poder Público*".[9] E ao especificar a relação jurídica que alberga o direito protegível pelo mandado de segurança, refere-se a uma "relação de direito público entre o particular e o Estado".[10]

Vicente Greco Filho também diz ser o mandado de segurança

> o meio mais eficaz para a correção da ilegalidade do representante do Poder Público contra o particular, nos casos não enquadráveis no *habeas corpus*.[11]

Lucia Valle Figueiredo inicia o capítulo das Garantias dos Administrados, de seu excelente *Curso de Direito Administrativo,* afirmando que

> chegou o momento de tratarmos institutos que garantem os *cidadãos*, individual ou coletivamente.[12]

Em sua monografia sobre a autoridade coatora e o sujeito passivo do mandado de segurança, a ilustre Juíza do Tribunal Regional Federal da 3ª Região transcreveu manifestação do eminente Min. Moreira Alves, que se reporta ao mandado de segurança afirmando:

> Os instrumentos de proteção aos direitos individuais lograram maior esforço a partir do momento em que, já no final do século XVIII, graças ao liberalismo, foi possível surgir a ideia da admissibilidade de defesa do direito do cidadão frente ao poder do Estado.[13]

Lacerda Dantas assevera:

> O mandado de segurança surgiu para dotar o cidadão de um instrumento rápido e eficaz de reação aos atos arbitrários da Administração Pública.[14]

9. Idem, ibidem, p. 51.

10. Idem, ibidem, p. 52.

11. Vicente Greco Filho, *Tutela constitucional das liberdades*, São Paulo, Saraiva, 1989, p. 154.

12. Lúcia Valle Figueiredo, *Curso de Direito Administrativo*, São Paulo, Malheiros Editores, 1994, p. 245 – o destaque da palavra *cidadãos* está no original.

13. Citado por Lúcia Valle Figueiredo, em *A autoridade coatora e o sujeito passivo do mandado de segurança*, São Paulo, Ed. RT, 1991, p. 13.

14. Francisco Wildo Lacerda Dantas, "A Questão da Decadência do Mandado de Segurança", RT 703/23.

Teresa Alvim, depois de se reportar à divisão dos poderes do Estado, como forma de garantir os direitos individuais, assevera:

> Evidentemente, ao lado destes direitos e garantias, para que o sistema funcione, deve dotar-se o particular de *instrumentos,* a nível processual, para que este oponha, ao Estado, estes direitos e estas garantias. Precisamente dentre estes instrumentos encontra-se a figura do mandado de segurança.
>
> Neste sentido, as palavras de Carlos Mário da Silva Velloso, quando diz que os povos, cedo, "perceberam que não bastam as declarações de direitos. É necessária a existência de meios que tornem efetivos os tais direitos, assim fazendo real a limitação do poder".
>
> Este contexto deve, portanto, nortear o intérprete, quando este procura extrair sentido de quaisquer regras que digam respeito ao mandado de segurança.[15]

O intérprete deve, com Sérgio Ferraz,

> tirar do texto legal tudo aquilo que pode nele se conter, inclusive lembrando o berço do mandado de segurança.[16]

Resta evidente, pois, que o interprete das normas existentes na Constituição e nas leis, tratando do mandado de segurança, está autorizado a interpretá-las de sorte a ver nesse instrumento processual um meio de defesa do particular, do governado, contra o Poder Público.

5.3 Impetração por pessoa jurídica

5.3.1 Não restrição das garantias constitucionais

A ideia de não restringir as garantias constitucionais levou a admitir-se a impetração do mandado de segurança também pelas pessoas jurídicas.

A este propósito leciona Vicente Greco Filho:

> Qualquer pessoa com capacidade de direito, isto é, pessoa natural ou jurídica, pode ser sujeito ativo do mandado de segurança. Discutiu-

15. Teresa Arruda Alvim Pinto, *Mandado de segurança contra ato judicial*, São Paulo, Ed. RT, 1989, p. 10.

16. Sergio Ferraz, "Aspectos processuais do Mandado de Segurança", *Curso de Mandado de Segurança*, diversos autores, São Paulo, Ed. RT, 1986, p. 131.

> -se, porque catalogado entre os direitos individuais, se poderia a pessoa jurídica impetrar o remédio constitucional. O problema, contudo, ficou superado, porque o rol do art. 5º da Constituição Federal não é privativo das pessoas naturais, aplicando-se, também, conforme o caso, às pessoas jurídicas. Estas, evidentemente, estão excluídas do *habeas corpus*.[17]

Não tenho dúvida de que as garantias estatuídas pelo art. 5º da Constituição Federal dirigem-se aos particulares em geral, aos governados, como proteção contra o abuso do poder estatal.

5.3.2 Pessoas jurídicas de direito privado

Realmente, no que diz respeito às pessoas jurídicas de direito privado a ampliação é válida, porque não desvirtua o sentido da garantia constitucional. Permanece evidente a função do mandado de segurança como um instrumento de proteção contra o Estado.

Não se pode ignorar a utilização intensa e generalizada das sociedades comerciais como forma de estruturação das empresas, nem a também generalizada utilização de sociedades e associações civis, como forma de estruturação de segmentos não empresariais, mas seguramente integrantes do denominado *setor privado* da nação. Negar, portanto, às pessoas jurídicas de direito privado o direito ao mandado de segurança seria reduzir, injustificadamente, o alcance desse notável instrumento processual.

Pela mesma razão,

> tem-se admitido a impetração por parte de entidades sem personalidade jurídica, mas com capacidade para estar em juízo, como a massa falida, o espólio, a herança jacente ou vacante, por força da capacidade outorgada pelo art. 12 do Código de Processo Civil [*CPC/1973; art. 75 do CPC/2015*].[18]

Em qualquer desses casos o mandado de segurança segue sendo um instrumento de proteção de governados contra o abuso de poder de governantes.

17. Vicente Greco Filho, *Tutela constitucional das liberdades*, cit., p. 160.
18. Vicente Greco Filho, ob. e loc. cits.

5.3.3 Pessoa jurídica de direito público

O primeiro passo para a inversão da finalidade do mandado de segurança foi dado quando se admitiu sua impetração por parte de pessoa jurídica de direito público.

Como registra o eminente Professor Pinto Ferreira, admite-se

> na doutrina e na jurisprudência que o mandado de segurança pode ser invocado por pessoas jurídicas de direito público. Neste sentido opinam Seabra Fagundes, Celso Agrícola Barbi (ver também: *RF*, 131:486; Ac. do STF, MS 3.709, rel. Min. Afrânio Costa, em 6.7.1957, v.u., *DJ*, 21 out. 1957; *RF*, 162:245, 182:204).[19]

Doutrinadores do porte de Sérgio Ferraz sustentam que não há "como vedar às pessoas jurídicas de Direito Público a utilização do *writ*".[20] Vê-se, todavia, que o ilustre Professor, não defende o direito de uma pessoa jurídica de Direito Público impetrar mandado de segurança dirigido contra garantias constitucionais do cidadão, até porque sua tese funda-se em que as garantias constitucionais não podem ser objeto de restrição.

Observe-se que os exemplos por ele citados são todos concernentes a mandados de segurança do Poder Público contra o Poder Público, sem qualquer envolvimento de direitos de particulares.[21] Em nenhum momento o ilustre Professor sustenta que se deva admitir a utilização do mandado de segurança pelo Estado, como instrumento de ataque às garantias do particular. Na sua valiosa doutrina,

> O mandado de segurança é uma ação endereçada contra o poder público, é algo que necessita, pois, de direito bom, pois não se pode subestimar a força do Executivo – não se pode fazer ciência jurídica sem pensar nessas miudezas factuais. Impetrar mandado de segurança é uma tarefa que ultrapassa a simples dimensão processual.[22]

19. Pinto Ferreira, *Teoria e prática do Mandado de Segurança,* 2ª ed., São Paulo, Saraiva, 1985.

20. Sergio Ferraz, *Mandado de Segurança (Individual e coletivo – Aspectos polêmicos)*, São Paulo, Malheiros Editores, 1992, p. 32.

21. Sérgio Ferraz, ob. e loc. cits.

22. Sergio Ferraz, "Aspectos processuais do Mandado de Segurança", cit., p. 130.

É certo, porém, que o fato de ser impetrante uma pessoa jurídica de direito público ainda não significa uma completa inversão da finalidade do mandado de segurança. Como assevera Greco Filho,

> admite-se a impetração por entidades de direito público, mesmo sem personalidade jurídica, a fim de garantir prerrogativas funcionais violadas por outra entidade também de direito público. Assim, por exemplo, tem-se admitido *writ* de Municípios contra órgãos do Estado e do prefeito contra a Câmara Municipal ou desta contra aquele.[23]

Não se tem, nesses casos, uma completa inversão da finalidade do mandado de segurança, posto que segue sendo ele uma proteção contra abuso do Poder Público, e, se não favorece, também não prejudica o particular, o indivíduo, o cidadão governado.

Mesmo assim, não é razoável admitir esse elastério, pela mesma razão que se não admitiu o elastério do *habeas corpus:* a preservação da pureza do instituto.

Admitir o uso do mandado de segurança pelas pessoas jurídicas de direito público foi, não tenho dúvida, uma ideia infeliz, posto que além de turbar a pureza do instituto, abriu ensejo à completa inversão de sua finalidade.

5.3.4 A isonomia

Não se diga que inadmitir a impetração do mandado de segurança por pessoa jurídica de direito público lesa o princípio da isonomia, ou princípio da igualdade das partes do processo.

Em primeiro lugar, imperioso é distinguir o princípio da isonomia, do princípio da igualdade das partes no processo, que é apenas uma forma de manifestação daquele. O princípio da isonomia é amplo, e pode ser entendido como igualdade não apenas perante a lei, vale dizer, em sua aplicação, mas também igualdade na lei, vale dizer, em sua feitura. Já o princípio da igualdade das partes no processo é concernente apenas à igualdade na aplicação da lei. Está expresso na disposição segundo a qual ao juiz, na direção do processo, compete "assegurar às partes igualdade de tratamento".[24]

23. Vicente Greco Filho, *Tutela constitucional das liberdades*, cit., p. 160.
24. CPC/2015, art. 139, inciso I.

Mesmo, porém, em face do princípio geral da isonomia, não se pode considerar lesivo a este o negar às pessoas jurídicas de direito público a qualidade para impetrar mandado de segurança. A mesma desigualdade existente entre o particular e o Estado, entre o governado e o Poder Público, que permite ao legislador outorgar a este último inúmeros privilégios processuais, há de permitir que se preserve o mandado de segurança como instrumento do primeiro contra o último.

Entre os vários privilégios do Poder Público em juízo, basta que se mencione a impenhorabilidade de seus bens. Isto é suficiente para demonstrar a absoluta desigualdade entre o Estado e o particular em Juízo.

Não é razoável, portanto, argumentar-se com o princípio da isonomia, para sustentar a existência, para o Estado, do direito de impetrar mandado de segurança.

5.4 Impetração contra ato judicial

5.4.1 O juiz como autoridade coatora

O segundo e decisivo passo para a completa inversão da finalidade do mandado de segurança deu-se quando se passou a admiti-lo contra atos judiciais.

Em princípio justifica-se o elastério, posto que o Juiz, como qualquer outra autoridade, é um ser humano, e, portanto, não é infalível. Não há, assim, razão para excluir-se a possibilidade de impetração contra seus atos, que eventualmente sejam lesivos a direito líquido e certo da parte. Como assevera a Professora Teresa Alvim, com inteira propriedade,

> o remédio constitucional só pode efetivamente cumprir a sua finalidade, em sintonia com as ideias fundamentais que inspiraram a sua criação, porque pode ter como objeto atos do Estado, genericamente considerado, e não, exclusivamente, atos da administração.[25]

A impetração de mandado de segurança contra atos judiciais, todavia, como adverte a ilustre Professora de Direito Processual Civil da Faculdade de Direito da PUC, de São Paulo, é assunto a "ser tratado com cautela e acuidade de raciocínio",[26] e assim, com cautela e acuidade de

25. Teresa Arruda Alvim Pinto, *Mandado de Segurança contra ato judicial,* cit., p. 11.

26. Teresa Arruda Alvim Pinto, ob. cit., p. 12.

raciocínio, é possível distinguir os casos nos quais o mandado de segurança pode ser utilizado contra ato judicial, "cumprindo a sua finalidade, em sintonia com as ideias fundamentais que inspiraram a sua criação",[27] daqueles outros, nos quais não se está *cumprindo a sua finalidade*, nem se está em sintonia com as ideias fundamentais que inspiraram a sua criação.

Seja como for, tem-se de considerar que o Juiz, como autoridade coatora, coloca-se em situação bem diferente daquela em que fica a autoridade administrativa. Veja-se, a propósito, a lição de Celso Agrícola Barbi, que explica a posição do Juiz como autoridade impetrada, com a diferença quanto ao interesse no ato impugnado, e justifica a necessidade de o verdadeiro interessado integrar a lide, assim:

> Isso porque a Administração tem sempre interesse na manutenção do ato que praticou e que está sendo impugnado, mesmo porque se entende que ela agiu no suposto de o fazer dentro dos limites legais. Defende-se ela, portanto, enviando informações que são verdadeira contestação, minutadas por seus advogados e apenas assinadas pelo coator.
>
> Mas quando o ato atacado é de natureza judicial, apesar de agir o juiz em nome ou como órgão do Estado, a Administração Pública não tem, na realidade, nenhum interesse no desfecho da questão. As informações então não possuem as características de defesa e são minutadas pela própria autoridade judiciária que as subscreve. E esta pode ter interesse meramente moral em sustentar a legalidade do seu ato, mas lhe é mesmo impossível ter qualquer interesse de outra natureza, dada sua posição de imparcialidade na causa sujeita a seu julgamento.
>
> O verdadeiro interessado nesse caso é a outra parte na demanda onde foi proferido o despacho impugnado. Este é o verdadeiro vencido, se julgado procedente o mandado de segurança. No entanto, na prática, fica ele ignorado pelos tribunais, tal como se não existisse no mundo jurídico.[28]

Realmente, o juiz não pode ter interesse, a não ser de ordem moral, na manutenção do ato impugnado. E sua posição de natural imparcialidade deixa, na prática, o mandado de segurança sem o necessário contraditório. As informações por ele prestadas, no mais das vezes, simplesmente

27. Teresa Arruda Alvim Pinto, ob. cit., p. 11.

28. Celso Agrícola Barbi, *Do Mandado de Segurança*, 6ª ed., Rio de Janeiro, Forense, 1993, p. 163.

confirmam a prática do ato e oferecem cópias de algumas peças do processo, sem desenvolver qualquer argumento na defesa do ato impugnado.

5.4.2 O impetrante como pessoa

O único argumento dos que defendem a impetração do mandado de segurança pelos entes estatais reside em que o Estado, no caso, age como pessoa.

Realmente, o Estado-Administração é uma pessoa, na medida em que é titular de direitos e obrigações. E por isto mesmo é que se tem admitido o Estado como impetrante.

Nas impetrações contra ato judicial, todavia, tem-se que a Administração, como pessoa, age contra ela própria, visto que o Poder Judiciário integra a pessoa jurídica de Direito Público a que pertence. E isto é tão absurdo quanto pretender a União Federal haver, dela própria, com fundamento no art. 37, § 6º, da Constituição, em face de um ato ilegal ou abusivo, praticado em seu detrimento por um Juiz Federal, a indenização pelo dano respectivo.

Em outras palavras, o direito de impetrar mandado de segurança é o direito de ação. O que o caracteriza, dando-lhe especificidade, é o fato de dirigir-se, sempre, contra ato de autoridade, para proteção de direito líquido e certo.

O titular de direito ao mandado de segurança pode, sempre, se quiser, utilizar, em lugar deste, a denominada via ordinária.

> As vias ordinárias estão sempre franqueadas às pessoas naturais e jurídicas, publicas ou privadas, para defesa de seus direitos, mas quando o direito respectivo for dotado de liquidez e certeza, e a lesão ou ameaça ocorrerem em razão de ato ilegal ou abusivo da autoridade, o pedido de tutela jurisdicional poderá ser feito através de procedimento especial, a que se chama "mandado de segurança".[29]

E como não é razoável imaginar-se a União Federal ingressando com ação contra ela própria, também não se deve admitir que ingresse com mandado de segurança para pedir proteção contra uma autoridade que a integra.

29. Ernane Fidelis dos Santos, *Manual de Direito Processual Civil*, vol. 3, 3ª ed., São Paulo, Saraiva, 1994, p. 167.

Se o argumento dos que sustentam o cabimento da impetração de mandado de segurança pela União Federal reside em que esta é uma pessoa, tem-se de concluir que a impetração cabível é apenas aquela dirigida contra outra pessoa, e não contra ato de quem integra a própria pessoa jurídica impetrante. Por isto mesmo quem sustenta ser o mandado de segurança direito concedido a qualquer pessoa, assevera:

> A União, por exemplo, tem direito ao mandado de segurança contra o Estado e o Município.[30]

A não ser assim, ter-se-ia de admitir mandado de segurança impetrado pela União Federal contra autoridades administrativas, como o Delegado, o Superintendente ou o Secretário da Receita Federal, ou contra o Ministro da Fazenda, sempre que qualquer dessas autoridades praticasse atos que eventualmente contrariassem interesses da Fazenda Nacional. A União Federal estaria ingressando em Juízo para pedir o desfazimento de seus próprios atos, o que, evidentemente, seria um verdadeiro despautério.

Nos casos em que os Conselhos de Contribuintes do Ministério da Fazenda julgassem qualquer processo administrativo tributário a favor do contribuinte, poderia a Fazenda Nacional impetrar mandado de segurança contra o julgado administrativo.

Na esfera dos Estados, e dos Municípios, igualmente. Sempre que um órgão da Administração Tributária decidisse a favor do contribuinte, poderia o Estado ou o Município, conforme o caso, impetrar mandado de segurança contra o ato que lhe desfavorecesse o Tesouro.

Realmente, não há porque admitir que a União, o Estado, ou o Município, impetre mandado de segurança contra ato judicial que lhe é desfavorável, e não possa fazer o mesmo contra um ato administrativo que lhe contrarie o interesse.

Relevante é observar, ainda, que no mandado de segurança impetrado contra um Juiz Federal, a União Federal é a pessoa jurídica à qual se liga a autoridade coatora, tendo de ser ela, pois, a parte passiva. Incoerente, neste caso, é admiti-la como impetrante, quando deve estar, isto sim, ao lado da autoridade impetrada, seja como assistente, seja como litisconsorte, seja como parte passiva na impetração. E porque a ela, como pessoa jurídica à qual se liga a autoridade coatora, cabe responder pela

30. Ernane Fidelis dos Santos, ob. cit., p. 168.

reparação dos danos decorrentes da ilegalidade que se entender praticada pela autoridade impetrada, sendo a Fazenda Nacional a impetrante, ter-se-ia configurada a confusão, fato que

> leva, ao nível do processo, a que haja a extinção deste sem julgamento de mérito (art. 267, X [*do CPC/1973*]), justamente porque desaparecem as duas partes antagônicas.[31]

A completar o despautério tem-se que, concedido, pelo Tribunal Regional Federal, um mandado de segurança impetrado pela Fazenda Nacional contra ato de um Juiz Federal, praticado em processo onde se questiona a exigência de um tributo, legitimada para recorrer é apenas a Fazenda Nacional, vale dizer, a própria União Federal, que terá evidente interesse em não recorrer. [32]

5.4.3 A inversão total da finalidade

Na impetração do mandado de segurança pelo Estado, contra ato judicial praticado em favor do particular, ocorre mais do que o descumprimento da finalidade do *writ*; verifica-se verdadeira e total inversão de sua finalidade, e não apenas a falta de sintonia, mas absoluto desprezo pelas ideias fundamentais que inspiraram a sua criação.

Quando a Fazenda Nacional, ou a União Federal, impetra mandado de segurança contra um Juiz Federal, atacando uma liminar concedida a um contribuinte, em tutela provisória ou de evidência, ou em outro mandado de segurança, verifica-se uma inversão total e absoluta da finalidade do *writ*. O instrumento criado para ser uma garantia do particular contra o Poder Público, está sendo usado por este contra o particular.

Não se diga que o mandado de segurança é impetrado contra o Juiz. Na verdade este não tem, nem pode ter, qualquer interesse no ato judicial que praticou e está sendo impugnado. Tem o dever legal de neutralidade. O mandado de segurança, neste caso, volta-se de fato contra o particular, beneficiário do ato judicial impugnado.

31. José Manoel de Arruda Alvim e Teresa Arruda Alvim, *Manual de Direito Processual Civil*, vol. 2, 4ª ed., São Paulo, Ed. RT, 1994, p. 21.

32. Veja-se, a propósito, no capítulo em que estudamos os recursos, o item 12.2.2.2, em que examinamos a questão da legitimação.

5.4.4 *Supressão do contraditório*

Como o Juiz, na qualidade de autoridade impetrada, não está motivado para defender o ato impugnado, e a pessoa jurídica à qual este se liga é, ao mesmo tempo, autora e ré, no mandado de segurança impetrado pela Fazenda Pública contra ato judicial verifica-se, de fato, a supressão do contraditório.

É certo que a jurisprudência tem entendido existir litisconsórcio passivo necessário: o favorecido com o ato judicial impugnado teria de ser citado, e então faria a defesa daquele.

Cuida-se, todavia, de um arranjo que, não obstante sua utilidade, consubstancia evidente impropriedade processual. O favorecido com o ato judicial impugnado não é litisconsorte do Juiz que praticou aquele ato – porque o Juiz nele não tem, nem pode ter, interesse algum, nem é afetado em sua esfera jurídica pela decisão que o invalidar. Muito menos pode ser litisconsorte da pessoa jurídica a que se vincula o Juiz, posto que esta, no caso, como impetrante do mandado de segurança, tem interesse oposto.

5.4.5 *Ataque a outras garantias constitucionais*

Mais grave, porém, é que a impetração do mandado de segurança pela pessoa jurídica de direito público contra o ato de um Juiz, praticado em favor do particular, é na verdade um ataque a outras garantias constitucionais deste.

É o instrumento que a ordem jurídica estabeleceu para defesa do particular contra o Poder Público, utilizado por este para atacar as garantias constitucionais daquele.

5.4.6 *Suspensão de liminar ou de sentença*

Quando o ato impugnado é um despacho que deferiu medida liminar em outro mandado de segurança, ou uma sentença que concede mandado de segurança, há mais uma razão para o descabimento da impetração de mandado de segurança por pessoa jurídica de direito público. É que o art. art. 15 da Lei 12.016/2009, admite que a requerimento de pessoa jurídica de direito público interessada, e para evitar grave lesão à ordem, à saúde, à segurança e à economia públicas, o Presidente do Tribunal, ao qual couber o conhecimento do respectivo recurso, suspenda, em despacho fundamentado, a execução da liminar ou da sentença.

Tem-se, neste caso, um meio específico, que a ordem jurídica outorgou às pessoas jurídicas de direito público, para o exercício do poder de atacar os despachos de deferimento de liminar e as sentenças que deferem mandados de segurança. Assim, havendo um meio específico, a impetração de mandado de segurança é incabível, porque

> onde os *meios* para exercício de um poder outorgado *forem específicos* todos os outros meios reputam-se excluídos.[33]

Inocorrente o pressuposto da suspensão da liminar ou da sentença, vale dizer, inocorrente a probabilidade de grave lesão à ordem, à saúde, à segurança ou à economia públicas, não tem a pessoa jurídica de direito público outra alternativa senão a de suportar a execução da liminar, ou da sentença.

O disposto no art. 15 da Lei 12.016/2009, reproduzindo o art. 4º da Lei 4.348/1964, fruto do autoritarismo então dominante, cuida de situação excepcionalíssima, e seu alcance de nenhum modo pode ser ampliado. Admitir mandado de segurança contra liminar, ou contra sentença que defere mandado de segurança, quando ausente o pressuposto previsto no art. 15 da Lei 12.016/2009, significa viabilizar a cassação da liminar, ou da sentença, cuja execução não coloca em perigo a ordem, a saúde, a segurança nem a economia públicas, e isto, seguramente, subverte o sentido daquele dispositivo legal.

Curioso é que a norma, fruto do autoritarismo então dominante, destinada a amesquinhar o mandado de segurança como instrumento de proteção dos cidadãos contra o Estado, tenha sido agora significativamente ampliada, com a Lei 12.016/2009, que abriu todos os caminhos possíveis para o pedido de suspensão dos efeitos da liminar e da sentença concessiva do mandado de segurança, inclusive atribuindo ao Ministério Público legitimidade para esse fim.

5.4.7 Direito subjetivo e prerrogativa de função

Há quem sustente o cabimento do mandado de segurança impetrado até por órgãos do Estado, desprovidos de personalidade jurídica. Em

33. J. H. Meireles Teixeira, *Curso de Direito Constitucional*, Rio de Janeiro, Forense Universitária, 1991, p. 277.

tais casos não estaria sendo defendido um direito subjetivo, mas uma prerrogativa de função.

A tese, que infelizmente vem sendo acolhida pela jurisprudência, presta-se para demonstrar que o mandado de segurança já não está sendo utilizado para a proteção de direitos subjetivos. Invalida, portanto, o argumento dos que sustentam o cabimento do mandado de segurança impetrado por pessoas jurídicas de direito público, por serem estas titulares de direito subjetivo.

Hely Lopes Meirelles afirma a possibilidade de impetração por órgãos desprovidos de personalidade,

> porque o constituinte brasileiro não restringiu o seu uso à pessoa humana (como fez com o *habeas corpus*); instituiu-o como meio constitucional hábil a proteger indiscriminadamente *direitos de quaisquer titulares*, personalizados ou não, desde que tais titulares disponham de capacidade processual para defendê-los judicialmente, quando lesados ou ameaçados de lesão por ato ou omissão de autoridade.[34]

Não podemos concordar com essa doutrina. Titular de direito só pode ser a pessoa, e quem tem capacidade processual certamente tem capacidade jurídica. É pessoa, ainda que apenas por ficção jurídica. E quando a ordem jurídica deixa de atribuir personalidade a um órgão público, ou entidade privada, é porque não lhe quis dar condições de ter, nem de exercitar direitos próprios.

Na verdade, quando o titular de um cargo em órgão desprovido de personalidade jurídica impetra mandado de segurança, não está defendendo *uma prerrogativa de função*, mas um seu interesse pessoal. Não podendo dizê-lo, porque aquele interesse não corporifica um direito do qual seja titular, recorre ao eufemismo da defesa de prerrogativa de função. De todo modo, em situação tal não existe um direito subjetivo a ser protegido, e por isto não se pode admitir o uso do mandado de segurança.

5.4.8 Direito subjetivo e conflito de poderes

As noções de direito subjetivo e de pessoa são visceralmente ligadas e interdependentes. Direito subjetivo é aquele "do qual o indivíduo

34. Hely Lopes Meirelles, *Mandado de Segurança e ações constitucionais,* cit., pp. 68-69.

é titular, por ser inerente a sua pessoa";[35] e pessoa é o sujeito de direitos e obrigações.[36]

A União Federal, como pessoa, é integrada pelos Poderes Executivo, Legislativo e Judiciário. Quando um juiz decide contrariamente ao que pretendem as autoridades do Ministério da Fazenda, não se pode dizer que o seu ato lesionou um *direito,* posto que direito pressupõe relação bilateral. O que se verifica, isto sim, é um conflito de Poderes. Um dos Poderes do Estado tem e sustenta uma pretensão, enquanto o outro a afirma contrária ao ordenamento jurídico.

5.4.9 Impetrante e parte passiva. Efeitos patrimoniais

Quando a Fazenda Nacional impetra um mandado de segurança contra um juiz federal, a impetrante assume também a condição de parte passiva no processo. Assim, tem-se uma situação verdadeiramente absurda, na qual a impetrante é também quem suporta os efeitos patrimoniais da impetração. Se o ato impugnado é, a final, considerado ilícito, e dele decorre algum dano para a impetrante, sobre ela própria recaem os efeitos correspondentes.

E na hipótese de ação cobrando indenização pelo dano, tem-se a Fazenda como autora e ré, ao mesmo tempo. Tem-se uma cobrança da Fazenda Nacional contra ela própria.

Na verdade, mesmo os que sustentam, como Hely Lopes Meirelles, que a autoridade coatora é sempre parte na causa, ensinam que "os efeitos patrimoniais da condenação tocam à entidade a que pertence o coator".[37]

O Tribunal de Justiça de Santa Catarina já decidiu, adotando a tese majoritária da doutrina, ser incabível a condenação da autoridade impetrada nas custas, porque parte é a pessoa jurídica de direito público e esta, sim, vencida, responde pelas custas.[38]

Como se vê, na impetração pela pessoa jurídica de direito público, contra ato de juiz que a integra, cria-se um verdadeiro absurdo. A impe-

35. Pedro Nunes, *Dicionário de Tecnologia Jurídica,* vol. I, 8ª ed., Rio de Janeiro/São Paulo, Freitas Bastos, 1974, p. 513.

36. Pedro Nunes, *Dicionário de Tecnologia Jurídica,* cit., p. 935.

37. Hely Lopes Meirelles, ob. cit., p. 71.

38. TJSC, MS 4.655 de Joinville, *Revista Jurídica* 207/82-84, Porto Alegre, Síntese.

trante é também parte passiva. Será, portanto, vencedora e vencida ao mesmo tempo.

5.5 O poder estatal

O que se está verificando com o uso do mandado de segurança é bem uma evidente mostra de como perigoso é o poder, e mais e mais perigoso é o Poder estatal.

> El marco donde el Poder encuentra más posibilidades de ejercicio y desarrollo es dentro del cuerpo estatal. En el Estado, el Poder cristaliza en su dimensión más amplia, cuando se convierte en el propio Poder del Estado, bajo cuyo manto protector no cabe otro Poder más fuerte, ni más avasallador.[39]

Titular de Poder, o Estado cria a própria norma jurídica, instrumento pelo qual se impõe aos governados. Não tem a mais mínima necessidade de proteção contra seus súditos. E no caso, arrebata destes aquela garantia constitucional, e passa a utilizá-la para enfraquecer as demais garantias que a ordem jurídica edificou para protegê-los, num processo realmente avassalador.

Na crença de que o Direito é o melhor, senão o único instrumento capaz de manter as manifestações do poder dentro de limites compatíveis com a liberdade humana, penso que a doutrina jurídica, descomprometida com os poderosos, tem relevante papel a desempenhar. Por isto é que ouso oferecer esta modesta contribuição que, se não faz doutrina, pode ter pelo menos o mérito de chamar para o tema a atenção dos juristas dotados de maior capacidade para construí-la.

5.6 Conclusões

Diante de todas as considerações aqui desenvolvidas, chega-se, a final, às seguintes conclusões:

1ª) O exame da origem do mandado de segurança revela ser ele um instrumento de proteção dos direitos do particular, vale dizer, do governado, contra o Estado.

39. Joaquim Blanco Ande, *Teoria del Poder*, Madri, Pirámide, 1977, p. 47.

2ª) É admissível, e mesmo necessária, a ampliação da garantia constitucional, para que dela se possam utilizar as pessoas jurídicas de direito privado, posto que corporificam particulares, cujos direitos se expõem a lesões decorrentes de atos abusivos do Poder Público.

3ª) É inadmissível, porém, que tal ampliação leve a permitir que do mandado de segurança se utilizem as pessoas jurídicas de Direito Público, pois isto, além de retirar a pureza do instituto, fazendo-o desviar-se de sua finalidade essencial, contribui para o indesejável fortalecimento do Estado, em detrimento do particular.

4ª) Em se tratando de impetração por pessoa jurídica de Direito Público, contra ato judicial praticado para proteger direito de particular, configura-se, então, absurda e total inversão da finalidade para a qual foi criado o mandado de segurança, razão pela qual essa impetração é absolutamente inadmissível.

6.

O MINISTÉRIO PÚBLICO

6.1 O Ministério Público como parte impetrante. 6.2 Como fiscal da lei. 6.2.1 A defesa da ordem jurídica. 6.2.2 Vedação de atividade política. 6.2.3 Exceção convertida em regra. 6.2.4 Oportunidade para manifestação. 6.2.4.1 Os regimentos e a doutrina. 6.2.4.2 A Constituição e a lei. 6.2.4.3 Ausência de manifestação. 6.2.4.4 Poder de veto. 6.2.4.5 Manifestação em segunda instância. 6.3 Competência. 6.3.1 O Ministério Público e a função jurisdicional. 6.3.2 Atuação em litisconsórcio. 6.4 Legitimidade para recorrer. 6.5 Legitimidade para pedir a suspensão da liminar e da sentença.

6.1 O Ministério Público como parte impetrante

É sabido que o Ministério Público pode atuar como parte.

> A fim de fazer atuante a ordem jurídica e não a deixar estática e inerte, em face de situações que substancialmente a atingem, o Ministério Público assume a posição de parte, como autor.[1]

Resta saber, todavia, se pode impetrar mandado de segurança. E especialmente se pode impetrar mandado de segurança em matéria tributária, vale dizer, impetrar mandado de segurança contra exigência de tributo, ou contra ato a tal exigência relacionado.

Mesmo quando age como parte o Ministério Público há de defender, sempre, o interesse público, que não se confunde com o direito subjetivo individual. Poder-se-ia argumentar que o interesse na observância das leis é de caráter público, mas consubstancia também um direito subjetivo do cidadão e que, por isto mesmo, poderia ser defendido com o mandado de

1. José Frederico Marques, *Manual de Direito Processual Civil*, vol. 1, São Paulo, Saraiva, 1974, pp. 286-287.

segurança. A propósito, invocando Santi Romano, doutrina Castro Nunes: "O interesse do cidadão em preservar o interesse público é também um direito subjetivo, de caráter público, exercido *ut civis*".

E se reporta ao art. 141, § 38, da Constituição Federal de 1946, que legitimava qualquer cidadão para a propositura da ação popular. Entretanto, a seguir esclarece:

> O que aí se assegura é um direito cívico, restrito *ao cidadão, para pleitear* a invalidação de atos lesivos, não a um *direito subjetivo* do autor, mas ao interesse geral. A ação está admitida "para pleitear", não pode ser substituída pelo mandado de segurança, salvo se requerido esta para assegurar *ao cidadão* o exercício mesmo daquele direito, isto é, *do direito* de intentar *a ação popular*, caso lhe seja obstado sob qualquer coação do Poder Público.[2]

Para Silva Pacheco, em face do art. 129 da Constituição cabe ao Ministério Público, entre outras funções, a de

> zelar pelo respeito dos Poderes Públicos e dos serviços de relevância pública aos direitos assegurados na Constituição, promovendo as medidas necessárias para sua garantia, inclusive o mandado de segurança, quando for o caso;[3]

E tal assertiva poderia ser interpretada no sentido de que o eminente publicista lhe reconhece legitimidade para impetrar mandado de segurança toda vez que a ordem jurídica seja violada, independentemente de quem seja o titular do direito lesado. Silva Pacheco, entretanto, esclarece que a impetração pode ocorrer "em nome próprio, ou em nome daqueles cujos interesses, por força da função que exerce, lhe cumpre defender".[4] Em nome próprio, quando o direito lesado seja da própria instituição. E em nome daqueles cujos interesses lhe caiba defender, quando se tratar de interesses individuais indisponíveis.

Pode ocorrer que um menor, ou um doente mental, tenha direito líquido e certo lesado pelo fisco, e eventualmente não tenha pai, nem mãe, nem tutor, ou curador, que o represente, para a defesa de seus direitos.

2. Castro Nunes, *Do Mandado de Segurança*, 9ª ed., Rio de Janeiro, Forense, 1988, pp. 182-183.

3. José da Silva Pacheco, *O Mandado de Segurança e outras ações constitucionais típicas*, 2ª ed., Ed. RT, São Paulo, 1990, p. 188.

4. José da Silva Pacheco, ob. cit., p. 188.

Em tais situações especialíssimas, pode o Ministério Público impetrar mandado de segurança na defesa do incapaz.

O Ministério Público está incumbido de defender a ordem jurídica, certamente. Isto, porém, não lhe confere legitimidade para impetrar mandado de segurança na defesa de interesses individuais, ou sociais, disponíveis, posto que os membros do Ministério Público são proibidos de advogar e defender em juízo interesses disponíveis, sejam individuais ou sociais.

Mesmo sendo o direito à observância da Constituição e das leis também um direito do cidadão, em princípio não pode o Ministério Público utilizar o mandado de segurança para atacar um lançamento tributário ilegal, nem se insurgir contra a aplicação de uma lei tributária inconstitucional.

Para a defesa da ordem jurídica, quando nesta se tenha encartado norma inconstitucional, dispõe o Chefe do Ministério Público da ação direta de inconstitucionalidade (ADI). O mandado de segurança a isto não se destina, mas à defesa de direitos individuais.

Na defesa da ordem jurídica deve atuar, ordinariamente, o Ministério Público, como fiscal da lei, e não como parte. Aliás, é difícil conceber-se que uma parte, em um processo qualquer, possa defender a ordem jurídica, posto que tal defesa pressupõe, antes e acima de tudo, isenção, o que se não pode esperar de quem é parte, e por isto é, naturalmente, *parcial*.

É importante observar que, em matéria de recurso, a jurisprudência tem se orientado no sentido de que a legitimação do Ministério Público decorre diretamente da lei, independendo de demonstração em cada caso.[5] Em sendo assim, a impetração do mandado de segurança pelo Ministério Público também independe de demonstração de interesse.

Quem corporifica o Ministério Público qualifica-se como autoridade, no sentido legal. Seus atos, assim, eventualmente podem causar lesão a direito individual líquido e certo. Pode, pois, figurar como autoridade impetrada no mandado de segurança.[6]

5. STJ, REsp 7.959-0-SP, rel. Min. Milton Luiz Pereira, *RSTJ* 52/80-91.

6. No dizer de Alfredo Buzaid (*Do Mandado de Segurança,* vol. I, São Paulo, Saraiva, 1989, p. 187): "O representante do Ministério Público poderá ser, em certos casos, a autoridade coatora e, portanto, ser notificado como impetrado a prestar informações no prazo de dez dias".

Não cuidando, como não cuida, o Ministério Público, da administração tributária, é difícil imaginar-se uma situação na qual as ilegalidades praticadas pelos que o integram lesionem direito de contribuinte. Por isto, em princípio, em matéria tributária não se coloca o membro do Ministério Público como autoridade impetrada.

6.2 Como fiscal da lei

6.2.1 A defesa da ordem jurídica

A função primordial do Ministério Público é, sem dúvida, a defesa da ordem jurídica. Por isto mesmo sua posição no mandado de segurança é, ordinariamente, a de *fiscal da lei*.

Ser fiscal da lei significa defender a ordem jurídica, e a defesa da ordem jurídica pressupõe isenção, exige imparcialidade.

Antes da Constituição Federal de 1988 a situação era complicada para o Ministério Público, especialmente no plano federal, tendo-se em vista que a Procuradoria da República atuava como Ministério Público, opinando nos mandados de segurança, e ao mesmo tempo atuava como Advogado da União, defendendo em juízo os interesses desta inclusive em matéria tributária. A Procuradoria da Fazenda Nacional àquela época atuava apenas internamente como órgão da Administração Fazendária.

Com a Constituição de 1988, felizmente, essa anomalia de nosso sistema jurídico foi extirpada. A representação judicial da União cabe à Advocacia-Geral da União, enquanto à Procuradoria da República restou unicamente a função de Ministério Público. Não pode haver, assim, qualquer dúvida de que o Ministério Público há de oficiar nos mandados de segurança como defensor da ordem jurídica, opinando com inteira imparcialidade.

6.2.2 Vedação de atividade política

Os membros do Ministério Público, em virtude da natureza de suas atribuições, estão sujeitos a vedações, entre as quais se destaca a proibição de *exercer atividade político-partidária, salvo exceções previstas na lei.*[7]

Mazzili assevera que

7. CF, art. 128, § 5º, inciso II, "e".

A Constituição de 1988, embora conferindo as mesmas garantias dos magistrados aos membros do Ministério Público, infelizmente não impôs a estes últimos as mesmas vedações daqueles, abrindo, na parte permanente e nas disposições transitórias, verdadeiras brechas na proibição do afastamento da carreira. Estes afastamentos, para ocupar cargos administrativos ou eletivos, se algum tempo atrás tiveram sua razão de ser, hoje não mais se justificam, porque desprofissionalizam o agente da instituição e comprometem sua independência, tanto que há muito corretamente vedadas na Magistratura.[8]

É certo que aos membros do Ministério Público a lei pode permitir certas atividades políticas. Há de fazê-lo, porém, a título de exceção, posto que a regra é a vedação, sendo certo que a lei "não poderá, sob pena de flagrante inconstitucionalidade, inverter regra e exceção".[9]

A rigor, nem se justifica a exceção. Na verdade, tanto quanto os magistrados, os membros do Ministério Público devem ser isentos, independentes, e devem ser preservados, por isto mesmo, de influências que a atividade político-partidária torna inevitáveis. As vedações impostas aos magistrados,

> são elas bem aplicáveis ao Ministério Público, por identidade de razão, especialmente à vista da tradição social e cultural de nosso país, onde a política, de forma intensa, tem interferido negativamente na administração da justiça.[10]

Importante, neste contexto, é saber o que constitui atividade político-partidária, para que se possa delimitar o alcance da restrição em comento.

Para tanto, deve-se partir do conhecimento do que seja o partido político. Toda e qualquer atividade relacionada a um partido político é, sem dúvida, uma atividade político partidária. Assim, pratica tal atividade quem funda ou filia-se a partidos políticos.[11]

Sendo o filiar-se a partido político uma atividade político-partidária, como tal há de ser considerada, obviamente, qualquer conduta que tenha

8. Hugo Nigro Mazzili, *O Ministério Público na Constituição de 1988*, São Paulo, Saraiva, 1989, p. 84.

9. Hugo Nigro Mazzili, ob. cit., p. 85.

10. Hugo Nigro Mazzili, ob. e loc. cits.

11. Cf. José Celso de Mello Filho, *Constituição Federal anotada*, São Paulo, Saraiva, 1984, p. 252.

como pressuposto aquela filiação, como, por exemplo, candidatar-se a cargos eletivos.

Exerce, outrossim, atividade político-partidária quem, mesmo sem ser filiado a partido político, desenvolve, no interesse dessas entidades, atividades pertinentes a seus fins específicos, tais como campanhas eleitorais, participação em comícios, ou qualquer outra destinada a conquistar votos, ou reforçar o contingente de adeptos do partido.

Muita vez a atividade político-partidária é exercida de forma disfarçada, a pretexto do exercício de funções alheias aos partidos, e até de funções com tal atividade incompatíveis. Assim, quem participa de movimentos grevistas nos quais está evidente o sentido político, ligado ao programa de determinado partido, está desenvolvendo atividade político-partidária, posto que está reforçando o contingente de adeptos desse partido.

Ressalte-se que o magistrado, ou o membro de Ministério Público, não pode afastar-se temporariamente de suas funções para livrar-se da restrição constitucional em exame. O afastamento, se houver, há de ser definitivo.[12]

Argumenta-se com o fato de haver o Superior Tribunal Eleitoral, na Resolução em que se refere aos prazos para a desincompatibilização, mencionado os membros do Ministério Público. Isto significaria um pronunciamento da Justiça Eleitoral, no sentido da inexistência de vedação ao Membro do Ministério Público, que estaria livre para candidatar-se a cargos eletivos.

O argumento é inconsistente. A Resolução em causa certamente foi baixada como simples ato de rotina, sem que a Corte Eleitoral tivesse cogitado da questão em face da Constituição de 1988. Como no regime constitucional anterior era possível a candidatura de membros do Ministério Público a cargos eletivos, o dispositivo da Resolução anterior foi reproduzido.[13]

12. Hugo Nigro Mazzili, ob. cit., p. 86

13. 1. A jurisprudência do Tribunal Superior Eleitoral é no sentido de que membro do Ministério Público Estadual que ingressou na instituição depois da Constituição Federal de 1988 e antes da EC 45/2004 deve afastar-se definitivamente de seu cargo público para concorrer a eleições (...). 2. Os membros do Ministério Público Estadual se submetem à vedação (TSE, Ac. de 13.10.2011 na Consulta 150.889, rel. Min. Gilson Dipp; no mesmo sentido o Ac. de 21.9.2006 no RO 993, rel. Min. Cesar Asfor Rocha).

Por outro lado, não podia, como não pode, uma Resolução do Tribunal Superior Eleitoral contrariar regra expressa e clara da Constituição que veda aos membros do Ministério Público *exercer atividade político-partidária, salvo exceções previstas em lei*. Só a *lei* pode estabelecer *exceções*. E nem mesmo a lei pode converter a regra em exceção. A regra é a vedação. O candidatar-se a cargos públicos eletivos constitui a atividade político-partidária por excelência. É a atividade essencial, fundamental. Assim, permitir ao membro do Ministério Público a candidatura a cargo eletivo é tornar letra morta a norma do art. 128, § 5º, inciso II, letra *e,* da vigente Constituição Federal.

A rigor, o membro do Ministério Público, sobretudo com as novas atribuições decorrentes da Constituição Federal de 1988, tem mais amplas condições de abusar de seu cargo, com fins políticos, do que o magistrado. É que o magistrado somente decide a respeito das questões a ele submetidas pelas partes. Não tem a iniciativa do processo. O membro do Ministério Público, diversamente, pode tomar a iniciativa do processo, e se tem pretensões políticas tende, naturalmente, a promover ações de larga repercussão na opinião pública, abrindo espaços que certamente não teria com cidadão comum.

Para o bom desempenho do membro do Ministério Público, como do Juiz, é indispensável a isenção, a imparcialidade, que se não compatibilizam com o exercício de atividade política.

6.2.3 Exceção convertida em regra

A doutrina de Mazzili foi confirmada pelo Supremo Tribunal Federal.[14] Constatamos, todavia, que a Lei Complementar 75/93, a pretexto de regular a exceção admitida pela Constituição Federal, e não obstante a lição de Mazzili, um dos mais ilustres membros do Ministério Público do Estado de São Paulo, na verdade "revogou" sua proibição.

Realmente, a Constituição estabelece que ao membro do Ministério Público é vedado

> exercer, ainda que em disponibilidade, qualquer outra função pública, salvo uma de magistério; (...) exercer atividade político-partidária, salvo exceções previstas na lei. [15]

14. STF, Pleno, RE 126.246-5-DF, rel. Min. Carlos Velloso, j. 16.4.1991.
15. CF, art. 128, § 5º, inciso II, alíneas "d" e "e".

A Lei Complementar 75, todavia, embora repita a primeira dessas duas vedações, dilata de tal forma a exceção admitida na segunda, que anula inteiramente a proibição. Com efeito, estabelece que é vedado ao membro do Ministério Público da União

> exercer atividade político-partidária, ressalvada a filiação partidária e o direito de afastar-se para exercer cargo eletivo ou a ele concorrer (art. 237, inciso V).

Esse dispositivo legal, além de flagrantemente inconstitucional, e portanto desprovido de validade jurídica, chega a ser ridículo. Quem pode filiar-se a partido político obviamente pode praticar todas as atividades próprias do militante partidário. Quem pode disputar e exercer qualquer cargo eletivo pode exercer, em toda a plenitude, o que se pode definir como atividade essencialmente política. A vedação constitucional, neste caso, ficou reduzida a absolutamente nada.

A referida lei diz que o afastamento do membro do Ministério Público da União, de seu cargo, para disputar cargo eletivo, será obrigatório a partir do dia do registro de sua candidatura pela Justiça.[16] E se dará sem prejuízo dos vencimentos, vantagens ou qualquer direito inerente ao cargo, assegurada, ainda, se eleito, a escolha da remuneração preferida, sendo o tempo de afastamento considerado de efetivo exercício para todos os fins e efeitos de direito.[17]

O Presidente da República, os Governadores de Estado e os Prefeitos para concorrerem a qualquer cargo público eletivo são obrigados a renunciar a seus mandatos pelo menos seis meses antes do pleito.[18] Renunciar, e não apenas afastar-se. Não podem retornar, se derrotados na eleição. Nem percebem, obviamente, remuneração nenhuma.

O militar, se contar menos de dez anos de serviço, deverá afastar-se da atividade para poder candidatar-se a cargo eletivo. Somente se tiver mais de dez anos continuará percebendo remuneração, como agregado. E se eleito, passará automaticamente, no ato da diplomação, para a inatividade.[19] Não voltará, pois, à atividade militar.

16. LC 75, art. 204, inciso IV, alínea "b".
17. LC 75, art. 204, § 2º.
18. CF, art. 14, § 6º.
19. CF, art. 14, § 8º.

O membro do Ministério Público da União, diversamente, só é obrigado a se afastar do cargo a partir do registro da sua candidatura. Afasta-se mas segue percebendo todos os seus vencimentos e vantagens. Se derrotado, tem assegurado o seu retorno, com todos os direitos, inclusive a contagem do tempo de serviço. Se eleito, pode optar pela maior remuneração, e findo o mandato eletivo, tem retorno garantido ao cargo no Ministério Público.

Isto explica porque alguns membros do Ministério Público da União, ultimamente, tantas vezes aparecem nos jornais, procurando ganhar popularidade. O cargo se presta, sem dúvida, como verdadeira escada para os cargos eletivos, na medida em que, ao lado de prerrogativas iguais a dos magistrados, a lhes propiciar independência, se garante a seus titulares condições excepcionalmente favoráveis para disputarem todo e qualquer cargo eletivo.

Nessa busca de popularidade, membros do Ministério Público da União sentem-se estimulados a abusar de seus cargos, em face das garantias das quais desfrutam. Uma das formas de abuso poderá consistir na propositura de ações civis públicas de conteúdo puramente demagógico, mesmo fora de suas competências, e até no envolvimento da própria Instituição em posturas políticas, o que é lamentável, sob todos os aspectos, posto que termina retirando do titular dessa nobre função, que tenha pretensões políticas, a independência de que necessita para o desempenho sério de suas funções.

A busca de popularidade, própria dos que exercem atividades político-partidária, e para estes indispensável, termina por impedir que os membros do Ministério Público realizem o desejo do legislador constituinte que, segundo a ilustre Subprocuradora Geral da República, Edylcéa Tavares Nogueira de Paula,

> quis conferir poderes suficientes ao *Parquet* no sentido de lhe permitir realize a fiscalização da ordem jurídica como um todo, com o fim de manter o equilíbrio da democracia no Estado de Direito instaurado no Brasil, usando a maior independência possível.[20]

Quem exerce atividade político-partidária, disputando cargos eletivos, evidentemente não pode ter aquela "objetividade sem paixão do

20. *Ministério Público Federal – Memória*, 2ª ed., Brasília, p. 127.

magistrado", qualidade que, segundo Piero Calamandrei, é essencial no Ministério Público.

Registre-se que o Supremo Tribunal Federal em ações diretas deu interpretação, que afirmou ser conforme a Constituição, a alguns dispositivos relacionados a essa questão, para exigir o afastamento do cargo como condição para o exercício da atividade política pelos membros do Ministério Público.

Por maioria de votos, julgou parcialmente procedente duas ações diretas de inconstitucionalidades ajuizadas pelo Procurador-Geral da República para, sem redução do texto, dar interpretação conforme à CF: a) ao art. 237, V, da LC 75/93 ("É vedado ao membro do Ministério Público da União: ... V – exercer atividade político-partidária, ressalvada a filiação e o direito de afastar-se para exercer cargo eletivo ou a ele concorrer"), no sentido de que a filiação partidária de membro do Ministério Público da União só poderá efetivar-se na hipótese de afastamento de suas funções institucionais mediante licença; b) ao art. 80 da referida LC 75/93 ("A filiação a partido político impede o exercício de funções eleitorais por membro do Ministério Público, até dois anos de seu cancelamento") para fixar aquela interpretação que apenas admite a filiação partidária se o membro do Ministério Público estiver afastado das suas funções, devendo, portanto cancelar sua filiação partidária antes de assumir suas funções, não podendo desempenhar funções eleitorais pertinentes ao Ministério Público Eleitoral senão dois anos após o referido cancelamento; c) ao inciso V, do art. 44, da Lei 8.625/1993 ("Aos membros do Ministério Público se aplicam as seguintes vedações: (...) V – exercer atividade político-partidária, ressalvada a filiação e as exceções previstas na lei"), admitindo a filiação partidária dos integrantes do Ministério Público dos Estados-membros nas hipóteses de afastamento de suas funções institucionais mediante licença, nos termos da lei.[21]

Decidiu, ainda, considerar que as exceções à proibição do exercício de atividade político-partidária pelo Ministério Público devem ser interpretadas de modo a preservar a isenção e a independência das funções institucionais do *Parquet,* asseguradas pela Constituição Federal. Vencido o Min. Octávio Gallotti, que julgava improcedente ambas as ações sob o

21. ADI 1.371-DF, rel. Min. Néri da Silveira, e ADI 1.377-DF, rel. p/ acórdão, Min. Nelson Jobim, j. 3.6.1998, *Informativo STF* 113, de 1º a 5.6.1998.

fundamento de que a exigência de afastamento do membro do Ministério Público de suas funções, embora mantendo o vínculo com a instituição mediante licença, inviabilizaria o direito à atividade político-partidária que a CF facultou à lei estabelecer (CF, art. 128, § 5º, II, e: "Leis complementares da União e dos Estados, cuja iniciativa é facultada aos respectivos Procuradores-Gerais, estabelecerão a organização, as atribuições e ao estatuto de cada Ministério Público, observadas, relativamente a seus membros: ... II - as seguintes vedações: ... e) exercer atividade político-partidária, salvo exceções previstas na lei.").[22]

Na verdade a Corte Maior adotou uma solução intermediária, admitindo o exercício pleno da atividade política pelo membro do Ministério Público, desde que este se afaste de suas funções. Na verdade além de inconstitucional seria verdadeira imoralidade admitir-se o exercício da atividade política pelo membro do Ministério Público sem que houvesse ao menos o afastamento da atividade ministerial. A rigor a proibição da atividade política, salvo as exceções previstas, ficou violada, porque não é razoável entender-se como exceção o fato do afastamento. Infelizmente também o Supremo Tribunal Federal curvou-se ao peso da influência do Ministério Público, a mesma influência que levou o Congresso Nacional a aprovar texto flagrantemente inconstitucional.

6.2.4 Oportunidade para manifestação

6.2.4.1 Os regimentos e a doutrina

Muita vez, por razões diversas, a doutrina se constrói distante do texto da lei. É o que aconteceu, no que concerne à manifestação do Ministério Público no mandado de segurança, assunto no qual a doutrina, como os regimentos dos tribunais, contrariam frontalmente o texto da lei.

Segundo Buzaid a intervenção do Ministério Público nos processos de mandado de segurança é necessária nos dois graus da jurisdição, e no Supremo Tribunal Federal opinará sempre o Procurador-Geral da República.[23]

22. ADI 1.377-DF, rel. originário Min. Octavio Gallotti, rel. p/acórdão Min. Néri da Silveira, j. 3.6.1998.

23. Alfredo Buzaid, *Do Mandado de Segurança*, vol. I, São Paulo, Saraiva, 1989, p. 189.

Essa doutrina certamente edificou-se com base em normas regimentais.

No antigo regimento do Supremo Tribunal Federal, está previsto que do processo de mandado de segurança terá vista o Procurador-Geral da República.[24] Isto em mandado de segurança da competência originária do Supremo, obviamente. Nos casos de suspensão de segurança a ouvida do Procurador-Geral da República é facultativa.[25] Já no que concerne aos recursos extraordinários, diz o Regimento que será ouvido o Procurador-Geral, se necessário.[26] Como a norma regimental refere-se aos recursos extraordinários em geral, não se pode afirmar que a ouvida do Procurador seja obrigatória em se tratando de mandados de segurança.

No Tribunal Federal de Recursos as apelações em mandado de segurança eram sempre enviadas à Procuradoria-Geral da República, para o parecer do Ministério Público. Nestes feitos oficiava, então, um Subprocurador-Geral. Isto, aliás, constituía um dos motivos mais significativos da demora no julgamento daquelas causas.[27]

Nos Tribunais Regionais Federais norma regimental determinou que as apelações em mandado de segurança devem receber parecer do Ministério Público.[28]

No Tribunal Regional Federal da 5ª Região, todavia, propusemos alteração do Regimento, que foi acolhida por unanimidade, sendo hoje desnecessária tal manifestação. E em virtude de outra emenda, também resultante de proposta nossa, deixou de ser o mandado de segurança incluído na pauta de julgamento, quer se trate de impetração originária, quer se trate de recurso.

24. Regimento Interno do STF, art. 205 (*DOU* de 27.10.1980).

25. Regimento Interno do STF, art. 297, § 1º.

26. Regimento Interno do STF, art. 323.

27. Tal procedimento era determinado pelo art. 234 do Regimento Interno do Tribunal Federal de Recursos, que a propósito da apelação em mandado de segurança estabelecia: "Art. 234. Distribuída a apelação, será aberta vista ao Subprocurador-Geral, pelo prazo de 20 (vinte) dias, para o seu parecer. Após, os autos serão conclusos ao Relator, que pedirá dia para julgamento".

28. RI do TRF-1ª Região, art. 226; RI do TRF-2ª Região, art. 218; RI do TRF-3ª Região, art. 218; RI do TRF-4ª Região, art. 228; e RI do TRF-5ª Região, art. 207. Todos estes dispositivos repetem a norma do Regimento Interno do antigo Tribunal Federal de Recursos.

6.2.4.2 A Constituição e a lei

A Constituição instituiu o mandado de segurança como sucedâneo do *habeas corpus,* não havendo, em princípio, razão que justifique procedimentos diferentes para a utilização dessas garantias constitucionais. Ambas devem ser ofertadas em procedimentos céleres, e por isto mesmo o quanto possível informais.

Quanto ao *habeas corpus*, cujo processo é regulado pelos arts, 647 a 667 do Código de Processo Penal, não se impõe a ouvida do Ministério Público. Já a lei do mandado de segurança determina que, findo o prazo para a autoridade impetrada prestar informações, o juiz ouvirá o representante do Ministério Público, que tem o prazo improrrogável de 10 dias para emitir o seu parecer, e determina ainda que, findo esse prazo, com ou sem parecer do Ministério Público, os autos devem ser conclusos ao juiz, para decisão, que deverá ser proferida em 30 dias.[29]

6.2.4.3 Ausência de manifestação

Já existiu grande polêmica em torno da questão de saber se podia o juiz julgar o mandado de segurança sem que tivesse o Ministério Público emitido sua manifestação a respeito. Houve quem sustentasse ser tal manifestação indispensável para a validade do julgamento, que sem a mesma seria nulo. Seria necessário o parecer, nem que neste o Ministério Público se limitasse a dizer que não opinaria por não ver presente questão de interesse público.

Entretanto, em face do entendimento adotado pela jurisprudência, e agora em face de dispositivo expresso da lei, a polêmica está superada. Na verdade, ao Ministério Público deve ser assegurada a oportunidade para se manifestar. Não na defesa do interesse de qualquer das partes, mas na defesa da ordem jurídica, que é sua missão essencial. A proteção do direito do impetrante não pode de nenhum modo ser sacrificada pela omissão do Ministério Público.

6.2.4.4 Poder de veto

Parece-nos que o essencial, para a validade do julgado, é que se tenha concedido oportunidade ao Ministério Público para manifestar-se. Decorrido o prazo legal, sem a manifestação, pode e deve dar-se o julgamento.

29. Lei 12.016/2009, art. 12 e seu parágrafo único.

E mais, a nosso ver, admitir-se que a questionada manifestação nos mandados de segurança é indispensável ao julgamento destes implica conferir aos membros do Ministério Público um verdadeiro *poder de veto*. Basta omitir-se, para vetar o deferimento do *writ*.

Tal postura, portanto, não se compatibiliza com a natureza da garantia constitucional, posto que praticamente a invalida.

Ressalte-se que o Supremo Tribunal Federal manifestou-se já no sentido de que a nulidade processual decorre, não da ausência de efetiva atuação do Ministério Público, mas da falta de intimação que viabilize sua participação no processo.[30] Não estava em apreciação mandado de segurança, mas a questão é exatamente a mesma.

6.2.4.5 Manifestação em segunda instância

Parece-nos que, em primeira instância, é indispensável a intimação do Ministério Público para manifestar-se. Não a manifestação, repetimos, mas a oportunidade para esta.

Já na segunda instância, a manifestação do Ministério Público constitui construção dos regimentos, desprovida de amparo legal e incompatível com a celeridade, legalmente prometida e que deve ser da própria natureza do remédio heroico.

Realmente, a ouvida do Ministério Público também na segunda instância implica sério retardamento na apreciação das apelações em mandado de segurança, que terminam demorando mais do que as apelações cíveis em geral. Além disto, é procedimento inteiramente contrário à lei.

É evidente que em se tratando de impetração feita originariamente perante o tribunal, há de ser ouvido o Ministério Público. Não, porém, em sede recursal.

Cogita a lei da ouvida do Ministério Público apenas uma vez, findo o prazo para a prestação de informações pela autoridade impetrada.[31] Apenas uma oportunidade. Nenhum dispositivo legal estabelece a necessidade de manifestação do órgão ministerial nas apelações.

A lei estabelece que os processos de mandado de segurança e os respectivos recursos terão prioridade sobre todos os atos judiciais, salvo *habeas corpus*. Na instância superior, deverão ser levados a julgamento

30. STF, AI 139.671-DF (AgR), *RTJ* 161/ 643-655.
31. Lei 12.06/2009, art. 12.

na primeira sessão que se seguir à data em que forem conclusos ao relator, e o prazo para essa conclusão não poderá exceder a cinco dias.[32]

6.3 Competência

6.3.1 O Ministério Público e a função jurisdicional

Os dispositivos da Constituição Federal de 1988, que cuidam do Ministério Público, dirigem-se tanto ao Ministério Público da União como ao Ministério Público dos Estados.

Uma leitura apressada do art. 129 da Constituição Federal, que define as funções institucionais do Ministério Público, pode fazer acreditar-se que aquelas funções podem ser desempenhadas concorrentemente. Na verdade, porém, não existe essa competência concorrente.

Na interpretação de normas jurídicas não se pode prescindir do elemento sistemático. A familiaridade no trato com esse elemento valioso para a Ciência do Direito é que identifica o jurista, que há de interpretar aquele dispositivo da Constituição tendo em vista o contexto em que o mesmo se encarta, e no qual alguns dispositivos são de notável relevância na compreensão de seu significado.

No art. 127, está dito que o Ministério Público é instituição permanente, essencial à função jurisdicional do Estado. Isto significa dizer que ele está ligado aos órgãos pelos quais o Estado desempenha essa função. Por isto mesmo, o Ministério Público tem suas competências definidas em função das competências daqueles órgãos. Quando competente a Justiça Federal, portanto, as atribuições genericamente conferidas pelo art. 129, ao Ministério Público, pertencem ao Ministério Público Federal (art. 128, I, *a)*. Quando competente a Justiça do Trabalho, ao Ministério Público do Trabalho (art. 128, I, *b)*. Quando competente a Justiça Militar, ao Ministério Público Militar (art. 128, I, *c)*. Quando competente a Justiça do Distrito Federal, ou dos Territórios, ao Ministério Público do Distrito Federal e dos Territórios (art. 128, I, *d)*. E finalmente, quando a função jurisdicional for desempenhada pela Justiça dos Estados, ao Ministério Público dos Estados (art. 128, II).

Na verdade não é razoável admitir-se que um membro do Ministério Público Federal possa atuar junto à Justiça do Trabalho, ou Militar. Muito

32. Lei 12.016/2009, art. 20 e seus parágrafos.

menos que um membro do Ministério Público da União possa atuar junto à Justiça dos Estados, ou vice-versa. Por isto José Afonso da Silva, com apoio em Frederico Marques, demonstra que os princípios da unidade e indivisibilidade dizem respeito a cada *Parquet*.[33]

A autonomia dos Estados, consagrada no art. 34, somente admite a intervenção federal em caráter excepcional, nos casos expressamente indicados. Admitir que um membro do Ministério Público Federal promova ação junto à Justiça Estadual é admitir intervenção federal no Estado, não autorizada pela Constituição. Inadmissível, também, promova o Ministério Público Estadual ação perante a Justiça Federal.

Há quem pretenda sustentar a possibilidade de atuação do Ministério Público Federal como autor de ação promovida perante a Justiça Estadual, e do Ministério Público Estadual como autor de ação promovida perante a Justiça Federal, invocando a figura do litisconsórcio ativo facultativo, entre os dois Ministérios Públicos. O argumento é inconsistente.

O Ministério Público Federal não tem legitimidade para promover ação perante a Justiça Estadual, posto que, como instituição indispensável ao desempenho da função jurisdicional, ele não tem atuação que não seja ligada ao desempenho da função jurisdicional, e esta é desenvolvida por órgãos com competências definidas na Constituição, valendo a definição de competências tanto para os órgãos do Poder Judiciário como para os do Ministério Público.

Note-se, ainda, que o Ministério Público Federal, como o Ministério Público de cada Estado, tem sua estrutura, que há de ser preservada. A este respeito manifestou-se já o Superior Tribunal de Justiça, afirmando:

> A pluralidade de órgãos não afeta a característica orgânica da instituição. Ao membro do Ministério Público, como ao Juiz, é vedado atuar fora dos limites de sua designação. Há, por isso, órgãos que atuam em 1ª Instância e outros em 2ª Instância. O Promotor não atropela o Procurador. O órgão que atua em 1ª Instância pode solicitar prestação jurisdicional em 2º grau. Exemplificativamente, a interposição de apelação, no Juízo em que atua. O recurso especial, porém, no mesmo processo, será manifestado pelo órgão que oficia junto ao Tribunal. Distingue-se, pois, postular *ao* Tribunal do postular *no* Tribunal. O promotor tem legitimidade para impetrar mandado de

33. Cf. José Afonso da Silva, *Curso de Direito Constitucional Positivo*, 39ª ed., São Paulo, Malheiros Editores, 2016, p. 608.

segurança, descrevendo, na causa de pedir, ilegalidade ou abuso de poder do Juiz de Direito.[34]

Não nos parece, todavia, que o Promotor tenha legitimidade para impetrar mandado de segurança perante o Tribunal, atacando ilegalidade ou abuso de poder de Juiz de Direito. É que o mandado de segurança, embora funcione muitas vezes como recurso, recurso não é.[35] No caso, ele é impetrado *no* Tribunal, e não apenas *ao* Tribunal. A distinção feita no julgado acima transcrito, *data venia,* não autoriza a conclusão a que nele se chegou.

6.3.2 Atuação em litisconsórcio

Não tendo, como não tem, o Ministério Público Federal, competência para agir junto à Justiça Estadual, não tem ele legitimidade para a propositura da ação. E essa legitimidade não lhe é conferida pelo fato de agir em litisconsórcio, posto que, como é sabido, cada litisconsorte é parte autônoma em relação à parte adversária, e há de ter legitimidade própria para a causa.

O § 2º, do art. 82, do Código de Defesa do Consumidor, como aprovado pelo Congresso Nacional, admitia o litisconsórcio facultativo entre os Ministérios Públicos da União, do Distrito Federal e dos Estados, na defesa dos interesses e direitos de que cuida aquele Código. Esse dispositivo, porém, foi vetado pelo Presidente da República, e nas razões desse veto foi dito que

> somente pode haver litisconsórcio se a todos e a cada um tocar qualidade que lhe autorize a condução autônoma do processo". E esclarecido, ainda, que "o art. 128 da Constituição não admite o litisconsórcio constante do Projeto".[36]

34. STJ, RMS 1.719-9-SP, rel. Min. Vicente Cernichiaro, *RSTJ* 51/479..

35. Do TRF-3ª Região: "É entendimento majoritário da E. 2ª Seção do TRF-3ª Região o de que é incabível mandado de segurança contra ato judicial sujeito a recurso se este não é interposto a tempo e modo, porque estar-se-ia atribuindo ao *mandamus* natureza de recurso substitutivo, de que não se reveste o remédio constitucional" (MS 73.366-SP, rel. Juiz Marcio Moraes, j. 29.6.1993, *Boletim* 02-03/94, p. 54).

36. Cf. Eduardo Gabriel Saad, *Comentários ao Código do Consumidor – Lei 8.078, de 11.09.90*, São Paulo, LTr., 1991, p. 374.

O litisconsórcio entre o Ministério Público da União e o Ministério Público de um Estado, mesmo admitido pelo § 5º, do art. 5º, da Lei 7.347, de 24.7.1985, dispositivo acrescentado pelo art. 113 da Lei 8.078, de 11.9.1990, somente é possível naquelas hipóteses em que Estado e União sejam parte. Assim, se pretendem anular um convênio entre a União e um Estado, por exemplo, é possível que o Ministério Público Federal, e o Ministério Público daquele Estado, promovam, em litisconsórcio ativo, a ação, cujo processo e julgamento é da competência da Justiça Federal. Somente em situações desse tipo poderá o Ministério Público dos Estados atuar perante a Justiça Federal. Absolutamente inadmissível, porém, é a participação do Ministério Público Federal em ação da competência da Justiça Estadual, pois a mesma razão que justifica sua participação no processo enseja a competência da Justiça Federal.

6.4 Legitimidade para recorrer

"Quer como fiscal da lei, quer como parte, a legitimidade do Ministério Público para recorrer está expressa no texto legal."[37]

Pode, portanto, o Ministério Público interpor quaisquer dos recursos cabíveis no processo de mandado de segurança. Não precisa, para tanto, demonstrar interesse do órgão, porque este defende, ao recorrer, o interesse público na integridade da ordem jurídica.[38]

No mandado de segurança o Ministério Público atua como fiscal da lei, e a jurisprudência do Superior Tribunal de Justiça fixou-se já no sentido de que "o Ministério Público tem legitimidade para recorrer no processo em que oficiou como fiscal da lei, ainda que não haja recurso da parte".[39]

6.5 Legitimidade para pedir a suspensão da liminar e da sentença

A Lei 12.016/2009, em seu art. 15, confere ao Ministério Público legitimidade para requerer ao presidente do tribunal competente a suspensão da medida liminar, e da sentença concessiva do mandado de segurança. É mais uma inovação destinada a amesquinhar o mandado

37. STJ, REsp 5.620-0-SP, rel. Min. Hélio Mosimann, *RSTJ* 48, p. 134.
38. CF, art. 127.
39. STJ, Súmula 99.

de segurança como instrumento de defesa dos direitos dos cidadãos contra o Poder Público.

Realmente, quase todas as inovações na disciplina jurídica do mandado de segurança, introduzidas pela Lei 12.016/2009, podem ser consideradas contrárias aos interesses dos cidadãos, até algumas poucas que, à primeira vista, podem parecer favoráveis.

7.
A PETIÇÃO INICIAL

7.1 A inicial e sua importância

A petição inicial, ou simplesmente inicial, é a peça vestibular do mandado de segurança, como de qualquer processo judicial.

> Por meio dela formula o autor sua pretensão, fundamentando-a, pedindo ao juiz uma providência jurisdicional que a tutele.[1]

No caso em estudo, pedindo ao juiz que lhe conceda um *mandado de segurança, para invalidar ato administrativo ilegal, ou abusivo, ou determinar a prática de ato, suprindo omissão ilegal, ou abusiva.*

1. Moacyr Amaral Santos, *Primeiras linhas de Direito Processual Civil*, 13ª ed., São Paulo, Saraiva, 1990, p. 132.

A petição inicial é, sem dúvida, a peça de maior importância no mandado de segurança, entre aquelas produzidas pelas partes. Muita vez o mandado de segurança é denegado porque a inicial está mal formulada. Vê-se que o impetrante tem razão, mas não se pode deferir a segurança porque a sentença, assim, estaria fora ou além do pedido.

Todo o cuidado, portanto, deve ser dispensado na elaboração da petição inicial, especialmente tendo em vista que o impetrante, em princípio, não terá outra oportunidade para manifestar-se até a sentença.

Muitos juízes entendem que ao processo de mandado de segurança não se aplica o disposto no art. 281 do Código de Processo Civil; por isto nem mesmo oferecem ao impetrante a oportunidade para sua emenda, ou complementação. Tal ponto de vista é incorreto, como explicaremos adiante, mas tem sido posto em prática com relativa frequência.

7.2 Forma e requisitos

7.2.1 A forma escrita

A inicial é sempre escrita, e deve ser apresentada em duas vias, acompanhada dos documentos que a instruem, dos quais o impetrante deve fornecer cópias para acompanharem a segunda via.

Diz-se que a inicial deve ser apresentada em duas vias porque geralmente a autoridade impetrada é uma só. Dirigindo-se a impetração contra mais de uma autoridade, ou havendo pedido de citação de litisconsortes, a inicial deve ser oferecida em vias suficientes para esse fim, com os correspondentes documentos, para a instrução das notificações e citações necessárias.

A lei não exige que as cópias da inicial e dos documentos que a instruem, sejam autenticadas por notário.[2] Essas cópias dispensam autenticação notarial, mas devem ser rubricadas pelo advogado do impetrante, que responde pela sua exatidão.[3]

Alguns juízes, porém, exigem a autenticação das cópias dos documentos, sendo recomendável, pois, que o impetrante as ofereça com a

2. Alfredo Buzaid, *Do Mandado de Segurança*, São Paulo, Saraiva, 1989, p. 201.

3. Cf. Hely Lopes Meirelles, *Mandado de Segurança e Ações Constitucionais*, cit., p. 90.

autenticação do notário público. Além de ganhar tempo, evitará possível indeferimento liminar da inicial.[4]

7.2.2 *Os requisitos legais*

A inicial do mandado de segurança deve preencher os requisitos do art. 319 do CPC/2015, indicando:

a) o juiz a que é dirigida;

b) os nomes, os prenomes, o estado civil, a existência de união estável, a profissão, o número de inscrição no Cadastro de Pessoas Físicas ou no Cadastro Nacional da Pessoa Jurídica, o endereço eletrônico, o domicílio e a residência do autor e do réu;

c) o fato e os fundamentos jurídicos do pedido;

d) o pedido, com suas especificações;

e) o valor da causa.

Além desses requisitos a Lei 12.016/2009 dispõe que a inicial "indicará além da autoridade coatora, a pessoa jurídica que esta integra, à qual se acha vinculada ou da qual exerce atribuições" (art. 6º).

Não obstante a lei específica do mandado de segurança tenha feito expressa remissão aos dispositivos do Código de Processo Civil, que cuidam dos requisitos da petição inicial, tais dispositivos devem ser entendidos tendo-se em vista as peculiaridades do mandado de segurança. Na interpretação das normas jurídicas o elemento literal é quase sempre insuficiente, sendo indispensável a atenção do jurista para os outros elementos, especialmente para o sistemático e o teleológico.

7.2.2.1 A autoridade impetrada

Assim, em vez de nome e qualificação da autoridade impetrada devem ser indicados o cargo, ou a função, em cujo desempenho aquela praticou, ou se teme que venha a praticar o ato considerado ilegal ou abusivo.

No mandado de segurança não se estabelece relação processual com a pessoa natural que praticou, ou poderá praticar, aquele ato. A relação se

4. Parece-nos descabida a exigência de autenticação, mas, infelizmente, segue esta sendo feita. Daí porque, para evitar problemas, deve o advogado desde logo oferecer autenticadas as cópias dos documentos que instruem a inicial.

estabelece com aquele que, sendo titular do cargo, ou da função pública, qualifica-se como *autoridade*. Assim, ocorrendo a substituição de um Delegado da Receita Federal, por exemplo, os mandados de segurança contra ele impetrados prosseguem naturalmente, tendo como autoridade coatora o novo Delegado.

Muitos advogados indicam na inicial o nome e a qualificação da autoridade impetrada como pessoa natural, mas isto é inteiramente inadequado, ou mesmo descabido, embora se explique, em face de uma interpretação literal, afinal, talvez por descuido adotada por doutrinadores autorizados.[5]

O mandado de segurança não é impetrado contra a pessoa jurídica, mas contra uma autoridade. Theotonio Negrão registra decisão do Tribunal de Justiça de São Paulo, segundo a qual

> É caso de extinção do processo se o impetrante, ao invés de indicar a autoridade coatora, move a ação contra a pessoa jurídica de direito público em nome da qual ela agiu.[6]

No início de nossa atividade como Juiz Federal no Ceará, extinguimos, sem apreciação de mérito, mandado de segurança impetrado contra o então Instituto Nacional da Previdência Social. O Tribunal Federal de Recursos, todavia, deu provimento a apelação do impetrante, anulou a sentença e determinou o julgamento do caso.

Hoje, pensamos que a solução adequada para o caso de impetração contra pessoa jurídica de direito público é determinar, com fundamento no art. 321 do CPC/2015, que o impetrante emende a inicial, indicando a autoridade impetrada. Se isto não acontece, mas a notificação se faz, porque dos fatos descritos se termina identificando a autoridade coatora, e são prestadas as informações, o mérito deve ser apreciado. A falta de indicação da autoridade coatora, neste caso, restou suprida.

Havia, é certo, quem entendia que o art. 284 do CPC/1973 [*art. 321 do CPC/2015*] não se aplicava ao mandado de segurança. O Superior Tribunal de Justiça, todavia, firmou sua jurisprudência no sentido da aplicação subsidiária daquele dispositivo do Código no caso de mandado

5. Alfredo Buzaid, *Do Mandado de Segurança*, cit., p. 201.

6. Theotonio Negrão, *Código de Processo Civil e legislação processual em vigor*, 24ª ed., São Paulo, Malheiros Editores, 1993, p. 1.054.

de segurança.[7] E decidiu, inclusive, que a emenda da inicial pode dar-se depois do prazo nele fixado, por se tratar de prazo dilatório.[8]

O entendimento que nega aplicação subsidiária do art. 321 do Código de Processo Civil ao mandado de segurança é absolutamente injustificável. Contraria dispositivo expresso da lei e contribui para amesquinhar o *writ*, que é sem dúvida um notável instrumento processual contra o arbítrio estatal. Todos os entendimentos que o amesquinham prestam serviço ao autoritarismo.

A Lei 12.016/09 estabeleceu expressamente que

> suscitada a ilegitimidade pela autoridade coatora, o impetrante poderá emendar a inicial no prazo de 10 (dez) dias, observado o prazo decadencial.

Esse dispositivo foi vetado pelo Presidente da República, à consideração de que o mesmo implicaria prejuízo para o impetrante, com a limitação do prazo para emendas à inicial. As razões desse veto poderão ser utilizadas como argumento do impetrante, tanto na defesa do direito de emendar a inicial, como, e especialmente, na defesa do direito de fazê-lo mesmo que decorridos mais de 120 dias da ciência do ato impugnado.

7.2.2.2 O valor da causa

Há quem entenda desnecessária a indicação do valor da causa. O mandado de segurança tem por fim a obtenção de um fazer, de uma sentença mandamental, por isto seria inadequada a indicação do valor da causa. A prática, todavia, tem consagrado essa exigência.

Ademais, a indicação do valor da causa presta-se para o cálculo das custas devidas.

7.2.2.3 Os fatos e os fundamentos jurídicos do pedido

A inicial deve descrever os fatos e expor os fundamentos jurídicos do pedido.

A falta de apuro terminológico tem levado muitos a confundir fundamento jurídico com o dispositivo de lei invocado pelo autor. Preocupado

7. STJ, 5ª Turma, REsp 480.211-ES, rel. Min. Felix Fischer, j. 9.3.2004.
8. STJ, 1ª Turma, REsp 638.353-RS, rel. Min. José Delgado, j. 19.8.2004.

em evitar esse equívoco, Greco Filho observa que fundamento *jurídico* é diferente de fundamento *legal*. Considera fundamento *legal* o dispositivo, a norma invocada pelo autor. E esclarece que a indicação do fundamento *legal* é facultativa, porque o juiz conhece o Direito.[9]

O fundamento jurídico do pedido é a qualificação jurídica dos fatos que ensejam a impetração do mandado de segurança.

Em se tratando de impetração contra exigência de tributo, o fundamento jurídico pode ser, entre outros, *a extinção do crédito tributário,* por qualquer das causas elencadas no art. 156 do Código Tributário Nacional, ou então o *ser indevido o tributo em face da lei,* porque inocorrente a hipótese de incidência do tributo, ou ainda por *ser inconstitucional a lei que o instituiu, ou aumentou.* Tudo isto pode ser alegado sem que o impetrante tenha de indicar os dispositivos legais em que funda a sua tese. Tal indicação, porém, embora não seja obrigatória, é certamente muito importante para facilitar a compreensão da tese do impetrante.

Indispensável é a descrição precisa dos fatos e o desenvolvimento da tese jurídica em que o impetrante fundamenta seu pedido. E, mais importante, ainda, é a formulação deste, especialmente no que concerne ao pedido de medida liminar, como adiante será demonstrado.

7.3 As provas

7.3.1 Prova documental pré-constituída

No mandado de segurança as provas devem ser, em princípio, oferecidas com a inicial. Se os fatos alegados dependem de prova a demandar instrução no curso do processo, não se pode afirmar que o direito, para cuja proteção é este requerido, seja líquido e certo.[10]

Diz-se, por isto, que no mandado de segurança *a prova deve ser pré-constituída.*

Em qualquer caso, porém, o magistrado deve ter presentes os princípios da teoria da prova, entre os quais aquele segundo o qual não se deve exigir prova das negativas, e aquele outro, albergado pelo art. 375

9. Vicente Greco Filho, *Direito Processual Civil Brasileiro*, vol. 2º, 6ª ed., São Paulo, Saraiva, 1993, p. 94.

10. A propósito do conceito de direito liquido e certo, no âmbito do mandado de segurança, veja-se Carlos Mário Velloso, *Temas de Direito Público*, Belo Horizonte, Del Rey, 1994, pp. 148-149.

do Código de Processo Civil, preconizando a observância das regras subministradas pela experiência. E assim, nem sempre exigirá do impetrante a prova do ato coator.

É certo que, em regra, o impetrante deve fazer a prova do ato coator, posto que este é por ele alegado e o ônus da prova cabe, em princípio, a quem alega. Ocorre que em Direito nada é absoluto. Nenhuma regra é válida, ou deve ser interpretada igualmente para todos os casos. Quem aplica a lei, e especialmente o juiz, há de ter a sensibilidade necessária para considerar as circunstâncias e peculiaridades de cada situação que lhe é posta para apreciação. Há de ter a visão tópica que lhe permite adaptar a norma ao caso concreto, sem prejuízo da visão sistêmica, pois sem a visão do sistema, em sua unidade, não se pode sequer identificar as peculiaridades do caso particular, porque, como ensina Leibniz, "nadie conoce a fondo cosa alguna concreta, si no es sabedor o conoce profundamente el universal".[11]

Também é certo que, em se tratando de mandado de segurança, a regra é a exigência de prova pré-constituída de tudo quanto o impetrante alega. Entretanto, existem situações nas quais a aplicação rigorosa dessa regra simplesmente inviabiliza a garantia constitucional, deixando prevalecer o arbítrio. É o caso, por exemplo, de mandado de segurança impetrado contra a recusa da autoridade da Administração Tributária de autorizar a impressão de notas fiscais, que lhe é solicitada por contribuinte considerado em débito para com a Fazenda Pública. Reconhecido, como a jurisprudência torrencial e uníssona reconhece, que o contribuinte tem direito àquela autorização, porque negá-la significa impedir o exercício de uma atividade, não é razoável o indeferimento da inicial da impetração ao argumento de que o impetrante não fez a prova formal do ato impugnado, vale dizer, da recusa da autorização solicitada à autoridade.

Não é razoável imaginar-se que um contribuinte, em pleno gozo de suas faculdades mentais, contrate um advogado para impetrar mandado de segurança com o objetivo de obter autorização para imprimir notas fiscais de que necessita em sua atividade, quando pode obter facilmente essa autorização da autoridade administrativa, sem qualquer ônus. Por outro lado, todos sabem, especialmente os juízes, que as autoridades da Administração Tributária recusam, sistematicamente, aquela autorização,

11. G. W. Leibniz, *Los elementos del derecho natural*, trad. de Tomás Guillen Vera, Tecnos, Madri, 1991, p. 85.

como forma de compelir o contribuinte ao pagamento de tributos nem sempre devidos.

Não existe, é certo, uma norma processual entre aquelas que cuidam da produção de provas, que exclua expressamente a exigência em casos assim. Entretanto, em situações para as quais não exista no regramento das provas uma norma específica, particular para o caso, o Código de Processo Civil de 1973 já estabelecia que "o juiz aplicará as regras de experiência comum subministradas pela observação do que ordinariamente acontece" (art. 335) e o novo Código de Processo Civil, em seu art. 375, estabelece regra idêntica, a dizer que

> o juiz aplicará as regras de experiência comum subministradas pela observação do que ordinariamente acontece e, ainda, as regras de experiência técnica, ressalvado, quanto a estas, o exame pericial.

Decisões que indeferem o mandado de segurança em casos assim nos deixam cada vez mais convencidos de que alguns juízes desconsideram ser o Direito um instrumento do cidadão contra o Poder, e decidem esquecidos de que autoridades são apenas alguns, e só durante algum tempo, enquanto cidadãos somos todos nós, e durante toda a vida.

7.3.2 *Requisição de documentos*

Admite a lei, todavia, hipótese na qual é possível a requisição de documento que o impetrante não teve condição de oferecer com a inicial, dispondo que

> No caso em que o documento necessário à prova do alegado se ache em repartição ou estabelecimento público ou em poder de autoridade que se recuse a fornecê-lo por certidão ou de terceiro, o juiz ordenará, preliminarmente, por ofício, a exibição desse documento em original ou em cópia autêntica e marcará, para o cumprimento da ordem, o prazo de 10 (dez) dias. O escrivão extrairá cópias do documento para juntá-las à segunda via da petição.[12]

E a lei estabelece, ainda, que

> Se a autoridade que tiver procedido dessa maneira for a própria coatora, a ordem far-se-á no próprio instrumento da notificação.[13]

12. Lei 12.016/2009, art. 6º, § 1º.
13. Lei 12.016/2009, art. 6º, § 2º.

Realmente, não se justifica deixar sem a proteção especial do mandado de segurança quem tenha direito lesado, ou ameaçado, somente porque a própria autoridade, ou outra autoridade, mas sempre o Poder Público, se nega a fornecer o documento necessário à prova do alegado pelo impetrante. Daí a exceção legal, que é plenamente justificável.

A lei não exige faça o impetrante a prova da recusa, mesmo assim, é conveniente que o impetrante ofereça tal prova, ou, sendo isto impossível, ofereça pelo menos a prova de que fez o pedido, o protocolo de seu requerimento. Se até isto lhe for negado, o impetrante deve narrar toda essa ocorrência e pedir que o juiz faça a requisição.

Em matéria tributária não é comum a ocorrência de tais situações. Os conflitos geralmente resultam de questões simplesmente *de direito*. De todo modo, se o documento que o impetrante deixa de juntar está em poder da autoridade impetrada, a solução mais adequada nos parece ser a de determinar que esta, com as informações, o forneça. Se esta negar o fato, evidentemente a impetração, sendo nele apoiada, será denegada. O mesmo se dará se a autoridade simplesmente deixar de prestar informações, posto que não se pode atribuir a tal omissão o efeito da revelia.

7.3.3 *Confissão e admissão*

Importante é que se tenha sempre presente a distinção entre confissão e admissão, pois o que é vedado à autoridade administrativa é apenas a confissão. Não se trata de distinção simplesmente teórica, mas, pelo contrário, trata-se de uma distinção de grade significado prático, especialmente no estudo a respeito do mandado de segurança.

7.3.3.1 Confissão

A lei define:

> Há confissão, judicial ou extrajudicial, quando a parte admite a verdade de fato contrário ao seu interesse e favorável ao do adversário.[14]

Essencial no conceito de confissão é ser o fato confessado contrário ao interesse do confitente e favorável ao adversário. Esta idéia, aliás, é

14. CPC/2015, art. 389.

antiga. Em livro cuja segunda edição foi publicada em 1917, Neves e Castro já doutrinava, com propriedade:

> Qualquer que seja o modo por que se faça a confissão, é certo que ela é equiparada a uma alienação de direitos e por isso é mister que seja feita por pessoa competente e que tenha capacidade jurídica.[15]

Amaral Santos ensina que a confissão é ato de parte que não visa a beneficiar-se dele. Ela faz sucumbir o direito do confitente, em benefício do direito da parte contrária.[16]

Na confissão há um reconhecimento voluntário da verdade a respeito de um fato,[17] mas a confissão é meio de prova. Não se trata de um ato de vontade de natureza negocial; vale dizer, com a confissão o confitente não quer beneficiar a parte contrária.

> Quem confessa não o faz com a vontade de favorecer o adversário. Se o confitente reconhece verdadeiros fatos contrários a seu interesse, é porque sobre este prevalece o seu respeito pela verdade, seja impulsionado pelo amor ou consideração à própria verdade, seja por motivos outros que o impelem a ser verdadeiro e não passar por mentiroso. O principal fundamento da confissão é de ordem psicológica, consistente na regra moral que obriga a dizer a verdade.[18]

Pode ocorrer que o confitente, dando ao fato um significado jurídico diverso do que lhe atribui o autor, confesse ser tal fato verdadeiro, exatamente porque entende ser o seu significado jurídico a ele favorável. Seja como for, o fato confessado tem sua existência afirmada pelo autor, porque indispensável à obtenção de uma sentença a ele favorável.

Exatamente porque implica renúncia, a favorecer a parte contrária, a confissão somente pode ser feita por intermédio de advogado se este tiver

15. Francisco Augusto das Neves e Castro, *Theoria das provas*, Rio de Janeiro, Jacinto Ribeiro dos Santos Editor, 1917, p. 89.

16. Amaral Santos, *Comentários ao Código de Processo Civil*, vol. IV, 4ª ed., Rio de Janeiro, Forense, 1986, p. 98.

17. Verdadeiro ou falso é o que se diz a respeito do fato. Não o fato. Este é existente ou inexistente. É comum, todavia, mesmo nos autores mais respeitáveis, encontrarmos referências a fatos verdadeiros. Tais referências devem ser entendidas como afirmações verdadeiras sobre a existência, ou sobre o modo de ser, de fatos.

18. Moacir Amaral Santos, *Comentários ao Código de Processo Civil*, vol. IV, 4ª ed., cit., p. 99.

recebido outorga de poderes especiais para tal fim.[19] Também isto não é novidade no Direito Processual brasileiro. Em obra do início do século já ensinava Neves e Castro ser ineficaz a confissão judicial feita por quem não possa renunciar ou sobre o que não possa transigir.[20]

7.3.3.2 Admissão

Amaral Santos não estabeleceu a diferença entre admissão e confissão, nem se reportou a qualquer consequência prática dessa distinção, mas observou que "o próprio Código distingue *admissão* de *confissão* (art. 334, II e III [*do CPC/1973; art. 374 do CPC 2015*])".[21] E registrou lição de Carnelutti a este propósito, ressaltando que a confissão é sempre uma declaração de conhecimento do fato. Por isso, quando a parte não impugna a verdade de uma afirmação contrária, sem dizer nem fazer compreender que conhece o fato, se tem simplesmente admissão.[22]

7.3.3.3 Distinção essencial

Não obstante a ausência de clareza na doutrina, é inegável que a lei distinguiu *confissão* de *admissão*. É oportuna, pois a elaboração doutrinária no sentido de que se possa extrair consequências práticas dessa distinção.

No Tribunal Regional Federal da 5ª Região, especialmente em sua Primeira Turma, alguns julgados exigiram a prova de que a parte impetrante é contribuinte do imposto impugnado. Prova dos fatos que a colocam na condição de sujeito passivo da relação tributária objeto da questão. Os Juízes Ridalvo Costa e Francisco Falcão sustentaram ser inadmissível a impetração na qual a petição inicial vinha instruída apenas com o instrumento procuratório. Entenderam que nesses casos estaria havendo impetração contra *lei em tese*.[23]

19. CPC/2015, art. 390, § 1º.

20. Francisco Augusto das Neves e Castro, *Theoria das provas*, cit., p. 120.

21. Moacyr Amaral Santos, *Comentários ao Código de Processo Civil*, cit., p. 101.

22. Moacyr Amaral Santos, ob. cit., p. 102.

23. O equívoco, nesses casos, consiste em confundir impetração *contra lei em tese*, que é inadmissível, com *impetração preventiva*, que constitui o exercício de um direito assegurado pela Constituição.

Na verdade, porém, a verdadeira questão diz respeito à prova, especialmente tendo-se em vista que a autoridade impetrada prestou informações, e não contestou nenhum dos fatos alegados pelo impetrante.

> Onde não haja controvérsia quanto aos fatos alegados pelos litigantes, a questão se traduz à mera aplicação do direito.[24]

De fatos incontroversos se cuida tanto na hipótese de confissão quanto na hipótese de admissão. Há, porém, uma diferença importante entre as duas hipóteses, tanto que o legislador as distinguiu, referindo-se a cada uma delas em inciso diverso do artigo em que são enumerados os fatos que independem de prova. Tanto no Código de Processo Civil de 1973 (art. 334, incisos II e III) como no Código de Processo Civil de 2015 (art. 374, incisos II e III).

O verbo *admitir* é usado em sentido abrangente, tanto para dizer de situações nas quais ocorre *confissão*, como para dizer de situações nas quais ocorre *admissão*. Mas a própria lei refere-se a confissão de modo a indicar a distinção que se há de estabelecer entre esta e a admissão. Há confissão, quando a parte admite a verdade de um fato, contrário a seu interesse e favorável ao adversário.[25] Caracteriza a confissão, portanto, o favorecimento da parte contrária. Por isto mesmo a lei estabelece certas restrições à confissão. Não vale a confissão relativa a direitos indisponíveis.[26] E no pertinente à confissão implícita, resultante da omissão do dever de impugnar os fatos alegados pela parte contrária, a lei não atribui valor, se não for admissível, a respeito dos fatos não impugnados, a confissão expressa; se a petição inicial não estiver acompanhada do instrumento público que a lei considerar da substância do ato, e, ainda, se estiver em contradição com a defesa, considerada em seu conjunto.[27]

Na admissão, nenhuma dessas restrições é invocável, pois o que a distingue da confissão é precisamente o não favorecimento da parte contrária. Os fatos, na admissão, são incontroversos, no interesse comum, do autor e do réu, para que a demanda possa ser julgada.

No dizer de Carnelutti,

24. Moacyr Amaral Santos, *Primeiras linhas de Direito Processual Civil*, 2º vol., 13ª ed., São Paulo, Saraiva, 1990, p. 335.

25. CPC/2015, art. 389.

26. Art. 392 do CPC/2015.

27. CPC/1973, art. 302, regra repetida no art. 341 do CPC/2015.

à afirmação de um fato por parte de um litigante pode corresponder à afirmação do mesmo fato por parte do outro. Isto sucede sempre que também este outro ponha aquele fato como pressuposto de seu pedido ao juiz. Se peço ao Juiz que condene Tício à restituição da soma mutuada, e Tício por sua vez pede ao Juiz que indefira meu pedido por não se haver celebrado contrato algum entre nós, existe somente a afirmação (da existência) do contrato, feita por mim; se Tício, em vez disto pede ao Juiz que indefira meu pedido por já haver restituído a soma mutuada, então existe afirmação bilateral quanto à celebração do contrato de mútuo e quanto à entrega da soma em dinheiro ao mutuário, posto que também Tício coloca estes fatos como pressupostos de seu pedido. A afirmação de um fato já afirmado pela parte contrária chama-se admissão, que pode ser definido como: colocação como pressuposto do pedido, de um fato já pressuposto do pedido do adversário.[28]

Para o mestre italiano,

o elemento comum às duas figuras é a afirmação de um fato posto como fundamento do pedido da parte contrária; o elemento diferenciador é a posição do mesmo fato como pressuposto do próprio pedido de quem o admite, que se encontra na admissão e não na confissão.[29]

Parece-nos que um esclarecimento pode ser acrescentado: sempre que os fatos sejam concernentes aos pressupostos processuais, ou às condições da ação, e, portanto, da existência deles dependa o julgamento

28. Francesco Carnelutti, *La prova civile*, Milão, Giuffré, 1992, p. 19: "Alla affermazione di un fatto da parte di un litigante può corrispondere a la affermazione del medesimo fatto da parte dell'altro; ciò segue in quanto anche l'altro ponga quel fatto como pressupposto della sua domanda al giudice. Se domando al giudice di condanare Tizio alla restituzione della somma mutuata, e Tizio alla sua volta domanda al giudice di respingere la mia domanda perché nessun contratto di mutuo fu tra noi concluso, vi è affermazione (della esistenza) del contratto solo da parte mia; se Tizio invece domanda al giudice di respingere la mia domanda perché la somma tutuata fu già restituita, vi è affermazione bilaterale della conclusione del contratto di mutuo e della consegna della somma al mutuario, perché anche Tizio pone questi fatti como premesse della sua domanda. La affermazione di un fatto già afermato dalla contraparte si chiama ammissione, la cui nozione dunque si precisa in questi termini: posizione como presuposto della domanda di unfatto già pressuposto dalla domanda avversaria".

29. Francesco Carnelutti, ob. cit., p. 19, nota 8. No original: "L'elemento comune alle due figure è la affermazione di *um fatto posto a fondamento della demanda avversária;* l'elemento differenziale è la *posizione del fatto medesimo como presupposto della domanda propria,* che si riscontra nella ammessione e non nella confessione".

do mérito da causa, a posição do réu, ou autoridade coatora, que os não contesta, configura admissão, e não confissão, pois a aceitação de tais fatos não ocorre para favorecer a parte contrária, mas para viabilizar uma sentença de mérito. E a obtenção de uma sentença de mérito é sempre do interesse de ambas as partes. Salvo, é claro, aquele interesse escuso de não ter a questão decidida exatamente porque sabe que a decisão muito provavelmente não lhe reconhecerá direito.

7.4 O pedido e seus fundamentos

7.4.1 O objeto específico do mandado de segurança

Muitos dos que lidam com o mandado de segurança, sejam advogados ou juízes, ainda não entenderam bem qual é o seu objeto específico. Talvez porque a doutrina ainda não tenha formulado uma distinção clara entre o mandado de segurança e as outras ações. Não definiu claramente o mandado de segurança, que, para muitos, parece ser distinto das demais ações apenas por não comportar dilação probatória.

Em matéria tributária, o mandado de segurança seria diferente da ação dita *anulatória,* ou da ação *declaratória,* apenas porque, destinado à proteção de direito líquido e certo, não teria o impetrante direito de produzir provas em seu curso, devendo utilizar provas pré-constituídas.

Na verdade, porém, não é assim. O mandado de segurança tem um objeto específico, que o distingue das demais ações, e sua determinação tem grande importância prática, posto que permite identificar mais facilmente as hipóteses de perda de objeto, bem como definir de forma adequada o alcance da coisa julgada. Além disto, tem enorme importância no plano da política judiciária, pois permite evitar o uso indiscriminado dessa garantia constitucional, que infelizmente tem acarretado o seu desprestígio, colocando-o na vala comum dos procedimentos ordinários.

A pretexto de prestigiar o mandado de segurança como garantia constitucional, o que se tem feito é ampliar de tal sorte o seu objeto, que já de nada vale a prioridade legal para o seu processo e julgamento. Especialmente na área federal, o Judiciário está abarrotado de mandados de segurança, que têm sido usados em situações nas quais a urgência é simplesmente subjetiva, e o que se pede de mais importante não é uma ordem, mas uma declaração. A pretensão do impetrante, em muitos casos, é muito mais de certeza de relações jurídicas do que de integridade de situações fáticas, para cuja preservação o mandado de segurança na verdade é o único instrumento útil.

Silvio Dobrowolski lembra, com inteira propriedade, que a Constituição indica como objeto do mandado de segurança

> um mandado, uma ordem, para proteger direito líquido e certo fora da proteção de habeas corpus, violado por ato distorcido de autoridade.[30]

No mandado de segurança não se pede ao juiz que anule ou que declare nulo um ato, e por isto se diz que a sentença não é constitutiva. Nem que declare existente ou inexistente uma relação jurídica, nem que lhe declare o alcance ou o modo de ser, e por isto se diz que a sentença não é declaratória. Nem que condene a autoridade impetrada a pagar ao impetrante determinada quantia ou a cumprir outras obrigações de dar, e por isto se diz que a sentença não é condenatória.

7.4.2 Restrições decorrentes da especificidade do objeto

Da especificidade do objeto do mandado de segurança decorrem algumas restrições a seu uso, nem sempre bem compreendidas. Assim é que o mandado de segurança não substitui a ação de cobrança,[31] nem a sentença que concede o mandado de segurança produz efeitos patrimoniais relativamente ao período pretérito, devendo tais efeitos ser reclamados administrativamente, ou pela via judicial própria.[32]

Tais restrições ao mandado de segurança são, por muitos, incompreendidas. E prevalecem simplesmente porque constam das súmulas da jurisprudência. Não se procura uma explicação doutrinária que as justifique, embora tal explicação seja simples, posto que reside precisamente na natureza mandamental da sentença que no mandado de segurança é proferida, a qual decorre da natureza do pedido, que a seu turno define a natureza específica dessa importante garantia constitucional.

No mandado de segurança pede-se ao juiz que emita uma ordem dirigida à autoridade impetrada. O âmbito estreito do mandado de segurança decorre da própria norma da Constituição, e de nenhum modo o

30. Silvio Dobrowolski, "Efeitos patrimoniais da sentença em mandado de segurança", *Revista da Faculdade de Direito da Universidade Federal do Ceará*, julho-dezembro/1982, p. 147.

31. STF, Súmula 269.

32. STF, Súmula 271.

diminui. Pelo contrário, torna mais efetivo este instrumento de garantia de direitos contra o Poder Público, na medida em que o seu uso, porque busca objetivos específicos, fica reduzido aos casos em que ele se mostra realmente necessário. Casos nos quais a ação dita *ordinária* não é capaz de ensejar a rápida obtenção de uma sentença capaz de recolocar as coisas no estado de fato de legalidade, perturbado, ou ameaçado de perturbação, pela autoridade dita coatora.

Insistimos em que de nada valerá a preferência, estabelecida em lei, para o processo e julgamento do mandado de segurança, se este tem o seu uso de tal forma ampliado que somente as questões cujo deslinde exige dilação probatória dele ficam excluídas.

7.4.3 O pedido de segurança

Em face da especificidade do objeto do processo especial de mandado de segurança, o pedido a ser formulado pelo impetrante é sempre o de emissão, pelo Juiz, de uma ordem dirigida à autoridade impetrada.

Em matéria tributária essa ordem pode ser de conteúdos diversos. Pode ser determinando a liberação de mercadorias ilegalmente apreendidas; ou a expedição de guias de importação; ou a não inscrição do crédito tributário como dívida ativa; ou o fornecimento de certidão negativa de débitos, ou a certidão a esta equivalente, nos termos do Código Tributário Nacional. Pode ser uma ordem de não fazer, determinando a abstenção da prática de qualquer ato que se repute lesivo a direito líquido e certo do contribuinte. E pode ser uma ordem de fazer, determinando a prática de qualquer ato, quando lesiva seja a omissão.

Em síntese, o que pede é uma ordem, um *mandado,* que garanta, que dê *segurança,* ao direito líquido e certo do impetrante, lesado ou ameaçado de lesão, por ato da autoridade impetrada.

O pedido é importante porque a sentença a ele fica limitada.

"O pedido, de acordo com a doutrina moderna, é o objeto da ação, isto é, a matéria sobre a qual incidirá a atuação jurisdicional".[33] Ele deve ser formulado com clareza, porque "estabelecerá perfeitamente a limitação objetiva da sentença".[34]

33. Vicente Greco Filho, *Direito Processual Civil Brasileiro*, vol. 1º, 8ª ed., São Paulo, Saraiva, 1993, p. 89.

34. Vicente Greco Filho, ob. cit., p. 90.

7.4.3.1 O pedido de liminar

O juiz, ao despachar a inicial, ordenará que se suspenda o ato que deu motivo ao pedido, quando for relevante seu fundamento e do ato questionado puder resultar a ineficácia da ordem porventura deferida a final.[35] Isto deve ser feito independentemente de pedido específico do impetrante, mas como alguns entendem de modo diverso, é melhor pedir expressamente essa medida liminar.

Ainda que desnecessária medida liminar, a impetração do mandado de segurança é sempre fundamentada. Assim, a relevância dos fundamentos é requisito que o juiz será obrigado a verificar, independentemente de demonstração específica. A possibilidade de ineficácia da sentença que a final conceda a segurança, embora também possa ser vislumbrada pelo juiz, independentemente de demonstração específica. Mesmo assim, é recomendável que, ao pedir medida liminar, o impetrante demonstre, especialmente, que a demora tornará ineficaz a ordem pretendida, se somente a final for deferida.

7.4.3.2 Impropriedade terminológica

É comum a formulação de pedido de liminar e, em seguida, a formulação de um pedido *de mérito*, ou *quanto ao mérito*. Tais expressões são inadequadas.

Nas contestações é que se fala de pedido quanto ao mérito, ou pedido de mérito, para distinguir a pretensão nele manifestada das pretensões colocadas pelo réu em *preliminares*.

Ocorre que pedido de medida *liminar* não se confunde com pedido formulado em *preliminar*. Caracteriza-se a liminar, não por envolver questão de natureza processual, mas pela provisoriedade. Ao decidir se concede ou denega a *liminar*, o julgador está examinando o mérito do pedido, embora o faça em caráter provisório. Quando perquire a respeito da relevância dos fundamentos da impetração, o juiz está examinando o mérito desta, e não uma questão preliminar.

Inadequado, pois, na inicial de um mandado de segurança, falar-se em *pedido de liminar* e *pedido de mérito*. Melhor será formular-se o pedido, simplesmente, e em seguida justificar-se a necessidade de seu deferimento liminar.

35. Lei 12.016, art. 7º, inciso III.

Muitas vezes, na prática, a inicial vem apenas com o pedido de liminar. Alguns juízes a indeferem. Outros mandam que o impetrante a complete, formulando pedido *de mérito*. Não nos parece adequada nem uma nem a outra coisa. O pedido a ser, a final, deferido ou negado pode estar contido no pedido de medida liminar. Se concedida esta, a sentença a final apenas a ratificará.

Diz a lei que ao despachar a inicial, o juiz ordenará que se suspenda o ato que deu motivo ao pedido, quando for relevante o fundamento e do ato impugnado puder resultar a ineficácia da medida, caso seja deferida. Da *liminar,* portanto, decorre a suspensão provisória do ato impugnado, enquanto da sentença que defere a segurança decorre a sua remoção definitiva.

7.4.3.3 Liminar diversa

Não obstante a interpretação literal do art. 7º, inciso III, da Lei 12.016/2009, conduza ao entendimento de que a medida liminar é apenas uma antecipação do objeto do pedido, admite-se que a ordem liminar, em certos casos, seja diferente da ordem a final deferida. Isto pode ocorrer quando, por exemplo, o mandado de segurança é impetrado para que a autoridade libere determinada mercadoria, e a título de medida liminar se pede apenas que a autoridade impetrada se abstenha de alienar as mercadorias apreendidas. A liminar, neste caso, é admissível porque tem a finalidade, prevista em lei, de evitar a ineficácia da sentença.

Em tais casos, o pedido de medida liminar deve ser feito de forma autônoma.

7.4.3.4 Pedidos sucessivos

Tal como acontece nas ações em geral, também no mandado de segurança não se admite pedido condicional.[36] Isto, porém, não significa a exclusão de pedidos sucessivos, como autorizado pela lei.[37]

Se o impetrante pede, preventivamente, mandado de segurança para que a autoridade impetrada se abstenha de apreender determinada mercadoria, pode ocorrer que, ao ser notificada da ordem judicial a autoridade impetrada, a mercadoria já esteja apreendida. Em muitas outras situações

36. Art. 324 do CPC/2015.
37. Art. 327 do CPC/2015.

pode ocorrer que, ao receber a notificação, o ato contra o qual se dirige a impetração já esteja consumado. Nestes casos, portanto, é lícito ao impetrante pedir, também, o desfazimento do ato, se já praticado.

Também é recomendável a formulação de pedidos sucessivos nos mandados de segurança impetrados para dar efeito suspensivo a recurso que não o tenha. Nestes casos, se o pedido é apenas para dar efeito suspensivo ao recurso, e o tribunal entende não ser tal recurso incabível, não poderá conceder o mandado de segurança, embora considere ilegal o ato do juiz.[38] Nestes casos, o pedido deve ser para que o tribunal, concedendo a segurança, atribua efeito suspensivo ao recurso indicado, ou para que, em face da ilegalidade flagrante do ato impugnado, conceda a segurança e o anule diretamente.

7.4.3.5 Pedido de declaração

Temos sustentado o cabimento, no mandado de segurança de um pedido específico de declaração da inexistência da relação jurídica tributária, ou do modo de ser dessa relação. Esse pedido tem por finalidade viabilizar uma sentença declaratória no mandado de segurança. Além da ordem, o juiz, acolhendo o pedido, também emite uma declaração. Assim, a declaração não será apenas fundamento da decisão que ordena. Constará do dispositivo da sentença e, assim, integrará o objeto da coisa julgada.[39]

Há, todavia, quem sustente que independentemente desse pedido, e dessa declaração, o julgado no mandado de segurança, que envolva uma relação jurídica continuativa, produz efeitos para o futuro. Voltaremos ao assunto, para melhor examiná-lo, ao estudarmos a sentença e a coisa julgada.

No Tribunal Regional Federal da 3ª Região, a ilustre Juíza e Professora Lucia Valle Figueiredo considerava autônomos os fatos geradores do dever de pagar a contribuição denominada Finsocial, e por isto incabível

38. Pessoalmente entendo que no mandado de segurança o pedido deve ser interpretado de modo amplo. O que na verdade pede o impetrante é proteção contra o ato ilegal, ou contra a ameaça de sua prática. A forma pela qual essa proteção será concedida, a meu pensar, não há de ser necessariamente a indicada pelo impetrante. Tal entendimento, todavia, não é o que geralmente tem sido adotado nos Tribunais, que geralmente interpretam o pedido literalmente.

39. Hugo de Brito Machado, "Aspectos da coisa julgada em questões tributárias", *Revista de Informação Legislativa*, Senado Federal, ano 28, n. 111, julho-setembro/1991.

o mandado de segurança no que concerne a pagamentos futuros daquele tributo. E contava com o apoio dos integrantes da 2ª Seção daquele Tribunal.[40] Posteriormente, porém, adotou a tese que sustentamos, admitindo expressamente a existência de relações tributárias continuativas.[41]

7.4.4 Os fundamentos da impetração

Diz a lei que a petição inicial indicará o fato e os fundamentos jurídicos do pedido.[42] A rigor, todo pedido de prestação jurisdicional há de ter fundamento nos fatos e nas normas a eles concernentes. A referência a *fundamentos jurídicos* do pedido há de ser entendida como o desenvolvimento de uma, ou mais de uma, tese jurídica capaz de justificar o deferimento da providência judicial requerida.

Na lição de Greco Filho, a norma do art. 282, III, do Código de Processo Civil [*de 1973*], ao exigir que da inicial constem o fato e os fundamentos jurídicos do pedido, quer dizer que no direito processual brasileiro a causa de pedir é constituída pelos fatos e pela respectiva qualificação jurídica, abrangendo, portanto, a causa de pedir próxima, que é a qualificação jurídica dos fatos (ser indevido determinado tributo, por exemplo) e a causa de pedir remota, composta pelos próprios fatos, independentemente do significado jurídico que possam ter.[43]

Tendo em vista que é defeso ao autor modificar o pedido ou a causa de pedir,[44] e ao juiz proferir sentença a favor do autor, de natureza diversa da pedida,[45] importante é saber em que consiste a causa de pedir, para que se possa resolver adequadamente a questão dos limites da sentença no que concerne aos fundamentos do pedido.

7.4.5 Os fundamentos e a causa de pedir

Como ensina Greco Filho, invocando Liebman,

40. TRF-3ª Região, 2ª Seção, MS 44.363-SP, rela. Juíza Lúcia Figueiredo, *DJSP* de 13.4.1992, p. 98, e *Repertório IOB de Jurisprudência* 10/92, texto 1/5.113.

41. TFR-3ª Região, 4ª Turma, MAS 49.915-SP, rela. Juíza Lúcia Figueiredo, *DJSP* de 8.2.1993, p.111.

42. Art. 319, inciso III, do CPC/2015.

43. Vicente Greco Filho, *Direito Processual Civil Brasileiro*, cit., p. 91.

44. Era o que dispunha o CPC/1973, art. 264, correspondente no CPC/2015 ao art. 329, I e II.

45. Art. 492 do CPC/2015.

> A causa da ação é o fato jurídico que o autor coloca como fundamento de sua demanda. É o fato do qual surge o direito que o autor pretende fazer valer ou a relação jurídica da qual aquele direito deriva, com todas as circunstâncias e indicações que sejam necessárias para individuar exatamente a ação que está sendo proposta e que variam segundo as diversas categorias de direitos e de ações.[46]

A causa de pedir, portanto, seria o fato ou o conjunto de fatos juridicamente qualificados. Tal entendimento, porém, pode levar a inadmitir-se sentença que adote fundamentos jurídicos diversos dos colocados pelo autor. Não apenas em mandado de segurança, mas não ações em geral. Por isto mesmo Greco Filho cuidou de estabelecer distinção entre a causa de pedir remota (o fato) e a causa de pedir próxima (fundamento jurídico), e ainda entre *fundamento jurídico,* que integra a causa de pedir e cuja indicação é indispensável, de *fundamento legal*, que é a norma na qual se apoia a pretensão, cuja referência não é exigida pelo Código, pois compete ao juiz formular o enquadramento legal da hipótese apresentada, segundo o velho princípio de que *o juiz conhece o direito.*[47]

Preferimos, porém, a lição de Sálvio de Figueiredo Teixeira, para quem "a causa de pedir é o fato ou o conjunto de fatos suscetível de produzir, por si, o efeito jurídico pretendido pelo autor". Tal opção é importante, pois nos permite concluir, com aquele eminente processualista, que

> Não se verifica alteração da causa de pedir quando se atribui ao fato ou ao conjunto de fatos qualificação jurídica diversa da originariamente atribuída.[48]

Essa colocação doutrinária, aliás, tem prevalecido no Superior Tribunal de Justiça, onde além de Sálvio Figueiredo militaram outros eminentes processualistas.[49]

7.4.6 *Deferimento por fundamento diverso do pedido*

Seria válido o deferimento de mandado de segurança por fundamento diverso do colocado na inicial?

46. Vicente Greco Filho, *Direito Processual Civil Brasileiro*, cit., p. 90.
47. Vicente Greco Filho, ob. cit., p. 92.
48. Sálvio de Figueiredo Teixeira, *Código de Processo Civil Anotado*, 4ª ed., São Paulo, Saraiva, 1992, p.159.
49. STJ, 4ª Turma, REsp 2.403-RS, rel. Min. Sálvio de Figueiredo, v.u., *DJU* de 24.9.1990, p. 9.983.

A resposta deve ser afirmativa. Desde que não seja considerado nenhum fato diverso do narrado na inicial, é válido o deferimento da segurança.

Tal entendimento, todavia, não é pacífico na jurisprudência.

O Supremo Tribunal Federal apreciou caso em que a segurança fora impetrada por um único fundamento, denegada em primeiro grau, e concedida pelo Tribunal, que reformou a sentença, acolheu o fundamento da impetração e acrescentou mais um outro fundamento. A Corte Maior reformou, então, o acórdão do Tribunal de segundo grau, porque, quanto ao fundamento colocado na inicial, já havia firmado sua jurisprudência no sentido da ausência do direito do impetrante, e quanto ao fundamento que fora acrescentado pelo Tribunal, por entender indevido o acréscimo.[50]

Cuida-se de entendimento forjado à luz do autoritarismo, pois em 1977 o país estava submetido ao regime da ditadura militar que se implantou em 1964. Infelizmente, durante mais de 20 anos de regime autoritário, consolidou-se uma jurisprudência que, sob vários aspectos, restringiu o alcance do mandado de segurança.

Na verdade nada justifica a distinção que em inúmeros pontos foi estabelecida entre o *habeas corpus* e o mandado de segurança. À luz do texto constitucional, matriz de ambos, a única diferença está em que o primeiro presta-se para assegurar o direito à liberdade física, enquanto o último presta-se para assegurar todos os demais direitos, não amparados pelo *habeas corpus* nem pelo *habeas data,* desde que se apresentem com as características de liquidez e certeza.

Relativamente ao *habeas corpus* tem prevalecido o entendimento segundo o qual pode ele ser concedida até *de ofício*. É admissível que em relação ao mandado de segurança tal entendimento não se aplique porque, afinal de contas, os direitos patrimoniais não são, em princípio, irrenunciáveis, de sorte que a inércia do titular do direito lesado pode ser entendida como renúncia. Inadmissível, porém, é condicionar o deferimento do mandado de segurança ao formalismo processual, condicionando o seu deferimento aos fundamentos do pedido.

Especialmente depois do advento da vigente Constituição Federal, em cujo texto está expresso que "as normas definidoras dos direitos e garantias fundamentais tem aplicação imediata", já não tem sentido a

50. RE 87.613-SP, rel. Min. Bilac Pinto, j. 10.11.1977, *RTJ* 85/314.

interposição de obstáculos à realização desses direitos e garantias, das quais o mandado de segurança é, por certo, uma das mais importantes.

Aplica-se, portanto, em toda a sua plenitude, ao mandado de segurança, a parêmia *dá-me o fato que te darei o direito*. Colocados os fundamentos *de fato*, e formulado o pedido, o julgador não se pode furtar do dever de assegurar o direito porventura existente. Ainda que ocorra insuficiência, ou equívoco do impetrante, na exposição dos fundamentos jurídicos do pedido, a segurança deve ser concedida. Entender de modo diverso é deixar que o formalismo atropele a supremacia da Constituição, fazendo letra morta um de seus dispositivos mais importantes.

A jurisprudência em sentido contrário, por mais respeitável que seja, deve ser posta de lado em homenagem à nova dimensão jurídica do mandado de segurança à luz da vigente Constituição, que se não compadece com interpretação restritiva de direito tão importante.

7.5 *O indeferimento liminar do pedido*

7.5.1 *Indeferimento de liminar e indeferimento liminar*

Não se há de confundir o indeferimento da medida liminar, com o indeferimento liminar da inicial do mandado de segurança. O primeiro não significa a denegação da segurança, que pode, a final, ser concedida. O segundo, diversamente, é a rejeição sumária da pretensão do impetrante.

A inicial será desde logo indeferida quando: (a) não for caso de mandado de segurança; (b) não contiver algum dos requisitos que a lei exige.[51] Ou, ainda, quando: (c) for inepta; (d) qualquer das partes for manifestamente ilegítima; (e) o impetrante carecer de interesse processual; (f) estiver evidente o decurso do prazo extintivo do direito à impetração; (g) não contiver a indicação, pelo advogado, do endereço para intimações.[52]

7.5.2 *Inicial inepta*

Considera-se inepta a petição inicial quando lhe faltar pedido ou causa de pedir, o pedido for indeterminado, ressalvadas as hipóteses legais em que se permite o pedido genérico; da narração dos fatos não

51. Lei 12.016/2009, art. 10.
52. Lei 12.016/2009, art. 10, § 1º.

decorrer logicamente a conclusão, e, finalmente, quando contiver pedidos incompatíveis entre si.[53]

De grande relevância é o conceito de impossibilidade jurídica do pedido, a evitar equívocos relativamente frequentes.

7.5.3 Impossibilidade jurídica do pedido

A impossibilidade jurídica do pedido não se confunde com a inconsistência de seus fundamentos. A impossibilidade jurídica é a absoluta ausência, em tese, de viabilidade da pretensão, resultante de vedações da ordem jurídica, ou da absoluta ausência de prescrição jurídica em que a mesma se funde. A impossibilidade há de ser vista em tese, e, portanto, em termos absolutos. Não se confunde com a improbabilidade de acolhimento da pretensão, que se avalia em cada caso, e tem, assim, consistência relativa.

Como esclarece Greco Filho, afora os casos em que exista vedação expressa,

> a rejeição da ação por falta de possibilidade jurídica deve limitar-se às hipóteses de pretensões inexistentes na ordem jurídica, não sendo o caso de se impedir a ação quando o fundamento for injurídico, pois, se o direito não protege determinado interesse, isto significa que a ação deve ser julgada *improcedente* e não o autor carecedor de ação.[54]

A *impossibilidade jurídica* do pedido é qualidade do próprio pedido. Ele é de atendimento impossível, sejam quais forem as circunstâncias e sejam quais forem os fundamentos com os quais tenha sido formulado. Já a *improcedência* está ligada às circunstâncias e aos fundamentos do pedido.

As palavras são geralmente pobres para traduzir as ideias, o que torna mais difícil o conhecimento do Direito, que se expressa em palavras. E essa dificuldade é aumentada pelo uso inadequado das palavras. Assim tem ocorrido com a palavra *possibilidade,* muitas vezes indevidamente usada em lugar de *probabilidade*. A primeira, referindo-se ao que é possível, não admite gradação. Não existe o mais, ou o menos possível, nem o mais ou menos impossível. Já a segunda admite a gradação. Existem o mais, e o menos provável, como o mais e o menos improvável.

53. Art. 330, § 1º, do CPC/2015.

54. Vicente Greco Filho, *Direito Processual Civil Brasileiro*, cit., p.86.

Seja como for, a distinção entre julgar o pedido *juridicamente impossível* e julgar a impetração improcedente

> é importantíssima em face das consequências da qualificação da sentença, como de mérito ou relativa às condições da ação, porquanto, no primeiro caso, ocorre o fenômeno da coisa julgada, inexistente na segunda hipótese.[55]

7.5.4 Emenda e complementação do pedido

Já decidiu o Supremo Tribunal Federal que o juiz pode determinar que o impetrante emende ou complete a inicial, de acordo com o art. 321 do Código de Processo Civil.[56] Na verdade o juiz não apenas *pode*, mas *deve* fazê-lo. O dispositivo legal mencionado diz que, verificada a hipótese nele prevista, o juiz *determinará* que o autor emende ou complete a inicial, no prazo de 15 dias. Não estabelece, portanto, uma faculdade para o juiz, mas um dever. E se é assim, ele não pode indeferir a inicial por inépcia, antes de dar ao impetrante esta oportunidade de emendar, ou completar a inicial defeituosa.

Tal entendimento já foi acolhido pelo Superior Tribunal de Justiça.[57]

7.5.5 Questões preliminares

Pela mesma razão que o Juiz não pode extinguir o processo sem dar, nos termos do art. 321 do Código de Processo Civil, oportunidade ao impetrante para completar a inicial, também não deve o magistrado acolher preliminares porventura suscitadas pela autoridade impetrada, ou pelo Ministério Público, ou por algum litisconsorte ativo. Suscitada que seja qualquer preliminar, incide a regra do art. 351 do Código de Processo Civil, a dizer que o Juiz mandará ouvir o autor no prazo de 15 dias, permitindo-lhe a produção de prova documental.

Ao impetrante deve ser assegurado não apenas o direito de manifestar-se, mas também o de produzir prova documental. Não se venha argumentar com a celeridade de rito do *writ* como circunstância capaz de afastar esse entendimento. A celeridade existe em favor do impetrante,

55. Vicente Greco Filho, ob. cit., p.86.

56. *RTJ* 128/129, e Theotonio Negrão, *Código de Processo Civil e Legislação Processual em Vigor*, cit., p. 1.059.

57. STJ, REsp 8.634-0-AM, rel. Min. Eduardo Ribeiro, *RSTJ* 52/92.

no resguardo dos direitos deste, contra o arbítrio do Poder. Não pode ser uma arma a produzir efeito contrário àquele para o qual existe.

7.6 A desistência

Nas ações em geral, depois de decorrido o prazo para a contestação, a desistência depende da aquiescência da parte contrária.[58] No mandado de segurança, todavia, firmou-se a jurisprudência no sentido de que o impetrante pode desistir da impetração independentemente da aquiescência da autoridade impetrada.[59]

58. Art. 485, § 4º, do CPC/2015.

59. STF, *RTJ* 88/290; *RTJ* 114/552; STJ, 1ª Turma, REsp 5.300-RJ, *DJU* de 17.12.1990, p. 15.347.

8.
MEDIDA LIMINAR

8.1 Natureza jurídica. 8.2 Pressupostos legais. 8.2.1 Fundamento relevante. 8.2.2 Perigo de ineficácia da sentença. 8.2.3 Audiência da autoridade impetrada. 8.2.4 Liminar e presunção de constitucionalidade das leis. 8.2.5 Liminar e presunção de validade dos atos administrativos. 8.3 Restrições legais. 8.4 Deferimento de ofício. 8.4.1 Manifestações contrárias. Crítica. 8.4.2 Irrelevância na prática. 8.5 Medida diversa da requerida. 8.6 Liminar satisfativa. 8.6.1 Compreensão equivocada. 8.6.2 O pleno exaurimento. 8.6.3 Definitividade e ineficácia da sentença. 8.6.4 Situação extrema. Necessidade de caução. 8.7 Liminar, vinculação e discricionarismo. 8.7.1 A doutrina do ato discricionário. 8.7.2 Discricionariedade e interpretação. 8.8 Revogação, cassação ou reconsideração. 8.8.1 Questão terminológica. 8.8.2 Reconsideração. 8.9 Recurso contra o indeferimento. 8.10 Suspensão pelo Presidente do Tribunal. 8.10.1 Previsão legal. A questão da legitimidade. 8.10.2 Litisconsortes. 8.10.3 Fundamento político. 8.10.4 Competência para apreciar o pedido de suspensão. 8.10.5 Recurso. 8.11 Suspensão da liminar e sentença concessiva da segurança. 8.11.1 Interpretação literal. 8.11.2 Interpretação teleológica e economia processual. 8.11.3 Precedente do STJ e do STF. 8.11.4 Suspensão da segurança e contraditório. 8.12 Prazo de vigência 8.13 Liminar e denegação da segurança. 8.13.1 A jurisprudência do STF. 8.13.2 Ilogicidade aparente. 8.13.3 Liminar na apelação. 8.13.4 Alternativas para o impetrante. 8.14 Efeitos da cassação da liminar. 8.14.1 Configuração da mora. 8.14.2 Os equívocos. 8.14.3 Não configuração da mora. 8.14.4 Correção monetária e juros. 8.14.5 Retorno à condição anterior. 8.15 Enfraquecimento da tutela judicial de urgência.

8.1 Natureza jurídica

Liminar é palavra derivada do latim *liminaris*, de *limen* (porta, entrada), para indicar tudo o que se coloca *inicialmente,* em começo.[1] Medida

1. De Plácido e Silva, *Vocabulário Jurídico*, vol. III, Rio de Janeiro, Forense, 1987, p. 91.

liminar é o provimento judicial expedido logo no início do processo, com ou sem a audiência da parte contrária.

A identificação da natureza jurídica de qualquer coisa tem apenas a finalidade de determinar o seu regime jurídico. Em se tratando de algo que tem regramento próprio, portanto, não faz sentido qualquer esforço no sentido de definir a sua natureza jurídica. A não ser, é certo, pela eventual necessidade de aplicação subsidiária de normas alheias àquele regramento, a suprir suas omissões.

A medida liminar em mandado de segurança tem seu regramento próprio. Na omissão deste, aplicam-se as normas do Código de Processo Civil. Assim, e como tem a mesma finalidade, e seu deferimento exige os mesmos pressupostos das medidas cautelares em geral, pode-se dizer que tem a natureza jurídica da cautelar, embora com a ação cautelar não se confunda.

Seja como for, a medida liminar constitui uma satisfação antecipada do pedido, ainda que a título provisório. Deferindo-a, o juiz *suspende o ato que deu motivo ao pedido.* Tratando-se de omissão, determina a prática do ato. Num, como no outro caso, atende ao pedido, ainda que provisoriamente.

Há impropriedade, pois, quando se afirma ser vedada a concessão de liminar *satisfativa,* expressão cujo sentido mais adequado adiante explicaremos.

8.2 Pressupostos legais

Os pressupostos para o deferimento da medida liminar em mandado de segurança são os mesmos exigidos para o deferimento das cautelares em geral, a saber, a *aparência do bom direito*, e o *perigo da demora.*

Diz a lei que ao despachar a inicial o juiz ordenará

> que se suspenda o ato que deu motivo ao pedido, quando houver fundamento relevante e do ato impugnado puder resultar a ineficácia da medida, caso seja finalmente deferida, sendo facultado exigir do impetrante caução, fiança ou depósito, com o objetivo de assegurar o ressarcimento à pessoa jurídica.[2]

2. Lei 12.016/2009, art. 7º, inciso III.

À relevância dos fundamentos do pedido corresponde a aparência do bom direito, e à possibilidade de ineficácia da sentença que venha, a final, a deferir a segurança corresponde o perigo da demora.

8.2.1 Fundamento relevante

Não é fácil definir um fundamento relevante.

A Constituição e as leis constituem fundamentos relevantes, sem dúvida. E, quando a inconstitucionalidade ou a ilegalidade é flagrante, quando não há dúvida quanto à interpretação da norma jurídica invocada na impetração, fundamento mais relevante não pode haver. A questão de saber se os fundamentos do pedido são relevantes torna-se difícil quando o ato impugnado não é flagrantemente contrário à norma invocada. Neste caso, tem-se de buscar apoio na jurisprudência, e na doutrina.

Os precedentes jurisprudenciais, sobretudo quando emanados de tribunais superiores, constituem fundamento relevante. Também a doutrina autorizada, reconhecida pela comunidade jurídica, constitui fundamento relevante. Isto, porém, não quer dizer que somente se possa considerar relevante o fundamento do pedido que esteja escorado na jurisprudência ou na doutrina. Situações ainda não levadas a exame do Judiciário, e ainda não objeto de atenção dos doutrinadores, eventualmente podem ensejar a impetração de mandado de segurança em cuja inicial o impetrante consegue desenvolver bons argumentos, capazes de ensejar o deferimento de medida liminar.

Aliás, em matéria tributária é muito comum a impetração de mandados de segurança em situações não tratadas ainda pela jurisprudência, e, às vezes, também ainda não estudadas pelos doutrinadores. Especialmente diante de leis novas, não é razoável admitir que somente as manifestações jurisprudenciais ou doutrinárias constituam fundamentos relevantes para um pedido de segurança. Mesmo que não se trate de violação flagrante da norma invocada pelo impetrante.

Uma impetração fundada em norma jurídica claramente violada pelo ato impugnado, ou em manifestações jurisprudenciais, ou doutrinárias, está, seguramente, dotada de fundamento relevante. Se a violação não é flagrante, e não existem manifestações jurisprudenciais, ou doutrinárias, sobre o alegado direito, somente o exame de cada caso permitirá que se diga se o fundamento do pedido é relevante.

A relevância do fundamento, no mandado de segurança, equivale à aparência do bom direito, expressão preferida em se tratando de medidas cautelares. Quer se fale de uma ou da outra, tem-se sempre questão concernente ao direito material. Assim, em um mandado de segurança no qual o contribuinte pretenda seja atribuído efeito suspensivo a um recurso, a jurisprudência que tem admitido essa pretensão não tem nenhum valor para demonstrar a presença da aparência do bom direito. O direito bom, que se há de antever, é o direito material a ser protegido pela sentença que porventura defira a segurança.

8.2.2 Perigo de ineficácia da sentença

Para o deferimento da liminar não basta a relevância dos fundamentos do pedido. É preciso que estejam presentes os dois pressupostos, vale dizer, a relevância dos fundamentos do pedido e o perigo de ineficácia da sentença que venha, a final, a deferir a segurança. Entretanto, há situações nas quais esse perigo é tão evidente que não se há de ser rigoroso no exame dos fundamentos do pedido. Nestes casos, o juiz deve examinar se o deferimento da liminar cria uma situação irreversível, danosa à parte contrária. Se concluir pela negativa, vale dizer, se concluir que o deferimento da liminar não cria situação irreversível, danosa à parte contrária, deve deferir a liminar. Deve, outrossim, deferir a liminar, se o impetrante garante de forma adequada a pronta reparação de possível dano.

Assim, por exemplo, se um contribuinte, ao exportar determinada mercadoria, é surpreendido com a exigência de tributo que reputa indevido, e se encontra na iminência de sofrer as sanções decorrentes do inadimplemento de seu contrato com o importador estrangeiro, tem-se de tal sorte presente o perigo de ineficácia da sentença, que o Juiz deve ser menos rigoroso no exame dos fundamentos do pedido. E deve examinar se do deferimento da liminar pode decorrer situação irreversível danosa para a parte contrária. No caso, tratando-se de exportador com idoneidade patrimonial induvidosa, não é razoável vislumbrar tal situação porque, denegada, a final, a segurança, o impetrante estará obrigado ao pagamento do tributo. De todo modo, se o impetrante depositar em Juízo o valor do tributo, não haverá então motivo para o indeferimento da liminar.

Realmente, não efetuado o depósito, poder-se-á sustentar, contra o deferimento da liminar, que a sentença denegatória da segurança não pode impor ao impetrante o dever de pagar o tributo. Ela simplesmente dirá que ele não tem o direito de efetuar a exportação sem o seu pagamento.

A propósito, é importante insistir em que a jurisprudência nem sempre tem entendido adequadamente a questão de saber o que se deve entender por ineficácia da sentença que concede o mandado de segurança. Muitos afirmam que a sentença não é ineficaz sempre que o dano resultante da consumação do ato impugnado seja reparável, e não seja de difícil reparação. Isto, porém, constitui um lamentável equívoco, cuja repetição contribui para o desprestígio do mandado de segurança.

A ineficácia da sentença que defere o mandado de segurança não ocorre apenas quando o dano decorrente do ato impugnado seja irreparável. Para que se possa afirmar tal ineficácia, basta que a sentença que defere o mandado de segurança não tenha a aptidão de, ela própria, corrigir a ilegalidade de modo útil, vale dizer, determinando desde logo a reparação do dano.

No exemplo da exportação, acima mencionado, é claro que o contribuinte pode promover, contra a União, ação ordinária para haver desta a indenização correspondente aos prejuízos que tenha sofrido em decorrência da exigência ilegal. Não pode haver dúvida, porém, de que a sentença que lhe concede mandado de segurança para garantir-lhe o direito à exportação, sem o tributo que reputou indevido, mas depois de decorrido o prazo dentro do qual ele estava obrigado a cumprir o seu contrato com o importador estrangeiro, é uma sentença ineficaz, no sentido da lei específica.

É um grave equívoco confundir a ineficácia da sentença que defere o mandado de segurança, com a irreparabilidade do dano decorrente do ato impugnado. A rigor, aliás, todo dano é reparável. Se, porém, para haver a reparação do dano for necessária a propositura de ação outra, tem-se configurada a inutilidade, para esse fim, da sentença proferida no mandado de segurança. É essa inutilidade que a medida liminar tem por objetivo evitar.

> A irreparabilidade da lesão é, portanto, no âmbito estrito do mandado de segurança, isto é, se a lesão não puder ser reparada totalmente por essa via processual, ela é irreparável no sentido legal, ainda que o possa administrativamente ou por ação ordinária.[3]

3. Sérgio Sahione Fadel, *Teoria e prática do mandado de segurança*, 2ª ed.. Rio de Janeiro, José Konfino Editor, s/d., p. 110.

Ineficácia da sentença, portanto, no sentido em que a expressão está no art. 7º, inciso III, da Lei 12.016/2009, é a inaptidão para prescrever diretamente a reparação integral de todos os danos decorrentes do ato impugnado.

Assim, se um contribuinte impetra mandado de segurança contra a cobrança ilegal de um tributo, o perigo da demora caracteriza-se pela simples possibilidade de constrangimento do impetrante com a ação fiscal, sabido que, se efetuado o pagamento, a restituição do valor pago é bastante problemática e demorada, além de ser razoável sustentar-se que não pode ser determinada na sentença que venha a conceder o mandado de segurança.

A jurisprudência, inclusive do Supremo Tribunal Federal, tem acolhido este entendimento, afirmando:

> Configura-se o perigo da demora a possível sujeição da apelada aos atos de execução promovidos pelo apelante, pois aquela se encontraria num estado de constrangimento, frente à sua provável autuação fiscal.[4]
>
> O *periculum in mora* decorre do fato notório de que o Governo é um mau pagador. Na repetição do indébito, o contribuinte pena para receber o que recolheu indevidamente, com as contestações e recursos de caráter de emulação da Fazenda Nacional; pena mais nos odiosos precatórios.[5]
>
> O recolhimento (...) seria passível de ocasionar dano de difícil reparação, uma vez que, vencedora no mérito, teria a empresa de valer-se da via repetitória para obter o que recolhera a maior.[6]
>
> Cautelar. Ação Direta de Inconstitucionalidade. Artigos 546, 547 e 548 do Decreto 32.535, de 18 de fevereiro de 1991, do Estado de Minas Gerais. Alegada Infringência dos arts. 150, I e VI, par. 2º, e 155, I, "b", da Constituição Federal. Relevância do direito, caracterizada pela circunstância de haver-se definido, por decreto, fato gerador e base de cálculo de tributo, e, ainda, por ter-se pretendido modificar, pela mesma via, a natureza jurídica do fornecimento de água potável, encanada, às populações urbanas, transmudando-a de serviço público essencial em circulação de mercadoria. "Perículum in mora" igual-

4. TRF-5ª Região, 2ª Turma, AC 101.187-CE, rel. Juiz Araken Mariz, *DJU* II de 1.11.1996, p. 83.766.

5. Despacho do Juiz Tourinho Neto, do TRF-1ª Região, no Ag. 96.01.38383-2-MG, *RDDT* 15/159 e *DJU* II de 27.9.1996, p. 72.893.

6. Despacho do Juiz Ridalvo Costa no MS 48.557-PE, j. 7.4.1995.

> mente configurado, em face da extrema dificuldade de recuperação dos valores correspondentes ao tributo que vier a ser pago. Cautelar deferida.[7]

8.2.3 *Audiência da autoridade impetrada*

O juiz pode, ao despachar a inicial, não examinar desde logo o pedido de liminar, deixando para fazê-lo em face das informações da autoridade impetrada.

A lei nada diz a esse respeito, mas em muitos casos é prudente que se proceda assim. Desde que a espera das informações não ponha em risco a eficácia da sentença, nos casos em que se possa esperar da autoridade algum esclarecimento útil para o deslinde da questão, é recomendável que o juiz deixe para decidir se concede, ou não, a liminar, em face das informações, até porque tal atitude realiza melhor o princípio do contraditório.

8.2.4 *Liminar e presunção de constitucionalidade das leis*

Alguns julgados de primeira e de segunda instâncias têm afirmado não ser cabível o deferimento de liminar quando a segurança é impetrada com fundamento na arguição de inconstitucionalidade de lei. A liminar não seria cabível em face da presunção de constitucionalidade das leis que seria impeditiva da configuração da fumaça do bom direito, ou mais precisamente, aquela presunção seria um obstáculo à configuração da relevância dos fundamentos da impetração, restando assim afastado um dos requisitos legais ao deferimento da liminar. Tal entendimento, porém, é inteiramente descabido.

Realmente, dizer-se que a presunção de constitucionalidade das leis impede o deferimento de medida liminar em mandado de segurança é negar inteiramente a razão de ser do próprio mandado de segurança, que restará inútil toda vez que da inconstitucionalidade puder resultar dano irreparável para o impetrante. Dano que a sentença não possa, ao deferir a segurança, remediar.

Note-se que o Supremo Tribunal Federal tem deferido medidas liminares em ações diretas de inconstitucionalidade, o que demonstra a

7. STF, Tribunal Pleno, ADI 567-DF, rel. Min. Ilmar Galvão, j. 12.9.1991, v.u., *DJU* de 4.10.1991, p. 13.779 e na *RTJ* 138-01/60.

inconsistência evidente, aliás, do argumento autoritário e descabido que se apoia na presunção de constitucionalidade das leis.

8.2.5 Liminar e presunção de validade dos atos administrativos

Mais infundado ainda é o entendimento segundo o qual a medida liminar não pode ser deferida em face da presunção de validade dos atos administrativos. O mandado de segurança existe precisamente para atacar atos administrativos e a medida liminar para evitar que, em face da ilegalidade destes, restem consumados danos irreparáveis no âmbito do próprio mandado de segurança. Se existe a possibilidade de dano que a sentença ao deferir a segurança não pode reparar, é evidente ser caso de deferimento da medida liminar, nos exatos termos do que prescreve o art. 7º, inciso III, da Lei 12.016/2009.

Aliás, ainda que não houvesse lei cuidando da medida liminar seria esta cabível como instrumento adequado para assegurar a efetividade da sentença.

8.3 Restrições legais

A medida liminar tem sido objeto de restrições legais diversas. Não obstante estejam superadas com a superveniência da Lei 12.016/2009, mantemos o texto de edições anteriores no qual a elas nos referimos, até para que se possa melhor entender as restrições feitas pela lei atual, que em seguida vamos examinar.

A Lei 2.770, de 4.5.1956, art. 1º, estabeleceu que

> nas ações e procedimentos judiciais de qualquer natureza, que visem a obter a liberação de mercadorias, bens ou coisas de qualquer espécie procedentes do estrangeiro, não se concederá, em caso algum, medida preventiva ou liminar que, direta ou indiretamente, importe na entrega de mercadoria, bem ou coisa.

A doutrina explicava essa restrição como providência contra o abuso praticado na impetração de mandados de segurança para liberação de automóveis importados irregularmente. Eram mandados de segurança para liberação de centenas de veículos de uma só vez. Obtida a liminar e retirados da Alfândega os automóveis, os impetrantes desinteressavam-se deliberadamente, ou mesmo promoviam o extravio dos autos, em conluio com funcionários menos escrupulosos.[8]

Tal restrição foi objeto de temperamentos. Como esclarece Hely Lopes Meirelles, entendia-se que ela

> só se refere a produtos de contrabando, e não aos bens importados ou trazidos como bagagem sobre os quais as autoridades passem a fazer exigências ilegais ou abusivas para seu desembaraço.[9]

Como Juiz Federal no Ceará, concedemos medidas liminares para garantir a importadores regularmente estabelecidos o direito ao desembaraço aduaneiro de suas mercadorias. Entendemos que as razões que justificaram a edição da norma restritiva em comento não se faziam presentes nesses casos.

Aliás, na verdade o que importa saber é se existem condições efetivas para, uma vez denegada a segurança, fazer-se com que as coisas retornem ao estado anterior ao deferimento da liminar. O impedimento da liminar na verdade reside na criação de uma situação fática cujo desfazimento seja impraticável.

Não se pode deixar de admitir que em determinados casos o deferimento da liminar é absolutamente indispensável para garantir a eficácia da sentença que a final vier a conceder a segurança. Proibir esse deferimento, portanto, é destruir o instrumento constitucional de garantia de direitos. É retirar dele a efetividade, transformando-o em simples peça decorativa. Assim, é razoável entender-se que a norma que proíbe a concessão de liminares, de forma absoluta, é inconstitucional.

Lázaro Guimarães afirma serem as restrições às liminares

> válidas e perfeitamente adequadas ao sistema constitucional que não estabelece a proteção judiciária como um direito absoluto, mas o submete ao devido processo legal.

Entretanto, mesmo assim esclarece, invocando a autoridade do Min. Athos Gusmão Carneiro, existirem situações nas quais indeferida

8. Celso Agrícola Barbi, *Do Mandado de Segurança*, 6ª ed., Rio de Janeiro, Forense, 1993, p. 176.

9. Hely Lopes Meirelles, *Mandado de Segurança e ações constitucionais*, 36ª ed., São Paulo, Malheiros Editores, 2014, p. 100.

a liminar o direito perece, e conclui que, sendo este o caso, prevalecerá o princípio constitucional da inafastabilidade do controle jurisdicional.[10]

A Lei 4.357, de 16.7.1964, em seu art. 39, proibiu a medida liminar em matéria fiscal, contra a Fazenda Nacional, mas esse dispositivo foi revogado pelo art. 51 da Lei 4.862, de 29.11.1965, que limitou o prazo de vigência das liminares desse tipo. Aliás, a restrição dizia respeito apenas aos mandados de segurança contra a aplicação da própria Lei 4.357/1964.[11] A limitação da vigência da liminar, todavia, era mais ampla. Abrangia qualquer medida liminar contra a Fazenda Pública.

Outras restrições foram feitas por lei à medida liminar, mas não diziam respeito a matéria fiscal ou tributária.[12]

A Lei 12.016/2009, além de restrições alheias à matéria tributária, estabelece que não será concedida medida liminar que tenha por objeto a compensação de créditos tributários ou a entrega de mercadorias e bens provenientes do exterior (art. 7º, inciso III). E estabelece que tais vedações se estendem à tutela antecipada a que se referem os arts. 296, 298, 300, 305, 311 e 497 do Código de Processo Civil. E ainda, diz que nesses casos, nos quais é vedada a concessão de medida liminar, a sentença que defere a segurança não pode ser executada provisoriamente, isto é, só produzirá os seus efeitos depois do trânsito em julgado.

Proibindo, como proíbem, a tutela judicial de urgência, da qual necessita o contribuinte que esteja sendo vítima de arbítrio no concernente a importação de mercadorias ou de compensação de créditos tributários, esses dispositivos da Lei 12.016/2009 são de flagrante inconstitucionalidade. A garantia de jurisdição, estabelecida pelo art. 5º, inciso XXXV, da Constituição, segundo a qual "a lei não excluirá da apreciação do Poder Judiciário lesão ou ameaça a direito", há de ser entendida como garantia de jurisdição eficaz, vale dizer, garantia de provimento jurisdicional apto a reparar efetivamente as lesões a direitos e prevenir efetivamente os direitos ameaçados. Assim, vedar a tutela judicial de urgência é permitir que a prestação jurisdicional que venha a ser afinal obtida reste inteiramente inútil, porque já consumada a lesão ao direito.

10. José Lázaro Alfredo Guimarães, *As Ações coletivas e as liminares contra atos do Poder Público*, 2ª ed., Brasília, Brasília Jurídica, 1993,

11. Celso Agrícola Barbi, *Do Mandado de Segurança*, cit., pp. 178-179.

12. Lei 4.348, de 26.6.1964; Lei 5.021, de 9.6.1966.

A inconstitucionalidade resta mais grave ainda, com o dispositivo legal que impede a execução provisória da sentença. Dispositivo, aliás, inteiramente injustificável, que apenas revela o propósito de permitir que a Administração Tributária não se submeta aos provimentos judiciais.

8.4 Deferimento de ofício

8.4.1 Manifestações contrárias. Crítica

Segundo Buzaid, a medida liminar

> não pode ser concedida de ofício pelo juiz nem ao despachar a petição inicial, nem no curso do processo do mandado de segurança.[13]

Não obstante o respeito que de todos merece a doutrina do eminente processualista e ex-ministro do Supremo Tribunal Federal, entendemos que tanto em face da lei em vigor àquela época, como em face da lei atual, o Juiz pode e, mais que isto, deve suspender, independentemente de requerimento do impetrante, os efeitos do ato impugnado, quando for relevante o fundamento, e do ato impugnado puder resultar a ineficácia da medida, caso seja deferida.[14]

Neste sentido, aliás, manifestam-se vários doutrinadores. Para Cretella Júnior, "a Lei 1.533, de 31 de dezembro de 1951, afastou qualquer dúvida a respeito".[15] Sérgio Sahione Fadel assevera que o deferimento da liminar independe de pedido específico. E doutrina, com inteira propriedade:

> A lei do mandado de segurança, no art. 7º, II, não faz qualquer menção à necessidade desse pedido específico. E como a liminar é medida de cautela, que o juiz, na sistemática da legislação processual, pode deferir *ex officio* (vide, a propósito, os arts. 266 e 793 do CPC [*do CPC/1973*]), não se compreende como possa estar subordinada a eventual requerimento do interessado, o que consistiria, em última análise, em terceira condição à sua concessão, estranha à lei e à índole do instituto.[16]

13. Alfredo Buzaid, *Do Mandado de Segurança*, São Paulo, Saraiva, 1989, p. 213.

14. Art. 7º, inciso II, da Lei 1.533/51 e art. 7º, inciso III, da Lei 12.016/2009.

15. José Cretella Júnior, *Comentários às leis do mandado de segurança*, Saraiva, São Paulo, 1979, p. 189.

16. Sérgio Sahione Fadel, *Teoria e prática do mandado de segurança*, 2ª ed., Rio de Janeiro, José Konfino Editor, 1976, p. 107.

Edilson Pereira Nobre Júnior, invocando lições de Castro Nunes, Othon Sidou e José Cretella Júnior, doutrina, com inteira propriedade, no sentido de que

> o forte liame com a vedação das decisões judiciais *ultra petita* não se compraz com a filosofia inspiradora do mandado de segurança, de resguardo a direitos subjetivos líquidos e certos que, muitas vezes, perecerão com a atitude inercial do julgador, cabente sendo a medida liminar de ofício, desde que o magistrado constate a presença de seus requisitos autorizadores.[17]

Pessoalmente, não tenho dúvida de que, em face do texto legal vigente, o Juiz não apenas pode, como deve determinar a suspensão liminar do ato impugnado, mesmo que o impetrante não o tenha requerido. A Lei 12.016/2009 reproduz, em seu art. 7º, inciso III, a norma que estava na lei anterior, o que corrobora o meu ponto de vista no sentido de que o juiz não apenas pode, como, a rigor, ele deve emitir o provimento judicial de urgência, ainda quando este não tenha sido requerido pelo impetrante.

Não se pode esquecer que grande parte da doutrina, e da jurisprudência, sobre o mandado de segurança, foi edificada durante o regime autoritário que se instalou no Brasil em 1964.

O Superior Tribunal de Justiça, em acórdão da lavra do Min. Napoleão Nunes Maia Filho, já afirmou a possibilidade de deferimento de medida liminar ainda que ausente pedido nesse sentido.[18] Aliás, como esclarece Sérgio Sahione Fadel no texto já aqui transcrito, o dispositivo da lei anterior não se referia a requerimento. E o texto da lei atual também não se refere ao deferimento da liminar. Diz apenas que ao despachar a inicial o juiz ordenará que se suspenda o ato que deu motivo à impetração.

8.4.2 Irrelevância na prática

Na prática, todavia, pode ser considerada irrelevante a questão da possibilidade de deferimento da medida liminar de ofício, porque os impetrantes geralmente formulam o pedido, ainda quando a suspensão

17. Edílson Pereira Nobre Júnior, "Algumas considerações sobre a medida liminar em mandado de segurança", *Revista Jurídica da Procuradoria-Geral da Fazenda Estadual* (Estado de Minas Gerais) 7/13, 1992.

18. STJ, 5ª Turma, EDcl no RMS 24697-PA, rel. Min. Napoleão Nunes Maia Filho, j. 4.6.2009, *DJe* de 29.6.2009.

liminar dos efeitos do ato impugnado é visivelmente desnecessária. Na verdade são abundantes os pedidos de medida liminar.

De todo modo, é importante notar que se o impetrante não formulou expresso pedido de liminar, não poderá recorrer do despacho que deixou de determinar a suspensão liminar do ato impugnado.

Relevante, porém, é a questão de saber se o Juiz pode conceder medida liminar diversa da que lhe foi requerida, sendo útil, portanto, o exame dessa questão.

8.5 Medida diversa da requerida

A medida liminar no mandado de segurança é específica. Consiste na suspensão dos efeitos do ato impugnado. Mesmo assim, tal suspensão de efeitos pode eventualmente ter mais de uma implicação. Em outras palavras, o ato impugnado pode ter múltiplos efeitos. Assim, se o impetrante pediu liminar apenas no que diz respeito a uma dessas implicações e a um dos efeitos do ato impugnado, o juiz pode deferir a liminar em termos mais amplos. E se o impetrante pediu liminar abrangente, vale dizer, pediu a suspensão de todos os efeitos do ato impugnado, pode o juiz conceder liminar menos abrangente, suspendendo apenas um, ou alguns dos efeitos do ato impugnado. É possível, ainda, que o pedido diga respeito apenas a um, dentre vários dos efeitos do ato impugnado, e a liminar deferida diga respeito a outro daqueles efeitos.

Em qualquer caso, o importante é que a medida liminar deferida seja capaz de garantir a eficácia da sentença que, a final, venha a conceder a segurança.

8.6 Liminar satisfativa

8.6.1 Compreensão equivocada

É comum o indeferimento de medida liminar, ao argumento de que se trata de liminar *satisfativa*. Na verdade toda medida liminar é de certa forma satisfativa, no sentido de que satisfaz a pretensão do impetrante.

O que não deve o juiz conceder, em princípio, é medida liminar *plena e definitivamente satisfativa,* como tal entendida aquela providência que atende inteiramente a pretensão do impetrante, de sorte a torná-lo desinteressado pela sentença final, que nada vai acrescentar no atendimento de sua pretensão, que já está definitivamente satisfeita.

O que impede o deferimento da liminar, a rigor, não é a sua satisfatividade, mas a natureza definitiva dessa satisfatividade. Em outras palavras, o que impede o deferimento da liminar é o fato de que ela cria, a favor do impetrante, uma situação irreversível. Uma situação que não pode ser desfeita pela sentença.

Como toda situação é composta de ingrediente fático e ingrediente normativo, é relevante esclarecer que não é este, mas aquele, que torna a situação irreversível. Em outras palavras, o que geralmente não pode ser desfeito pela sentença é o fato. Não a prescrição normativa. Irreversível, portanto, é apenas a situação *de fato*. Uma situação jurídica geralmente pode ser desfeita pela sentença que a final indefere a segurança.

Assim, se o juiz concede liminar autorizando o contribuinte a fazer a compensação de tributo, mesmo que se entenda que essa compensação extingue o crédito tributário, não se cria uma situação irreversível porque a extinção do crédito tributário é uma *situação jurídica* que a sentença, se denegatória da segurança, facilmente desconstitui.

8.6.2 O pleno exaurimento

A doutrina se refere ao pleno exaurimento da ação. Este é que seria impeditivo da concessão da liminar. A nosso ver esse pleno exaurimento caracteriza-se precisamente quando o provimento liminar cria, em favor do requerente, uma situação irreversível, tornando ineficaz a sentença que a final venha a denegar a segurança impetrada.

Situação irreversível, porém, em princípio é apenas aquela situação *de fato,* pois são as situações de fato que, em regra, a sentença não pode desfazer. Não uma situação jurídica, que esta geralmente pode ser desfeita, ou tornada sem validade, pela sentença que denega a segurança.

Assim, por exemplo, liminar que suspende a exigibilidade de um tributo, em impetração na qual se busca assegurar o direito à isenção desse tributo, cria apenas uma situação jurídica, que a sentença pode desconstituir. Denegada a segurança, fica restabelecida a exigibilidade.

Pode ocorrer, porém, que tal situação jurídica seja criada em favor de quem esteja prestes a se tornar insolvente. Ou em favor de quem não possa ser considerado idôneo a assumir a responsabilidade futura, podendo alienar bens de sorte a forjar uma situação de aparente insolvência. Em tais casos a prudência recomenda o indeferimento da liminar. Ou então, se induvidosa a presença dos requisitos para o seu deferimento, que seja exigida do impetrante caução idônea, de sorte que não se permita aquela situação de absoluta ineficácia da sentença a final denegatória da segurança.

8.6.3 Definitividade e ineficácia da sentença

Sabemos todos que a liminar deve ser deferida para evitar a ineficácia da sentença que a final venha a deferir a segurança. A liminar que estabelece uma situação irreversível a favor do impetrante torna inteiramente ineficaz a sentença denegatória do mandado de segurança. Por isto é que não deve ser concedida.

Realmente, a sentença há de ser eficaz tanto quando defere, como quando denega a segurança. Assim, é precisamente o perigo de ineficácia da sentença que, em qualquer caso, deve orientar a decisão do juiz. Se a denegação da liminar enseja esse perigo, a liminar deve ser concedida, mas se o deferimento da liminar ocasiona o perigo de ineficácia da sentença denegatória, não deve ser deferida a liminar.

8.6.4 Situação extrema. Necessidade de caução

Não muito raramente acontece situação extrema, na qual, denegada a liminar, perece o direito do autor, mas concedida a liminar, a pretensão deste resta definitivamente atendida e inteiramente consumada a inutilidade da sentença porventura denegatória da segurança. Neste caso, a melhor solução é exigir do impetrante uma garantia, uma caução, que torne viável a execução de possível sentença denegatória.

Por isto mesmo não nos parece deva prevalecer, em termos absolutos, a tese pela qual, presentes os requisitos para o deferimento da liminar deva esta ser concedida incondicionalmente. Nem estamos a dizer que o juiz, presentes aqueles requisitos, possa, em todos os casos, exigir a caução. Não é isto. A caução só há de ser exigida quando o deferimento da liminar produza visível perigo de ineficácia da sentença denegatória.

Existem, ainda, situações nas quais a caução é inútil. O exaurimento da pretensão do autor acontece em circunstâncias tais que é inteiramente impossível refazer-se a situação de fato anterior. E como a sentença no mandado de segurança não pode determinar ao impetrante o pagamento de indenização, nenhum significado terá a caução. Nestes casos, o juiz avaliará a importância do direito para o impetrante, e do dano que a liminar poderá causar à entidade a que se liga a autoridade impetrada, ou a terceiros, e decidirá tendo em vista o mal menor.

Há quem sustente ser ilegal a exigência de depósito como condição para o deferimento de medida liminar. Se a liminar tem por finalidade apenas a suspensão da exigibilidade do crédito, não se deve cogitar de depósito, posto que liminar e depósito têm o mesmo efeito. Existem, porém, situações nas quais a medida liminar tem outros objetivos, como a liberação de mercadorias apreendidas, por exemplo. Nestes casos, o juiz pode exigir que o impetrante deposite o valor do crédito tributário em questão. O depósito, neste caso, funciona como verdadeira contracautela.

A jurisprudência é divergente a respeito do assunto, mas o Superior Tribunal de Justiça já admitiu a exigência do depósito, em situações especiais.[19]

Digno de registro, a propósito de situações extremadas em que a liminar deve ser concedida, é a decisão do Superior Tribunal de Justiça, dando pela improcedência de recurso especial para manter o deferimento de liminar determinando a aquisição de medicamento por órgão público, independentemente de licitação, porque necessário para salvar a vida ou amenizar o sofrimento do requerente. Mesmo reconhecendo ser vedada a concessão de liminar contra atos do Poder Público no procedimento cautelar, que esgote, no todo ou em parte, o objeto da ação, entendeu cabível o provimento liminar porque sua denegação equivaleria a negar o direito à vida.[20]

Esse julgado, revelador de grande sensibilidade humana dos senhores Ministros, é preciosa indicação de um princípio fundamental que há de estar presente em todos os julgamentos: *o princípio da utilidade da atividade jurisdicional*. Princípio segundo o qual de nada vale uma sentença muito bem elaborada, com fundamentação a mais erudita e de acordo com a mais rigorosa doutrina jurídica, consubstanciando exata aplicação do Direito do ponto de vista da lógica formal, se na prática não resultar útil a quem nela buscou amparo.

A atividade jurisdicional deve ser sempre útil. Por isto mesmo é que o direito ao provimento liminar há de ser considerado essencial, inerente

19. STJ, RMS 2.535-4-BA, rel. Min. Milton Pereira, *DJU* de 25.10.1993, p. 22.454, e *Repertório IOB de Jurisprudência* 23/93, texto 1/6.866, p. 452.

20. STJ, 1ª Turma, REsp 97.912-RS, rel. Min. Garcia Vieira, v.u., j. 27.11.1997, *DJU* I de 9.3.198, p. 14, e *Repertório IOB de Jurisprudência* 8/98, texto 3/14.262, 2ª quinzena de abril/1998, p. 152.

ao direito à jurisdição, e como tal restou consagrado pela vigente Constituição como um direito fundamental.

O aludido julgado revela, outrossim, outro princípio fundamental, que também há de estar presente na atividade de todos quantos lidam com o Direito: *o princípio da relatividade dos preceitos jurídicos*, que conduz à necessidade de amoldá-los a cada caso concreto. É o princípio que inspira a doutrina da interpretação tópica, desenvolvida na Alemanha por Theodor Viehweg, que no dizer autorizado de Bonavides parece haver surgido

> na hora exata quando as mais prementes e angustiantes exigências metodológicas põem claramente a nu o espaço em branco deixado pela hermenêutica constitucional clássica, característica do positivismo lógico-dedutivo.[21]

O grave problema da jurisdição cautelar reside precisamente em que, nessa área, exige-se mais atenção, mais acuidade jurídica, mais sensibilidade do julgador. Não se pode admitir o apego exagerado ao formalismo, que leva quase sempre a soluções muito bonitas do ponto de vista da literatura jurídica, mas inteiramente inúteis.

Ao decidir, como decidiu no caso em referência, o Superior Tribunal de Justiça se faz credor do aplauso da comunidade jurídica.

Seja como for, certo é que agora a Lei 12.016/2009 faculta ao juiz a exigência de caução, fiança ou depósito (art. 7º, inciso III). Está superada, portanto, a alegação de que tal exigência seria ilegal. Resta em aberto, porém, a questão de saber em que casos ela se justifica. E me parece que só se justifica nos casos em que exista perigo de ocorrência de dano para a pessoa jurídica, decorrente da execução da medida liminar e da final denegação da segurança.

Aliás, nos casos em que o impetrante pretende a compensação de crédito tributário, ou a liberação de mercadoria importada, melhor teria sido, em vez da proibição pura e simples da liminar, como está na lei, a imposição da exigência de depósito do valor questionado, a ser convertido em renda da pessoa jurídica no caso de transitar em julgado sentença denegatória da segurança.

21. Paulo Bonavides, *Curso de Direito Constitucional*, 31ª ed., São Paulo, Malheiros Editores, 2016, p. 506.

8.7 Liminar, vinculação e discricionarismo

8.7.1 A doutrina do ato discricionário

Doutrinadores de nomeada têm sustentado que o deferimento da medida liminar é ato discricionário do juiz.

Castro Nunes assevera que a medida liminar

> é uma providência deixada a critério do juiz, não obstante os termos imperativos, em que se enuncia o Código, neste ponto menos feliz que a Lei 191, que adotava redação mais adequada, usando a locução "poderá o juiz", que é a que mais exatamente corresponde à suspensão liminar, dependente como ficou, e teria de ficar, de circunstâncias em concreto, a critério do juiz.[22]

Para Alfredo Buzaid, o juiz aprecia livre e discricionariamente se concorrem os requisitos para o deferimento da medida.[23]

Cretella Júnior, doutrina:

> A nosso ver a *medida liminar* poderia ser classificada como *ato administrativo discricionário* do juiz.
>
> Podendo ser outorgada ou não a providência liminar para determinar a suspensão do ato lesivo é uma *facultas* do magistrado que, para tanto, consulta a oportunidade ou a conveniência.
>
> Insuscetível de controle jurisdicional o ato do magistrado que se negue a concedê-la, porque a recusa fere, tão-só, *interesses*, não *direitos* do impetrante.[24]

Fadel também entendeu que a medida liminar é ato discricionário do julgador, posto que condicionada à verificação subjetiva, que é a relevância do pedido. Reformulou, todavia, seu ponto de vista, para sustentar que em sendo caso de mandado de segurança, vale dizer, desde que estejam presentes as condições da ação, sempre estará presente a relevância do pedido, e por isto o juiz *deve* (e não *pode*) deferir a suspensão liminar do ato impugnado.[25]

22. Castro Nunes, *Do Mandado de Segurança*, 9ª ed., Rio de Janeiro, Forense, 1988, p. 266.

23. Alfredo Buzaid, *Do Mandado de Segurança*, cit., p. 215.

24. José Cretella Jr., *Comentários à Lei do mandado de segurança*, cit., p. 228.

25. Sérgio Sahione Fadel, *Teoria e prática do mandado de segurança*, cit., p. 107.

Entendemos que o ato do juiz, que concede ou denega a medida liminar, não é ato discricionário. Não se trata de faculdade do juiz, mas de dever seu, de prestar a jurisdição da forma mais efetiva possível. Como ensina Carlos Mário da Silva Velloso, forte na jurisprudência do antigo Tribunal Federal de Recursos,[26] desde que estejam presentes os pressupostos legais,

> surge para o impetrante o direito subjetivo à liminar, certo que se o juiz não a concede, viola direito, a ensejar *causa petendi* de nova ação judicial, assim de um outro mandado de segurança junto ao Tribunal Superior, para o fim de ser afastada a lesão.[27]

No mesmo sentido é a doutrina autorizada de Theodoro Júnior, afirmando ser

> irrecusável que o juiz não exerce poder discricionário quando decide sobre a liminar da segurança, de sorte que seu ato configura verdadeira decisão interlocutória e, como tal, tem de desafiar agravo.[28]

Em regra, presentes os pressupostos para o deferimento da liminar, a exigência do depósito é descabida. Pode, todavia, ser o depósito exigido, como contracautela, em situações especialíssimas, para garantir a eficácia da sentença, quanto à desconstituição da medida liminar. Veja-se, a propósito, o exemplo que citamos no capítulo dedicado ao estudo do depósito suspensivo da exigibilidade.

8.7.2 Discricionariedade e interpretação

É certo que o juiz, ao conceder ou denegar o pedido de liminar, exercita de certa forma poder discricionário, como o faz em qualquer decisão, porque a Ciência do Direito não fornece uma interpretação da norma que seja a única correta, e a escolha entre as diversas interpretações possíveis é sempre um ato de vontade. Por isto não se pode deixar de reconhecer que na aplicação de qualquer norma jurídica há sempre margem para algum discricionarismo.

26. TFR, MS 119.422-SP, rel. Min. Carlos Mário Velloso, *DJU* de 5.12.1988.
27. *Temas de Direito Público*, Belo Horizonte, Del Rey, 1994, p. 149.
28. Humberto Theodoro Júnior, "Tutela cautelar e antecipatória em matéria tributária", *Revista Jurídica* 245/22, Porto Alegre, Síntese, março/1998.

Neste sentido, não apenas o despacho que concede, ou denega, a medida liminar, como todo e qualquer despacho ou sentença, é sempre discricionário. Isto, porém, evidentemente não significa que se trate de ato discricionário, no sentido a esta expressão atribuído pela doutrina do Direito Administrativo. Se significasse, tais atos estariam, quanto ao mérito de cada qual, fora do controle da instância superior, o que evidentemente não acontece.

Talvez não sejam adequadas, para qualificar os atos judiciais, estas expressões usadas pelos administrativistas. Com esta ressalva, podemos dizer que o ato pelo qual o juiz concede, ou denega, medida liminar em mandado de segurança, não é discricionário, mas plenamente vinculado.

8.8 Revogação, cassação ou reconsideração

8.8.1 Questão terminológica

Lucia Valle Figueiredo sustenta que não se pode falar em *revogação* da liminar, porque se a concessão desta não é colocada ao livre-arbítrio do juiz, pois tem pressupostos legais, *revogação* é palavra imprópria.[29] A rigor, a crítica é procedente. Revogação é ato pelo qual se realiza o desfazimento do ato, por motivo de conveniência e oportunidade. Pelo menos assim é na terminologia do direito administrativo, no qual se entende que a revogação é uma expressão da *discricionariedade* no processamento positivo das funções da Administração: seu fundamento último, como o de todo ato administrativo, é o interesse público; o seu fundamento imediato é a liberdade, ou melhor, a *discrição* administrativa, como doutrina Reale.[30]

Para quem entende que o ato de deferir ou negar a medida liminar, é discricionário, a palavra mais adequada para indicar o seu desfazimento pelo próprio juiz é *revogação*. Para os que entendem que tal ato não é discricionário, porém, o termo revogação é, para tal fim, impróprio.

Cassação ocorre, pelo próprio juiz, quando julga o mandado de segurança, denegando o pedido. Ou pelo tribunal, quando concede mandado de segurança contra o deferimento da liminar.

29. Lucia Valle Figueiredo, "A Liminar no Mandado de Segurança", em Celso Antonio Bandeira de Mello e outros, *Curso de Mandado de Segurança*, São Paulo, Ed. RT, 1986, p. 110.

30. Miguel Reale, *Revogação e anulamento do ato administrativo*, Rio de Janeiro, Forense, 1968, p. 44.

Para dizer do ato do juiz que, tendo concedido medida liminar, desfaz o seu ato, parece-nos que o termo mais adequado é *reconsideração*. Seja como for, essa questão terminológica não é relevante, no caso, posto que o uso de um termo em vez do outro não provoca qualquer desvio na compreensão do que se está expondo.

8.8.2 Reconsideração

Superada a questão terminológica, importante é esclarecer que o juiz pode reconsiderar o despacho no qual deferiu a medida liminar, quando entender que incorreu em erro ao deferir tal medida.

De seu despacho, que há de ser fundamentado, cabe o recurso de agravo de instrumento, valendo aqui as mesmas considerações que podem ser feitas a propósito do cabimento desse recurso contra o despacho que indefere a medida liminar.

8.9 Recurso contra o indeferimento

A decisão que indefere medida liminar, embora albergue certo subjetivismo em face da vaguidade dos conceitos da norma que a disciplina, não é discricionária. Logo, da mesma cabe recurso.

Humberto Theodoro Júnior, com razão sustenta ser

> irrecusável que o juiz não exerce poder discricionário quando decide sobre a liminar, de sorte que o seu ato configura verdadeira decisão interlocutória e, como tal, tem de desafiar agravo. Nao importa que a Lei Especial seja omissa a respeito. Ela é omissa, também, com relação a muitos outros detalhes procedimentais e nem por isto o CPC deixa de ser aplicável subsidiariamente para cobrir-lhes as lacunas.[31]

E esclarece que o poder de suspensão da liminar é

> excepcional que somente cabe ser postulada pela Administração Pública. Seu objetivo é restrito e não socorre à parte impetrante, que ficaria ao desabrigo do remédio recursal caso não se lhe permitisse manejar o AI ou regimental.[32]

31. Humberto Theodoro Júnior, "Tutela cautelar e antecipatória em matéria tributária", cit., *Revista Jurídica* 245/22.

32. Idem, ibidem.

Conclui, então, citando decisões várias do Superior Tribunal de Justiça, atacáveis mediante agravo as decisões liminares.

Hoje estão definitivamente superadas as manifestações em sentido contrário. É pacífico o cabimento do agravo de instrumento contra decisão que indefere medida liminar em mandado de segurança. E pacífico é também o entendimento segundo o qual o relator do agravo pode conceder ao impetrante a liminar a este denegada no primeiro grau. Como ensina Hugo de Brito Machado Segundo, reportando-se aos efeitos do agravo de instrumento,

> Todas essas questões estão superadas, pois o CPC, em seu art. 527, III [*correspondente ao art. 1.019, I, do CPC/2015*], prevê expressamente a possibilidade de o relator suspender os efeitos da decisão agravada, ou *antecipar os efeitos da tutela recursal*, concedendo a liminar requerida até que o órgão colegiado aprecie, definitivamente, o agravo.[33]

Como se vê, terminou prevalecendo o que expusemos em edições anteriores deste livro, sustentando o entendimento segundo o qual o relator tanto pode dar efeito suspensivo ao recurso contra o deferimento de liminar, como pode conceder, no agravo interposto contra o indeferimento de liminar, a providência negada ao impetrante em primeiro grau.

No processamento do agravo de instrumento há um ponto a merecer toda a atenção do recorrente para evitar a frustrante decisão de não conhecimento do recurso. É a lição de Hugo de Brito Machado Segundo:

> É importante lembrar que o agravante deve juntar aos autos principais, no prazo de cinco dias contados da interposição do agravo, cópia da petição de agravo, e da relação dos documentos que a acompanharam. Trata-se de mera formalidade, destinada a propiciar o exercício do juízo de retratação por parte do prolator da decisão agravada. Por isso mesmo, seu descumprimento não poderia ensejar a aplicação de sanções ao agravante. Entretanto, a jurisprudência – mais preocupada em *não conhecer* recursos e *não resolver* os conflitos cujo desate é a sua razão de ser – considerou o descumprimento de tal formalidade razão suficiente para o não conhecimento do agravo. Não se sabe de onde essa sanção ao agravante foi extraída do sistema jurídico, mas o fato é que, infelizmente, tal orientação foi posteriormente acolhida

33. Hugo de Brito Machado Segundo, *Processo Tributário*, São Paulo, Atlas, 2004, p. 340.

pelo legislador, e hoje consta do parágrafo único do art. 526 do CPC [*corresponde ao § 3º do art. 1.018, do CPC/015*].[34]

O Supremo Tribunal Federal sumulou sua jurisprudência no sentido de que "não cabe agravo regimental contra decisão do relator que concede ou indefere liminar em mandado de segurança". A nosso ver tal entendimento diz respeito apenas aos casos de impetração de mandado de segurança perante o tribunal. Não se aplica ao despacho que concede ou nega liminar em agravo de instrumento.

Seja como for, trata-se de entendimento de caráter autoritário, porque concede ao relator o poder de obstruir a via expedita de proteção ao direito líquido e certo do impetrante, que fica exposto a lesões irreversíveis. O relator que indefere a medida liminar no mais das vezes o faz por entender incabível ou improcedente o pedido, e não raras vezes retarda a decisão apenas para impedir que o colegiado tome conhecimento da impetração.

A questão do cabimento de recurso contra o indeferimento de medida liminar, todavia, está superada, pois a Lei 12.016/2009 estabelece expressamente que tal recurso é cabível, tanto da decisão do juiz de primeiro grau que conceder ou denegar medida liminar, como nos casos de competência originária dos tribunais, da decisão do relator concedendo ou denegando medida liminar.

8.10 Suspensão pelo presidente do tribunal

8.10.1 Previsão legal. A questão da legitimidade

A pessoa jurídica de Direito Público, atingida pelos efeitos da medida liminar, pode requerer ao presidente do tribunal competente para apreciar o recurso, que suspenda sua execução, se dela puder resultar grave lesão à ordem, à saúde, à segurança e à economia públicas.[35]

Questão polêmica reside em saber se as pessoas jurídicas de Direito Privado também podem fazer tal pedido. Existem bons argumentos em ambos os sentidos.

No afirmativo, pode-se sustentar que se os efeitos da liminar alcançam também outras pessoas, a estas deve ser assegurado o mesmo instrumento processual colocado à disposição da pessoa jurídica de Direito Pú-

34. Hugo de Brito Machado Segundo, *Processo Tributário*, cit., p. 341.
35. Lei 12.016/2009, art. 15.

blico. O dispositivo legal em tela não deve ser interpretado literalmente, e o fato de haver este feito referência apenas à pessoa jurídica de Direito Público explica-se porque o mandado de segurança, em regra, atinge tais pessoas, junto às quais laboram as autoridades, no sentido da lei.

No sentido oposto, pode-se argumentar que se o interesse na suspensão da segurança é de pessoa privada, evidentemente não se estará diante da hipótese prevista na lei, a ensejar a suspensão da segurança. E se há interesse público, a pessoa privada não tem legitimidade para defendê-lo.

Parece-me que os argumentos a sustentar a negativa são exageradamente formalistas. É perfeitamente possível que esteja em questão um interesse público, e a este esteja diretamente ligada uma pessoa de direito privado, especialmente quando muitos serviços públicos são prestados por pessoas jurídicas de direito privado. Se está ou não presente a situação autorizadora da suspensão da execução da medida liminar, o Presidente do Tribunal o dirá, seja a pedido de uma pessoa jurídica de direito público, seja a pedido de qualquer outra pessoa. Exatamente porque não se trata de examinar interesses privados, não se há de questionar a respeito de legitimação para o requerimento. Não se justifica deixar que persista a possibilidade de grave lesão à ordem, à saúde, à segurança ou à economia públicas apenas porque, em face de indevida omissão da pessoa jurídica de direito público, o pedido de suspensão tenha sido feito por uma pessoa privada.

Como assevera, com propriedade, Antônio Vital Ramos de Vasconcelos,

> o exercício do direito à suspensão é ditado por uma legitimação advinda de nítida atribuição institucional e o objetivo é a preservação de um daqueles valores públicos contemplados em lei.[36]

Assim, as concessionárias de serviço público, mesmo revestindo a forma de pessoa jurídica de direito privado, estão legitimadas para pedir a suspensão da segurança, quando afetada a própria atividade que lhe foi, por concessão ou permissão, confiada pelo Poder Público e que, embora desempenhada por sua conta e risco, não perde a natureza de origem.[37]

36. Antonio Vidal Ramos de Vasconcelos, "Aspectos controvertidos da suspensão da segurança", em *Repertório IOB de Jurisprudência* 16/93, texto 3/8.724, p. 312.

37. STF, despacho do Min. Rafael Mayer na SS 195-7, *DJU* de 10.11.1987, p. 24.698.

A legitimidade para requerer a suspensão da medida liminar ou da sentença concessiva de mandado de segurança foi atribuída também ao Ministério Público, pelo art. 15 da Lei 12.016/09. É outra inovação reveladora da preocupação com a proteção dos atos de autoridade, impugnados pela via do mandado de segurança.

8.10.2 Litisconsortes

É induvidosa a legitimação da pessoa jurídica de direito público, para o pedido de suspensão da medida liminar, quando figurem como litisconsorte no processo de mandado de segurança. Aliás,

> a jurisprudência do Supremo Tribunal Federal reconhece, a pessoas jurídicas de direito público, o direito de requererem tal suspensão, mesmo que não tenham ainda requerido sua intervenção no processo do mandado de segurança, dada a urgência da medida.[38]

Resta saber se as pessoas jurídicas de direito privado, e até as pessoas naturais, atingidas pela medida liminar, como litisconsortes necessários no processo de mandado de segurança, podem fazer aquele pedido de suspensão. Neste caso, tem-se de considerar que o litisconsórcio é estabelecido, em princípio, em função de um interesse individual, perfeitamente distinto daquele interesse público que enseja o pedido de suspensão da liminar. Mesmo assim, pode-se afirmar que a questão não será de legitimidade para o pedido, mas de mérito deste. Não demonstrada a presença do pressuposto para a suspensão, indicado no art. 15º da Lei 12.016/2009, o pedido seria indeferido.

O Min. Antonio Neder, como Presidente do Supremo Tribunal Federal, despachando pedido de suspensão de segurança formulado por pessoa natural, afirmou que o direito de pedir a suspensão da segurança deve ser estendido também às pessoas e às entidades privadas que tenham de suportar os efeitos da medida.[39]

8.10.3 Fundamento político

Em edição anterior afirmamos que o pressuposto para o deferimento do pedido de suspensão da execução da liminar é de natureza predomi-

38. STF, Pleno, Ag.Rg. na SS 490-5-RJ, rel. Min. Sydney Sanches, *DJU* I de 28.5.1993, p. 10.382

39. STF, SS 114-SP, *RTJ* 92/943.

nantemente política. Consiste na possibilidade de grave lesão ao interesse público, expresso num dos conceitos acima mencionados. Não o haver sido a liminar concedida ilegalmente. No processo de suspensão da medida liminar, ou da sentença, não se questiona o mérito da impetração do mandado de segurança, mas tão-só se verifica a ocorrência, ou não, dos pressupostos estabelecidos pela lei. Caracterizando-se, com a concessão da liminar em mandado de segurança, hipótese de risco de grave lesão à ordem, à saúde à segurança e à economia públicas, é cabível e deve ser deferido o pedido de suspensão, ainda que a liminar tenha sido concedida com estrita observância dos requisitos legalmente estabelecidos para tanto. Se a decisão concessiva do *writ* não é causa de grave lesão à ordem, à saúde ou à segurança, não se tem como suspender a execução da medida.[40]

Realmente, interpretando-se literal e isoladamente o art. 15, da Lei 12.016, a conclusão não pode ser outra. A lei só autoriza a suspensão da execução da liminar se desta puder resultar grave lesão à ordem, à saúde, à segurança e à economia públicas. Inocorrendo tal possibilidade, não pode o presidente do tribunal suspender a execução da medida liminar, ainda quando tenha sido esta concedida sem a presença de seus pressupostos. Por outro lado, mesmo tendo sido a liminar concedida em face de seus pressupostos legais, ainda pode a mesma ter a sua execução suspensa, se presente a possibilidade da pré-falada grave lesão.

A decisão do presidente do tribunal, que suspende a execução de medida liminar, tem conteúdo predominantemente político, em face da vaguidade dos conceitos residentes no dispositivo legal que a autoriza. Mas não se trata propriamente de ato discricionário,[41] embora, em face daquela vaguidade, seja inegável a existência de larga margem de liberdade do presidente do tribunal em sua prática.

De todo modo, sendo um ato de natureza política, bem que se poderia considerar presente a discricionariedade, não apenas do presidente do tribunal, porque de seu despacho cabe agravo regimental, mas do presidente e do plenário. Assim, da decisão do plenário não seria cabível nenhum recurso, a menos que presente algum vício formal.

No Superior Tribunal de Justiça chegou a vingar o entendimento segundo o qual, na apreciação do pedido de suspensão de liminar, não

40. STF, SS 114-SP, *RTJ* 92/941.

41. Se o ato fosse discricionário, dele não caberia recurso, a não ser em face de algum vício formal.

se consentem disquisições quanto ao fundo da controvérsia objeto da demanda, a envolver adiantamento de juízo sobre o mérito da impetração.[42] Sendo assim, o fundamento da decisão que suspende a execução de medida liminar, ou de sentença, seria exclusivamente político. Nada importaria saber se a impetração tem induvidoso fundamento, e a liminar, ou a sentença, tem inteira probabilidade de ser confirmada definitivamente.

Esse entendimento, *data maxima venia,* é pura expressão do autoritarismo que predominava na época da edição da Lei 4.348/1964, cujo art. 4º foi reproduzido na Lei 12.016/2009 (art. 15).

No Supremo Tribunal Federal, todavia, a jurisprudência evoluiu, passando a prevalecer o entendimento segundo o qual a suspensão da liminar, ou da sentença, tem natureza cautelar. Isto quer dizer que o exame dos fundamentos da impetração já não deve ser inteiramente descartado.

A nova orientação jurisprudencial da Corte Maior foi assentada por seu Plenário em 29.5.1996, no julgamento do AgR na SS 846, rel. Min. Sepúlveda Pertence, com a seguinte ementa:

> A suspensão de segurança, concedida liminar ou definitivamente, é contracautela que visa à salvaguarda da eficácia plena do recurso que contra ela se possa manifestar, quando a execução imediata da decisão, posto que provisória, sujeita a riscos graves de lesão interesses públicos privilegiados – a ordem, a saúde, a segurança e a economia pública: sendo medida cautelar, não há regra nem princípio segundo os quais a suspensão da segurança devesse dispensar o pressuposto do *fumus boni juris* que, no particular, se substancia na probabilidade de que, mediante o futuro provimento do recurso, venha a prevalecer a resistência oposta pela entidade estatal à pretensão do impetrante.

A nova interpretação do art. 4º da Lei 4.348/64, adotada pela Corte Maior, retira desse dispositivo legal o sentido autoritário. No dizer do Ministro Sepúlveda Pertence,

> Inconciliável com o Estado de Direito e a garantia constitucional da jurisdição, seria o impedir a concessão ou permitir a cassação da segurança concedida, com base em motivos de conveniência política

42. STJ, Corte Especial, AgRg na SS 503-PE, v.u., rel. Min. Bueno de Souza, j. 16.10.1996, *DJU* I de 4.8.1997, p. 34.639.

ou administrativa, ou seja, a superposição ao direito do cidadão das razões de Estado.[43]

Como consequência, tem-se que a suspensão da liminar, ou da sentença, somente é possível se presentes os dois requisitos necessários ao deferimento de medida cautelar, vale dizer, o perigo da demora e a aparência do bom direito. O primeiro confunde-se de certo modo com os pressupostos da suspensão, previstos no art. 15 da Lei 12.016, mas o importante é que já não basta sozinho. Há de somar-se ao segundo, e neste caso o exame do mérito da causa, ainda que em juízo provisório, é indispensável.

Assim, o presidente de um tribunal não deve suspender a liminar, ou a sentença que concede mandado de segurança, em se tratando de causa a respeito da qual já esteja firmada no tribunal a jurisprudência a favor do impetrante. E mesmo que inexista jurisprudência, haverá de firmar o seu entendimento sobre a probabilidade de reforma do despacho, ou da sentença, porque sem esta probabilidade não se poderá falar da aparência do bom direito da entidade pública, a justificar a providência cautelar consubstanciada na suspensão da liminar, ou da sentença.

Outra consequência reside em reforçar o entendimento segundo o qual o pedido de suspensão da liminar, ou da sentença, pode ser formulado por qualquer pessoa atingida pelos efeitos da execução da medida.

Poder-se-ia sustentar que em face de sua natureza cautelar agora reconhecida, o pedido de suspensão teria como pressuposto a interposição de recurso. Não nos parece, porém, que seja assim, pois a sentença que concede a segurança está, sempre, sujeita ao duplo grau de jurisdição. Assim, a providência cautelar terá em vista, se não há recurso, a possibilidade de reforma da sentença pelo tribunal no âmbito do reexame necessário.

Mais uma interessante consequência da evolução jurisprudencial da Corte Maior reside em que, sendo a suspensão da execução da liminar, ou da sentença, uma providência de natureza cautelar, e não um ato político do presidente do tribunal, dela caberá recurso, seja o especial, o extraordinário, ou ambos, conforme o caso.

Interposto o recurso especial, ou o extraordinário, pode o presidente do tribunal, no juízo de admissibilidade, se presentes os pressupostos

43. Voto no AgRg em SS 1.149-9-PE, j. 3.3.1997, *RT* 742/164, agosto/1997.

para o deferimento de medida cautelar, receber tais recursos com efeito suspensivo.

8.10.4 Competência para apreciar o pedido de suspensão

Competente para apreciar o pedido de suspensão da liminar, ou da sentença que concede mandado de segurança, é o presidente do tribunal, ao qual couber o conhecimento do respectivo recurso.[44]

Em se tratando de medida liminar, ou de sentença, em mandado de segurança da competência originária de um tribunal, certamente não será o seu presidente competente para apreciar o pedido de suspensão. Em princípio, a competência será do Presidente do STJ, ou do Presidente do STF, conforme se trate de matéria versada em lei, ou na Constituição.[45]

Questão interessante reside em saber se o presidente do tribunal pode despachar pedido de suspensão de liminar, ou de sentença concessiva de mandado de segurança no qual figure como autoridade coatora. A resposta há de ser negativa. Mesmo sendo o ato impugnado de natureza administrativa, a autoridade que o praticou não pode alegar sua condição de autoridade judiciária quando aprecia o pedido de suspensão. Prevalece, com certeza, o seu impedimento, decorrente da condição de autoridade coatora.

A Lei 12.016/09, aprovada pelo Congresso Nacional sem que tenha havido o debate que se fazia necessário e sem nenhuma publicidade em torno das inovações que introduziu, desmoraliza as denominadas instâncias ordinárias do Poder Judiciário, posto que alarga consideravelmente as possibilidades de suspensão da execução de liminar e da sentença que concede mandado de segurança. Neste sentido estabeleceu que:

a) o Ministério Público é também legitimado para formular o pedido (art. 15);

b) indeferido o pedido de suspensão, ou provido pelo tribunal o agravo interposto contra seu deferimento, cabe novo pedido de suspensão ao presidente do tribunal competente para conhecer de eventual recurso especial ou extraordinário. (art. 15, § 1º);

44. Lei 12.016/2009.

45. Neste sentido despacho do Presidente do TRF-5ª Região, Juiz Francisco Cavalcante, de 4.7.2006, na SS 6587-CE – 2006.05.032550-1, *DJU*, II, de 7.7.2006, p. 662.

c) é cabível também o pedido de suspensão quando o tribunal negar provimento ao agravo de instrumento interposto contra o deferimento da medida liminar (art. 15, § 2º);

d) a interposição de agravo de instrumento contra liminar concedida nas ações movidas pelo poder público e seus agentes não prejudica nem condiciona o julgamento do pedido de suspensão da liminar ou da sentença;

e) o presidente do tribunal poderá conferir ao pedido efeito suspensivo liminar se constatar, em juízo prévio, a plausibilidade do direito invocado e a urgência na concessão da medida; e ainda,

f) as liminares cujo objeto seja idêntico poderão ser suspensas em uma única decisão, podendo o presidente do tribunal estender os efeitos da suspensão a liminares supervenientes, mediante simples aditamento do pedido original.

Como se vê, estão extremamente alargados os caminhos para o Poder Público buscar o restabelecimento dos atos que, considerados ilegais ou abusivos pelo juiz, tenham sido suspensos mediante a concessão de medida liminar, ou mesmo afastados mediante sentença concessiva de mandado de segurança. Em última análise, em virtude da inovação apontada na letra "b", acima, para a prática de atos ilegais ou abusivos o Poder Público precisa contar apenas com a adesão dos Presidentes do Supremo Tribunal Federal e do Superior Tribunal de Justiça. Todos os provimentos judiciais de urgência, emitidos por qualquer juiz ou tribunal do País para a proteção de direitos dos cidadãos, terminarão nas mãos de um desses dois magistrados.

8.10.5 Recurso

Enquanto alargou os caminhos para a defesa do ato da autoridade, a Lei 12.016/2009, estreitou a via para o cidadão, reduzindo o prazo para a interposição de recurso contra o ato que suspende a liminar ou a sentença. Essa lei na verdade amesquinhou o mandado de segurança. Para demonstrar essa afirmação vejamos, nos quatro parágrafos seguintes, o que escrevemos na edição anterior.

A lei é muito clara ao estabelecer que o recurso é cabível da decisão que defere o pedido de suspensão, e o seu silêncio quanto a decisão que o indefere nos parece autorizar a conclusão de que em tal hipótese o recurso é incabível. Além do elemento literal, milita em favor desse entendimento o elemento axiológico. A suspensão da execução da medida liminar tem caráter excepcional posto que enfraquece o mandado de segurança como instrumento de combate ao arbítrio estatal. Por isto mesmo a jurisprudência orientou-se durante algum tempo no sentido de não admitir o recurso contra decisão que indefere o pedido de suspensão. No Supremo Tribunal Federal chegou a ser editada a súmula 506, assim redigida:

> O agravo a que se refere o art. 4º, da Lei n. 4.348, de 26.06.64, cabe, somente, do despacho do Presidente do Supremo Tribunal Federal, que defere a suspensão da liminar em mandado de segurança, não do que a denega.

No Superior Tribunal de Justiça também prevaleceu o mesmo entendimento.[46]

Essa orientação jurisprudencial, todavia, já foi alterada no Supremo Tribunal Federal. O Ministro Gilmar Mendes conseguiu convencer seus colegas de que a mesma não poderia subsistir em face da Constituição Federal de 1988. Veja-se, sobre o assunto, o interessante artigo de Cassio Scarpinella Bueno, publicado na *RDD* 3/9 e ss., que transcreve o voto do Min. Gilmar Mendes sustentando a necessidade de cancelamento da Súmula 506, em face das alterações havidas nas leis processuais, que adotam para outros processos o cabimento do agravo contra decisões que deferem ou denegam o pedido de suspensão de liminar.

No Superior Tribunal de Justiça, entretanto, a jurisprudência está sumulada no sentido de que

> Não cabe agravo de decisão que indefere pedido de suspensão da execução da liminar, ou da sentença em mandado de segurança.[47]

Agora a Lei 12.016/09 diz expressamente ser cabível o recurso contra o ato do presidente do tribunal que indefere o pedido de suspen-

46. STJ, Corte Especial, Ag.Rg. na SS 601-MG, v.u., rel. Min. Américo Luz, j. 4.2.1998, *DJU* I de 2.3.1998, p. 3, com a seguinte ementa: "*Processual Civil. Suspensão de Segurança. Indeferimento. Agravo Regimental. Descabimento.* 1 – Não cabe agravo regimental de decisão do Presidente do Superior Tribunal de Justiça que indefere pedido de suspensão de segurança concedida em ação mandamental. 2 – Inteligência do art. 271, § 2º do Regimento Interno do STJ. 3 – Precedentes da Corte Especial (Agravos Regimentais nas Suspensões de Segurança de números: 182, 287, 356, 443 e 601) e do Supremo Tribunal Federal (Súmula 506, *RTJ* 150/695, 153/753, *RJ* 209/61). 4 – Agravo não conhecido".

47. STJ, Súmula 217.

são da liminar ou da sentença concessiva da segurança. E mais, passou a ser cabível novo pedido, dirigido ao Presidente do Superior Tribunal de Justiça, ou do Supremo Tribunal Federal. O Poder Público escolhe o caminho que achar melhor.

8.11 Suspensão da liminar e sentença concessiva da segurança

8.11.1 Interpretação literal

Suspensa a medida liminar, leva problema a questão de saber se os efeitos do despacho do presidente do tribunal sobrevivem à sentença que defere a segurança.

Poder-se-á argumentar que a lei prevê a suspensão da liminar e da sentença. Assim, a suspensão da liminar vigoraria apenas até a sentença concessiva da segurança. Depois desta, caberia novo pedido de suspensão, desta feita tendo como objeto a sentença.

Uma interpretação simplesmente literal pode levar a tal conclusão, mas o elemento literal, embora indispensável, seguramente não é suficiente. Aliás, no caso, o elemento literal autoriza também a interpretação segundo a qual o ato do presidente do tribunal suspende a execução da liminar *e da sentença*. Pode-se, pois, com base nele, sustentar que uma vez suspensa a execução da liminar, estará suspensa também a execução da sentença.

8.11.2 Interpretação teleológica e economia processual

A razão política que autoriza a suspensão da execução da liminar é exatamente a mesma que autoriza a suspensão da execução da sentença. Não quer dizer que não exista direito do impetrante à medida liminar, ou à segurança. Tem por fim evitar grave lesão à ordem, à saúde, à segurança e à economia públicas. Assim, suspensa a execução da liminar, porque presente aquela razão legal, pela mesma razão há de ser suspensa a execução da sentença que concede a segurança. Não se justifica, pois, deixar a suspensão desta última a depender de novo pedido.[48]

48. Neste sentido é a manifestação de Antonio Vianei Campos, Procurador da Fazenda Nacional, em "Suspensão de liminares", artigo publicado no *Diário do Nordeste*, Fortaleza, 16.2.1995.

A interpretação teleológica, como se vê, leva à conclusão de que suspensa a liminar deve ficar suspensa também a execução da sentença, até que seja esta apreciada pelo tribunal.

A referência, constante da lei, à execução *da liminar e da sentença*, explica-se pelo fato de que nem sempre existirá liminar cuja execução deva ser suspensa. Pode ocorrer que a liminar tenha sido indeferida, e a sentença conceda a segurança. Neste caso, a pessoa jurídica interessada deve requerer a suspensão da execução da sentença.

Entendimento diverso é sustentado por Agapito Machado, para quem o prolongamento da suspensão da liminar para até depois da própria concessão da segurança atenta contra o Juízo natural.[49]

Explica-se tal entendimento em face do injustificado alargamento das hipóteses de suspensão da execução de medidas liminares.

Com efeito, o pedido de suspensão da execução de medida liminar está hoje transformado em recurso contra o ato que concede a medida liminar. Graças à vaguidade dos conceitos residentes na norma que autoriza tal providência, os presidentes de tribunais vinham alargado demasiadamente o alcance do art. 4º da Lei 4.348/1964, hoje art. 15 da Lei 12.016/2009.

Um erro, porém, não justifica o outro. A suspensão deve limitar-se aos casos em que efetivamente da execução da medida liminar possa resultar *grave lesão à ordem, à saúde, à segurança e à economia públicas*. Não apenas lesão, mas lesão *grave*. Por outro lado, suspensa a execução da medida liminar, também a sentença deve ficar com sua execução suspensa, até que o tribunal cujo presidente entendeu ser o caso de suspensão da execução da liminar, decida a respeito.

8.11.3 Precedente do STJ e do STF

Fundamentando conclusão no sentido de que, suspensa a execução da liminar fica também suspensa a execução da sentença, Élio Wanderley de Siqueira Filho invoca, com propriedade, decisão do Superior Tribunal de Justiça:

> O STJ já teve a ocasião de decidir sobre a matéria, ao julgar o Agravo Regimental na Suspensão de Segurança 60-PA, em 13.6.91.

49. Agapito Machado, "Liminar cassada pelo tribunal", em *Diário do Nordeste*, Fortaleza-CE, 11.2.1995, p. 2.

A ementa do referido *decisum*, publicado no *Diário da Justiça da União,* em 5.8.91, da lavra do eminente Ministro Torreão Braz, não deixa qualquer dúvida quando afirma que "a suspensão de liminar perdura enquanto tiver fluência a causa ou pender recurso, e somente perderá eficácia quando a decisão concessiva do *writ* transitar em julgado ou for mantida pelo Superior Tribunal de Justiça. Assim interpreta o § 3º, do art. 25, da Lei 8.038/90".[50]

No mesmo sentido é o entendimento da Corte Maior:

> A suspensão de segurança vigorará enquanto pender o recurso, ficando sem efeito, se a decisão concessiva for mantida pelo Supremo Tribunal Federal ou transitar em julgado.[51]

Por isto mesmo julgou procedente reclamação para suspender, até o respectivo trânsito em julgado, a eficácia executiva do acórdão concessivo do mandado de segurança cuja liminar fora suspensa pelo STF.[52]

Tal entendimento preserva a utilidade do duplo grau de jurisdição. Se o Tribunal já se manifestou no denominado juízo cautelar, determinando a suspensão da liminar concedida em primeiro grau, é razoável admitir-se que a sentença concessiva da segurança não poderá ser executada enquanto o Tribunal não confirmá-la.

Existe respeitável entendimento doutrinário em sentido oposto. A sentença, como ato distinto do despacho que havia concedido a medida liminar, não sofreria os efeitos da suspensão da execução daquela. Sustentando essa tese, Dinamarco afirma que

> ato jurisdicional pleno, caracterizado pela sentença, substitui a decisão interlocutória proferida em resposta a pedido liminar.[53]

O Supremo Tribunal Federal, todavia, fixou sua jurisprudência no sentido de que

50. Élio Wanderley de Siqueira Filho, "Da ultratividade da suspensão de liminar em *writ*", *Revista Forense*, 321/45-46.

51 Regimento Interno do STF, art. 297, § 3º.

52. Rcl 718-PA, rel. Min. Celso de Mello (Presidente), j. 30.4.1998, *Informativo STF* 108, de 27.4.1998 a 1.5.1998, p. 1.

53. Cândido Rangel Dinamarco, "Suspensão do mandado de segurança pelo presidente do tribunal", *Revista Forense* 363/25, setembro-outubro/2002.

> A suspensão da liminar em mandado de segurança, salvo determinação em sentido contrário da decisão que a defere, vigora até o trânsito em julgado da decisão definitiva de concessão da segurança ou, havendo recurso, até a sua manutenção pelo Supremo Tribunal Federal, desde que o objeto da liminar deferida coincida, total ou parcialmente, com o da impetração.[54]

8.11.4 Suspensão da segurança e contraditório

No processo de suspensão da segurança, seja da liminar seja da sentença, deve ser observado o princípio do contraditório, vale dizer, em face do pedido de suspensão da execução da execução da liminar, ou da sentença, deve ser ouvido o impetrante favorecido pela decisão de que se cuida.

> O jurisdicionado tem direito, assegurado constitucionalmente, de ser ouvido antes da prática do ato que afasta decisão que o beneficiou. Esse ritual compõe o devido processo legal, incumbindo, assim, preservá-lo.[55]

8.12 Prazo de vigência

A Lei 12.016/2009 estabelece que os efeitos da medida liminar, salvo se revogada ou cassada, persistirão até a prolação da sentença (art. 7º, § 3º). Estabelece, também, que será decretada a perempção ou caducidade da medida liminar *ex officio* ou a requerimento do Ministério Público quando, concedida a medida, o impetrante criar obstáculo ao normal andamento do processo ou deixar de promover, por mais de três dias úteis, os atos e as diligências que lhe cumprirem (art. 8º). Assim, não sendo a liminar revogada ou cassada, nem tendo a sua perempção ou caducidade decretada, os seus efeitos perduram até a prolação da sentença.

Sendo a sentença concessiva da segurança não há problema para o impetrante, porque a liminar que fica sem efeito com a prolação da sentença está sendo por esta substituída. A execução provisória da sentença substitui plenamente a medida liminar. Nos casos em que a sentença denega a segurança, porém, a cessação dos efeitos da medida liminar pode

54. STF, Súmula 626.

55. Min. Marco Aurélio Mello, "Consequência da greve nas universidades", *Gazeta Mercantil*, 6.11.2001, Legislação e Tributos, p. 4.

ensejar graves problemas para o impetrante, e suscita questões diversas como a seguir se verá.

8.13 Liminar e denegação da segurança

8.13.1 A jurisprudência do STF

O Supremo Tribunal Federal já decidiu que denegado o mandado de segurança pela sentença, ou no julgamento do recurso interposto de sentença concessiva, fica sem efeito a liminar concedida, retroagindo os efeitos da decisão contrária.[56]

Em defesa desse entendimento argumenta-se que denegando a segurança o juiz afastou, decididamente, a aparência do bom direito. Ele disse que direito não há. Logo, não se justifica a sobrevivência da liminar.

Comentando o entendimento sumulado pela Corte Maior, Roberto Rosas adverte:

> Ideia que merece consideração com o advento do Código de Processo Civil de 1973 decorre do efeito suspensivo da apelação interposta da sentença (CPC/1973, art. 520).[57]

Pouco importa que, como objeta Adhemar Ferreira Maciel,[58] o agravo de petição, cabível das sentenças proferidas em mandado de segurança, antes do Código de 1973, também tivesse efeito suspensivo.

Realmente, sendo a cassação da liminar um dos efeitos da sentença denegatória da segurança, tal cassação somente se efetiva com o trânsito em julgado da sentença. Interposta apelação, a sentença denegatória da segurança tem os seus efeitos suspensos. Assim, fica suspensa, induvidosamente, a revogação da liminar.

Segundo Hely Lopes Meirelles, os efeitos da liminar somente desaparecem com a sentença denegatória da segurança se o juiz cassa expressamente a liminar. Se silencia na sentença a esse respeito é de entender-se mantida até o julgamento da instância superior, e se ressalva

56. STF, Súmula 405.

57. Roberto Rosas, *Direito Sumular*, 14ª ed., São Paulo, Malheiros Editores, 2012, p. 205.

58. Adhemar Ferreira Maciel, "Observações sobre a liminar no mandado de segurança", em Sálvio de Figueiredo Teixeira (Coord.), *Mandados de Segurança e de Injunção*, São Paulo, Saraiva, 1990, pp. 240-241.

expressamente a subsistência da liminar até o trânsito em julgado da sentença, torna-se manifesta a persistência de seus efeitos enquanto a sentença estiver pendente de recurso.[59]

8.13.2 Ilogicidade aparente

No entender de Adhemar Ferreira Maciel,

> o juiz que denega a segurança e ainda mantém a liminar, concedida quando ele não era senhor dos fatos, não deixa de agir com ilogismo e arbítrio, pois está atuando em campo que já não lhe diz respeito, pois a matéria foi devolvida a outro julgador: o juiz do segundo grau.[60]

Essa ilogicidade, porém, é apenas aparente. A liminar não se confunde com a sentença. Tem objetivo específico que a identifica: impedir que se torne inútil a decisão que a final venha a conceder a segurança. Manter a liminar, mesmo denegando a segurança, significa garantir ao impetrante o duplo grau de jurisdição, que em muitos casos resultaria inteiramente inútil, posto que a autoridade impetrada poderia imediatamente praticar o ato impugnado, fazendo perecer em definitivo o direito, e fazendo inútil, portanto, o reexame da sentença.

8.13.3 Liminar na apelação

É certo, como lembra Athos Gusmão Carneiro, que existe

> a possibilidade de, interposta a apelação, e diante de expresso pedido do recorrente, resolver o relator restabelecê-la, ante peculiares circunstâncias do caso concreto, indicativa da necessidade de providência cautelar na pendência da irresignação.[61]

Tal solução, teoricamente perfeita, na prática pode ser insuficiente. Em certos casos, quando o processo chegar ao relator é possível que o fato esteja consumado, e o dano ao direito do impetrante já tenha tornado inútil o exame da apelação.

59. Hely Lopes Meirelles, *Mandado de Segurança*, cit., pp. 106 e ss.

60. Adhemar Ferreira Maciel, "Observações sobre a liminar no mandado de segurança", cit., p.241.

61. Athos Gusmão Carneiro, "Liminar na segurança individual e coletiva", *Revista da Ajufe* 32/26, março-junho/1992.

Assim tendo-se em vista a efetividade do mandado de segurança, com a garantia de exame útil da pretensão do impetrante em duplo grau de jurisdição, mais razoável nos parece admitir a possibilidade de o juiz, em certos casos, mesmo denegando a segurança, ressalvar a subsistência da liminar, pelo menos até que o juízo de segundo grau sobre a mesma se manifeste.

Se o juiz pode cassar a medida liminar antes da sentença, e não o fez, é razoável admitir-se que a cassação da liminar, como um dos efeitos da sentença, somente se considere efetivada com o trânsito em julgado desta. Ainda quando na sentença se diga expressamente que fica cassada a liminar. Se é de um efeito da sentença que se cuida, e se os efeitos da sentença denegatória estão suspensos pela interposição do recurso, não se pode, antes do trânsito em julgado, executar também este seu dispositivo.

8.13.4 Alternativas para o impetrante

De todo modo, se a autoridade impetrada entender de outro modo, e diante da sentença denegatória pretender restabelecer o ato antes impugnado, poderá a parte impetrante, que apelou da sentença: (a) impetrar novo mandado de segurança, agora junto ao tribunal, para garantir o efeito suspensivo da apelação, também nesta parte, vale dizer, para garantir a sobrevivência dos efeitos da medida liminar até o trânsito em julgado da sentença denegatória do primeiro mandado de segurança; ou (b) se os autos com a apelação estiverem já no tribunal, formular simples petição ao relator, que poderá despachar, mantendo os efeitos da liminar.

Deve ser levado em conta que a Súmula 405 do STF foi elaborada antes do Código de Processo Civil de 1973. Isto foi observado pelo Superior Tribunal de Justiça, em julgado assim ementado:

> A aplicação da Súmula 405 do STF enseja ressalvas, porquanto se apoia em precedentes julgados anteriormente à vigência do atual Código de Processo Civil [*de 1973*], que deu nova sistemática e dimensão às cautelares, e não considerou a legislação superveniente relativa à matéria. A regra, a ser observada, é a de que a eficácia da liminar pode ser suspensa, revogada ou mesmo substabelecida, e tendo em conta o caso concreto e os parâmetros legais de regência.[62]

62. STJ, 2ª Turma, RMS 2.438-6-MS, rel. Min. Antônio de Pádua Ribeiro, j. 29.11.1993, v.u., *DJU* de 7.2.1994, p. 1.152.

8.14 *Efeitos da cassação da liminar*

8.14.1 *Configuração da mora*

Há quem sustente que uma vez indeferida a segurança são devidos os acréscimos legais decorrentes da mora, porque, em síntese: (a) a garantia de tutela jurisdicional não significa imunidade contra os efeitos da mora; (b) tal garantia permite ao contribuinte *suspender* os efeitos da lei que considere em desacordo com o sistema jurídico, o que não significa *interromper* ou *eliminar* tais efeitos; (c) a penalidade que porventura decorra da final decisão judicial não é, efetivamente, contrária ao direito constitucional do contribuinte, mas uma consequência da denegação, quanto ao mérito, de seu pedido ao Judiciário; (d) o ser considerado improcedente o pedido, quer dizer que o contribuinte nunca teve razão; (e) a não ser assim, os efeitos da mora estariam totalmente afastados de nosso sistema jurídico, e qualquer contribuinte, por mais absurda que fosse a sua pretensão, encontraria no Judiciário um forte aliado para burlar as determinações da lei, aproveitando-se de concessões de liminares e discussões prolongadas (geralmente por mais de cinco anos) para elaborar um eficaz planejamento tributário.[63]

8.14.2 *Os equívocos*

A tese, que pode até parecer consistente, na verdade não é. Repousa em três equívocos facilmente demonstráveis.

O primeiro consiste em confundir os efeitos decorrentes do simples decurso do tempo, com sanção pelo inadimplemento da obrigação. Entre os primeiros, estão os juros, indevidamente chamados *de mora*, que na verdade são remuneratórios do capital, e a correção monetária. A multa, porém, é uma sanção. Os juros e a correção monetária são devidos quando denegada a segurança. A multa não. Nenhuma multa, nem mesmo a denominada *de mora*, que na verdade é uma sanção pelo descumprimento do dever de pagar em certo prazo. Como qualquer sanção, depende de pressupostos outros, ausentes na situação amparada pela medida liminar.

O segundo e decisivo equívoco consiste em considerar que o contribuinte vai obter medida liminar, por mais absurda que seja a sua pretensão. Todos sabem que o deferimento da medida liminar só é devido

63. Pedro Guilherme Accorsi Lunardeli, "Dos efeitos da cassação da liminar", *Repertório IOB de Jurisprudência*, 23/92, 418, texto 1/5700.

quando seja relevante o fundamento do pedido. Admitir que um contribuinte, titular de pretensão absurda, vai obter medida liminar, é argumento terrorista, inteiramente inadmissível porque nega a própria validade da atividade jurisdicional.

Um terceiro equívoco reside ainda em atribuir ao contribuinte a responsabilidade pela demora nas decisões judiciais. Se algum contribuinte se vale dessa demora, verdade é que a grande maioria a considera indesejável, em virtude do estado de incerteza que torna muito difícil o desenvolvimento de qualquer atividade econômica. De todo modo, é induvidoso que a adoção de providências no sentido de agilizar o funcionamento do Judiciário depende muito mais do Estado, do qual faz parte, do que do jurisdicionado.

8.14.3 Não configuração da mora

Em posição diametralmente oposta à tese que afirma o desaparecimento, por inteiro, dos efeitos da liminar, ou da sentença concessiva de segurança, a final cassada, há quem sustente que não se configura a mora na hipótese de estar o contribuinte amparado por medida liminar, ou sentença, pela ausência de exigibilidade do crédito, desde que a suspensão ocorra antes do vencimento da obrigação.[64]

Quem está protegido por uma liminar, ou uma sentença que lhe defere mandado de segurança, não incorre em mora, no sentido de ato ilícito. De inadimplemento ou impontualidade, no sentido de descumprimento de dever legal, não se pode neste caso falar.

8.14.4 Correção monetária e juros

Não obstante inexista a mora, são devidos a correção monetária e os juros. A correção monetária porque não tem a natureza de sanção.

É critério de atualização monetária, destinado a impedir que a desvalorização da moeda reduza o valor real do crédito tributário. Não tem como pressuposto o ilícito. Independe da *causa* do atraso no pagamento.

Os juros, embora denominados juros *de mora*, também não constituem sanção. Eles remuneram o capital que, pertencendo ao fisco, estava em mãos do contribuinte.

64. João Dácio Rolim, "Medida liminar em mandado de segurança e acréscimos moratórios no recolhimento de tributos", *Repertório IOB de Jurisprudência*, 6/93, p. 106, texto 1/6028.

8.14.5 Retorno à condição anterior

Razoável, todavia, é a consideração de que uma vez cassada a medida liminar, ou a sentença que deferiu mandado de segurança ao contribuinte, o que se tem é um retorno puro e simples à situação em que estava o impetrante no momento da impetração. Da medida liminar, ou da sentença, assim, não decorrem efeitos. Apaga-se tudo. É como se o tempo não tivesse passado.

Desta forma, se a impetração do mandado de segurança deu-se dentro do prazo para o pagamento do tributo, o impetrante, denegada a segurança, terá o prazo que lhe restava para o cumprimento de seu dever fiscal, sem qualquer acréscimo resultante do decurso do tempo, salvo apenas a correção monetária. Se a impetração ocorreu quando já o contribuinte estava em mora, suportará ele os efeitos desta, sem agravamento decorrente do tempo transcorrido entre a data da impetração e a da cassação da liminar, ou da sentença.[65]

8.15 Enfraquecimento da tutela judicial de urgência

Embora quase todas as novidades introduzidas pela Lei 12.016/2009 na disciplina jurídica do mandado de segurança limitem-se a incorporar tendências firmadas na jurisprudência, não se pode negar que elas enfraquecem significativamente a denominada tutela judicial de urgência, podendo a referida lei ser considerada, portanto, um verdadeiro retrocesso na proteção dos direitos fundamentais do contribuinte.

Realmente, a referida lei reduziu de 10 para 5 dias, o prazo para a interposição do agravo contra decisão do presidente do tribunal que defere o pedido de suspender a medida liminar ou a sentença. Quem conhece a vida forense sabe que essa redução pode implicar dificuldades para a interposição do recurso que, em muitos casos, certamente não será interposto. Por outro lado, ampliou a legitimação para o pedido de suspensão, que agora pode ser formulado também pelo Ministério Público, e alargou significativamente os caminhos para a suspensão da liminar e da sentença concessiva da segurança, conforme já demonstramos (item 8.10, parte final).

65. Esta foi a conclusão a que chegou a XIX Simpósio Nacional de Estudos Tributários, realizado em São Paulo no dia 15.10.1994, sob a coordenação do Professor Ives Gandra da Silva Martins.

9.
DEPÓSITO SUSPENSIVO DA EXIGIBILIDADE DO CRÉDITO TRIBUTÁRIO

9.1 Introdução. 9.2 Liminar e depósito. 9.3 O direito de depositar. 9.3.1 Desnecessidade de autorização judicial. 9.3.2 Depósito e medida cautelar. 9.3.3 Depósito e mandado de segurança. 9.4 A questão da integralidade do depósito. 9.4.1 O que é o valor integral. 9.4.2 Os tributos lançados por homologação. 9.5 Efeitos do depósito. 9.5.1 Suspensão da exigibilidade. 9.5.2 Impedir a inadimplência. 9.5.3 Correção monetária e juros. 9.6 Decisão judicial sobre o depósito. 9.6.1 Suspensão da exigibilidade. 9.6.2 Conversão em renda. 9.6.3 Liberação. 9.6.3.1 Depósito voluntário. 9.6.3.2 Depósito como contracautela. Substituição. 9.6.3.3 Depósito na execução fiscal. 9.6.3.4 Desistência da ação. 9.7 O procedimento. Depósitos sucessivos. 9.8 Os depósitos e a Lei 9.703/1998.

9.1 Introdução

Em vinte anos de atividade judicante, não conheço uma questão de tamanha simplicidade, que tenha ensejado um número tão grande de problemas. O depósito a que se reporta o art. 151, inciso II, do Código Tributário Nacional, é seguramente um dos pontos mais problemáticos para advogados e juízes.

Inexistente lei disciplinando o procedimento a ser observado, a mentalidade formalista de muitos, o exagerado processualismo, produziu como resultado uma série de dificuldades no trato da questão.

Entre essas dificuldades podem ser apontadas as que dizem respeito: à necessidade de propositura de medida cautelar,[1] ou mesmo à

1. Enquanto alguns juízes entendem necessária a propositura de cautelar, outros a consideram desnecessária, e entre estes alguns indeferem a inicial por entenderem ausente o interesse processual.

de autorização judicial,[2] para a feitura do depósito; à determinação do valor do depósito, com o fim de saber se o mesmo é integral; ao levantamento do depósito antes de transitar em julgado a sentença favorável

A rigor, realmente não há interesse processual de quem promove ação cautelar, cujo pedido é exclusivamente o de que lhe seja assegurado o direito de depositar. Esse direito está expresso na lei. Se ninguém se opuser a seu exercício, não haverá lide. E nada justifica que o próprio juízo institua tal resistência.

2. Como Corregedor da Justiça Federal da 5ª Região expedi a Instrução Normativa n. 01-CR, de 25.4.1990 *(DJU* II, de 8.5.1990, p. 9.028), cuja integra é a seguinte:

"Instrução Normativa n. 01-CR, de 25 de abril de 1990

Regula o procedimento a ser adotado, para os depósitos de que trata o art. 151, II, do, CTN e legislação posterior.

O Corregedor do Tribunal Regional Federal da Quinta Região, no uso das atribuições previstas no art. 5º, IX, do Regimento Interno da Corregedoria, aprovada pela Resolução 14, de 15 de setembro de 1989, deste Egrégio Tribunal, publicada no *Diário Oficial* do Estado de Pernambuco do dia 20 de setembro de 1989;

Considerando que o depósito de que trata o art. 151, II, do Código Tributário Nacional, é providência que somente vantagem acarreta a todos quantos estejam, direta ou indiretamente, vinculados ao processo, e não acarreta prejuízo nenhum a quem quer que seja;

Considerando que o referido depósito é ato da parte interessada e não providência judicial que constitua conteúdo de medida liminar, ou cautelar;

Considerando a inexistência de finalidade prática no despacho pelo qual o Juiz 'autoriza' o depósito, até porque o controle judicial deve ocorrer é no que pertine aos efeitos do depósito relativamente à causa a ser decidida;

Considerando, finalmente, que a administração da Justiça Federal deve ser aprimorada, sobretudo com a simplificação de rotinas de trabalho e a eliminação de entraves burocráticos;

Resolve

Art. 1º. Os depósitos a que se referem o art. 151, II, do Código Tributário Nacional, o art. 1º, do Decreto-lei n. 1.730, de 20 de dezembro de 1979 e os arts. 32 e 38, da Lei n. 6.830, de 22 de setembro de 1980, devem ser feitos diretamente pelos interessados, independentemente de autorização judicial, na Caixa Econômica Federal, que fornecerá ao depositante o comprovante ordinariamente por ela fornecido a seus depositantes.

Art. 2º. Ao peticionar em Juízo, o interessado oferecerá a prova do depósito, e o Juiz, se o considerar cabível para o fim pretendido pelo requerente, mandará expedir ofício à Caixa Econômica federal determinando sua indisponibilidade (Modelo 1).

Art. 3º. Quando transitar em julgado a sentença que apreciar a questão à qual se relaciona o depósito, o Juiz oficiará à Caixa Econômica Federal, autorizando sua liberação em favor da parte depositante (Modelo 2), ou sua conversão em renda da parte contrária (Modelo 3).

ao contribuinte; aos depósitos sucessivos; e ao momento em que se deve executar a decisão que determina a conversão do depósito em renda da Fazenda Pública.

Art. 4º. Se a sentença houver julgado procedente apenas em parte o pedido do depositante, o Juiz autorizará a liberação dessa parte, e a conversão em renda da outra, com a necessária adaptação do ofício respectivo.

Art. 5º. Em se tratando de depósitos sucessivos, relativos a um mesmo processo, devem ser os respectivos comprovantes autuados separadamente (em apenso), e estes permanecerão na Secretaria do Juízo, mesmo quando os autos principais subirem à Segunda Instância, para juntada dos comprovantes dos depósitos, até que transite em julgado a respectiva decisão.

Art. 6º. Mediante delegação expressa e específica do Juiz, os ofícios mencionados nesta Instrução Normativa poderão ser assinados pelo respectivo Diretor de Secretaria.

Publique-se.

Dê-se ciência aos Senhores Juízes federais da Região.

Juiz Hugo Machado

Vice-Presidente e Corregedor

Modelo I

Modelo de Ofício encaminhado ao Gerente da CEF, mandando bloquear depósito, efetuado pela parte, diretamente naquele estabelecimento de crédito, para fins do art. 151, II, do CTN.

Ofício ... (local e data)

Senhor Gerente,

Comunico a V. Sª que a importância depositada nesse estabelecimento de crédito, na conta ..., deverá ficar à disposição deste Juízo, vinculada ao processo ..., desta ... Vara, até segunda ordem.

Esclareço que, na mesma conta, poderão ser recebidos novos depósitos, que permanecerão à disposição deste Juízo.

Atenciosamente

____

Juiz Federal da ... Vara ...

Ilmo. Sr.

Gerente da Caixa Econômica Federal

Agência ...

Nesta

Modelo II

Modelo de Ofício encaminhado ao Gerente da CEF, determinando o levantamento de depósito, efetuado para os fins do art. 151, II, do CTN, em virtude do trânsito em julgado de sentença favorável ao depositante.

Todas essas dificuldades podem ser facilmente superadas, bastando que se tenha em vista que da efetivação do depósito somente vantagens decorrem para todos os envolvidos nas questões tributárias.

Para o contribuinte, liberando-o das consequências do inadimplemento de seu dever jurídico, e permitindo cuidar de seus negócios, despreocupado com a possibilidade de restar, a final, vencido.

Para a Fazenda Pública, garantindo plenamente a satisfação de seu crédito, quando, a final, vencedora na causa.

Para os órgãos do Judiciário, aliviando-os do trabalho concernente ao processo de execução, que fica excluído, porque o crédito tributário, ou será declarado nulo, se o contribuinte ganhar a causa, ou será satisfeito com a conversão do depósito em renda.

Ofício ... (local e data)

Senhor Gerente,

Comunico a V. Sª que os depósitos feitos na conta ..., por ...., que estavam à disposição deste Juízo, vinculados ao processo ..., desta ... Vara, podem ser sacados pelo depositante, em virtude de haver transitado em julgado a sentença que determinou sua liberação.

Atenciosamente

____

Juiz Federal da ... Vara ...

Ilmo. Sr.

Gerente da Caixa Econômica Federal

Agência ...

Nesta

Modelo III

Modelo de Ofício encaminhado ao Gerente da CEF, determinando a conversão do depósito, efetuado para os fins do art. 151, II, do CTN, em renda da Fazenda Pública, em virtude do trânsito em julgado de sentença desfavorável ao depositante.

Ofício ... (local e data)

Senhor Gerente,

Determino a V. Sª converter a importância de CR$ ... (...), depositada na conta ..., com seus acréscimos legais, em renda da União Federal, (ou de outra entidade pública parte no processo) em virtude do trânsito em julgado da sentença prolatada no processo ..., desta ... Vara.

Atenciosamente

____

Juiz Federal da ... Vara ..."

9.2 Liminar e depósito

Tanto a medida liminar em mandado de segurança como o depósito do montante integral do crédito tributário suspendem a exigibilidade deste. Não obstante sejam coisas distintas, liminar e depósito se equivalem, no que diz respeito a tal efeito. Por isto mesmo, quando o impetrante fez, ou se propõe a fazer o depósito, não deve pedir medida liminar. Se pedir, tendo feito o depósito, juiz deve dizer que o pedido está sem objeto.

Em certos casos, porém, a medida liminar tem finalidade outra, além da suspensão da exigibilidade do crédito. Pode o impetrante pretender a liberação de mercadorias apreendidas, ou o desembaraço aduaneiro destas, quando importadas, ou para exportação, ou o fornecimento de certidão negativa de débito tributário, ou qualquer outra providência de seu interesse. Nestes casos é cabível o pedido, e o juiz deve deferir a medida liminar.

Se o impetrante toma a iniciativa de depositar, e são relevantes os fundamentos de sua impetração, a liminar deve ser deferida de pronto. Se não há depósito, o juiz deve avaliar o perigo da demora em relação ao direito da parte contrária, vale dizer, deve avaliar a possibilidade de, em face do deferimento da liminar, tornar-se ineficaz a sentença que porventura venha a denegar a segurança. Havendo tal possibilidade o juiz deve exigir o depósito, como condição para o deferimento da liminar.

Existem, é certo, decisões no sentido de que, presentes os pressupostos para o deferimento da medida liminar, não pode o juiz condicionar esse deferimento ao depósito do crédito tributário.[3]

Não nos parece, porém, que seja assim. Presentes os pressupostos para o deferimento da medida liminar, o juiz não deve, em princípio,

3. TRF-5ª Região, 2ª Turma, AI 2.668-CE, v.u., rel. Juiz Nereu Santos, *DJU* II, 25.3.1994, p. 12.355, assim ementado: "*Mandado de Segurança. Decisão judicial que condicionou a concessão de liminar à efetivação de depósito. Impossibilidade.* 1. Se estiverem presentes os pressupostos que autorizem a concessão de liminar em ação mandamental, não há porque o julgador condicionar o deferimento desta ao depósito da quantia questionada. 2. Satisfeitos os requisitos para a concessão da medida, exsurge para o impetrante, independentemente de condição, o direito subjetivo à liminar pretendida. 3. A ação mandamental, por sua natureza, rito e finalidade, rege-se por procedimento estabelecido em legislação própria, o que afasta a aplicabilidade das normas do Código de Processo Civil relativas ao instituto da cautela, mormente quando o depósito é direito do contribuinte que depende apenas de sua vontade e meios. 4. Agravo ao qual se dá provimento apenas para determinar que o Juiz a *quo* examine os requisitos para a concessão do provimento liminar requestado, negando ou deferindo o pedido, independentemente de depósito."

exigir o depósito. Em casos especiais, todavia, pode e deve fazê-lo, pois tanto quanto o autor, o réu também tem direito a uma decisão eficaz. Se o deferimento da liminar coloca em grave risco a eficácia da sentença porventura favorável ao réu, o depósito deve ser exigido.

Imaginemos, por exemplo, a situação de um corretor de mercadorias que vem ao Brasil fazer compras para seus clientes no exterior. Não é domiciliado nem reside no Brasil, e aqui não possui quaisquer bens. Impetra mandado de segurança atacando exigências fiscais que reputa ilegais ou inconstitucionais. Pede medida liminar que lhe garanta a imediata exportação. Os fundamentos de seu pedido são relevantíssimos, e o perigo da demora está sobejamente demonstrado. Tem ele, portanto, direito à liminar. Não obstante, o deferimento desta retira, na prática, qualquer possibilidade de recebimento dos tributos devidos na hipótese de denegação da segurança.

Em casos assim, o depósito deve ser exigido, ou fiança bancária, ou outra garantia idônea. A exigência de contracautela impõe-se pela necessidade de garantir o equilíbrio da relação processual, garantindo-se a eficácia da sentença que porventura venha a denegar a segurança, desconstituindo a medida liminar.

O Superior Tribunal de Justiça já decidiu que "não ofende as disposições do CTN a decisão que exige, para suspender a exigibilidade do crédito tributário, o depósito em dinheiro". E assim, não conheceu de recurso contra decisão que recusara a aceitação de fiança bancária para suspender a exigibilidade do crédito tributário.[4]

Não se pode, repita-se, confundir o depósito voluntário, com o depósito contracautela. O primeiro há de ser necessariamente em dinheiro, nos termos do art. 151, inciso II, do Código Tributário Nacional. O segundo, porém, que não se destina a suspender a exigibilidade do crédito – posto que a suspensão decorre da medida liminar –, mas apenas a garantir o seu pagamento, pode ser substituído por outra forma de garantia.

9.3 O direito de depositar

9.3.1 Desnecessidade de autorização judicial

O depósito é, simplesmente, um ato do interessado em suspender a exigibilidade do crédito tributário. Sua prática independe de autorização judicial.

4. STJ, REsp 10.215-0-SP, rel. Min. Hélio Mosimann, *RSTJ* 52/95.

Aliás, se o depósito dependesse de autorização judicial, teríamos de concluir que o juiz poderia negar tal autorização, o que não é verdadeiro. Por isto mesmo se tem afirmado, com inteira razão, embora utilizando terminologia imprópria, que "é sempre procedente a ação cautelar que visa depositar, em dinheiro, a dívida tributária judicialmente discutida".[5]

Na verdade a cautelar, como qualquer outra medida, em princípio pode ser procedente ou improcedente. O direito de depositar é que, em princípio, é incontestável, até porque a rigor o seu exercício favorece a Fazenda Pública, não sendo razoável, portanto, opor-se a ele qualquer obstáculo.

9.3.2 Depósito e medida cautelar

Existem, é certo, alguns julgados, inclusive do Superior Tribunal de Justiça, afirmando que "o contribuinte tem direito a medida cautelar, para fazer depósito capaz de inibir a execução fiscal".[6] E até julgados nos quais se procura, cuidadosamente, demonstrar em que consistem os pressupostos clássicos da cautelar, no concernente à pretensão de depositar:

> o *periculum in mora,* nessas hipóteses, consiste na simples sujeição do contribuinte à possibilidade da execução fiscal ou ao complexo e demorado processo da repetição do indébito. Sendo sumária a cognição no processo cautelar, o *fumus boni juris* se satisfaz com a razoabilidade e plausibilidade da tese jurídica esposada pelo requerente.[7]

Cuida-se de construção que se tem prestado, nestes casos, como fundamento para decisões justas, porque garantidoras, nos casos concretos apreciados, do direito de depositar. Não obstante engenhosa na utilização de conceitos do direito processual, tal construção deixa, todavia, exposto ao arbítrio o direito de depositar, permitindo aos que consideram injusto assegurar-se ao contribuinte esse direito, o deneguem, sustentando que a sujeição à possibilidade de execução não configura perigo de demora, ou incursionando no mérito da questão tributária para afirmar ausente a aparência do bom direito.

5. TRF-1ª Região, 4ª Turma, REO 93.01.31779-6-DF, *DOU* II, 17.2.1994, p. 4.741.

6. STJ, REsp 29.523-SP, j. 29.9.1993, rel. Min. Humberto Gomes de Barros, *DJU* de 18.10.1993, p. 21.844.

7. STJ, 1ª Turma, REsp 19.679-SP, j. 18.5.1992, rel. Min. Demócrito Reinaldo, *DJU* de 22.6.1992, p. 9.729.

A efetivação do depósito de que trata o art. 151, II, do Código Tributário Nacional, todavia, não fica a depender do deferimento, pelo juiz, de medida cautelar. Por isto mesmo preferimos sustentar sua desnecessidade, como já decidiu o antigo Tribunal Federal de Recursos.[8]

Como a lei não dispõe a respeito do procedimento do depósito, alguns juízes, geralmente os mais formalistas, insistem na exigência da propositura de cautelar. Outros, porém, admitem uma petição simples, apenas para comunicar a efetivação do depósito.

Mais recentemente decidiu, com inteira propriedade, o Tribunal Regional Federal da 3ª Região (São Paulo), que

> o pedido de depósito suspensivo da exigibilidade do crédito tributário, como medida preparatória de ação declaratória, não configura, tecnicamente, procedimento cautelar, vez que não visa assegurar o resultado profícuo da ação principal, mas tão-somente resguardar o próprio contribuinte dos riscos da mora.[9]

Não temos dúvida da desnecessidade de medida cautelar, como também não temos dúvida de que a efetivação do depósito independe da presença dos requisitos para o deferimento de provimento cautelar, vale dizer, da aparência do bom direito e do perigo da demora, conforme, aliás, já decidiu o Tribunal Regional Federal da 1ª Região.[10]

9.3.3 *Depósito e mandado de segurança*

Há quem entenda incabível o depósito, se o procedimento no que se discute a exigência do tributo é um mandado de segurança. A providência seria incompatível com o rito especial do *writ*.

Inexiste, todavia, qualquer incompatibilidade, posto que, no âmbito do mandado de segurança nada se há de decidir a respeito do depósito. Feita a comunicação de sua existência à Fazenda Pública, o normal é que esta se abstenha de promover a cobrança respectiva. Se, entretanto, ingressar com a execução fiscal, é no âmbito desta que o juiz decidirá

8. TFR, 4ª Turma, EDAC 109.487-SP, j. 13.8.1986, rel. Min. Antônio de Pádua Ribeiro, *DJU* de 11.9.1986.

9. TRF-3ª Região, 2ª Seção, MS 76.926-SP, v.u., *DJ SP* 1º.3.1993, p. 56, e *Repertório IOB de Jurisprudência* 7/93, p. 111.

10. TRF-1ª Região, 3ª Turma, Ag. 91.01.03654-8-DF, rel. Juiz Tourinho Neto, v.u., *DJU II*, 13.5.1991, p. 10.346, e *Repertório IOB de Jurisprudência* 12/91, p. 212.

se existe razão para admitir a execução, ou se, pelo contrário, o depósito satisfaz as condições legais para suspender a exigibilidade do crédito.

9.4 A questão da integralidade do depósito

9.4.1 O que é o valor integral

Valor integral do crédito tributário é valor como tal indicado pela Fazenda Pública. Não o valor que o contribuinte entende devido. Aliás, em muitos casos o contribuinte entende nada ser devido. Assim, nestes casos não se poderia cogitar de depósito.

Valor integral é o valor que a Fazenda Pública pretende haver do contribuinte, e por isto lançou, constituindo contra ele o crédito tributário.

Se não há lançamento, ainda não há crédito tributário, e por isto não se pode questionar a respeito de sua integralidade. É equívoco pretender-se que o contribuinte demonstre a integralidade do crédito, se não existe ainda o lançamento.

9.4.2 Os tributos lançados por homologação

Em se tratando de tributo cujo lançamento é feito por homologação, ou na linguagem da antiga doutrina, tratando-se de tributo autolançado, não há como possa o Juiz verificar se o valor depositado pelo contribuinte, para os fins do art. 151, II, do Código Tributário Nacional, corresponde ao valor efetivamente devido, ou melhor, ao valor efetivamente disputado. Há, por isto, quem sustente ser incabível o depósito nestes casos.

A rigor, o depósito é desnecessário, para o fim de suspender a exigibilidade do crédito tributário, pela simplória razão de que ainda nem existe crédito tributário. Nada impede, porém, que o contribuinte deposite o valor que entende correto, vale dizer, o valor que pretende disputar. A ele cabe praticar todos os atos materiais necessários à determinação do valor do crédito tributário, e fazer inclusive o respectivo pagamento, antes que a autoridade administrativa tome conhecimento dos elementos respectivos. Portanto, poderá, em vez de pagar, depositar, com base nos cálculos por ele próprio efetuados, e naturalmente sob sua inteira e exclusiva responsabilidade.

Comunicado ao Juiz a feitura do depósito, cabe a este oficiar à instituição financeira depositária, para que o considere bloqueado, e à Fazenda Pública, para que do depósito tome conhecimento. Não pode, ainda, o juiz, decidir se aquele depósito suspende, ou não, a exigibilidade do crédito tributário, posto que, do ponto de vista jurídico, crédito tributário ainda não existe. O lançamento, feito apenas materialmente pelo contribuinte, ainda não foi homologado pela autoridade administrativa. Indispensável, pois, a comunicação a esta, para que adote as providências cabíveis, fiscalizando, se entender necessário, o contribuinte, para verificar se o valor do tributo em disputa está corretamente determinado.

Se a Fazenda Pública, diante da comunicação que lhe é dirigida, nenhuma providência adota, e se limita a dizer que não tem condições de afirmar se o valor depositado corresponde, ou não, ao que entende lhe ser devido, nenhuma decisão será necessária. Não existirá, ainda, crédito, posto que não se deu a homologação do lançamento, a seu nascimento necessária. Não se há de cogitar, portanto, ainda, de exigibilidade.

Se a Fazenda Pública afirma lhe ser devido um valor maior, não cabe ao Juiz decidir sobre qual seja o valor correto, se o depositado pelo contribuinte, ou o pretendido pela Fazenda. Dará àquele ciência da manifestação desta, para que deposite a diferença, posto que o depósito integral é aquele do valor pretendido pela Fazenda Pública, com ou sem razão.

A manifestação da Fazenda Pública, afirmando o valor do crédito tributário que pretende haver do contribuinte, equivale a notificação do lançamento. Significa dizer que homologou o lançamento feito pelo contribuinte, se concorda com o valor por ele depositado, ou que efetuou lançamento, com base em elementos oferecidos pelo contribuinte, ou de ofício. Seja como for, afirmado pela Fazenda o valor do crédito tributário em disputa, e comprovado que o mesmo está depositado, estará então suspensa a exigibilidade.

A simples comunicação do juiz à autoridade da Administração Tributária, não significa dizer que o crédito está com exigibilidade suspensa, como muitos equivocadamente entendem. Por isto, nenhum obstáculo deve ser colocado pelo juiz a tal comunicação, mesmo que tenha dúvida sobre a validade ou autenticidade do documento que o contribuinte ofereceu como prova do depósito.

Tenha dúvida, ou não, sobre a idoneidade do documento, o juiz deve oficiar à instituição financeira depositária, determinando o bloqueio do depósito. Confirmada, por esta, o depósito e o bloqueio, só então oficiará à Fazenda Pública.

Preocupar-se com o exame do documento ofertado pelo contribuinte é perder tempo com providências inúteis, até porque o documento pode ser limpo, escorreito, e o depósito já não mais existir. Quem pretendesse tirar proveito de um depósito inexistente, poderia oferecer um documento limpo, escorreito, que certamente levaria o juiz a dizer que o crédito está com a exigibilidade suspensa. E antes de determinado o bloqueio, faria o levantamento do valor depositado. Útil, portanto, não é o comprovante do depósito, mas a confirmação do estabelecimento depositário, de que o valor correspondente está à disposição do juízo.

9.5 Efeitos do depósito

9.5.1 Suspensão da exigibilidade

O crédito tributário é, por natureza, exigível. Esse atributo decorre do lançamento.

O principal efeito do depósito é a suspensão da exigibilidade, que não decorre de qualquer provimento judicial, mas do próprio fato do depósito.

A exigibilidade, aliás, fica sem qualquer finalidade, em face do depósito. Realmente, a exigibilidade é necessária para viabilizar a execução, e, uma vez efetuado o depósito, já não se precisa cogitar de execução, posto que, encerrado o questionamento, um simples despacho "converta-se em renda" extinguirá o crédito tributário, com a plena satisfação do direito da Fazenda Pública.

9.5.2 Impedir a inadimplência

Ocorre que em relação aos tributos cujo lançamento se faz por homologação, o depósito antecede ao lançamento e, assim, seria equivocado afirmar-se que o seu efeito é o de suspender a exigibilidade. Sem lançamento, ainda não existe crédito tributário, e, portanto, ainda não há exigibilidade a ser suspensa. Há, todavia, o dever de antecipar o pagamento, cujo descumprimento coloca o contribuinte em mora. Nestes casos, portanto, o efeito do depósito não é propriamente a suspensão da exigibilidade, mas impedir a inadimplência.

Feito o depósito nos prazos para o pagamento do tributo que o contribuinte pretende discutir, não há mora. Não há, portanto, razão jurídica para sanções contra o contribuinte.

Feito o depósito fora dos prazos, mas antes de qualquer ação fiscal, também não se pode cogitar de sanções, posto que o depósito tem neste caso efeito idêntico àquele que se faz em face da confissão espontânea de infração. Impede, também neste caso, se configure a inadimplência.

Consequência prática do depósito, assim, é a exclusão de qualquer sanção contra o depositante.

9.5.3 Correção monetária e juros

Feito o depósito, o dever de pagar correção monetária e juros é transferido para o depositário. No plano federal, a lei exclui o dever da CEF de pagar juros, mas isto não quer dizer que o contribuinte depositante os tenha de pagar.

9.6 Decisão judicial sobre o depósito

9.6.1 Suspensão da exigibilidade

A suspensão da exigibilidade do crédito tributário decorre automaticamente da efetivação do depósito. Independe de decisão judicial, posto que é efeito do simples fato do depósito, nos termos da lei.

No âmbito do mandado de segurança é desnecessária qualquer manifestação judicial declarando a suspensão da exigibilidade do crédito tributário cujo valor encontra-se em depósito.

Pode ocorrer, todavia, que a Fazenda Pública, por equívoco, ou por qualquer outra razão, pretenda receber o crédito tributário cujo valor está depositado, e promova a execução fiscal correspondente. Neste caso haverá necessidade de manifestação judicial a respeito da suspensão da exigibilidade do crédito em execução.

Proposta a execução, o juiz, se tiver conhecimento do depósito, deve indeferir a inicial. Fundamentará o indeferimento com a existência do depósito, que não apenas impede, mas torna inteiramente inútil a execução. Se o juiz não tem conhecimento do depósito, e por isto determina a citação do executado, este certamente virá a juízo dizer que fez o depósito. Neste caso, o juiz deve, ainda no denominado juízo de admissibilidade, reconsiderar o despacho que determinou a citação, e mandar arquivar o processo.

Se o valor da execução é maior do que o valor em depósito, o contribuinte deve ter a oportunidade de complementar o depósito, para obter a suspensão da exigibilidade e consequente arquivamento da execução.

Ingressando a execução em vara diversa, o juiz que a receber, uma vez ciente da existência da ação em que se questiona o mesmo crédito, e em relação ao qual foi feito o depósito, deve remeter os autos para a vara na qual tramita a ação primeiramente proposta, em face da prevenção.

9.6.2 Conversão em renda

Denegado o mandado de segurança, em sentença que afirme ser válida a cobrança questionada, deve tal sentença determinar a conversão do depósito em renda da Fazenda Pública. A conversão, porém, somente será efetivada quando a sentença transitar em julgado.

Em face da especificidade do mandado de segurança, no qual a sentença denegatória não faz coisa julgada material, no sentido de que a questão de direito substantivo, consistente em saber se a exigência impugnada é juridicamente válida, ou não, a rigor não se deveria operar a conversão do depósito em renda, salvo se, decorrido o prazo de 30 dias, não tivesse o contribuinte ingressado com outro procedimento para questionar o crédito tributário. De todo modo, o entendimento que tem prevalecido, tanto na doutrina como na jurisprudência, é no sentido de que a sentença que denega o mandado de segurança faz coisa julgada material, e assim é cabível a conversão do depósito em renda.

O Superior Tribunal de Justiça tem decidido que nos casos de extinção do processo sem apreciação do mérito deve dar-se a conversão do depósito em renda. Esse entendimento, data vênia, não nos parece correto. O valor depositado pertence ao contribuinte depositante e sem uma sentença que afirme ser devido o tributo questionado não existe um título jurídico que fundamente a sua transferência para a Fazenda Pública.

9.6.3 Liberação

9.6.3.1 Depósito voluntário

Se o depósito foi feito voluntariamente, pode ser liberado a qualquer tempo, enquanto não existir decisão determinando sua conversão em renda.

É certo que a lei estabelece a sua liberação, ou conversão em renda, após o encerramento da lide ou do processo litigioso. Essa é a regra. Nada impede, porém, a liberação do depósito antes do encerramento da lide em situações excepcionais. Assim é que o Superior Tribunal de Justiça tem decidido, com absoluto acerto, que o depósito para garantia do juízo pode ter autorizado o seu levantamento em situações excepcionais, nas quais pacificou-se a jurisprudência e o próprio entendimento da Administração Tributária, a favor do contribuinte, porque não existe nenhuma razão para obrigar o contribuinte a aguardar o trânsito em julgado da sentença a seu favor. Neste sentido:

> *Tributário. Finsocial. Inconstitucionalidade. Depósito Judicial. Levantamento dos Depósitos. Violação do art. 151, II, do CTN. Não Ocorrência.* 1. A decisão judicial que autoriza o levantamento de depósito de quantia decorrente das majorações das alíquotas do Finsocial, as quais foram declaradas inconstitucionais pelo Excelso Pretório, não viola o preceito inscrito no art. 151, II, do CTN. 2. Recurso especial não provido.[11]

Em regra, a liberação dos depósitos só deve ocorrer com o trânsito em julgado da sentença favorável ao depositante. Excepcionalmente, porém, pode e deve o juiz determinar sua liberação, desde que convencido de que a decisão final será favorável ao depositante, como acontece nos casos em que a lei na qual se funda a exigência tributária tenha sido declarada inconstitucional pelo Supremo Tribunal Federal, como se deu no caso objeto do acórdão acima transcrito. Em casos assim, aguardar o trânsito em julgado da decisão é providência que só tem apoio no formalismo jurídico.

Realmente, o mandado de segurança pode ser impetrado sem que o impetrante precise fazer depósito. A suspensão da exigibilidade pode ser obtida com o deferimento de medida liminar, nos termos do art. 151, IV, do Código Tributário Nacional. Mesmo o deferimento de medida, determinando providências como a liberação de mercadorias, ou o fornecimento de certidão, ou outra qualquer, é possível sem que o impetrante tenha depositado o valor do crédito tributário.

O Tribunal Regional Federal da 3ª Região também tem entendido que:

> O indeferimento de pedido de desistência à medida cautelar de depósito, ao fundamento de que os depósitos devem permanecer até decisão final da ação principal, configura ilegalidade uma vez que, à

11. STJ, 2ª Turma, REsp 205.224/SP, rel. Min. João Otávio de Noronha, j. 5.4.2005, *DJU* I de 16.5.2005, p. 277.

> vista das peculiaridades deste feito, representa ingerência indevida na esfera de disposição do contribuinte.[12]

E por isto deferiu mandado de segurança para garantir o levantamento das quantias depositadas.

E decidiu com absoluto acerto. Negar o levantamento de um depósito, que é voluntário, é desigualizar contra o impetrante que depositou, e tal desigualização fere o princípio da isonomia.

Existem, é certo, respeitáveis manifestações em sentido contrário, sustentando que uma vez efetuado o depósito este somente pode ser liberado quando transitar em julgado a decisão favorável ao contribuinte.[13] A Fazenda Pública, que ficou impedida de promover a execução, restaria injustamente prejudicada com a demora.

Não é bem assim. Uma vez efetuado o levantamento do depósito, a Fazenda Pública poderá lavrar auto de infração, impondo ao impetrante as multas cominadas pelo não pagamento do tributo, posto que a inadimplência resta caracterizada. E pode promover, de imediato, a execução fiscal, obtendo a penhora de bens, pois o fato de haver o contribuinte ingressado em juízo para questionar a exigência do tributo, implica renúncia ao questionamento na via administrativa.[14] Assim, poderá arrecadar soma maior, posto que o tributo, neste caso, será acrescido da multa correspondente.

12. TRF-3ª Região, 2ª Seção, MS 76926-SP, *DJ SP* 1º.3.1993, p. 56, e *Repertório IOB de Jurisprudência* 7/93, p. 111.

13. O TRF-4ª Região, por exemplo, tem entendido que "A faculdade de o contribuinte depositar em Juízo o débito tributário que questiona exauriu-se por si mesma no próprio ato da efetivação do depósito. Concretizado o depósito, já não lhe assiste direito ao levantamento, porquanto nasceu para a Fazenda Pública, subjugada pelo ajuizamento e pelo próprio depósito, o direito de que o levantamento somente se efetue após solvida a questão, de vez que ela, Fazenda Pública, inibida em sua atividade fiscal de tributar, tem, já agora, direito subjetivo à prestação jurisdicional, de que, se lhe favorável, lhe resultará direito ao crédito judicialmente depositado. Existência, no caso concreto, de coisa julgada, em favor da Fazenda Nacional. Improvimento do recurso" (TRF-1ª Região, 4ª Turma, Ag 93.01.24369-5-BA, rel. para o acórdão Juiz Leite Soares, j. 13.9.1993, m.v., *DJU* II 7.10.1993, p. 42.123, e *Repertório IOB de Jurisprudência* 22/93, p. 443, texto 1/6846).

14. Lei 6.830, de 22.9.1980, art. 38 e seu parágrafo único, assim redigidos: "Art. 38. A discussão judicial da Dívida Ativa da Fazenda Pública só é admissível em execução, na forma desta Lei, salvo as hipóteses de mandado de segurança, ação de repetição do indébito ou ação anulatória do ato declarativo da dívida, esta precedida do depósito preparatório do valor do débito, monetariamente corrigido e acrescido

Não se pode dar o levantamento se houver decisão determinando a conversão do depósito em renda, pois neste caso operou-se já a transferência da propriedade do depósito para a Fazenda Pública. Ainda que tenha sido contra tal decisão interposto recurso com efeito suspensivo, o levantamento do depósito é inadmissível. O fato de estarem suspensos os efeitos da decisão não justifica retirar-se, com o levantamento do depósito, a possibilidade de sua execução.

9.6.3.2 Depósito como contracautela. Substituição

Se o depósito foi feito porque o juiz a ele condicionou o deferimento de medida liminar, seu levantamento só é possível com o trânsito em julgado de decisão favorável ao contribuinte depositante.

Neste caso, porém, o juiz pode autorizar a substituição do depósito por outra contracautela, como a fiança bancária, por exemplo.

9.6.3.3 Depósito na execução fiscal

O depósito pode, ainda, ter sido feito como garantia na própria execução fiscal. Neste caso, a liberação somente se fará quando transitar em julgado decisão favorável ao executado.[15]

Não é razoável invocar-se a norma do art. 32, § 2º, da Lei 6.830/1990, para denegar pedido de liberação de depósito antes do trânsito em julgado de decisão favorável ao depositante. A referida norma reporta-se apenas aos depósitos relacionados com execução proposta pela União ou suas autarquias, e pelos Estados, Distrito Federal, Municípios e suas autarquias. Depósitos que, relacionados a execução já proposta, destinam-se a suspender-lhe o curso, abrindo oportunidade para a interposição de embargos. Não se aplica aos depósitos feitos pelo interessado com o fito de suspender a exigibilidade de créditos tributários que ainda não são objeto de execução, ou a suspender o dever jurídico de antecipar pagamento, nos casos de tributos objeto de lançamento por homologação.

dos juros e multa de mora e demais encargos. Parágrafo único. A propositura, pelo contribuinte, da ação prevista neste artigo importa em renúncia ao poder de recorrer na esfera administrativa e desistência do recurso acaso interposto".

15. Lei 6.830/1980, art. 32, § 2º.

9.6.3.4 Desistência da ação

Ocorrendo a desistência da ação, depois de homologada a desistência tem o contribuinte o direito de levantar as quantias depositadas.

Em se tratando de *depósito voluntário*, simplesmente para suspender a exigibilidade do crédito tributário, a ré não tem interesse para opor-se ao pedido de desistência. Homologada esta,

> pode o autor levantar o valor dos depósitos feitos, o que dará à Fazenda Pública condições de exigir o crédito fiscal impugnado.[16]

9.7 O procedimento. Depósitos sucessivos

O contribuinte que pretender depositar deve dirigir-se diretamente ao estabelecimento bancário e efetuar o depósito. A ideia consubstanciada na Instrução Normativa 01-CR, de 25.4.1990, que baixamos no exercício da Corregedoria da Justiça Federal da 5ª Região, foi acolhida pelos Tribunais Regionais Federais da 1ª e da 3ª Regiões. E razão não existe para que não o seja por todos os juízes e tribunais incumbidos de julgar questões tributárias. Os órgãos do Poder Judiciário existem para resolver, e não para criar problemas.

Tratando-se de tributos federais, o estabelecimento autorizado por lei a receber o depósito é a Caixa Econômica Federal.[17] A lei, entretanto, diz serem obrigatoriamente feitos na Caixa os depósitos "quando relacionados com a execução fiscal proposta pela União ou suas autarquias".[18] Assim, os depósitos voluntários, isto é, aqueles feitos pelo contribuinte para suspender a exigibilidade do crédito tributário, ou para impedir a caracterização de sua inadimplência, nos casos em que inexista execução fiscal, podem ser feitos na Caixa, ou em qualquer outro estabelecimento bancário.

16. TRF-3ª Região, 2ª Seção, MS 40.582, Reg. 91.03.04651-6, rel. Juiz Oliveira Lima,m.v., j. 21.5.1991, *RTFR 3ª Região* 7/296, e *Ementário* 1 de 1994, p. 138, ementa 348, assim redigida: "*Medida Cautelar. Depósito. Desistência. Levantamento.* – É direito e não obrigação do contribuinte efetuar o depósito integral do crédito tributário para suspender sua exigibilidade. CTN, art. 151, II e Súmulas ns. 1 e 2 desta Corte. – Nos casos da espécie, falece interesse à ré para opor-se a pedido de desistência formulado pela autora, independentemente da sorte da ação principal".

17. Decreto-lei 1.737, de 20.12.1979.

18. Lei 6.830/1980, art. 32, inciso I.

Em se tratando de tributos estaduais, ou municipais, o depósito deve ser feito na Caixa Econômica ou no banco oficial da unidade federativa. Se inexistentes estes, o depósito deve então ser feito na Caixa Econômica Federal.[19]

Efetuado o depósito, o interessado fará, então, ao juiz do processo, uma petição, instruída com o comprovante do depósito, pedindo que mande dar ciência à Fazenda Pública, para os fins do art. 151, inciso II, do Código Tributário Nacional. Não deve pedir que o juiz suspenda a exigibilidade do crédito tributário, posto que tal suspensão é um efeito automático do depósito, na exata dicção do art. 151 do Código Tributário Nacional e por forma mesmo da inteira inutilidade da execução fiscal a partir do momento em que é feito o depósito integral do valor posto, ou a ser posto em disputa judicial.

Antes de apreciar o pedido, o juiz mandará oficiar ao depositário, determinando o seu bloqueio. O depositário, confirmando a existência do depósito, anotará a sua indisponibilidade, colocando-o à disposição do Juízo. Mandará, então, o juiz, que se comunique a existência do depósito à Fazenda Pública interessada.

Os papéis relativos ao depósito devem ser autuados em apenso, e permanecer no juízo de primeiro grau, mesmo quando os autos principais subam à instância superior. Este procedimento tem por finalidade permitir que o depósito fique sempre sob o controle do juiz, e em se tratando de crédito tributário a ser objeto de depósitos sucessivos, permitir que tais depósitos sejam feitos sem qualquer dificuldade.

9.8 Os depósitos e a Lei 9.703/1998

A doutrina jurídica construiu, ao longo de séculos, conceitos que não podem ser ignorados pelos que elaboram ou aplicam as normas, sem graves prejuízos para a Ciência do Direito e para a operacionalidade do ordenamento jurídico, que termina por não alcançar a sua finalidade.

Existem, é certo, conceitos de Direito Positivo que podem ser criados e alterados pelo legislador com relativa liberdade; mas existem os conceitos consolidados universalmente, que fazem parte da Teoria Jurídica, e estes evidentemente não podem ser atingidos em seus elementos e em seus efeitos essenciais. Assim é que não se concebe uma *compra e venda*

19. Lei 6.830/1980, art. 32, inciso II.

sem o elemento essencial, o *preço*, e sem o efeito que lhe é próprio, *a transmissão da propriedade* da coisa vendida. Pela mesma razão, não pode o legislador determinar que em virtude de uma *hipoteca* a propriedade do bem hipotecado restou *transferida*, ou que da realização de um pagamento não decorra a extinção da dívida a que se refere.

Não basta que se tenha lei. É preciso que se tenha ordem jurídica. Por isto as palavras da lei devem ser plenas de significado. Tem inteira razão Dahrendorf: "La respuesta al problema de la ley e el orden puede resumirse en una expresión: construcción de instituciones".[20]

E a construção de instituições não se faz sem respeitar os conceitos consolidados na doutrina jurídica. Sem o respeito pelo significado das palavras, e dos princípios consagrados pelo ordenamento.

> La construcción de instituciones es la creación y, a menudo, la recreación de normas llenas de significado a partir de sus principios.[21]

Há, todavia, quem pense que em Direito tudo é apenas questão de nome, e sendo assim, se chamarmos um *pagamento* de *depósito*, depósito este será. Assim pensam especialmente os não dotados de consciência jurídica, quase sempre com formação acadêmica em outras áreas do conhecimento, como a Economia, a Engenharia ou a Administração, e só eventualmente envolvidos com problemas jurídicos. Parece ser este o caso dos que assessoraram o Presidente da República na feitura da Medida Provisória 1.721, de 28.10.1998,[22] convertida na Lei 9.703, de 17.11.1998.[23]

Realmente, o citado diploma legal estabelece:

> Art. 1º. Os depósitos judiciais e extrajudiciais, em dinheiro, de valores referentes a tributos e contribuições federais, inclusive seus acessórios, administrados pela Secretaria da Receita Federal do Ministério da Fazenda, serão efetuados na Caixa Econômica Federal, mediante Documento de Arrecadação de Receitas Federais-DARF, específico para essa finalidade.
>
> § 1º. O disposto neste artigo aplica-se, inclusive, aos débitos provenientes de tributos e contribuições inscritos em Dívida Ativa da União.

20. Ralf Dahrendorf, *Ley y orden*, trad. de Luis María Díez-Picazo, Civitas, Madri, 1994, p. 153
21. Ralf Dahrendorf, ob. cit., p. 157
22. *DOU* de 29.10.1988
23. *DOU* de 18.11.1998.

§ 2º. Os depósitos serão repassados pela Caixa Econômica Federal para a Conta Única do Tesouro Nacional, independentemente de qualquer formalidade, no mesmo prazo fixado para recolhimento dos tributos e das contribuições federais.

Como se vê, assim dispondo o legislador na verdade extinguiu, pura e simplesmente, a figura jurídica do *depósito*, como se passa a demonstrar.

O depósito, sabemos todos, não transfere a propriedade do dinheiro depositado para a Fazenda Pública. Depósito não é pagamento. É garantia de que este será feito. Apenas uma garantia.[24] Sua característica essencial, em se tratando de depósito para garantia do juízo, como ocorre no caso de que se cuida, é a de permanecer em mãos de terceiro. O depósito é medida preparatória, preventiva ou de segurança, que consiste na entrega de coisa apreendida à guarda ou vigilância de terceiro.[25]

O depósito é sempre voluntário. Mesmo no caso de depósito do valor de tributo que o contribuinte pretenda discutir com a Fazenda. Não obstante o contribuinte possa ficar exposto à execução fiscal, o ato de depositar é sempre um ato de vontade. Não pode jamais ser obrigatório. É medida preventiva ou de segurança que consiste na entrega da coisa – no caso de que se cuida, o dinheiro – a terceiro.[26]

Todo depósito tem um depositante,

pessoa que entrega a coisa a outrem para que este a guarde e a restitua quando for exigido [*e um depositário*] pessoa que recebe a coisa para a guardar e a restituir quando for exigida.[27]

É induvidoso, portanto, que o depósito feito pelo contribuinte, para garantia do juízo enquanto questiona com a Fazenda Pública, há de ficar em mãos de terceiro. Não da Fazenda, que é parte no processo. Se fora para ficar em mãos de parte, poderia ficar com o próprio contribuinte, certamente. Se a lei impõe que entregue ao que se diz credor, tem-se pagamento. Não depósito, porque este, em sentido próprio, é um contrato.

24. Cf. Igor Tenório e José Motta Maia, *Dicionário de Direito Tributário*, 2ª ed., Rio de Janeiro, Forense, 1996, p. 68.

25. Cf. Pedro Nunes, *Dicionário de Tecnologia Jurídica*, vol. I, 8ª ed., Rio de Janeiro, Freitas Bastos, p. 455.

26. Cf. Deocleciano Torrieri Guimarães, *Dicionário Técnico Jurídico*, São Paulo, Rideel, 1995, p. 248.

27. Cf. João Melo Franco e Herlander Antunes Martins, *Dicionário de Conceitos e Princípios Jurídicos*, 2ª ed., Coimbra, Almedina, 1988, p. 284.

Contrato que tem por objeto uma coisa – no caso uma quantia em dinheiro – a ser devolvida ao depositante.

> O depositário deve guardar a coisa, não a podendo usar nem dar em depósito a outrem, a não ser com autorização do depositante.[28]

Aliás, o legislador, no caso de que se cuida, traiu-se, e disse que se a Fazenda for a final vencedora no processo, o valor respectivo será "transformado em pagamento definitivo".[29] Se é assim, é porque antes ocorrera um pagamento não definitivo, construção que não cabe na cabeça de um jurista, porque evidentemente anômala, desconforme com os princípios e conceitos do Direito.

Por outro lado, depósito não constitui receita pública. Depósito e receita pública são figuraras jurídicas inconfundíveis. Receita pública, segundo definição de Baleeiro,

> é a entrada que, integrando-se no patrimônio público sem quaisquer reservas, condições ou correspondência no passivo, vem acrescer o seu vulto, como elemento novo e positivo.[30]

Destaque-se, com Aliomar Baleeiro, que

> as quantias recebidas pelos cofres públicos são genericamente designadas como 'entradas' ou 'ingressos'. Nem todos esses ingressos, porém, constituem receitas públicas, pois alguns deles não passam de 'movimentos de fundo', sem qualquer incremento do patrimônio governamental, desde que estão condicionados à restituição posterior ou representam mera recuperação de valores emprestados ou cedidos ao governo.[31]

A Lei 9.703, de 17.11.1998, na verdade, converteu os depósitos em pagamentos, pura e simplesmente, determinando que a Caixa Econômica Federal repasse os valores respectivos para a conta única do Tesouro Nacional, independentemente de qualquer formalidade.[32] E com isto

28. Cf. Ana Prata, *Dicionário Jurídico*, 3ª ed., Coimbra, Almedina, 1990, p. 185.
29. Lei 9.703, de 17.11.1998, art. 1º, § 3º, inciso II.
30. Aliomar Baleeiro, *Uma Introdução à Ciência das Finanças*, 13ª ed., Rio de Janeiro, Forense, 1981, p. 116.
31. Aliomar Baleeiro, idem, ibidem.
32. Lei 9.703, de 17.11.98, art. 1º.

consumou verdadeira expropriação, num atentado claro e ostensivo ao direito de propriedade, que a Constituição expressamente assegura.[33]

Estabeleceu, é certo, a mesma Lei,

> Art. 3º. (...). § 3º. Mediante ordem da autoridade judicial ou, no caso de depósito extrajudicial, da autoridade administrativa competente, o valor do depósito, após o encerramento da lide ou do processo litigioso, será: I – devolvido ao depositante pela Caixa Econômica Federal, no prazo máximo de vinte e quatro horas, quando a sentença lhe for favorável ou na proporção em que for, acrescido de juros, na forma estabelecida pelo § 4º do art. 39 da Lei 9.250, de 26 de dezembro de 1995, e alterações posteriores; (...).

Pretendeu com isto o legislador obter a conformação do contribuinte expropriado em seu depósito, determinando que a Caixa lhe faça o pagamento, a débito da conta única do Tesouro... mas ao determinar a pronta restituição da quantia que fora objeto de pagamento, ainda que dito implícita e estranhamente *não definitivo*, o legislador mais uma vez atentou contra norma expressa da Constituição Federal, segundo a qual

> Os pagamentos devidos pelas Fazendas Públicas Federal, Estaduais, Distrital e Municipais, em virtude de sentença judiciária, far-se-ão exclusivamente na ordem cronológica de apresentação dos precatórios e à conta dos créditos respectivos, proibida a designação de casos ou de pessoas nas dotações orçamentárias e nos créditos adicionais abertos para este fim. [34]

Como se vê, a Lei 9.703/1998 alberga duas inconstitucionalidades flagrantes. A primeira, no dispositivo que transformou o *depósito* em *pagamento*, atingindo em cheio, embora disfarçadamente, o direito de propriedade. A segunda, no dispositivo que autoriza a Caixa Econômica Federal a debitar à conta única do Tesouro Nacional, em subconta de restituição, as quantias devolvidas ao contribuinte em virtude de sentença judicial.[35]

Na verdade, a Lei 9.703/1998 diz, em outras palavras, o seguinte: *o contribuinte que pretender questionar a exigência de tributo deve pagar, com o nome de depósito, na Caixa Econômica Federal, e a ele será*

33. CF, art. 5º, inciso XXII: "é garantido o direito de propriedade".
34. CF, art. 100, com a redação dada pela EC 62/2009.
35. Lei 9.703/1998, art. 1º, § 4º.

garantida uma restituição preferencial, não se lhe aplicando o art. 100 da Constituição.

Já foi assim em outros tempos. Nos tempos de Vargas, quando se instituiu, com o Decreto-lei 42, de 13.12.1937, a exigência de um *depósito,* que na verdade extinguia o crédito tributário, como requisito para a propositura da ação ordinária para anulação de débito fiscal.[36]

Com o restabelecimento daquela estranha forma de *depósito*, que na verdade é um *pagamento*, aparentemente o contribuinte nada perdeu, e pode até ter lucrado, pois os valores a ele devolvidos serão acrescidos da remuneração calculada pela SELIC, nos termos do art. 39, § 4º, da Lei 9.250, de 26.11.1995,[37] que tem sido superior à remuneração da caderneta de poupança, hoje garantida aos depositantes. Mas essa vantagem de repente pode desaparecer, frágil como são todos os artifícios.

Com efeito, nada nos garante que depois de aceita a fórmula pelos contribuintes iludidos pela aparente vantagem, algum defensor da ordem jurídica não vai arguir a inconstitucionalidade, somente a segunda das duas acima apontadas. Dirá que houve na verdade um pagamento, que o contribuinte aceitou fazer, e que a restituição do que indevidamente pagou vai para o famoso caminho do precatório.

É certo que a supremacia constitucional foi construída pelo moderno constitucionalismo como uma garantia do cidadão contra o Poder Público, porque, como já afirmou o Ministro Celso de Melo,

> O poder absoluto exercido pelo Estado, sem quaisquer restrições e controles, inviabiliza, numa comunidade estatal concreta, a prática efetiva das liberdades e o exercício dos direitos e garantias individuais ou coletivos. É preciso respeitar, de modo incondicional, os parâmetros de atuação delineados no texto constitucional. Uma Constituição escrita não configura mera peça jurídica, nem é simples estrutura de normatividade e nem pode caracterizar um irrelevante acidente histórico na vida dos Povos e das Nações. Todos os atos estatais que repugnem à Constituição expõem-se à censura jurídica – dos Tribunais, especialmente – porque são írritos, nulos e desvestidos de qualquer validade. – A Constituição não pode submeter-se à vontade dos poderes constituídos e nem ao império dos fatos e das circunstâncias. A supremacia de que ela se reveste – enquanto for respeitada

36. Cf. Oswaldo de Moraes, *Dicionário de Direito Tributário Brasileiro*, São Paulo, Saraiva, 1973, p. 69.

37. Lei 9.703/1998, art. 1º, § 3º, inciso I, parte final.

> – constituirá a garantia mais efetiva de que os direitos e as liberdades não serão jamais ofendidos. Ao Supremo Tribunal Federal incumbe a tarefa, magna e eminente, de velar por que essa realidade não seja desfigurada.[38]

Realmente, como temos insistentemente sustentado, a supremacia da Constituição é uma garantia do cidadão contra o Estado. Não pode este valer-se daquela para, em face de obra sua, que é a lei, violar direitos do cidadão. Em outras palavras, se o Estado labora contra a Constituição, não pode retirar proveito disto, em detrimento do cidadão e da segurança jurídica.

Temos, porém, exemplo de exitosa invocação, pelo Estado, de inconstitucionalidade de lei, por defeito formal do procedimento legislativo, em detrimento do cidadão.[39] Daí o receio de que o Supremo Tribunal Federal pode vir a acolher aquela segunda inconstitucionalidade, e assim vedar a pronta restituição, deixando o contribuinte apenas com o penoso caminho do precatório.

Enquanto a Caixa Econômica Federal, que na verdade é a maior prejudicada com a Lei de que se cuida, dispuser de dinheiro para fazer as restituições a débito da conta única do Tesouro, tudo pode correr sem problemas. No momento em que a instituição falsamente batizada de *depositária* não dispuser da verba suficiente para a efetiva restituição certamente surgirão complicações.

38. STF, Pleno, ADI 293-7600-DF, medida liminar, rel. Min. Celso de Mello, j. 6.6.1990, *DJU* de 16.4.1993, p. 6.429, e *IOB* 10/93, p. 193, texto 1/6203.

39. O STF indeferiu, por unanimidade, *habeas corpus* impetrado por paciente condenado pelo crime do art. 95, *d*, da Lei 8.212/91 ("deixar de recolher, na época própria, contribuição ou outra importância devida à seguridade social e arrecadada dos segurados ou do público"), em que pleiteava a aplicação do parágrafo único do art. 11 da Lei 9.639, publicada em 26.5.1998, que concedia anistia a todos os responsáveis pela prática do aludido crime, sendo que a referida Lei foi republicada no dia seguinte com exclusão do citado parágrafo único (v. *Informativo 127*). Considerou-se que o parágrafo único do art. 11, incluído na publicação primitiva, não fora aprovado pelo Congresso Nacional quando da votação do projeto de lei, existindo apenas em decorrência da inexatidão material nos autógrafos encaminhados à sanção do Presidente da República, ficando evidente a sua invalidade por inobservância do processo legislativo. Consequentemente o Tribunal declarou, *incidenter tantum*, a inconstitucionalidade do parágrafo único do art. 11 da Lei 9.639, em sua publicação de 26 de maio de 1998, explicitando-se que a declaração tem efeitos *ex tunc*. Precedentes citados: HC 77.724-SP, rel. Min. Marco Aurélio e HC 77.734-SC, rel. Min. Néri da Silveira, 4.11.1998. (*Informativo STF 130*, p. 1).

Válida, portanto, é a pretensão do contribuinte, que ingressa com ação para discutir exigência tributária, de que os valores depositados na Caixa Econômica Federal não sejam creditados à conta única do Tesouro Nacional, que é parte na causa, porque esse crédito configura verdadeiro pagamento, restabelecendo assim a regra autoritária do *solve et repete*, há muito repelida pela jurisprudência.

Quando não se queira considerar que a Lei 9.703/1998 reinstituiu o *solve et repete*, pura e simplesmente, tem-se de concluir, com o ilustre Juiz Federal Leandro Paulsen, que a mesma instituiu um empréstimo compulsório, sem obediência aos requisitos formais e substanciais estabelecidos pela Constituição Federal.[40]

40. Leandro Paulsen, "Empréstimo compulsório no pacote fiscal", *Repertório IOB Jurisprudência*, 23/98, 1ª quinzena de dez. 1998, pp. 608-609.

10.
A SENTENÇA E A COISA JULGADA

10.1 A sentença. 10.1.1 Conceito e espécies. 10.1.2 Natureza jurídica. 10.1.3 Requisitos essenciais. 10.1.3.1 Sentença definitiva e sentença terminativa. 10.1.3.2 Relatório. 10.1.3.3 Fundamentos. 10.1.3.4 Dispositivo. 10.1.3.5 Pertinência. 10.1.3.6 Clareza e coerência. 10.2 Coisa julgada. 10.2.1 Conceito e espécies. 10.2.2 Os arts. 19 e 6º, § 6º, da Lei 12.016, e a Súmula 304 do STF. 10.2.3 Manifestações doutrinárias divergentes. 10.2.4 Nossa posição. 10.2.4.1 Os limites objetivos da coisa julgada. 10.2.4.2 O dispositivo na sentença de mérito. 10.2.4.3 O dispositivo na sentença terminativa. 10.2.5 Coisa julgada e relação jurídica continuativa. 10.2.5.1 Manifestações doutrinárias. 10.2.5.2 A jurisprudência do STF. 10.2.5.3 Relação tributária continuativa. 10.2.5.4 Pedido de declaração no mandado de segurança. 10.3 A nova disciplina da coisa julgada no mandado de segurança. 10.3.1 As disposições da lei anterior. 10.3.2 As disposições da lei atual. 10.3.3 O mérito no mandado de segurança. 10.3.4 Ampliação da coisa julgada em detrimento do impetrante.

10.1 A sentença

10.1.1 Conceito e espécies

Sentença, em nosso direito positivo, é o ato pelo qual o juiz põe termo ao processo, decidindo ou não o mérito da causa.[1] Elemento essencial no conceito de sentença, assim, é o efeito extintivo do processo. Se o ato do juiz produz tal efeito, é sentença. Seu conteúdo importa apenas para identificar a espécie, se *terminativa* ou *definitiva*.

A palavra *sentença* designa especialmente o ato do juiz singular; entretanto, muita vez era empregada para designar também o acórdão,

1. CPC/2015, art. 203, § 1º.

julgamento proferido pelos tribunais. Exemplos disto encontravam-se nos arts. 301, § 3º, e 485, do CPC/1973.[2] Não mais no CPC/2015.

Porque põem fim ao processo, as sentenças são também chamadas *decisões finais*. Com elas o julgador exaure a sua jurisdição.

Conforme o seu conteúdo, as sentenças podem ser terminativas ou definitivas. Sentenças terminativas são aquelas que extinguem o processo sem resolver o mérito da causa. Resolvem questões simplesmente processuais. Não enfrentam a questão essencial, de direito material. Sentenças definitivas são aquelas que extinguem o processo com a solução da questão de mérito, isto é, julgando a lide.

10.1.2 Natureza jurídica

A sentença é ato de aplicação da norma jurídica ao caso concreto. É ato de inteligência, vale dizer, de conhecimento, mas não é apenas isto. Se fosse simples ato de conhecimento, a sentença seria equivalente a um parecer, ou a um comentário jurídico. Não é assim. A sentença é ato de produção jurídica. Ela prescreve. Ela cria direitos e deveres.

Certamente não vamos aqui superar a interminável divergência que existe em torno da questão de saber se a sentença cria direito, até porque a análise dessa divergência exige que se examine e defina, antes de tudo, o que se quer dizer com a palavra *criar*, e qual a significação da palavra *direito*, nesse contexto.

De todo modo, para que se compreenda que a sentença não é apenas ato de conhecimento, mas ato de produção jurídica, é importante esclarecer que o Direito não se confunde com a Ciência do Direito, da qual é o objeto. É certo que também as proposições descritivas são, em certo sentido, uma produção jurídica, uma produção científica, que em certa medida podem influir na produção de normas ou prescrições jurídicas, e neste sentido se diz que a doutrina é fonte do direito.

> A Ciência do Direito, porém, apenas pode descrever o Direito; ela não pode, como o Direito produzido pela autoridade jurídica (através de normas gerais ou individuais), prescrever seja o que for. Nenhum jurista pode negar a distinção essencial que existe entre uma lei pu-

2. Cf. Sálvio de Figueiredo Teixeira, *Código de Processo Civil Anotado*, 4ª ed., São Paulo, Saraiva, 1992, p. 98.

blicada no jornal oficial e um comentário jurídico a essa lei, entre o Código Penal e um tratado de direito penal.[3]

Para prolatar a sentença o juiz certamente precisa *conhecer*, mas a sentença não é apenas ato de conhecimento, como seria um artigo de doutrina escrito sobre o assunto versado no processo. A sentença é uma prescrição jurídica. E como o conhecimento das normas enseja sempre a possibilidade de sentenças diferentes, a opção que o juiz faz por uma determinada sentença é sempre um ato de vontade.

A doutrina predominante classifica a sentença que concede o mandado de segurança como *mandamental*. Isto quer dizer que ela contém, essencialmente, uma ordem do juiz dirigida à autoridade impetrada. Ordem para que a autoridade impetrada pratique, ou para que deixe de praticar algum ato.

Há quem negue importância prática na disputa doutrinária em torno da natureza da sentença proferida em sede de mandado de segurança. E, certamente pela mesma razão, assevere que o fenômeno da coisa julgada não apresenta, aqui, peculiaridades de monta.[4] Parece-nos, porém, que é de grande importância para o deslinde de várias questões, inclusive no que concerte à coisa julgada, a compreensão da natureza mandamental da sentença que concede o mandado de segurança.

É sabido de todos que o objeto da ação se define pelo pedido. E a natureza da sentença depende, logicamente, do objeto da ação.

No mandado de segurança não se pede ao juiz que anule, ou que declare nulo um ato, e por isto se diz que a sentença não é constitutiva. Nem que declare existente ou inexistente uma relação jurídica, nem que lhe declare o alcance ou o modo de ser, e por isto se diz que a sentença não é declaratória. Nem que condene a autoridade impetrada a pagar ao impetrante determinada quantia, ou a cumprir outras obrigações de dar, e por isto se diz que a sentença não é condenatória.

Outra não é a razão pela qual o mandado de segurança não substitui a ação de cobrança,[5] nem a sentença que concede o mandado de segurança produz efeitos patrimoniais relativamente ao período pretérito, devendo

3. Hans Kelsen, *Teoria Pura do Direito*, 3ª ed., trad. de João Batista Machado, Coimbra, Arménio Amado, 1974, pp. 113-114.

4. Sérgio Ferraz, *Mandado de Segurança*, São Paulo, Malheiros Editores, 1992, pp. 128-129.

5. STF, Súmula 269.

tais efeitos ser reclamados administrativamente, ou pela via judicial própria.[6] Tais restrições ao mandado de segurança somente se explicam em face da natureza mandamental da sentença que no mesmo se obtém, a qual decorre da natureza do pedido que na impetração geralmente se faz.

10.1.3 Requisitos essenciais

10.1.3.1 Sentença definitiva e sentença terminativa

Segundo o art. 489 do Código de Processo Civil de 2015, são elementos essenciais da sentença o *relatório*, os *fundamentos* e o *dispositivo*. Além destes, são requisitos da sentença a *pertinência*, e a *certeza*.

Em se tratando de sentença de mérito, ou *definitiva* não há dúvida de que a ausência de qualquer desses requisitos, ou elementos, implica nulidade. Em se tratando, porém, de sentença *terminativa*, havia dúvida, em face do art. 459 do CPC/1973, segundo o qual, nos casos de extinção do processo sem julgamento de mérito, o juiz decidiria de forma concisa. Esse dispositivo não tem correspondente no Código de Processo Civil de 2015.

Dizer que o juiz decidiria de forma concisa significava, apenas, a permissão para uma sentença resumida, na qual o juiz poderia, à guisa de relatório, simplesmente fazer referência a outras peças do processo, sem que tivesse de fazer propriamente um relatório. A regra apenas permitia fosse a sentença resumida.

Na prática, muitas vezes se tem situação de tal modo clara, que a extinção do processo realmente dispensa maiores explicações. Outras vezes, porém, a sentença terminativa chega a ser mais longa, em sua fundamentação, do que seria a sentença de mérito.

No que diz respeito aos fundamentos, a sentença certamente deve se ocupar daqueles que justificam a decisão, vale dizer, o encerramento do processo sem apreciação do mérito. As razões do pedido do autor, e da resposta da autoridade impetrada, quanto ao mérito, evidentemente não devem ser examinadas. Os fundamentos, quanto a essa parte, são obviamente impertinentes nessa espécia de sentença.

Em qualquer caso, todavia, indispensáveis os fundamentos e o dispositivo. Os fundamentos, em face de superior exigência constitucional.[7]

6. STF, Súmula 271.
7. CF, art. 93, inciso IX.

E o dispositivo, pela razão óbvia de que sem ele não existiria decisão nenhuma.

10.1.3.2 Relatório

No relatório devem estar os nomes das partes, o pedido com a síntese de seus fundamentos e a síntese das informações da autoridade impetrada, referência ao parecer do Ministério Público e a outras ocorrências que possam influir na decisão.

Referências a fatos inteiramente irrelevantes não devem ser feitas, posto que o relatório nada mais é do que a descrição das circunstâncias que ensejam a prolação da sentença. Na feliz expressão de Amaral Santos, o relatório é a síntese do processo.[8]

Questão controvertida na vigência do Código de Processo Civil de 1939, a falta de relatório, pelo menos nas sentenças de mérito, atualmente é causa de nulidade da sentença. Amaral Santos sustentou que

> no regime do Código vigente [*de 1973*], a falta de relatório redunda, a nosso ver indiscutivelmente, em nulidade da sentença, pois que é ele um de seus requisitos *essenciais* (Cód. Proc. Civil, art. 458), podendo esta ser rescindida por violar literal disposição de lei (Cód. Proc. Civil, art. 458, I [*art. 489, I, do CPC/2015*]).[9]

10.1.3.3 Fundamentos

Nesta parte da sentença o juiz expõe as razões de seu convencimento. As razões de fato e de direito que o levaram a conceder, ou a denegar, a segurança impetrada.

> Como a sentença é uma espécie do gênero decisão, a ela se aplica o dispositivo da Constituição, segundo o qual "todos os julgamentos dos órgãos do Poder Judiciário serão públicos, e fundamentadas todas as decisões, sob pena de nulidade".[10]

Fundamentada é uma decisão na qual estão colocadas as razões que a justificam, no entender de quem a proferiu.

8. Moacir Amaral Santos, *Primeiras Linhas de Direito Processual Civil*, 3º vol., 10ª ed., São Paulo, Saraiva, 1989, p. 16.
9. Idem, ibidem, p. 17.
10. CF, art. 93, inciso IX.

Em princípio os fundamentos da sentença que concede a segurança são os fundamentos do pedido. Os fundamentos da sentença que não conhece do pedido, ou que o denega, são aqueles colocados pela autoridade impetrada, em suas informações. Pode, todavia, o Juiz, conceder a segurança com fundamentação jurídica diversa da colocada no pedido, da mesma forma que pode deste não conhecer, e pode denegar a segurança, por razões não alegadas na informação da autoridade impetrada.

A exigência legal da indicação dos fatos e dos fundamentos jurídicos tem por finalidade permitir ao juiz a formulação do enquadramento legal da situação que lhe é colocada. O autor apresenta os fatos. E apresenta, também, o que lhe parece ser o significado jurídico destes. Pode, então, o juiz, que conhece a lei, verificar se aquele significado, emprestado aos fatos pelo autor, é correto ou não. E deve fazer isto com base no sistema normativo, e não apenas com base na norma invocada pelo autor. Se assim não fosse, ter-se-ia instituída a possibilidade de negar-se vigência a determinadas normas pelo simples fato de não haverem sido invocadas.

O Supremo Tribunal Federal já decidiu em sentido contrário.[11] Nota-se, todavia, que invocou em amparo de seu entendimento o art. 515 do Código de Processo Civil [*de 1973*], que dizia respeito à apelação, e se aplicava às ações em geral. A restrição, portanto, não é concernente especificamente ao mandado de segurança. No caso apreciado pelo Supremo, a mudança de fundamento deu-se no julgamento da apelação.

De todo modo, certo é que, mesmo no julgamento da apelação é possível o deferimento do mandado de segurança por fundamento jurídico diverso do alegado pelo impetrante. É de grande importância a distinção, que abordamos no item precedente, entre o fundamento do pedido e a causa de pedir. Esta última é que não pode ser alterada.

No Superior Tribunal de Justiça a jurisprudência tem admitido a aplicação dos princípios *iura novit curia* e *da mihi factun dabo tibi ius* às ações rescisórias.[12] Não há razão, portanto, para não aplicá-los ao mandado de segurança.

11. Theotonio Negrão anota jurisprudência em sentido contrário. Dos três acórdãos do STF, que cita, apenas um enfrenta exatamente a questão: "Mandado de segurança. Seu deferimento, pelo acórdão, por fundamento não invocado na inicial e nem nas razões de apelação. Afronta ao princípio inscrito no art. 515 do Código de Processo Civil" (STF RE 87.613-SP, rel. Min. Bilac Pinto, *RTJ* 85, p. 314).

12. STJ, REsp 7.958-0-SP, rel. Min. Sálvio de Figueiredo, *RSTJ* 48/137.

Inexistindo dispositivo legal em sentido contrário, é aplicável ao mandado de segurança a mesma orientação concernente às ações em geral.

Assim, a invocação desta ou daquela regra jurídica é argumento, e não razão da pretensão. A decisão deve responder às razões das pretensões porque transformadas em questões, mas não necessariamente à argumentação das partes.[13]

Não se verifica alteração da causa de pedir quando se atribui ao fato, ou ao conjunto de fatos, qualificação jurídica diversa da originariamente atribuída. Incumbindo ao juiz a subsunção do fato à norma, ou seja, a categorização do fato, inocorre modificação da *causa petendi* se houver compatibilidade do fato descrito com a nova qualificação jurídica ou com o novo enunciado legal.[14]

É irrelevante, pois, fundar o julgado que defere o pedido em dispositivo legal diverso do indicado pelo autor, desde que tenha considerado os mesmos fatos.[15]

10.1.3.4 Dispositivo

No dispositivo o juiz decide.

Nas sentenças terminativas, o dispositivo dirá simplesmente que fica extinto o processo sem exame de mérito. E neste caso é possível, em princípio, a impetração de outro mandado de segurança.[16]

Nas sentenças definitivas a decisão será concedendo ou negando a ordem requerida. Se conceder a segurança, o juiz emite a ordem solicitada pelo autor para que a autoridade impetrada pratique o ato desejado, ou se abstenha da prática daquele considerado lesivo ao direito do impetrante. Se denegar a segurança, o juiz deixa de emitir a ordem requerida, mas em princípio não declara existente ou inexistente qualquer relação jurídica. Apenas deixa de emitir a ordem impetrada.

A inexistência do direito do impetrante pode ser fundamento da denegação da ordem, mas não integra o dispositivo. Este aspecto é da

13. STJ, 4ª Turma, AgRg no Ag 5.540-MG, rel. Min. Athos Carneiro, v.u., *DJU* de 11.3.1991, p.23.

14. STJ, 4ª Turma, REsp 2.403-RS, rel. Min. Sálvio de Figueiredo, v.u., *DJU* de 24.9.1990, p. 9.983.

15. STJ, 3ª Turma, REsp 1.925-SP, rel. Min. Eduardo Ribeiro, *DJU* de 9.4.1990, p. 2.742.

16. Art. 19 da Lei 12.016/2009.

maior importância para a adequada compreensão do disposto no art. 19 da Lei 12.016/2009, segundo o qual

> A sentença ou o acórdão que denegar mandado de segurança, sem decidir o mérito, não impedirá que o requerente, por ação própria, pleiteie os seus direitos e os respectivos efeitos patrimoniais.

O dispositivo, na sentença de mérito, prolatada em mandado de segurança, não alberga mais do que a concessão ou a denegação da ordem impetrada. A adequada compreensão desta assertiva exige que se conheça o objeto específico do mandado de segurança, e tem grande importância na compreensão de aspectos da coisa julgada.

10.1.3.5 Pertinência

A sentença deve ser pertinente, isto é, deve dizer respeito ao pedido. Pode indeferir ou pode deferir, no todo ou em parte, o pedido, mas não pode decidir fora dele.

Pode-se falar, a propósito da pertinência, de certeza e de precisão.

> Para ser *precisa* – ensina Amaral Santos — deve a sentença conter-se nos limites do pedido. *Sententia debet esse conformis libello.* Trata-se de aplicação do princípio de adstrição do juiz ao pedido da parte, expresso no art. 128 do Código de Processo Civil [*de 1973, correspondente ao art. 141 do CPC/2015*]: "O juiz decidirá a lide nos limites em que foi proposta, sendo-lhe defeso conhecer de questões não suscitadas, a cujo respeito a lei exige a iniciativa da parte". Precisa e, como tal, *limitada* ao pedido do autor.[17]

No mandado de segurança a sentença há de conceder ou denegar o pedido, emitindo ou denegando a emissão da ordem requerida. Se decidir emitir ordem diversa daquela que foi pedida é desvaliosa, ainda que tenha por fim proteger o direito do impetrante.

10.1.3.6 Clareza e coerência

Toda sentença deve ser clara e coerente. Clara, para não ensejar dúvidas em sua interpretação. Coerente, no sentido de que o dispositivo deve ser uma conclusão lógica dos fundamentos.

17. Moacyr Amaral Santos, *Primeiras Linhas de Direito Processual Civil*, 3º vol., 10ª ed., São Paulo, Saraiva, 1989, p. 22.

A sentença deve ser *clara*, pois que terá de ser inteligível e insuscetível de interpretações ambíguas ou equívocas. A clareza recomenda linguagem simples, em bom vernáculo, com aproveitamento, quando for o caso, da palavra técnica, do vocabulário jurídico. De bom conselho é evitarem-se períodos longos.[18]

A obscuridade, da qual decorre a dúvida, assim como a incoerência ou contraditoriedade, ensejam a interposição de embargos de declaração.

10.2 Coisa julgada

10.2.1 Conceito e espécies

O direito tende a realizar os valores fundamentais da humanidade, entre os quais se destacam a Justiça e a Segurança.

Resolvida a lide, geralmente a parte vencida dispõe de um recurso através do qual pode pedir o seu reexame, buscando obter solução que a favoreça. A existência de recursos tende a realizar o valor *Justiça*. Não seria razoável, porém, admitir que a interposição de recursos perdurasse indefinidamente, posto que a eternização dos litígios terminaria por negar a própria finalidade da sentença de mérito, que é tornar certa a situação jurídica das partes. Assim,

> para impedir que a situação jurídica entre as partes, definida na sentença de mérito, pudesse ser objeto de novas definições, que o legislador editou normas, proibindo qualquer juiz de pronunciar-se de novo sobre a situação jurídica substancial já definida por sentença não mais sujeita a recurso.[19]

A coisa julgada, que está garantida não apenas contra novas manifestações jurisdicionais, mas até contra a edição de novas leis, tende a realizar a *segurança jurídica*.

Entende-se por coisa julgada

> a imutabilidade dos efeitos da sentença ou da própria sentença que decorre de estarem esgotados os recursos eventualmente cabíveis.[20]

18. Moacyr Amaral Santos, *Primeiras Linhas de Direito Processual Civil*, cit., p. 21.

19. José de Albuquerque Rocha, *Teoria Geral do Processo*, 2ª ed., São Paulo, Saraiva, 1991, p. 227.

20. Vicente Greco Filho, *Direito Processual Civil Brasileiro*, vol. 2, 6ª ed., São Paulo, Saraiva, 1993, p. 239.

Ou,

> a proibição imposta a todos os juízes de pronunciarem-se sobre situação jurídica substancial já definida por sentença não mais sujeita a recurso.[21]

Conforme o seu alcance, a coisa julgada pode ser de duas espécies, a saber, *formal* e *material*.

A primeira resulta do exaurimento dos recursos cabíveis.

> Consiste justamente no fato de a sentença tornar-se definitiva no processo, por terem-se esgotado os poderes do juiz e das partes para modificá-la, no âmbito do processo em que foi proferida.[22]

Seu efeito é limitado ao processo em que foi proferida a sentença.

> Quando estiverem esgotados todos os recursos previstos na lei processual, ou porque foram todos utilizados e decididos, ou porque decorreu o prazo de sua interposição, ocorre a coisa julgada formal, que é a imutabilidade da decisão dentro do mesmo processo por falta de meios de impugnação possíveis, recursos ordinários ou extraordinários. Todas as sentenças, em certo momento, fazem coisa julgada formal.[23]

Coisa julgada material é a imutabilidade da sentença de mérito, não apenas no processo em que foi proferida, mas em qualquer outro, salvo exceções especialmente previstas em lei. Ela não resulta apenas do exaurimento de recursos a serem utilizados no processo, e seus efeitos se projetam fora deste, por isto que "impede que nova demanda seja proposta sobre a mesma lide".[24]

10.2.2 Os arts. 19 e 6º, § 6º, da Lei 12.016, e a Súmula 304 do STF

O art. 15 da Lei 1.533/1951 foi reproduzido, com significativa alteração, pelo art. 19 da Lei 12.016/2009. Já o art. 16 da Lei 1.533/1951, foi reproduzido, com pequena alteração, pelo art. 6º, § 6º, da Lei 12.016/2009.

21. José de Albuquerque Rocha, *Teoria Geral do Processo*, cit., p. 227.
22. José de Albuquerque Rocha, ob. cit., p. 228.
23. Vicente Greco Filho, *Direito Processual Civil Brasileiro*, cit., p. 240.
24. Idem, ibidem.

Comentaremos mais adiante os dispositivos da lei nova. Mantivemos, todavia, o que escrevemos em edição anterior sobre os arts. 15 e 16 da Lei 1.533, arrolando doutrina e jurisprudência pertinentes a esses dispositivos, com o propósito de dar aos leitores os elementos para a adequada compreensão da mudança legislativa, e, ao mesmo tempo, compreenderem melhor o instituto da coisa julgada.

O art. 15 da Lei 1.533/51 estabelecia que

> a decisão do mandado de segurança não impedirá que o requerente, por ação própria, pleiteie os seus direitos e os respectivos efeitos patrimoniais

E o art. 16 dizia que

> o pedido de mandado de segurança poderá ser renovado se a decisão denegatória não lhe houver apreciado o mérito.

Em face desses dispositivos, o Supremo Tribunal Federal fixou o seu entendimento no sentido de que

> Decisão denegatória de mandado de segurança, não fazendo coisa julgada contra o impetrante, não impede o uso da ação própria (STF, Súmula 304).

Os dispositivos legais em referência, e a manifestação da Corte Maior, expressavam com induvidoso acerto o que na verdade se havia de entender sobre o tema, não obstante certa impropriedade terminológica da prescrição jurisprudencial.

Infelizmente, porém, talvez em face de compreensão ampliativa dos limites objetivos da coisa julgada, admissível em face do Código de Processo Civil de 1939, doutrinadores autorizados passaram a ensinar que a denegação da segurança, por sentença de mérito, impediria o uso das vias ordinárias pelo impetrante. E essa doutrina chegou a influenciar o Supremo Tribunal Federal, que decidiu contra sua própria súmula, sob os aplausos daqueles doutrinadores, para os quais apenas estaria a interpretá-la adequadamente.

Hely Lopes Meirelles, por exemplo, invocando dois julgados da Corte Maior, sustenta

> que o próprio Supremo Tribunal Federal, dando o exato sentido e o alcance de sua Súmula 304, consignou que quando a decisão proferida

em mandado de segurança conclui que não assiste direito ao impetrante, apreciando o mérito, o único modo de atacar a *res judicata* assim formada é a ação rescisória.[25]

A doutrina e a jurisprudência predominantes foi no sentido de que a Súmula 304 do Supremo Tribunal deveria ser entendida como concernente apenas à sentença que não examina o mérito da impetração. A expressão *não fazendo coisa julgada* teria o significado *de nos casos em que não faz coisa julgada.*[26]

10.2.3 Manifestações doutrinárias divergentes

Vale o registro de divergências doutrinárias, reconhecidas, aliás, pelo Min. Godoy Ilha, quando presidia o então Tribunal Federal de Recursos.[27]

Cretella Júnior, reportando-se ao art. 15 da Lei 1.533/1951, assevera:

> O legislador quis dizer que o mandado de segurança é apenas uma das vias para reivindicar direitos e seus respectivos efeitos patrimoniais. Negada a ordem, cabe, por exemplo, o recurso à ação ordinária.

E adiante esclarece:

> Qualquer que seja a decisão do mandado de segurança, a impetração não fecha as portas ao impetrante que poderá, por ação própria, pleitear os seus direitos e os respectivos efeitos patrimoniais.[28]

Contra o ponto de vista predominante colocou-se Luís Eulálio de Bueno Vidigal, sustentando, em tese de concurso, ser o mandado de segurança um instrumento processual de natureza cautelar, destinado apenas a evitar as medidas de execução que a Administração pode adotar sem

25. Hely Lopes Meirelles, *Mandado de Segurança e Ações Constitucionais*, 36ª ed., São Paulo, Malheiros Editores, 2014, pp. 134-135.

26. Hely Lopes Meirelles, *Mandado de Segurança*, cit., p. 135; Celso Agrícola Barbi, *Do Mandado de Segurança*, cit., pp. 226-228; Alfredo Buzaid, *Do Mandado de Segurança*, cit., pp. 255-256; Sérgio Sahione Fadel, *Teoria e prática do Mandado de Segurança*, cit., pp. 178-179; José da Silva Pacheco, *O Mandado de Segurança e outras ações constitucionais típicas*, cit., pp. 239-240; Sérgio Ferraz, *Mandado de Segurança (individual e coletivo) Aspectos polêmicos*, cit., p. 129.

27. Despacho na ApCiv 9.949, *DJU* de 23.2.1966, p. 430.

28. J. Cretella Júnior, *Comentários à Lei do Mandado de Segurança*, Rio de Janeiro, Forense, 1989, p. 321.

intervenção judicial. Por isto, ficaria aberta para a Administração a via judicial, para discutir as questões já decididas no mandado de segurança. Sua tese não logrou aceitação. O mandado de segurança não tem por objetivo a composição *provisória* da lide. Por outro lado, diversamente da cautelar, ele não há de ser concedido em face de uma aparência de bom direito. Exige direito *líquido e certo*.[29]

Seabra Fagundes sustentou que a sentença denegatória do mandado de segurança não impediria a propositura de ação ordinária,

> porque a denegação da segurança importa negar que o direito seja líquido e certo, porém não a existência de um direito sem essa qualidade de liquidez e certeza. Logo, se um direito sem tais requisitos pode existir, não obstante a denegação, deve-se supor cabível, em princípio, a ação ordinária.[30]

Como anotou Sérgio Sahione Fadel, o próprio Seabra Fagundes sustentava, paradoxalmente, que a questão de direito, por mais intrincada que fosse, poderia e deveria ser examinada no mandado de segurança.[31]

Retorna-se, deste modo, ao ponto em que se faz necessária a distinção entre a hipótese na qual, à míngua de prova, o mandado é denegado sem exame da existência ou não do direito do impetrante, e aquela outra, na qual a denegação não decorre de deficiência de prova, mas do reconhecimento da inexistência do direito do impetrante, não obstante os fatos não ensejem dúvida.

10.2.4 Nossa posição

A nosso ver a sentença que concede a segurança impede a disputa, por qualquer outra via, do direito que assegurou. Já a que denega a segurança, com ou sem exame de mérito da pretensão do impetrante, não impede que este pleiteie, por outra via, o que entende ser de seu direito. Estamos de acordo com Seabra Fagundes, quanto a esta conclusão, à qual chegamos, porém, por fundamento inteiramente diverso.

29. Cf. Celso Agrícola Barbi, *Do Mandado de Segurança*, 6ª ed., Rio de Janeiro, Forense, 1993, p. 228.

30. Seabra Fagundes, *O controle dos atos administrativos pelo Poder Judiciário*, 4ª ed., Rio de Janeiro, Forense, 1967, p. 306.

31. Cf. Sérgio Sahione Fadel, *Teoria e prática do Mandado de Segurança*, 2ª ed., Rio de Janeiro, José Konfino Editor, 1976, p. 181.

Realmente, a questão essencial não reside em saber se a sentença denegatória da segurança faz ou não faz coisa julgada material. A questão é de saber quais os limites da coisa julgada material.

A doutrina do mandado de segurança, no pertinente à coisa julgada, foi construída à luz do Código de Processo Civil de 1939. Mesmo os escritos posteriores não revelaram qualquer preocupação com a inovação introduzida pelo Código de 1973, no que concerne aos limites objetivos da coisa julgada.

O art. 15 da Lei 1.533/1951 dispunha que "a decisão do mandado de segurança não impedirá que o requerente, por ação própria, pleiteie os seus direitos e os respectivos efeitos patrimoniais". O sentido desse dispositivo é induvidoso. Qualquer que fosse a *decisão* do mandado de segurança ficavam abertos os caminhos para o pleito de direitos, e de seus efeitos patrimoniais.

O Supremo Tribunal Federal, com absoluto acerto, editou a Súmula 304, afirmando que "decisão denegatória de mandado de segurança, não fazendo coisa julgada contra o impetrante, não impede o uso da ação própria". Em nenhuma hipótese, portanto, a decisão denegatória impediria o uso da ação própria.

Ocorre que a doutrina majoritária, além de despreocupada com a natureza específica do mandado de segurança, preconizava limites objetivos amplos para a coisa julgada material, mesmo sem o dizer explicitamente. Desenvolveu, então, interpretação tendente a distinguir onde a lei não distinguia, lendo no art. 15 da Lei 1.533/1951 o que naquele dispositivo não estava escrito. E descobriu na Súmula 304, do Supremo, elemento literal ambíguo, construindo tese que, se era compatível com o Código de Processo Civil de 1939, conflitava flagrantemente com o de 1973, posto que em flagrante divergência com seu art. 469 (art. 504 do CPC/2015), afirmava abrangidos pela coisa julgada os fundamentos da sentença denegatória do mandado de segurança.

Para melhor compreensão de nosso ponto de vista, examinemos a questão dos limites objetivos da coisa julgada.

10.2.4.1 Os limites objetivos da coisa julgada

Os efeitos da coisa julgada, como é sabido e está expresso no art. 503 do CPC/2015, não se projetam além dos limites da lide, e estes são fixados pelo pedido, e não por seus fundamentos. Segundo Chiovenda, objeto do julgado é a conclusão *última* do raciocínio do juiz, e não as premissas; o último e imediato resultado da decisão, e não a série dos fatos, das relações ou dos estados jurídicos que, no espírito do juiz, constituíram os pressupostos de tal resultado.[32]

No plano de uma teoria do processo, desvinculada de um determinado ordenamento jurídico, tanto se pode sustentar que a coisa julgada abrange as premissas lógicas da decisão como a tese contrária.

No Brasil, com o advento do Código de Processo Civil de 1973, não nos parece devesse persistir a polêmica. Na lição do Mestre Moacir Amaral Santos:

> A matéria comportava controvérsia e profundas indagações no regime do Código de 1939, à vista do que dispunha o parágrafo único do art. 287: "Considerar-se-ão decididas todas as questões que constituam premissa necessária da conclusão". Queria dizer que se consideravam com efeito de coisa julgada as decisões, no desenvolvimento da análise das questões suscitadas, e que se pressupunham necessariamente na conclusão. E acrescentava-se que, nesse regime, tão-só se haviam por decididas as *premissas necessárias* à conclusão, não as *consequências* delas, embora necessárias. Aliás, esse era o nosso parecer.
>
> O Código vigente [*de 1973*] cortou definitivamente a controvérsia, excluindo da eficácia da coisa julgada as questões resolvidas na fundamentação, até mesmo as chamadas questões prejudiciais (art. 469).[33]

Pontes de Miranda, a seu turno, doutrinava:

> Os motivos, ainda que importantes para determinar o *alcance* do que decide a sentença ("parte dispositiva da sentença"), não fazem coisa julgada material. No processo não mais se podem discutir e julgar porque o processo se extinguiu. Fora do processo, o que pode ter eficácia de coisa julgada (material) é o enunciado sentencial. O que pode acontecer e por vezes acontece é que se tem de apreciar para se saber qual o verdadeiro alcance da decisão ou das decisões. Porém, mesmo em tais circunstâncias, não fazem coisa julgada, nem têm eficácia de coisa julgada material (art. 469, I, *verbis* "ainda que importantes para determinar o alcance da parte dispositiva da sentença"). Está-se apenas no plano da interpretação dos enunciados da sentença, em pesquisa

32. *Instituições de Direito Processual Civil*, vol. I, tradução de J. Guimarães Menegale, São Paulo, Saraiva, 1965, p. 411.

33. *Comentários ao Código de Processo Civil*, vol. IV, Rio de Janeiro, Forense, 1976, p. 476.

lógica. Fez bem o art. 469, I, em repelir o que alguns juristas queriam conferir aos motivos.[34]

Hermenegildo de Souza Rego, em excelente estudo no qual apreciava em profundidade o assunto, invoca Castro Mendes para dizer que

> o alargamento ou não alargamento do caso julgado aos fundamentos da decisão é, em última análise, um problema de política legislativa.

E concluía, reportando-se ao Código de Processo Civil de 1973:

> Adotou o Código um "sistema restritivo puro", na terminologia de Castro Mendes. Isto é: nenhum fundamento da decisão fica revestido da autoridade da coisa julgada.

E esclareceu:

> Obviamente, porém, a rediscussão dos fundamentos, em outro processo, e a adoção, a seu respeito, de conclusões divergentes, não pode atingir a coisa julgada, isto é, não pode subtrair a *res* (o bem da vida objeto da ação ou da reconvenção) que a sentença anterior tenha concedido com base nos fundamentos dos quais divergiu a segunda decisão.[35]

É evidente que a *res*, *o bem da vida* disputado, é apenas o crédito tributário que o contribuinte pretende desconstituir, tanto nos embargos como na anulatória de lançamento tributário. Se o contribuinte pagou, porque vencido nos embargos ou na anulatória, o efeito da coisa julgada obviamente impede que se rediscuta a questão de saber se aquele crédito era realmente devido, questão que foi resolvida pela sentença proferida nos embargos ou na anulatória. Não alcança, todavia, os motivos ou premissas lógicas dessa decisão. Não abrange a questão de saber se o tributo, relativamente a outros períodos, é devido.

A questão de saber se existe, ou se é válida, a relação jurídica tributária, na verdade é apenas premissa da sentença que assegurou ao contribuinte o direito de não pagar, ou ao fisco o direito de receber o crédito tributário em disputa. Entretanto, as premissas do julgamento,

34. *Comentários ao Código de Processo Civil*, t. V, Rio de Janeiro, Forense, 1974, pp. 178-179.

35. "Os motivos da sentença e a coisa julgada", *Revista de Processo* 35/14 e 21.

que se consubstanciam em questões de direito ou questões de fato, não se tornam imutáveis, por força da coisa julgada, porque esta só atinge o objeto do pedido.

Neste sentido, o Tribunal Federal de Recursos decidiu que "os motivos que alicerçam a sentença não fazem coisa julgada salvo se também dispõem".[36]

Realmente, segundo dispunha o Código de Processo Civil de 1973,

> Não fazem coisa julgada: a) os motivos, ainda que importantes para determinar o alcance da parte dispositiva da sentença; b) a verdade dos fatos, estabelecida como fundamento da sentença; c) a apreciação de questão prejudicial, decidida incidentemente no processo.[37]

Comentando esse dispositivo, escreveu Barbosa Moreira:

> O legislador brasileiro de 1973, ao contrário do tedesco, não se contentou em delimitar positivamente o círculo de incidência da coisa julgada. Empenhado, ao que tudo indica, em dissipar de maneira definitiva as dúvidas subsistentes ao longo da vigência da lei anterior, teve a cautela de redigir outro dispositivo (art. 469) para discriminar, em termos expressos, as matérias excluídas isto é, aquelas que não se submetem à *auctoritas rei iudicatae*.[38]

10.2.4.2 O dispositivo na sentença de mérito

Na sentença de mérito, proferida em mandado de segurança, o dispositivo limita-se a conceder ou a denegar uma ordem dirigida à autoridade impetrada, determinando que esta pratique, ou que se abstenha de praticar determinado ato.

Assim, o que transita em julgado, nesse tipo de sentença, é apenas essa ordem ou sua denegação.

36. *RTFR* 122/211, cit. por Theotonio Negrão, *Código de Processo Civil*, cit., p. 210.

37. CPC/1973, art. 469. O art. 507 do CPC/2015 reproduz literalmente esse artigo, com exceção da alínea "c", que não figura no novo CPC.

38. "Os limites objetivos da coisa julgada no sistema do novo Código de Processo Civil", *Revista Forense* 246/31. Discordamos do eminente processualista apenas quanto ao exemplo, pois em se tratando de ação declaratória, o alcance da coisa julgada abrange precisamente a relação jurídica, e em se tratando de uma relação jurídica continuativa, como em muitos casos é a relação tributária, a questão do alcance da coisa julgada merece especial atenção.

O objeto específico do mandado de segurança é uma ordem, ou mandado, que assegura um direito líquido e certo. Pede o impetrante lhe seja concedido esse mandado. Não que se lhe declare o direito a ser protegido, mas que se lhe conceda um mandado para sua proteção. Não para uma proteção provisória, própria das medidas cautelares, destinada a durar apenas enquanto não ocorrer manifestação definitiva indispensável sobre o direito protegido. Proteção definitiva, no sentido de que não está vinculada a outra manifestação, mas sem o poder de impedir que outra manifestação aconteça.

Concedendo a segurança, o juiz emite uma ordem. Em matéria tributária essa ordem pode ser, por exemplo, no sentido de que a autoridade impetrada: a) abstenha-se de cobrar determinado tributo; b) libere determinada mercadoria; c) forneça certidão negativa de débito. Uma vez acatada a ordem, exaurem-se os efeitos da sentença, e não se pode, sem rediscutir essa ordem, questionar o direito ao não pagamento do tributo, ou à liberação da mercadoria, ou à obtenção da certidão.

Denegando a segurança, mesmo com exame de mérito, o dispositivo da sentença diz apenas *denego a ordem impetrada, porque o impetrante não tem direito a ela*. Não há nele qualquer disposição a respeito do conflito entre o impetrante e a autoridade impetrada. A afirmação de que inexiste o direito do impetrante é apenas *o fundamento* da denegação da segurança. E como tal não transita em julgado.

Há, neste caso, um exame de mérito da pretensão ao mandado de segurança, e a sentença contém um dispositivo afirmando inexistir direito à ordem impetrada. Não um dispositivo declarando válido um lançamento tributário, ou existente uma relação jurídica tributária. A afirmação feita pelo juiz de que o lançamento é válido, ou de que não vislumbra nele ilegalidade capaz de ensejar o deferimento da segurança, é fundamento da decisão denegatória. Tecnicamente, portanto, não integra o *dispositivo* da sentença. O fato de que alguns juízes colocam na parte final da sentença, às vezes até com a denominação explícita de dispositivo, afirmações neste sentido, não muda a natureza das coisas. Tais afirmações não deixam por isto de ser *fundamentos*.

10.2.4.3 O dispositivo na sentença terminativa

Em se tratando de sentença terminativa, que não aprecia o mérito da impetração, o dispositivo também se limita a denegar a ordem. Como o faz, porém, sem examinar o mérito da pretensão ao mandado de segurança, o pedido pode ser repetido. A menos, é claro, que se tenha esgotado o prazo para tal fim.

Se a denegação decorre, por exemplo, da insuficiência de provas, nada impede nova impetração, que poderá ser acolhida, desde que o impetrante ofereça elementos novos de prova de suas alegações, e não tenha ainda terminado o prazo de 120 dias a contar da ciência do ato impugnado.

Se decorreu dito prazo, ou se o impetrante não dispõe de provas hábeis, poderá utilizar a via ordinária. É comum nas sentenças, em casos tais, uma ressalva no sentido de deixar aberta ao impetrante a via ordinária. Tal ressalva tem apenas efeito didático, evitando alegação indevida de coisa julgada, mas não é necessária. Exista, ou não, na sentença, será sempre permitida a via ordinária.

10.2.5 Coisa julgada e relação jurídica continuativa

10.2.5.1 Manifestações doutrinárias

Celso Ribeiro Bastos, em excelente estudo a respeito do Mandado de Segurança em matéria tributária, suscita a questão de saber se existe o *mandado de segurança normativo*. E esclarece:

> Trata-se de emprestar força à decisão proferida de tal sorte que ela dirima a controvérsia *sub judice*, dando uma solução a ser feita valer não apenas na hipótese presente, mas todas as vezes que uma idêntica se repetir no futuro.[39]

Para o eminente constitucionalista de São Paulo não se trata de atribuir efeito normativo à sentença proferida em mandado de segurança, mas de definir corretamente os limites da coisa julgada. Afirma ele:

> a segurança faz coisa julgada a ser respeitada nas múltiplas hipóteses que venham a se enquadrar nos limites da decisão revestida de tal força.[40]

Em sentido contrário doutrina, com propriedade, Hely Lopes Meirelles:

39. *Reflexões, Estudos e Pareceres de Direito Público*, Rio de Janeiro, Forense, 1984, p. 70.

40. Idem, ibidem.

> Para que surja a *coisa julgada*, em sentido formal e material, é indispensável a tríplice identidade de *pessoas*, *causa e objeto*: as partes hão de ser as mesmas; o fundamento de pedir o mesmo e o objeto o mesmo, e não apenas *assemelhado*. Muito comum é a repetição do ato abusivo, já considerado ilegal em outro mandado entre as mesmas partes, e incidente sobre objeto do mesmo gênero (mercadorias, serviços, atividades etc.). Neste caso, não se verifica a *coisa julgada*, por faltar à decisão anterior um dos pressupostos de sua ocorrência, ou seja a vinculação da sentença primitiva ao mesmo objeto (e não a objeto do mesmo gênero). Ter-se-á aqui apenas um precedente judiciário; nunca a *coisa julgada* em acepção jurídica própria.[41]

Barbosa Moreira, depois de se reportar às exclusões do âmbito da coisa julgada, feitas expressamente pelo art. 469 do Código de Processo Civil de 1973, exemplifica:

> O contribuinte X propõe contra o Fisco ação declaratória negativa de dívida tributária, em relação a determinado exercício, arguindo a inconstitucionalidade da lei que instituíra o tributo. O juiz acolhe o pedido, por entender que tal lei era realmente inconstitucional. A solução dessa questão de direito constitui motivo da decisão: sobre ela não se forma a coisa julgada. Com referência a outro exercício – e portanto a outra dívida – é lícito ao órgão judicial reapreciar a questão, eventualmente para considerar constitucional a mesma lei e julgar, por isso, que o tributo é devido por X.[42]

Vê-se na lição de Barbosa Moreira a distinção entre o fundamento da sentença, que é a inconstitucionalidade da lei, no caso, e que não transita em julgado, e a decisão, que é a declaração de ser indevido o tributo, ou, em outras palavras, a declaração da inexistência da relação tributária, que faria coisa julgada apenas em relação ao exercício. Não enfrentou aquele eminente processualista a questão de saber se a relação tributária pode ser continuativa e, assim, admitiu simplesmente a orientação consubstanciada na Súmula 239 do Egrégio Supremo Tribunal Federal.

Tercio Sampaio Ferraz Júnior estudou a questão dos limites objetivos da coisa julgada em matéria fiscal, revelando sua insatisfação com a doutrina que "oscila entre uma limitação temporária pronunciadamente restritiva e uma extensão sem limites". Para ele a solução da controvérsia

41. *Mandado de* Segurança, ob. cit., p.134.

42. "Os limites objetivos da coisa julgada no sistema do novo Código de Processo Civil", cit., p. 31.

passa em primeiro lugar, pela distinção entre tributos diretos e indiretos. Em relação aos primeiros seria perfeita a regra da Súmula 239 do Supremo Tribunal Federal, salvo os casos de inconstitucionalidade, isenção e imunidade. Em relação aos últimos ter-se-ia de distinguir a sentença que se refere apenas a questões pertinentes à exequibilidade, daquela que diz respeito a questões de exigibilidade. Relativamente à primeira, os efeitos da coisa julgada abrangeriam apenas o exercício. Em relação à última, os efeitos da coisa julgada não teriam essa limitação temporal, e apenas em se tratando de relação jurídica continuativa ficaria a coisa julgada sujeita a revisão na hipótese de modificação do estado de fato ou de direito, como dispõe o art. 471, II, do Código de Processo Civil [*de 1973; art. 505 do CPC/2015*].[43]

Não obstante o respeito que merecem essas manifestações doutrinárias, não nos consideramos satisfeitos com as soluções propostas.

10.2.5.2 A jurisprudência do STF

O Egrégio Supremo Tribunal Federal, por sua 1ª Turma, apreciando recurso extraordinário em mandado de segurança impetrado "contra ato de Chefe de Posto Fiscal da Fazenda do Estado, visando ao reconhecimento de alegado direito ao crédito de ICM, correspondente ao valor da isenção de matéria-prima importada", entendeu estar a recorrente pleiteando "efeito normativo que não se compadece com a índole do mandado de segurança".

Segundo o eminente Min. Octávio Gallotti, relator do caso,

> a questão resume-se a indagar se, reconhecido à Recorrente, o direito ao creditamento do ICM pelas importações comprovadas nos autos, poderia a concessão da segurança alcançar também as importações futuras, a ser realizadas pela mesma impetrante, dispensando-se, nessa hipótese, a apresentação da prova documental, em juízo.

Reportando-se a julgado anterior, da mesma 1ª Turma (AgR 114.344, rel. Min. Rafael Mayer), esclarece aquele eminente magistrado:

> Não há consistência em renovar-se a alegação de ofensa ao princípio da não cumulatividade insculpido no art. 23, II, da Constituição

43. Tercio Sampaio Ferraz Jr., *Interpretação e Estudos da Constituição de 1988*, São Paulo, Atlas, 1990, pp. 41-51.

[*de 1969*]. Não recusou-se o acórdão de aplicá-lo, mas o fez nos limites permitidos pelo mandado de segurança, concedido somente em parte.

A verdadeira inconformidade aí reside, pois a pretensão da impetrante é que lhe fosse concedida segurança *in genere* e para todos os casos futuros, o que lhe daria cunho de normatividade, como que uma imunidade pessoal incomportável nos lindes de um procedimento que visa a garantir direito, que exista líquido e certo, contra a lesão ou contra a ameaça de lesão.

Não se dá mandado de segurança contra direitos eventuais, futuros ou em cogitação, pois o *writ* preventivo o que contempla, de futuro, é a potencialidade de ameaça a consumar-se contra o direito subjetivo, aquele que é certo.

Acolher a tese da recorrente, segundo o eminente Min. Octávio Gallotti,

seria adotar uma amplitude incompatível com a noção de "direito líquido e certo", certamente aquele que é comprovável e comprovado de plano.

A índole indisfarçavelmente normativa da medida pretendida contrasta com o princípio da atualidade de que deve revestir-se a ameaça a ser conjurada por meio do mandado preventivo e, na prática, até mesmo a constante evolução da legislação fiscal, contribui para exaltar a prudência com que se houve o acórdão recorrido.

O entendimento adotado no referido julgado[44] parece não ter sido pacífico na Corte Maior. Com efeito, sua Segunda Turma decidiu:

Embargos de Declaração. Ação declaratória do direito ao crédito de ICM. Eficácia. Declarada a relação jurídica de isenção do tributo, por sentença, torna-se indiscutível o direito da parte. Se o imposto sobre que recai a isenção já foi pago, cabe a ação de repetição de indébito. Se não foi, cabe desde logo a escrituração dos respectivos créditos, independentemente de ação condenatória. Nessa hipótese, *não há distinguir isenções sobre operações pretéritas ou futuras* (o destaque não é do original).[45]

Cuidava-se, como se verifica do voto do Min. Carlos Madeira, relator do caso, de embargos de declaração interpostos pelo Estado de

44. RE 114.131-0-SP, *DJU* 12.12.1986, p. 24. 669, *Repertório IOB de Jurisprudência* 18/87, pp. 249-251.

45. ED no RE 107.493-SP, *RTJ* 124/1.182-1.183.

São Paulo, pretendendo fosse esclarecido "que o direito reconhecido em ação declaratória só seja exercido mediante ação condenatória". Deste modo, a prevalecer a pretensão do embargante, em cada importação teria a importadora de promover ação para creditar-se do valor da isenção. O sentido do acórdão, rejeitando os embargos, está bem definido no voto do Min. Carlos Madeira, que afirma:

> Se o imposto de que a recorrente é isenta já foi pago, claro está que só com a ação condenatória pode ela reavê-lo. É a ação de repetição do indébito.
>
> Mas se não foi pago, e a sentença declara que não é devido em virtude da isenção, o direito à escrituração do respectivo valor é decorrência de sua eficácia. Pouco importa, nessa hipótese, se tratem de importações pretéritas ou futuras.

Como se vê, a Corte Maior declarou expressamente que os efeitos da sentença projetam-se para fatos futuros. Não se cuidava, é certo, de mandado de segurança, mas de ação declaratória. Poder-se-á, então, argumentar que, no mandado de segurança, o *dispositivo* é simplesmente a ordem, o mandamento, dirigido à autoridade impetrada, sendo a declaração do direito do impetrante apenas um *fundamento* para a emissão dessa ordem, vale dizer, um fundamento da sentença. Na ação declaratória, diversamente, a declaração do direito é o próprio *dispositivo* da sentença. Tal argumento, porém, embora a rigor nos pareça procedente, perde sentido diante da jurisprudência que tem admitido a eficácia declaratória da sentença proferida em mandado de segurança.

De todo modo, dos votos proferidos no caso por último referido, colhe-se que a questão realmente não diz respeito à natureza da ação, posto que não foi questionada a diferença entre mandado de segurança e ação declaratória como fundamento para as conclusões divergentes a respeito do efeito da sentença relativamente a fatos futuros.

Realmente, o eminente Min. Aldir Passarinho, que acompanhou o Relator, esclareceu que o fazia apenas porque se tratava,

> no caso, de embargos declaratórios, que não podem ter efeitos infringentes, conforme, certamente, pretende o embargante.

Acrescentou, todavia, ter

> lembrança de que, em tema de ação declaratória, já foi entendido – penso até que nesta mesma Turma – no sentido de que não seria

possível julgá-la procedente para abrangência de operações futuras, como pretendido na hipótese dos autos.

Em tema de ação declaratória, decidiu o Supremo Tribunal Federal, por sua 1ª Turma, que

> a declaração de intributabilidade, no pertinente a relações jurídicas originadas de fatos geradores que se sucedem no tempo, não pode ter o caráter de imutabilidade e de normatividade a abranger eventos futuros.[46]

Esse entendimento foi confirmado pelo Plenário, no julgamento da Ação Rescisória 1.239-9-MG, cujo relator, o eminente Min. Carlos Madeira, não obstante o ponto de vista já manifestado no julgado acima transcrito, pelo qual a declaração de que o tributo não é devido em virtude de isenção, produz efeitos para o futuro, adotou o parecer da Procuradoria-Geral da República, então presentada pelo, depois, Min. Sepúlveda Pertence, pela improcedência da ação. Nesse julgado, o Min. Moreira Alves foi incisivo, afirmando que

> não cabe ação declaratória para o efeito de que a declaração transite em julgado para os fatos geradores futuros, pois a ação dessa natureza se destina à declaração da existência, ou não, da relação jurídica que se pretende já existente. A declaração da impossibilidade do surgimento de relação jurídica no futuro porque não é esta admitida pela Lei, ou pela Constituição, se possível de ser obtida por ação declaratória, transformaria tal ação em representação de interpretação ou de inconstitucionalidade em abstrato, o que não é admissível em nosso ordenamento jurídico.[47]

É correta, sem dúvida, a assertiva do eminente Min. Moreira Alves, quanto ao descabimento da declaratória para o acertamento de relação jurídica futura. O que não nos parece correto, *data maxima venia*, é considerar futura uma relação continuativa já instaurada.

Ressalte-se, finalmente, que o Supremo Tribunal Federal sumulou entendimento pelo qual

> decisão que declara indevida a cobrança do imposto em determinado exercício não faz coisa julgada em relação aos posteriores.[48]

46. RE 99.435-1, rel. Min. Rafael Mayer, *RTJ* 106-03/1189.
47. *Revista Jurídica* 159/39, janeiro/1991.
48. STF, Súmula 239.

Observa Roberto Rosas que a tendência na aplicação desta súmula é pela restrição.[49]

Entre os julgados mencionados por Roberto Rosas, a justificar sua observação, merecem destaque o de que foi relator o Min. Rafael Mayer, que se reporta *a fatos geradores que se sucedem no tempo*, e o de que foi relator o Min. Francisco Rezek, no qual foi feita específica referência a julgado em ação declaratória, a indicar a especificidade desta, demonstrando sua importância em matéria de coisa julgada.

Não obstante, em sede de mandado de segurança, impetrado preventivamente, o Supremo Tribunal Federal admitiu sentença que atenda ao pedido de declaração de ser indevido o imposto, tanto no que concerne a operações pretéritas, como futuras.[50]

Adiante voltaremos a este ponto.

Mesmo assim, e até pela aparente desuniformidade dos julgados, verifica-se que o assunto não recebeu da Corte Maior um tratamento capaz de compatibilizar o estreitamento dos limites objetivos da coisa julgada, fixados pelo Código de Processo Civil de 1973, com a necessidade de certeza jurídica que têm os sujeitos da relação tributária continuativa.

10.2.5.3 Relação tributária continuativa

A relação jurídica tributária pode ser *instantânea*, como acontece no caso de venda eventual de um imóvel, por exemplo, ou *continuativa*, como acontece com o contribuinte do ICMS, por exemplo. No primeiro caso, o fato tributável é autônomo, isto é, nele residem todos os elementos de que se necessita para determinar o valor do tributo a ser pago, e o pagamento extingue não apenas o crédito tributário respectivo, mas a própria relação obrigacional Fisco-contribuinte. No segundo caso, o fato tributável não é autônomo, no sentido de que, embora produza, isoladamente, o efeito de criar a obrigação tributária, ele se insere em um conjunto de outros fatos relevantes para a composição da relação jurídica Fisco-contribuinte.

A relação jurídica tributária *instantânea* é peculiar aos tributos relacionados com ocorrências eventuais. Por isto mesmo não existe, nem se faz necessário, um cadastro de contribuintes, sujeitos passivos dessa relação.

49. *Direito Sumular*, 14ª ed., São Paulo, Malheiros Editores, 2012, p. 120.
50. ED no RE 116.731-RJ, rel. Min. Célio Borja, *RTJ* 129/914 e 915.

A relação jurídica tributária *continuativa* é peculiar aos tributos relacionados a ocorrências que se repetem, formando uma atividade mais ou menos duradoura. Por isto mesmo os contribuintes, sujeitos passivos dessa relação, inscrevem-se em cadastro específico, que se faz necessário precisamente em virtude da continuidade dos acontecimentos relevantes do ponto de vista tributário. Na relação jurídica *continuativa*, ou *continuada*, muita vez até a determinação do valor a ser pago pelo contribuinte depende não apenas de um fato tributável, mas do encadeamento dos fatos que a integram, como acontece no Imposto sobre Produtos Industrializados (IPI), e no Imposto sobre Operações Relativas à Circulação de Mercadorias e Prestação de Serviços de Transporte Interestadual e Intermunicipal e de Comunicação (ICMS), tributos ditos *não cumulativos*.

Realmente, no IPI, como no ICMS, o valor a ser pago, em cada período, é apurado em função de uma *conta corrente* na qual são registrados *débitos*, relativos às saídas de mercadorias ou produtos, e *créditos*, relativos às entradas de mercadorias ou de matérias-primas e outros insumos, no período de apuração respectivo. Havendo saldo devedor, este constituirá o valor devido no período. Havendo saldo credor, será este transferido para o período seguinte, somando-se aos créditos daquele para efeito de nova apuração, e assim sucessivamente. Os fatos relevantes para esta determinação do valor do tributo devido entrelaçam-se de tal modo que tornam evidente a existência de uma relação continuativa.

A natureza *continuativa* da relação jurídica tributária, todavia, não é exclusiva dos impostos não cumulativos, embora nestes seja ela de evidência indiscutível.

O reconhecimento da existência de uma relação tributária de natureza continuativa impõe uma reflexão a propósito dos limites objetivos da coisa julgada nas questões tributárias.

Realmente, admitindo-se que os fundamentos da sentença não são abrangidos pela coisa julgada, a sentença na ação anulatória de lançamento tributário, ou nos embargos à execução fiscal, que reconheça não incidir o ICMS na saída de determinada mercadoria, e por isto considere indevido o tributo relativamente às saídas ocorridas em determinado período, não impede que se rediscuta a questão de saber se o mencionado tributo é realmente indevido, a propósito das saídas que vierem a ocorrer no futuro.

Também a sentença proferida em mandado de segurança, dando ordem para que a autoridade administrativa se abstenha de cobrar esse imposto, ao fundamento de que o mesmo é indevido, não impede que em casos futuros a questão volte a ser discutida.

É oportuno, todavia, registrarmos que no Tribunal Regional Federal da 3ª Região, a ilustre Juíza e Professora Lucia Valle Figueiredo adotou a tese que sustentamos, admitindo expressamente a existência de relações tributárias continuativas. E mais, admitiu que a decisão proferida em mandado de segurança, dizendo respeito a relações continuativas, produzissem efeitos para o futuro.[51]

10.2.5.4 Pedido de declaração no mandado de segurança

A nosso ver, em se tratando de ação declaratória, não há dúvida de que a sentença que se reporte a relação jurídica continuativa produz efeitos para o futuro. A declaração da existência, da inexistência, ou do modo de ser de uma relação jurídica, neste caso, constitui o próprio *dispositivo* da sentença. E em se tratando de relação jurídica continuativa, esse dispositivo há de permanecer inalterado enquanto perdurar o estado de fato, e a norma que com ele compõe a relação.

Ressalte-se que a declaração em tela pode ser proferida incidentalmente, em ação anulatória de lançamento, em ação de repetição de indébito tributário ou em embargos à execução fiscal. A questão que se coloca reside em saber se também pode ser albergada por sentença proferida em mandado de segurança.

Se no pedido formulado pelo impetrante não se encarta essa declaração, incluí-la no dispositivo da sentença respectiva é proferir sentença além do pedido. Nada impede, porém, que o impetrante peça também ao juiz, além da ordem destinada a prevenir ou a restabelecer a integridade de seu direito, a declaração de inexistência ou do modo de ser da relação tributária. Ter-se-á, então, verdadeira ação declaratória embutida no âmbito do mandado de segurança, o que, evidentemente, não será possível se os fatos em que se fundar o pedido de declaração estiverem a depender

51. TRF-3ª Região, 4ª Turma, AMS 49.915-SP, rela. Juíza Lúcia Figueiredo, *DJ SP* de 8.2.1993, p. 111, com ementa da qual consta o seguinte: "Relações jurídicas continuativas protraem-se no tempo e, se acobertadas pela coisa julgada material, enquanto durar o estado de fato e de direito, resolvem-se como determinado na sentença. Destarte, decidida a controvérsia, não há razão para que o remédio heróico seja proposto mensalmente, se vigente a mesma lei, e se sucede a mesma situação de fato. A coisa julgada material deve ser *rebus sic stantibus* (...).

de provas a serem ainda produzidas no curso do processo, porque neste caso, evidentemente, não se estará diante de direito líquido e certo.

Apreciando os Embargos de Declaração no RE 116.731-RJ, o Supremo Tribunal Federal admitiu que em mandado de segurança preventivo se peça a declaração de ser indevido o ICM sobre o fornecimento de bebidas e refeições por falta de base legal. Declaração concernente a operações pretéritas e também futuras. Disse, então, o relator Ministro Célio Borja:

> Porque preventiva a impetração, nela pediu-se fosse declarada indevida a cobrança do ICM que passaria a ser exigido do impetrante, como estava sendo de outros estabelecimentos similares, em operações da mesma espécie.
>
> Isto foi atendido. Em consequência, expediu-se a ordem judicial vedatória da exigência do ICM ao recorrido, nas operações descritas, enquanto a lei local não determinar a base de cálculo do imposto nos fornecimentos da espécie em foco.

E adiante esclareceu:

> No caso dos autos, o imposto não podia, nem pode ser exigido, relativamente às operações pretéritas ou futuras, enquanto não adimplida a apontada formalidade essencial.[52]

A nosso ver, tanto é possível um pedido incidental, como um pedido formulado na própria inicial da impetração, no sentido de que o juiz, além de emitir a ordem requerida, também declare a existência, a inexistência ou o modo de ser da relação jurídica tributária. Não nos parece correto, porém, fazer o juiz tal declaração se esta não foi pedida.

Segundo Athos Gusmão Carneiro, a declaratória incidental é inadmissível nas ações sob rito especial, mas o eminente processualista admite, fundado em Fabrício e em Arruda Alvim, que a restrição só tem lugar enquanto se mantenha especial o procedimento, cessando sempre que se converta em ordinário a tempo de ser oferecido o pedido incidente.[53] Tem-se, portanto, que o pedido incidente pode ser feito, desde que compatível com o rito da ação, e, portanto, no mandado de segurança, desde que a declaração pedida seja viável sem dilação probatória – não nos parece haver qualquer vedação.

52. *RTJ* 129/914-915.

53. Athos Gusmão Carneiro, *Intervenção de terceiros*, 6ª ed., São Paulo, Saraiva, 1994, p. 131.

10.3 A nova disciplina da coisa julgada no mandado de segurança

10.3.1 As disposições da lei anterior

No regime da lei anterior reinava interminável controvérsia em torno da questão de saber qual era o efeito da sentença denegatória do mandado de segurança. Sempre sustentamos que o impetrante pode, em princípio, mesmo diante de uma sentença denegatória do mandado de segurança, pleitear pelas vias ordinárias o que entende ser do seu direito. E tal entendimento predominou na jurisprudência, chegando a ser objeto de súmula da jurisprudência do Supremo Tribunal Federal, a dizer que "decisão denegatória de mandado de segurança, não fazendo coisa julgada contra o impetrante, não impede o uso de ação própria".[54]

A Lei 1.533/1951 estabelecia que

> A decisão do mandado de segurança não impedirá que o requerente, por ação própria, pleiteie os seus direitos e os respectivos efeitos patrimoniais (art. 15).

E ainda, que

> O pedido de mandado de segurança poderá ser renovado se a decisão denegatória não lhe houver apreciado o mérito (art. 16).

Como se vê, a distinção entre as duas situações era muito clara.

Realmente, a sentença proferida no mandado de segurança, apreciando ou não o mérito do pedido, não impedia o uso das vias ordinárias. Entretanto, o pedido de mandado de segurança só poderia ser renovado se a decisão denegatória não houvesse apreciado o mérito.

10.3.2 As disposições da lei atual

Diversamente da lei anterior, a lei atual estabelece que

> A sentença ou o acórdão que denegar a segurança, sem decidir o mérito, não impedirá que o requerente, por ação própria, pleiteie os seus direitos e os respectivos efeitos patrimoniais (art. 19)

E ainda, que

54. STF, Súmula 304.

> O pedido de mandado de segurança poderá ser renovado dentro do prazo decadencial, se a decisão denegatória não lhe houver apreciado o mérito (art. 6º, § 6º).

Como se vê, em face da lei atual a não apreciação do mérito pela sentença denegatória da segurança é condição indispensável tanto para a impetração de novo mandado de segurança, como para que o requerente, por ação própria, pleiteie os seus direitos.

Duas novidades podem ser vistas na lei atual. Uma, a explicitação de que a renovação da impetração só é possível dentro do prazo decadencial, e a outra, a exigência de não apreciação do mérito pela sentença denegatória da segurança, como condição para o uso das vias ordinárias pelo impetrante.

10.3.3 O mérito no mandado de segurança

Coloca-se agora, portanto, a questão de saber exatamente o que é o mérito no mandado de segurança. E, mais especificamente, coloca-se a questão de saber se a compreensão do que seja o mérito deve ser a mesma, tanto no art. 19, como no art. 6º, § 6º, da Lei 12.016/2009.

A solução adequada dessas questões é de capital importância para que não se amplie indevidamente o alcance da vedação das vias ordinárias. Não é razoável que se dê ao conceito de mérito, para os fins do art. 19, a mesma abrangência que esse conceito deve ter para os fins do art. 6º, § 6º, não obstante a norma abrigada por este dispositivo não tenha, na prática, tanta importância, porque dificilmente se terá uma sentença definitiva em menos de cento e vinte dias.

Seja como for, a compreensão do que seja o mérito, para os fins do art. 6º, § 6º, deve ser mais ampla, abrangendo a denegação da segurança por ausência de liquidez e certeza do direito pleiteado. Já a compreensão do que seja o mérito, para os fins do art. 19, é bem mais restrita, abrangendo apenas a denegação da segurança com a afirmação, no dispositivo da sentença, da inexistência do direito pleiteado.

10.3.4 Ampliação da coisa julgada em detrimento do impetrante

Não se pode esquecer que no âmbito do Direito Processual Civil prevalece o entendimento segundo o qual os efeitos da coisa julgada material limitam-se ao dispositivo da sentença, não alcançando as razões que motivaram esse dispositivo. Aliás, o Código de Processo Civil estabelece expressamente que não fazem coisa julgada os motivos, ainda que importantes para determinar o alcance da parte dispositiva da sentença, nem a verdade dos fatos estabelecida como fundamento desta (art. 504 do CPC/2015).

A inovação abrigada pelo art. 19 da Lei 12.016/2009 não autoriza, por exemplo, que se considere inadmissível a ação ordinária de repetição do indébito ao argumento de haver transitado em julgado sentença denegatória de mandado de segurança impetrado pelo contribuinte contra a exigência do tributo, se a denegação da segurança teve como fundamento a não comprovação de inocorrência de repercussão.

Não é razoável admitir-se a ampliação do conceito de coisa julgada, em detrimento dos direitos do contribuinte. Tal ampliação pode ser entendida como uma forma oblíqua de eliminar o direito à jurisdição, consagrado pelo art. 5º, inciso XXXV, da Constituição Federal, que não pode, de nenhum modo, ser afetado pela lei ordinária.

11. A QUESTÃO DA SUCUMBÊNCIA NO MANDADO DE SEGURANÇA

11.1 A Súmula 512 do STF

O Supremo Tribunal Federal fixou a sua jurisprudência no sentido de que "não cabe condenação em honorários de advogado na açao de mandado de segurança" (Súmula 512).

Como registra Roberto Rosas, essa orientação não surgiu tranquila. Foi precedida de forte controvérsia. O eminente processualista, Min. Amaral Santos, sustentou o cabimento da condenação ao pagamento de honorários, enquanto o Min. Eloy da Rocha defendeu a tese contrária, a final prevalecente na Súmula 512.

Girou a controvérsia em torno da questão, simplesmente formal, de saber se a aplicação subsidiária do Código de Processo Civil ao mandado de segurança está ou não restrita ao litisconsórcio, hipótese expressamente prevista pelo art. 19 da Lei 1.533/1951, hoje constante do art. 24 da Lei 12.016/2009.

11.2 Manifestações do STJ

Não obstante a Súmula acima citada, a controvérsia, estimulada pela doutrina, continuou nos demais órgãos do Judiciário, embora a maioria, talvez por razão simplesmente pragmática, tenha adotado a orientação do Supremo.

Mais tarde, porém, o Egrégio Superior Tribunal de Justiça, por sua Primeira Turma, decidiu pela condenação em honorários advocatícios.[1]

> A lei do mandado de segurança não contém nenhum dispositivo que restrinja, explicitamente, a aplicação do princípio da sucumbência. Não é lógico nem é justo que o impetrante vitorioso na contenda, depois de ter direito líquido e certo agredido, após passar por todos os conhecidos e naturais aborrecimentos, sempre presentes, ínsitos mesmo, em todas as pelejas judiciais, ainda sofra uma diminuição patrimonial, tendo que arrostar com a remuneração do seu patrono.

Considerou, ainda, o referido julgado, que a condenação em causa funciona como fator de desestímulo às impetrações infundadas, e de práticas ilegais pelas autoridades.

> Condenar o vencido em todas as parcelas da sucumbência é, sem dúvida, a solução mais conveniente, na medida em que, por um lado, refreia o uso impertinente do *mandamus* pelo particular, e, por outro lado, estimula a autoridade a decidir, em instâncias administrativas, de modo mais refletido, sobre postulações eventualmente envolventes de direito líquido e certo.

Algumas outras manifestações do Superior Tribunal de Justiça seguiram-se, no mesmo sentido, mas ao chegar a questão na Corte Especial daquele Tribunal, a maioria dos ministros entendeu que a Súmula 512 devia ser preservada, e decidiu, assim, pela impossibilidade de condenação em honorários da parte vencida em mandado de segurança.[2] O assunto terminou sendo objeto de súmula segundo a qual "na ação de mandado de segurança não se admite condenação em honorários advocatícios".[3]

1. STJ, 1ª Turma, REsp 15.468-0-RS, rel. Min. César Rocha, j. 11.11.1992, *Repertório IOB de Jurisprudência* 8/93, p. 145.

2. STJ, Corte Especial, EDiv no REsp 27.879-4-RJ, rel. Min. Nilson Naves, j. 23.9.1993, *DJU* I 8.11.1993, p. 23.494, e *Repertório IOB de Jurisprudência* 22/93, p. 425, texto 1/9013.

3. STJ, Súmula 105.

Não obstante a questão esteja encerrada na prática, mantemos o nosso ponto de vista em sentido oposto, como adiante está demonstrado.

11.3 Nosso ponto de vista

11.3.1 Justiça e segurança

O Direito é instrumento da realização dos ideais de *justiça* e de *segurança*. Aliás, é em torno desses dois valores que se tem desenvolvido as duas grandes correntes do pensamento filosófico, no que diz respeito ao fenômeno jurídico, vale dizer, o jusnaturalismo e o positivismo.

Há quem sustente, com razão, que o jusnaturalismo procurou reduzir a ideia do Direito à do valor do justo, colocando-se em posição exatamente oposta à do positivismo, que considerou fundamentalmente o princípio da segurança.[4]

É claro que não se trata de exclusão, mas de prevalência. Jusnaturalistas não negam a necessidade da segurança, nem positivistas negam a necessidade de justiça. "Sem ordem não há como fazer justiça, e sem justiça não há como manter a ordem".[5]

Cuida-se, na verdade, de conceitos que se completam para viabilizar a convivência. Não é possível, sem um mínimo de segurança, equacionar o relacionamento humano de forma justa. Nem é possível, sem a prática de soluções justas para os conflitos, evitar a convulsão social e a desordem.

Mas, se é certo que no plano da abstração as ideia s de segurança e de justiça não são excludentes e sim complementares, é certo também que diante de situações concretas muita vez a solução de um conflito exige que se estabeleça uma preferência, pois diante da situação específica se estabelece um conflito: a ideia de justiça conduz a uma solução, enquanto a ideia de segurança conduz a solução oposta.

Para o positivista, há de prevalecer a solução que privilegia a ideia de *segurança,* enquanto para o jusnaturalista há de prevalecer a solução que privilegia a ideia de justiça. De todo modo, encontra-se na corrente

4. Theophilo Cavalcante Filho, *O problema da segurança no Direito*, São Paulo, Ed. RT, 1964, p. 78.

5. Arnaldo Vasconcelos, *Teoria da Norma Jurídica*, 2ª ed., Forense, Rio de Janeiro, 1986, p. 11.

do direito natural de origem divina uma preocupação com a segurança jurídica. Como anota Alberto Xavier, na doutrina de Pio XII está dito que

> da ordem jurídica querida por Deus nasce o inalienável direito do homem à segurança e, por ele, uma esfera concreta do direito protegida contra todo o ataque arbitrário. E João XXIII, depois de repetir a doutrina de seu antecessor, assevera ser a segurança jurídica "um direito fundamental da pessoa".[6]

Há quem sustente que a *justiça* é um valor subordinante, enquanto a *segurança* é um valor secundário.[7] Poderia parecer, então, que havendo conflito entre uma e a outra, a primeira deve prevalecer.

Não se conhece, todavia, elemento universalmente válido para resolver essa questão. Nem mesmo o elemento teleológico, tantas vezes invocado, é universalmente válido. Como ensina Radbruch, os elementos universalmente válidos da ideia de direito são só a *justiça* e a *segurança*. São relativos não somente a ideia do *fim,* mas também a própria determinação da hierarquia ou das relações de primazia a serem estabelecidas entre esses três elementos.[8]

Também não se tem como superar a polêmica em torno da questão de saber se o princípio de justiça como o da segurança são princípios jurídicos, ou metajurídicos. Em outras palavras, a questão de saber da necessidade ou não da inclusão destes na Constituição ou nas leis. Os positivistas certamente dirão que *justiça* e *segurança* são ideias. São cogitações filosóficas e, portanto, metajurídicas. Em consequência, para que prevaleçam, devem ser acolhidas pelo ordenamento jurídico positivo. Já os jusnaturalistas dirão que se trata de princípios fundamentais do direito natural, cuja prevalência decorre do fato de serem os fundamentos de todo e qualquer ordenamento jurídico.

A polêmica não tem fim.

De todo modo, podemos afirmar que, sem um fundamento que alcance até o âmbito da filosofia, não podem ser resolvidas as questões da aplicação e da interpretação das leis.[9]

6. Alberto Xavier, *Os princípios da legalidade e da tipicidade da tributação*, São Paulo, Ed. RT, 1978, p. 50.

7. Theophilo Cavalcante Filho, ob. cit., p. 83.

8. Gustav Radbruch, *Filosofia do Direito*, 5ª ed., trad. de L. Cabral de Moncada, Coimbra, Arménio Amado, 1974, p. 162.

9. Jan Schapp, *Problemas fundamentais da metodologia jurídica*, trad. de Ernildo Stein, Sérgio Antonio Fabris, Porto Alegre, 1985, p. 7.

Por isto parece-nos que o Direito não pode ser objeto apenas da ciência, no sentido positivista. Dele se ocupam a ciência, a sociologia e a filosofia, como bem demonstrou Paulo Bonavides.[10]

Para os jusnaturalistas, não há dúvida de que a segurança é um princípio jurídico fundamental. Numa concepção rigorosamente positivista, porém, a segurança é uma *ideia* que o ordenamento jurídico deve realizar. Não se trata de um *princípio jurídico,* a não ser quando e enquanto encartado no direito positivo.

Para nós, a segurança é um ideal. Não é, em si mesma, um *princípio jurídico*. Mas sua presença nos ordenamentos jurídicos dos diversos países revela-se em normas as mais diversas, entre as quais merecem destaque as que, albergadas pela Constituição, garantem a *irretroatividade* das leis, cuidam da *coisa julgada*, da *preclusão*, da *decadência*, da *prescrição*, entre outras regulações que, na prática, realizam a ideia de segurança.

11.3.2 A segurança jurídica e o respeito às súmulas

Na tarefa de elaboração da norma reflete-se a polêmica a respeito da prevalência da *segurança* ou da *justiça*. Quanto maior o grau de generalidade residente na hipótese normatizada, maiores são as possibilidades de realização da justiça. Menor, todavia, o grau de certeza e de segurança. Na medida em que são elaboradas normas mais específicas, na medida em que se busca aproximar a descrição hipotética das peculiaridades dos casos concretos, ganha-se em segurança, mas resta sacrificada a ideia de justiça. Ou, como ensina Arnaldo Vasconcelos,

> na eliminação da distância, que separa a hipótese legal do caso concreto, muito se tem ressentido o conceito de justiça.[11]

Assim, também no que diz respeito à técnica de elaboração das normas, pode-se instaurar uma polêmica interminável.

A solução recomendável por certo não reside no extremo, nem de uma nem de outra postura filosófica. A vida e o espírito postulam um direito *justo,* mas pedem também, e *antes de tudo,* segurança, e, portanto, um direito certo, ainda que menos justo.

10. Paulo Bonavides, *Teoria do Estado*, 2ª ed., Forense, Rio de Janeiro, 1980, ps. 306 e 307.

11. Arnaldo Vasconcelos, *Teoria da Norma Jurídica*, 2ª ed., Forense, Rio de Janeiro, 1986, p. 249.

> A certeza do direito, sem a qual não pode haver uma regular previsibilidade das decisões dos tribunais, é na verdade condição evidente e indispensável para que cada um possa ajuizar das consequências de seus actos, saber quais os bens que a ordem jurídica lhe garante, traçar e executar os seus planos de futuro.[12]

Não há dúvida, portanto, de que na elaboração da norma, e por igual, na elaboração do sistema, se há de ter em conta a simplicidade, a precisão, a clareza e a congruência. Com isto se produz um sistema jurídico capaz de oferecer um razoável grau de segurança jurídica.

Na aplicação das normas surge, mais uma vez, a questão da segurança jurídica. De um lado, doutrinas há que preconizam uma obediência cega às prescrições normativas. De outra parte, existem aquelas doutrinas que preconizam maior liberdade para o aplicador da norma.

Com Domingos de Andrade,

> sabemos já que o intérprete há-de mover-se no âmbito das possíveis significações linguísticas do texto legal e tem de respeitar o sistema da lei, não lhe quebrando a harmonia, não alterando ou rompendo a sua coerência interna. Só até onde chegue a tolerância do texto e a elasticidade do sistema é que o intérprete se pode resolver pela interpretação que dê à lei um sentido mais justo e mais apropriado às exigências da vida; só dentre as várias acepções que a letra da lei comporte e o sistema não exclua é que o juiz pode escolher, valorando-as pelos critérios da recta justiça e da utilidade prática.[13]

Por isto mesmo há quem sustente que a interpretação, no sentido da aplicação, que implica necessária escolha de uma dentre as várias significações linguísticas da norma, é ato de vontade, e não de conhecimento.

> A questão de saber qual é, de entre as possibilidades que se apresentam nos quadros do Direito a aplicar, a "correta", não é sequer – segundo o próprio pressuposto de que se parte – uma questão de conhecimento dirigido ao Direito positivo, mas um problema de política do Direito.[14]

12. Manuel A. Domingos de Andrade, *Ensaio sobre a teoria da interpretação das leis,* Coimbra, Arménio Amado, 1978, p. 54.

13. Manuel A. Domingos de Andrade, ob. e loc. cits.

14. Hans Kelsen, *Teoria pura do Direito*, trad. de João Baptista Machado, Coimbra, Arménio Amado, 1974, p. 469.

Não temos dúvida de que o respeito às súmulas da jurisprudência, especialmente daquelas produzidas pelo Tribunal de última instância, constitui valioso elemento de preservação da segurança jurídica.

No caso de que se cuida, porém, a aplicação da Súmula 512 causa sério dano ao valor justiça, enquanto sua reformulação, pelo Superior Tribunal de Justiça, não implica desapreço ao valor segurança, como passamos a demonstrar.

11.3.3 O STJ como última instância

Em primeiro lugar, ressaltamos que o Superior Tribunal de Justiça é, não apenas um tribunal de jurisdição nacional, incumbido de unificar a interpretação jurisdicional das leis ordinárias do País, mas também é um tribunal de última instância nas causas que não envolvam matéria constitucional, nem sejam da competência originária do Supremo Tribunal Federal.

A questão da condenação do vencimento em honorários de advogado nos processos de mandado de segurança, sobre a qual versa a Súmula 512 do Supremo, é típica questão de direito ordinário, no sentido de que não envolve matéria constitucional. É, portanto, matéria em cuja apreciação o Superior Tribunal de Justiça é realmente a instância derradeira.

Assim, o fato de adotar o Superior Tribunal de Justiça, nessa matéria, orientação jurisprudencial divergente da referida súmula não constitui desapreço ao Supremo, nem tampouco ao princípio da segurança jurídica, posto que o novo entendimento passaria a ser adotado como orientação para todo o País, e com o mesmo caráter de definitividade que tem a orientação sumulada pela Corte Maior.

11.3.4 O fundamento da sucumbência

O princípio da sucumbência tem seu fundamento formal no dispositivo de lei segundo o qual "A sentença condenará o vencido a pagar honorários ao advogado do vencedor".[15]

Tal dispositivo tem fundamento substancial no princípio da restauração integral do direito. O vencido há de responder pela integridade do direito do vencedor. Se não pagar os honorários, o patrimônio do ven-

15. CPC/2015, art. 85.

cedor restará desfalcado da verba para esse fim despendida. Em última análise, portanto, o dever que se impõe ao vencido, de pagar honorários advocatícios ao vencedor, tem seu fundamento no princípio da *justiça*, pois não é *justo* sofra o vencedor tal desfalque em seu patrimônio.

11.3.5 O mandado de segurança e o CPC

Como demonstrou de forma irrefutável o Min. Eduardo Ribeiro, é inteiramente inconsistente a tese segundo a qual somente os dispositivos do Código de Processo Civil – especificamente referidos na Lei 1.533/51 e hoje incorporados à Lei 12.016 – seriam aplicáveis ao mandado de segurança.

Realmente, sem a aplicação do Código de Processo Civil

> não será sequer possível processar um mandado de segurança. A Lei 1.533/51 não cogita, por exemplo, da capacidade processual dos procuradores, da competência, da forma, tempo e lugar dos atos processuais, das nulidades, dos requisitos da sentença, assim como de vários outros temas cuja regulamentação é indispensável para que se possa fazer um processo.[16]

Aplicável, portanto, sem qualquer dúvida razoável, o art. 85 e seu § 17 do CPC/2015 (correspondentes ao art. 20 do CPC/1973) aos processos de mandado de segurança.

11.3.6 O aspecto de política jurídica

Além de tudo isto, é inegável que do ponto de vista de política jurídica também seria conveniente a condenação do vencido nos honorários de advogado do vencedor, em mandados de segurança. Assim certamente diminuiriam as impetrações absolutamente infundadas, e especialmente as práticas ilegais das autoridades, porque estas, na judiciosa assertiva, já citada, de César Rocha, seriam estimuladas "a decidir, em instâncias administrativas, de modo mais refletido, sobre postulações eventualmente envolventes de direito líquido e certo".

16. Eduardo Ribeiro de Oliveira, "Recursos em mandado de segurança", em Sálvio de Figueiredo (coord.), *Mandados de Segurança e de Injunção,* São Paulo, Saraiva, 1990, p. 280.

Finalmente, se admitirmos que a reformulação da Súmula 512, pelo Superior Tribunal de Justiça, lesiona a segurança jurídica, estaremos diante de um conflito entre segurança e justiça, posto que deixar de condenar o vencido ao pagamento de honorários advocatícios ao vencedor, nos mandados de segurança, configura evidente injustiça. E adotando a orientação do próprio Supremo Tribunal Federal, daremos prevalência à justiça.

Efetivamente, o Supremo Tribunal Federal, superando o obstáculo da coisa julgada, assegurou a prevalência do princípio da indenização justa de imóvel desapropriado. Da ementa do julgado, da lavra do eminente Min. Marco Aurélio, destaco:

> Ao examinar a lide, o Magistrado deve idealizar a solução mais justa, considerada a respectiva formação humanística. Somente após, cabe recorrer à dogmática para, encontrando o indispensável apoio, formalizá-la.[17]

E a dogmática, no caso, oferece preciosos elementos para que se admita a condenação em honorários nos mandados de segurança.

11.3.7 Solução legislativa

Mesmo tendo todas as razões para não adotar o entendimento albergado pela Súmula 512 do Supremo Tribunal Federal, como exposto nos itens precedentes, o Superior Tribunal de Justiça preferiu fixar a sua jurisprudência no sentido de que na ação de mandado de segurança não se admite condenação em honorários advocatícios. No âmbito jurisprudencial, portanto, a questão está encerrada.

A tese que a final prevaleceu, todavia, tem apoio apenas na lei ordinária. Nada impede, portanto, seja alterada por lei. Aliás, essa providência legislativa é recomendável do ponto de vista da política jurídica. Tanto para reduzir o arbítrio por parte das autoridades, como para evitar impetrações inteiramente improcedentes, nas quais os impetrantes pretendem apenas obter medida liminar para adiar o pagamento de tributos que sabem devidos. Como, a final, o ônus não será agravado no caso de derrota, consideram vantajoso esse expediente, que utilizam com relativa frequência.

17. STF, RE 111.787-7-GO, rel. Min. Marco Aurélio, *RDP* 100/175/185.

11.3.8 Responsabilidade pelo dano

Temos sustentado que o agente público responde pessoalmente pelos danos causados ao cidadão por atos ilegais ou abusivos que pratica no exercício do cargo público.[18] Assim, uma vez transitada em julgado sentença que concede mandado de segurança, basta que o impetrante comprove haver sofrido dano em decorrência do ato impugnado na impetração.

A autoridade impetrada está identificada como responsável pelo ato impugnado, que a decisão concessiva da segurança reconheceu ser ilegal ou abusiva. Cabível, portanto, a ação de indenização. Tanto contra a entidade de Direito Público à qual se vincula aquela autoridade, como contra a própria autoridade, se puder ser demonstrado que a mesma agiu com culpa ou dolo.

A não condenação nos ônus da sucumbência no mandado de segurança deixa aberto o caminho para a ação de indenização para a cobrança, pelo menos, dos valores despendidos com a impetração.

11.4 A opção do legislador

11.4.1 Não condenação nos honorários da sucumbência

Já predominava na jurisprudência a tese no sentido do não cabimento de condenação em honorários da sucumbência no mandado de segurança. Tese consagrada na Súmula 512 do Supremo Tribunal Federal.

A opção do legislador, portanto, no que concerne aos honorários da sucumbência, foi a de adotar a norma já abrigada pela jurisprudência predominante, tendo estabelecido que no processo do mandado de segurança não cabe "a condenação ao pagamento de honorários advocatícios, sem prejuízo da aplicação de sanções no caso de litigância de má-fé" (a Lei 12.016/2009, art. 25).

11.4.2 Sanções pela litigância de má-fé

O Código de Processo Civil de 2015, reproduzindo literalmente o art. 17 do CPC/1973, estabelece:

18. Meus textos estão publicados em *Direito Federal* (Revista da Associação dos Juízes Federais AJUFE) 69/121-148; *Revista Ibero-Americana de Direito Público*, Rio de Janeiro, América Jurídica, ano 2, vol. VI/89-106; *Revista Ibero-Americana de Direito Constitucional*, Fortaleza, AIDCE, 2002, Ano I, 1/225-256; *Revista do Instituto dos Magistrados do Ceará*, 11/121-157, ano 6, jan.-jun/2002.

> Art. 80. Reputa-se litigante de má-fé aquele que: I – deduzir pretensão ou defesa contra texto expresso de lei ou fato incontroverso; II – alterar a verdade dos fatos; III – usar do processo para conseguir objetivo ilegal; IV – opuser resistência injustificada ao andamento do processo; V – proceder de modo temerário em qualquer incidente ou ato do processo; VI – provocar incidentes manifestamente infundados; VII – interpuser recurso com intuito manifestamente protelatório.

Assim, a parte que entender ocorrido qualquer das referidas condutas descritas nesse dispositivo legal pode requerer ao juiz que imponha as sanções nele previstas, que podem ser aplicadas também por iniciativa do órgão julgador, vale dizer, podem ser aplicadas *de officio*.

As sanções legalmente previstas são: multa, cujo valor não deve ser inferior a 1% nem exceder a 10% do valor da causa; indenização à parte contrária dos prejuízos que esta sofrer, cujo valor deve ser desde logo fixado pelo juiz ou liquidado por arbitramento, ou pelo procedimento comum, nos próprios autos; e a arcar com os honorários advocatícios e com todas as despesas que parte contrária efetuou (CPC/2015, art. 81).

Essa indenização não se confunde com a multa prevista no art. 77, § 2º, do Código de Processo Civil, embora as normas definidoras das respectivas hipóteses de incidência tenham aspectos nos quais são absolutamente idênticas.

11.4.3 Crimes de desobediência e de responsabilidade

A Lei estabelece também que constitui crime de desobediência, nos termos do art. 330 do Código Penal, *o não cumprimento das decisões proferidas em mandado de segurança*, sem prejuízo das sanções administrativas e da aplicação da Lei 1.079, de 10.4.1950, quando cabíveis (Lei 12.016/2009, art. 26).

O dispositivo legal em questão tem o mérito de afastar a controvérsia em torno da questão de saber se o descumprimento de decisão judicial realmente configura o crime previsto no art. 330 do Código Penal, cujo tipo consiste em "desobedecer a ordem legal de funcionário público". Agora, portanto, o não cumprimento das decisões proferidas em mandado de segurança passa a configurar o crime de desobediência, para o qual o art. 330 do Código Penal comina a pena de detenção de 15 dias a 6 meses e multa. Na prática, porém, essa configuração é de pouca ou nenhuma utilidade, pois o Ministério Público geralmente é um aliado das autoridades, e como tal, aliás, está colocado na própria lei do mandado de segurança, de sorte que não vai denunciá-las, ainda que provocado pelo interessado.

Ao ressalvar a possibilidade de aplicação da Lei 1.079, de 10.4.1950, o dispositivo legal em exame também em nada melhora a eficácia das decisões proferidas no processo do mandado de segurança. O descumprimento de decisões judiciais já está definido como crime pela Lei 1.079/1950, que estabelece:

> Art. 12. São crimes de responsabilidade contra as decisões judiciárias: 1 – impedir, por qualquer meio, o efeito dos atos, mandados ou decisões do Poder Judiciário; 2 – recusar o cumprimento das decisões do Poder Judiciário no que depender do exercício das funções do Poder Executivo; 3 – deixar de atender a requisição de intervenção federal do Supremo Tribunal Federal ou do Tribunal Superior Eleitoral; 4 – impedir ou frustrar pagamento determinado por sentença judiciária.

Em se tratando de atos do Presidente da República, aliás, a criminalização é determinada pela própria Constituição Federal, que se refere especificamente a atos que atentem contra o cumprimento das leis e das decisões judiciais (CF/1988, art. 85, inciso VII).

Ocorre que os crimes dos quais trata a Lei 1.079/1950 submetem seus autores a julgamento político, e, na prática, nunca se mostraram capazes de garantir a eficácia das decisões judiciais, de sorte que não acreditamos possa a norma do art. 26, da Lei 12.016/2009 contribuir para a eficácia das decisões proferidas no processo do mandado de segurança.

11.4.4 Responsabilidade pessoal do agente público

O caminho recomendado ao impetrante é mesmo o do pedido ao juiz do feito, no sentido de condenar a parte contrária ao pagamento da indenização cabível, nos termos do art. 81 e seus parágrafos do Código de Processo Civil. Indenização a cujo pagamento deve ser condenada a Fazenda Pública.

Cabível também é a imposição, pelo juiz, da multa prevista no § 2º do art. 77, do Código de Processo Civil, a cujo pagamento deve ser condenado o agente público que, agindo em nome da pessoa jurídica interessada, tenha descumprido a decisão judicial.

Não temos dúvida de que a norma, do art. 77, § 2º, do Código de Processo Civil de 2015, é aplicável nos processos de mandado de segurança, e quando se trata da Fazenda Pública a responsabilidade por seu pagamento há de ser do agente publico, e não da pessoa jurídica à qual se vincula.

A esse propósito sugerimos a leitura de nosso artigo "Descumprimento de decisão judicial e responsabilidade pessoal do agente público".[19]

19. *RDDT* 86/50-59, São Paulo, Dialética, novembro/2002.

12.
OS RECURSOS

12.1 Generalidades. 12.2 Admissibilidade e mérito. 12.2.1 Distinção. 12.2.2 Requisitos intrínsecos. 12.2.2.1 Cabimento. 12.2.2.2 Legitimação. 12.2.2.3 O interesse em recorrer. 12.2.2.4 Inexistência de fato impeditivo ou extintivo. 12.2.3 Requisitos extrínsecos. 12.2.3.1 Tempestividade. 12.2.3.2 Regularidade formal. 12.2.3.3 Preparo. 12.3 Efeitos. 12.4 As espécies de recurso. 12.4.1 Apelação. 12.4.1.1 Cabimento e outros requisitos. 12.4.1.2 Prazo. 12.4.1.3 Juízo de admissibilidade. 12.4.1.4 Efeitos. 12.4.1.4.1 Efeito devolutivo. 12.4.1.4.2 Efeito suspensivo. 12.4.1.5 Procedimento. 12.4.2 Agravo de instrumento. 12.4.2.1 Cabimento e outros requisitos. 12.4.2.1.1 Argumentos pelo incabimento. 12.4.2.1.2 Refutação. 12.4.2.2 Prazo. 12.4.2.3 Juízo de admissibilidade. 12.4.2.4 Efeitos. 12.4.2.5 Procedimento. 12.4.3 Embargos de declaração. 12.4.3.1 Cabimento. 12.4.3.2 Prazo. 12.4.3.3 Juízo de admissibilidade. 12.4.3.4 Efeitos. 12.4.3.5 Procedimento. 12.4.4 Embargos infringentes. 12.4.5 Recurso ordinário. 12.4.5.1 Cabimento e outros requisitos. 12.4.6 Recurso especial. 12.4.6.1 Cabimento e outros requisitos. 12.4.6.2 Prazo. 12.4.6.3 Juízo de admissibilidade. 12.4.6.4 Efeitos. 12.4.6.5 Procedimento. 12.4.7 Recurso extraordinário. 12.4.7.1 Cabimento e outros requisitos. 12.4.7.1.1 Contrariedade a dispositivo constitucional. 12.4.7.1.2 Pré-questionamento. 12.4.7.2 Prazo. 12.4.7.3 Juízo de admissibilidade. 12.4.7.4 Efeitos. 12.5 O mandado de segurança como recurso.

12.1 Generalidades

No sistema jurídico brasileiro, a regra é a garantia de duplo grau de jurisdição. Nossa lei garante, como regra geral, que toda decisão judicial pode ser reapreciada.

> Com o propósito de assegurar, na medida do possível, a justiça das decisões, contempla a lei a realização de dois ou mais exames sucessivos, ao passo que, por outro lado, a fim de evitar que se sacrifique a necessidade de segurança, cuida de limitar o número dessas revisões.[1]

1. José Carlos Barbosa Moreira, *O novo Processo Civil Brasileiro,* 10ª ed., Rio de Janeiro, Forense, 1990, pp. 153-154.

É natural o inconformismo que todos experimentamos diante de uma decisão que nos é desfavorável. É natural, portanto, que diante de uma primeira decisão, se pretenda sua revisão.

> Na verdade, é intuitiva a inconformação de qualquer pessoa diante do primeiro juízo ou parecer que lhe é dado. Naturalmente, busca-se uma segunda ou terceira opinião.[2]

Não nos parece que o recurso garanta sempre maior *acerto*, nem maior *justiça* na decisão. Não há dúvida, porém, de que ele *tende* a isto. Não há dúvida, outrossim, de que os recursos tendem a unificar as decisões, evitando, assim, lesões graves ao princípio da isonomia.

No juízo de primeiro grau é impossível uma uniformização dos julgados, em face da multiplicidade de órgãos monocráticos. E quanto maior o número de órgãos com jurisdição no mesmo território, maior a possibilidade de divergências, sem qualquer possibilidade de uniformização.

No segundo grau, pelo simples fato de se tratar de órgão colegiado, tem-se a possibilidade de uniformização de julgados em todo o território de jurisdição do tribunal. Podem persistir, é certo, divergências entre órgãos fracionários deste, e, mesmo, divergências decorrentes de eventuais mudanças na composição das maiorias, nos órgãos fracionários e no próprio plenário. De todo modo, a possibilidade de uniformização é bem maior.

No grau especial, como no extraordinário, em tese a uniformização é possível, desde que os recursos destinados a esse fim sejam adequadamente utilizados. Aliás, a principal razão de ser dos graus especial e extraordinário de jurisdição é, precisamente, a uniformização do direito nacional.[3]

O recurso funciona também, de certa forma, como mecanismo de controle prévio dos atos do juiz. Sabendo que o seu julgamento pode ser submetido a reexame, ele naturalmente tende a comportar-se de acordo com a orientação jurisprudencial predominante. Mesmo quando não exista, ainda, orientação jurisprudencial no caso que está apreciando, ela sabe

2. Humberto Theodoro Júnior, *Curso de Direito Processual Civil,* 7ª ed., Rio de Janeiro, Forense, 1991, vol. I, p. 595.

3. O Superior Tribunal de Justiça tem a finalidade precípua de uniformizar o direito nacional, em nível infraconstitucional, enquanto o Supremo Tribunal Federal tem a finalidade de uniformizar o entendimento de todas as questões constitucionais.

que os tribunais dificilmente manterão sentença que adote interpretação situada fora da moldura definida pela Ciência do Direito. Interpretação diversa de uma daquelas que integram a gama de opções oferecidas pela Ciência Jurídica.

É exatamente a ausência da possibilidade de revisão de seus julgados o que leva os tribunais de última instância a decidirem algumas vezes sem qualquer amparo na Ciência Jurídica. Para esses tribunais, a única forma de controle é a crítica da comunidade jurídica, vale dizer, a manifestação doutrinária a respeito de seus julgados. Controle tênue, certamente. Mas o único possível, e por isto mesmo indispensável.[4]

É importante observar também que a credibilidade de um juiz, ou tribunal, e especialmente de um tribunal de última instância, é proporcional à juridicidade de seus julgados. As decisões meramente políticas, ferindo a consciência jurídica da nação, contribuem significativamente para a desmoralização das instituições.

12.2 *Admissibilidade e mérito*

12.2.1 Distinção

No julgamento de qualquer recurso, existem duas ordens de questões distintas. Primeiro, as questões ditas de *admissibilidade*. Depois, as questões ditas de *mérito*.

As questões de admissibilidade são aquelas pertinentes ao processo. Elas não se referem ao direito material em disputa, mas às formalidades a serem observadas no julgamento dos recursos.

As questões de mérito são aquelas relativas ao direito material, isto é, aquelas questões que envolvem a pretensão das partes, posta em julgamento.

As questões de admissibilidade são objeto de apreciação em preliminar. Somente depois de apreciadas essas questões, e alcançada a con-

4. O ex-Ministro Carlos Mário da Silva Velloso, do Colendo Supremo Tribunal Federal, nos sugeriu a produção de estudo doutrinário a respeito da decisão da Corte Maior sobre a contribuição social. E à nossa objeção, fundada na conhecida divergência entre o nosso ponto de vista sobre o assunto e o entendimento adotado naquele órgão julgador, replicou: *o Supremo, exatamente por ser a última instância, não pode prescindir da crítica doutrinária. A manifestação da comunidade jurídica é uma caixa de ressonância de grande valia para o Supremo.*

clusão de que o caso deve ser examinado, é que se passa ao julgamento do mérito.

Diz-se, por isto mesmo, que o órgão ao qual o recurso é dirigido exerce um *juízo de admissibilidade* e um *juízo de mérito*.

> *Objeto* do juízo de admissibilidade são os requisitos necessários para que se possa legitimamente apreciar o mérito do recurso, dando-lhe ou negando-lhe provimento.
>
> Esses requisitos podem ser de dois grupos, a saber, intrínsecos e extrínsecos.[5]

Ao decidir se foram ou não atendidos esses requisitos, o órgão ao qual o recurso é dirigido dirá que *conhece* ou que *não conhece* do recurso. Ao decidir quanto ao mérito, dirá que *dá provimento* ou que *nega provimento* ao recurso.

Quando o órgão ao qual o recurso é dirigido dele *não conhece,* a questão de mérito naturalmente não pode ser examinada. Daí a importância das questões processuais. Muita vez o advogado, ao recorrer, preocupa-se apenas em sustentar as suas razões de mérito. E termina derrotado porque de seus argumentos nem chega o julgador a tomar conhecimento, em face de obstáculo processual.

A distinção em tela tem enorme importância prática. A falta de atenção para ela faz com que alguns advogados, no recurso, ataquem apenas a matéria de mérito, quando a decisão contra a qual recorrem examinou simplesmente a questão processual. Isto acontece com muita frequência na interposição de recursos especial e extraordinário.

Muita vez o tribunal de segundo grau não conhece da apelação, ou em face de remessa oficial, ou acolhendo preliminar suscitada em apelação, extingue o processo sem exame de mérito, e o advogado ingressa com recurso especial ou extraordinário, mas se limita aos argumentos pertinentes ao mérito da questão, reproduzindo aqueles já utilizados a respeito da controvérsia de direito material. Não ataca a questão efetivamente decidida, vale dizer, a questão processual.

Nesses casos o recurso especial ou extraordinário resta sem qualquer chance de êxito, enquanto, se bem interposto, poderia levar ao anulamen-

5. José Carlos Barbosa Moreira, *O novo Processo Civil Brasileiro,* 10ª ed., Rio de Janeiro, Forense, 1990, p. 158.

to do acórdão, com o consequente reexame da questão e apreciação do mérito da controvérsia.

12.2.2 Requisitos intrínsecos

São requisitos intrínsecos para a apreciação do recurso: o cabimento, a legitimação para recorrer, o interesse em recorrer, e a inexistência de fato impeditivo ou extintivo do direito de recorrer.

A ausência de um, ou mais de um, desses requisitos, conduz ao não conhecimento do recurso.

12.2.2.1 Cabimento

O cabimento do recurso diz respeito à previsão legal.

> Ao cabimento do recurso ligam-se as ideias de recorribilidade do pronunciamento e de adequação do recurso pelo qual terá optado a parte.[6]

Em regra, a lei diz qual o recurso cabível em cada caso. Em tema de mandado de segurança, diz a lei, expressamente, que é cabível apelação.[7]

Tranquilo, inteiramente tranquilo, é o cabimento de apelação, contra sentença que indefere liminarmente o pedido, bem como daquela que julga, a final, a impetração, seja concedendo, seja denegando a segurança.

O ser cabível, porém, não quer dizer que deva ser acolhido. Aliás, não quer dizer nem mesmo que deva o recurso ser conhecido, posto que o conhecimento depende da presença dos outros requisitos. O recurso pode ser cabível, mas o recorrente não ter *legitimação,* por exemplo, e neste caso o recurso não será conhecido.

12.2.2.2 Legitimação

A legitimação não se confunde com o *interesse* para recorrer, embora às vezes dele decorra. É, em princípio, das partes e do Ministério Público. Estes sempre têm *legitimação*, embora nem sempre tenham *interesse*. Terceiros prejudicados também podem recorrer. A legitimação dos *terceiros*

6. Teresa Arruda Alvim Pinto, *Agravo de Instrumento*, São Paulo, Ed. RT,1992, p. 70.

7. Lei 12.016/2009, art. 14.

decorre do *interesse* que tenham, em cada caso, de pleitear a reforma ou o anulamento do julgado.

Quanto ao impetrante e seus litisconsortes, e quanto ao Ministério Público, dúvida não há. Estes sempre têm legitimidade, embora eventualmente possam não ter interesse.

Na vigência da Lei 1.533 houve divergência no que diz respeito à legitimidade da autoridade impetrada para interpor recurso. O Supremo Tribunal Federal, então, decidiu que

> o coator é notificado para prestar informações. Prestadas estas sua intervenção cessa. Não tem ele legitimidade para recorrer da decisão deferitória do *mandamus*. A legitimação cabe ao representante da pessoa jurídica interessada.[8]

Houve quem afirmasse que se tratava de decisão isolada.[9] Sérgio Ferraz, todavia, não obstante admitisse a legitimação do coator para recorrer como terceiro prejudicado,[10] invocando diversos julgados asseverava que a jurisprudência predominante fechava as portas da instância recursal à autoridade coatora:

> STF, RE 97.282-0 (rel. Min. Soares Muñoz, *DJU* 24.9.82, p. 9.446); STF, RE 105.731-9 (rel. Min. Décio Miranda, *DJU* 16.8.85, p. 13.259); STJ REsp 3.370 (rel. Min. Américo Luz, *DJU* 13.8.90, p. 7.646); TFR, AI 46.191 (rel. Min. Geraldo Sobral, *DJU* 14.03.85, p. 3.059); TFR, AMS 98.980 (rel. Min. Carlos Madeira, *DJU* 28.3.85, p. 4.097); TFR, AI 45.432 (rel. Min. Torreão Braz, *DJU* 9.5.85, p. 6.766); TFR, AI 57.168 (rel. Min. Costa Leite, *DJU* 17.10.88 p. 25.591); TFR, AI 46.972 (rel. Min. Pádua Ribeiro, *DJU* 8.8.85, p. 12.483).[11]

A controvérsia decorria de outra, em torno da questão, já por nós examinada, de saber se a autoridade coatora é parte (Cap. 4, item 4.3). Para os que entendiam que a autoridade coatora é parte, a legitimidade desta para recorrer era induvidosa. Para os que entendiam que não, restava a possibilidade de admitir o recurso como de terceiro prejudicado.

8. STF, RE 97.282-9-PA, *DJU* de 24.9.1982., *RDA* 150/162-164.

9. Hely Lopes Meirelles, *Mandado de Segurança*, cit., 36ª ed., Malheiros Editores, São Paulo, 2014, p. 131.

10. Sérgio Ferraz, *Mandado de Segurança (Individual e Coletivo – Aspectos Polêmicos)*, São Paulo, Malheiros Editores, 1992, p. 137.

11. Sérgio Ferraz, ob. cit., p. 138.

Interessante era a lição de Adhemar Ferreira Maciel, segundo a qual a autoridade impetrada não é parte, mas também não é terceiro, pois sobre ela recaem desde o início do processo os ônus das informações e da defesa. Assim, a autoridade impetrada deveria ser tratada como um sujeito processual especial.[12]

Contra essa doutrina voltava-se Sérgio Ferraz: o coator não tem o encargo da defesa. Compete-lhe apenas a prestação veraz e imparcial das informações. Depois disso, o terceiro é legitimado a recorrer quando a sentença atinge a titularidade *material* de seus bens de vida, o que nada tem que ver, em princípio, com eventuais ônus *processuais* a ele atribuídos.[13]

Para Sérgio Ferraz a autoridade coatora era,

> sim, terceiro prejudicado porque, na forma da previsão constitucional, pode ter seu patrimônio regressivamente atingido pela Administração Pública, em razão dos encargos que esta tenha de suportar, por força da sentença eventualmente deferitória do mandado de segurança: tão só.[14]

Também o eminente ex-Ministro do Superior Tribunal de Justiça, Adhemar Ferreira Maciel, sustentava:

> O impetrado, pelo menos em tese, pode ser futuramente réu em ação regressiva ou mesmo sofrer sanções de ordem penal. Assim, nada mais certo, como se dava sob o império da primeira lei de mandado de segurança, que lhe dar legitimidade para recorrer.[15]

De todo modo, ambos admitiam que a autoridade coatora poderia recorrer contra o deferimento do mandado de segurança.

É relevante, porém, a diferença entre considerar-se a autoridade coatora um *sujeito especial do processo*, e considerá-la um *terceiro prejudicado*. A diferença de ordem prática é evidente. Como sujeito especial do processo, sua legitimidade para recorrer independeria da demonstração

12. "Observações sobre autoridade coatora no mandado de segurança", em Sálvio de Figueiredo Teixeira (Coord.), *Mandados de Segurança e de Injunção,* São Paulo, Saraiva, 1990, p. 196.

13. Sérgio Ferraz, *Mandado de Segurança (Individual e Coletivo) – Aspectos polêmicos*, São Paulo, Malheiros Editores, 1992, p. 137.

14. Sérgio Ferraz, ob. cit., p. 138.

15. Adhemar Ferreira Maciel, "Observações sobre autoridade coatora no mandado de segurança", em *Mandados de Segurança e de Injunção*, cit., p. 196.

de prejuízo decorrente da sentença. Como terceiro prejudicado, essa demonstração seria indispensável. Por isto, adequada pareceu-nos a doutrina de Adhemar Ferreira Maciel.

O argumento pelo qual o coator não tem o encargo da defesa, competindo-lhe apenas a prestação veraz e imparcial das informações, é exageradamente formalista e incompatível com a realidade. O que se vê nos processos, invariavelmente, é a defesa do ato impugnado, feita nas informações prestadas pela autoridade coatora. E nem é razoável pretender-se que ela não defenda a validade jurídica de seus próprios atos. Induvidoso é o seu direito de fazê-lo.

Já o argumento pelo qual o terceiro é legitimado a recorrer quando a sentença atinge a titularidade *material* de seus bens de vida, nada tendo a ver com ônus *processuais*, não invalida, mas, pelo contrário, presta-se para fundamentar a tese de que a autoridade impetrada é um sujeito especial do processo. Realmente, a autoridade impetrada, ainda que tenha apenas de prestar informações, imparcialmente, tem de todo modo um ônus processual. E isto é suficiente para distingui-la do terceiro.

Note-se, ademais, que o terceiro prejudicado é figura eventual, não necessariamente presente nos processos. A autoridade impetrada, diversamente, é figura essencial no processo de mandado de segurança. Não existe mandado de segurança sem ela.

Por outro lado, nem sempre do deferimento de um mandado de segurança decorre a possibilidade de ação regressiva contra a autoridade impetrada. Se estiver cobrando um tributo ilegal, ou inconstitucional, e contra essa cobrança for concedido mandado de segurança ao contribuinte, daí não decorre qualquer possibilidade de ação regressiva contra ela. Mesmo nesses casos, porém, é inegável o direito que tem a autoridade de defender a validade jurídica de seus atos. Embora sem qualquer interesse econômico, terá sempre o interesse moral, a legitimar sua participação no processo.[16]

A presença indispensável e o ônus de informar fazem da autoridade impetrada um sujeito da relação processual. Aliás, é esta a única forma de explicar a existência de uma relação processual no mandado de segurança, antes da manifestação, que nem sempre ocorre, nem é indispensável, da pessoa jurídica de direito público à qual se liga a autoridade impetrada.

16. Além do interesse processual, a participação no processo exige a legitimidade. Esta decorre da titularidade do direito material. A parte é legítima quando tem interesse econômico ou moral, na lide.

Assim, preferimos entender que a autoridade impetrada é um sujeito especial da relação processual no mandado de segurança, e por isto não precisa demonstrar o prejuízo advindo da sentença que defere a segurança, como condição de admissibilidade de seu recurso.

Não nos parecia correto o entendimento, então prevalecente na jurisprudência, de que a legitimação para o recurso caberia ao representante da pessoa jurídica interessada, competindo à autoridade coatora, apenas, prestar informações.[17]

12.2.2.3 O interesse em recorrer

O interesse em recorrer decorre da sucumbência. Vencida, a parte tem interesse em recorrer, pleiteando a reforma ou o anulamento do julgado.[18]

Tal interesse configura-se pela possibilidade de obtenção de novo julgamento que lhe seja mais vantajoso. Assim, ainda que vencida apenas *parcialmente*, terá a parte esse interesse.

Em se tratando de sujeitos do processo, o fato de lhes haver sido denegada a pretensão é demonstração bastante do interesse em recorrer. Em se tratando de terceiro, esse interesse há de ser demonstrado. Em outras palavras, o terceiro, para recorrer, há de demonstrar que o julgado lhe causou prejuízo.

É que a sentença, em princípio, somente atinge as partes. Quem não é parte, só eventualmente pode ter algum direito seu indiretamente atingido. Por isto, há de demonstrar essa ocorrência.

Assim, um Estado-membro, que não é parte em um mandado de segurança impetrado contra ato de uma autoridade da Administração Tributária federal, pode, eventualmente, ser prejudicado com o deferimento da segurança.

Ocorre que, se há possibilidade de prejuízo para terceiro, decorrente da sentença, tem-se de convocar esse terceiro para participar da relação processual. É caso de litisconsórcio necessário. E uma vez admitido o

17. TRF-1ª Região, Ap no MS 89.01.14368-2-BA, rel. Juiz Catão Alves, *DJU* II de 21.11.1991, p. 27.487. *Bol.* 63, p. 35.

18. Nos embargos de declaração, porém, o interesse em recorrer decorre do direito a uma decisão clara e completa, vale dizer, sem obscuridade, contradição ou omissão. Há quem sustente, por isto mesmo, que os embargos de declaração não constituem propriamente um recurso.

litisconsórcio, de terceiro já não se cuida, mas de parte. Se não houve a citação, porém, admite-se o recurso do terceiro prejudicado: posto que, se deveria ter sido convocado como litisconsorte, e não foi, o terceiro está legitimado, e tem interesse para recorrer da sentença e obter o seu anulamento.

12.2.2.4 Inexistência de fato impeditivo ou extintivo

São fatos impeditivos do direito de recorrer o *reconhecimento* do direito em favor da autoridade impetrada e a *desistência* da impetração. Fatos extintivos do direito de recorrer são a *renúncia* ao direito de recorrer, e a *aceitação* do julgado.

Em tema de mandado de segurança, ressalte-se que, em princípio, apenas o impetrante poderia reconhecer, desistir, renunciar ou aceitar. A autoridade impetrada não dispõe do direito em litígio, de sorte que tais fatos, em relação a ela, são de validade questionável.

A sentença monocrática que concede mandado de segurança está sujeita ao duplo grau de jurisdição. Por isto, em princípio, seria irrelevante a falta de recurso interposto contra ela. Haverá, sempre, oportunidade para o seu exame pelo tribunal.

Questão relevante, porém, pode ser colocada no que diz respeito ao recurso contra a decisão que a mantém. Poderia a entidade de direito público, ou a autoridade impetrada, ou o Ministério Público, sem ter interposto apelação contra a sentença, recorrer do julgado do Tribunal, que a mantém?

Parece-nos que a resposta deve ser negativa.

Por isto não consideramos irrelevante a ausência de apelação. Está, a nosso ver, a merecer a mais profunda meditação dos processualistas, a questão dos fatos impeditivos e extintivos do direito de recorrer, em tema de mandado de segurança, e em geral naquelas questões que envolvam direitos públicos.

Não se pode relegar ao plano da simples retórica o princípio da isonomia nas relações processuais. E a preservação deste importante princípio jurídico exige que se admita o reconhecimento, a desistência, a renúncia e a aceitação, de que estamos falando, como fatos cuja prática é admissível, por qualquer das partes no processo.

O interesse público evidentemente há de ser preservado. O instrumento para tal fim, todavia, há de ser a responsabilização dos agentes públicos. A autoridade impetrada que pratica tais atos, se o faz causando lesão ao interesse público, haverá de reparar a lesão que causar.

Ressalte-se que inadmitir aqueles fatos, ao argumento de que a autoridade não dispõe do direito em lide, levaria também a inadmitir as preclusões processuais. Para provocá-las, a autoridade apenas se manteve inerte. E se não dispunha do direito em lide, a inércia não poderia produzir a preclusão. Na verdade, porém, a inércia da parte, com o decurso do prazo para recurso produz a preclusão. Extingue o direito de recorrer, não obstante indisponível esse direito. Da mesma forma pela qual se equaciona a questão da responsabilidade pela inércia, pela omissão, pode ser também equacionada a questão da responsabilidade pela manifestação do reconhecimento, da desistência, da renúncia ou da aceitação.

Razão nenhuma existe para que os órgãos presentantes das pessoas jurídicas de direito público em juízo sejam irresponsáveis. Pelo contrário, eles devem ser responsáveis por seus atos, como é responsável o advogado dos particulares. Assim, deve ser estabelecida a igualdade de tratamento, o que certamente contribuirá para a celeridade processual.

12.2.3 Requisitos extrínsecos

São requisitos extrínsecos a tempestividade, a regularidade formal e o preparo do recurso.

A ausência de um, ou mais de um desses requisitos, também impede seja o recurso conhecido.

12.2.3.1 Tempestividade

O recurso há de ser interposto no prazo fixado em lei. Esse prazo tem início na data da intimação da decisão contra a qual é interposto, e não da intimação da autoridade impetrada para cumprimento da ordem.[19] Conta-se de acordo com as normas que regulam a contagem dos prazos processuais em geral. Assim, o primeiro dia do prazo é o dia seguinte ao da intimação. Quando a intimação tiver lugar na sexta-feira, ou a publicação com efeito de intimação for feita nesse dia, o prazo judicial terá início na segunda-feira imediata, salvo se não houver expediente, caso em que começará no primeiro dia útil que se seguir.[20]

19. STF, Súmula 392.
20. STF, Súmula 310.

Conforme lição autorizada de Barbosa Moreira, tem-se que:

> À Fazenda Pública e ao Ministério Público computa-se em dobro o prazo para recorrer (art. 188 [*do CPC/1973; art. 183, CPC/2015*]), seja qual for o recurso. O simples fato de haver litisconsórcio entre partes interessadas em recorrer não lhes aumenta o prazo, que é comum; todavia, se os litisconsortes tiverem diferentes procuradores, contar-se-á o prazo em dobro (art. 191 [*do CPC/1973; art. 229, CPC/2015*]). O terceiro prejudicado dispõe, para recorrer, de prazo sempre igual ao da parte.[21]

Interessando questão consiste em saber se teria a autoridade impetrada o direito ao prazo em dobro, para interpor recursos.

Reconhecemos que bons argumentos podem ser desenvolvidos para justificar uma resposta, tanto positiva quanto negativa, a essa questão. Preferimos respondê-la afirmativamente, posto que não nos parece existir nenhuma razão de ordem prática a sustentar o entendimento contrário.

12.2.3.2 Regularidade formal

Os recursos devem obedecer a determinadas exigências de forma, como acontece com os atos processuais em geral. Devem ser interpostos em petições escritas e fundamentadas. Em outras palavras, devem ser interpostos em documento escrito, contendo um pedido, que é o de anulamento, ou de reforma, total ou parcial, da decisão recorrida. E tal pedido deve ser fundamentado. O recorrente deve dizer quais as razões pelas quais espera seja atendido o seu pedido.

Os recursos devem ser dirigidos à autoridade a quem cabe exercer em primeiro plano o denominado juízo de admissibilidade.

Em se tratando de recurso contra a sentença do juiz singular, a este o recorrente se deve dirigir. Se o recurso é contra acórdão de um Tribunal, o recorrente se deve dirigir ao Presidente deste, ou ao relator do processo. Ao primeiro, nos casos de recurso ordinário, especial, ou extraordinário. Ao segundo, no caso de embargos de declaração, ou de divergência.[22]

21. José Carlos Barbosa Moreira, *O novo Processo Civil Brasileiro*, 10ª ed., Rio de Janeiro, Forense, 1990, p. 161.

22. São cabíveis os embargos de divergência perante o Supremo Tribunal Federal, nos termos do art. 1.043 do CPC/2015.

Não se há de ser, porém, rigoroso quanto ao destinatário da petição de recurso. Havendo erro a esse respeito, a autoridade que a receber deve encaminhá-la à autoridade competente.

12.2.3.3 Preparo

Entende-se por preparo o pagamento antecipado das despesas correspondentes ao processamento do recurso. A sanção para a falta de preparo denomina-se *deserção*.

Quando recorrente é a pessoa jurídica de direito público, não se cogita de deserção, em face da inexistência de obrigação de pagar custas. O tema interessa, portanto, apenas aos impetrantes.

O prazo para pagamento das custas começa da intimação da respectiva conta. Sem que o interessado conheça o valor a pagar, não tem início o prazo para esse pagamento.

Pode haver motivo justo para o não pagamento das custas. Por isto, aquele a quem cabe em primeiro lugar apreciar o cabimento do recurso, pode relevar a deserção. Tal decisão sujeita-se a exame do órgão ao qual o recurso é dirigido. Por esta razão, entendemos que a questão de ter havido ou não justo motivo para a ultrapassagem do prazo para o preparo deve ser resolvida com equidade. Havendo dúvida, o preparo deve ser considerado tempestivo. Assim, fica desde logo assegurado ao recorrente a apreciação dessa questão em duplo grau de jurisdição.

Com efeito, o haver sido a deserção relevada pelo juízo monocrático não impede que o tribunal decida em sentido contrário. não deve, porém, o tribunal considerar deserto um recurso se a questão da deserção não foi colocada na instância inferior, pois isto suprimiria a oportunidade de relevação da pena pelo juízo monocrático.

Já decidiu o Supremo Tribunal Federal que a ele cabe examinar, por provocação do recorrido, ou *ex officio,* o relevamento da deserção no tribunal de origem.[23]

12.3 Efeitos

Os efeitos do recurso decorrem do simples fato da sua interposição. Independem, portanto, do conhecimento, ou do provimento deste.

23. STF, RE 117.708-DF, *RTJ* 133/899.

A interposição de um recurso produz, em regra, dois efeitos, a saber: o *devolutivo* e o *suspensivo*. Pelo primeiro, entende-se que o exame da questão é *devolvido* ao Judiciário, que a julgará novamente, em uma outra instância, salvo exceções especiais, nas quais o novo julgamento ocorre na mesma instância onde se deu o julgamento objeto do recurso. Pelo segundo, tem-se que a interposição do recurso suspende os efeitos da decisão recorrida. Em outras palavras, o efeito suspensivo do recurso faz com que a decisão recorrida somente produza efeitos depois da apreciação do recurso.

Quanto a esses efeitos, os recursos dividem-se em duas categorias, a saber: (a) os dotados de efeito apenas devolutivo; e (b) os dotados também de efeito suspensivo.

Ao estudarmos cada recurso, indicaremos o efeito, ou os efeitos, decorrentes de sua interposição. Ressaltamos, porém, que a jurisprudência tem se orientado no sentido de admitir mandado de segurança contra decisão da qual não caiba recurso com efeito suspensivo. Assim, diante de uma decisão cujos efeitos possam causar dano de difícil reparação, e se o recurso contra a mesma não tem efeito suspensivo, o caminho é a impetração de mandado de segurança contra aquela decisão, tendo em vista atribuir ao recurso o efeito suspensivo que a lei não lhe confere.

12.4 As espécies de recurso

Segundo o Código de Processo Civil são cabíveis os seguintes recursos: apelação, agravo de instrumento, agravo interno, embargos de declaração, recurso ordinário, recurso especial e recurso extraordinário, agravo em recurso especial ou extraordinário, embargos de divergência.[24]

Normas que se reportam especificamente ao mandado de segurança admitem expressamente o cabimento de apelação da sentença que indefere liminarmente a inicial,[25] e da que, a final, concede ou denega a segurança, com ou sem exame de mérito.[26] E determinam a remessa oficial, também conhecida como recurso *de ofício,* que a rigor não pode ser considerada um recurso, mas deve ser mencionada por questão de ordem prática.[27] Cuidam, ainda, do agravo regimental, do despacho do

24. Art. 994 do CPC/ 2015.

25. Lei 12.016/2009, art. 10.

26. Art. 14 da Lei 12.016/2009.

27. Art. 14, § 1º, da Lei 12.016/2009, a dizer que concedida a segurança a sentença estará sujeita obrigatoriamente ao duplo grau de jurisdição, e art. 496, inc. II, do CPC/2015.

Presidente do Tribunal que suspende a execução, seja da medida liminar, seja da sentença concessiva da segurança,[28] e do recurso ordinário, de decisões de tribunais, em única instância, que incidam nos permissivos constitucionais e sejam denegatórias da segurança.[29]

Por força de dispositivos constitucionais, aplicáveis aos processos em geral, são induvidosamente cabíveis o recurso especial,[30] e o recurso extraordinário,[31] dos acórdãos proferidos pelos tribunais, nas hipóteses expressamente indicadas pela própria Constituição.

A doutrina tem admitido, sem objeções significativas, o cabimento de embargos de declaração, de sentença na qual exista obscuridade, dúvida ou omissão, e o agravo de instrumento, de decisão que denega a subida da apelação.[32]

Não obstante as controvérsias a respeito do cabimento de alguns dos recursos acima mencionados, examinaremos cada um deles, posto que entendemos serem todos eles cabíveis no processo de mandado de segurança, especialmente em face da Constituição Federal de 1988, que assegura o direito de defesa com o uso de todos os meios a ele inerentes. Ao examinarmos o cabimento de cada um deles, aludiremos àquelas controvérsias.

12.4.1 Apelação

12.4.1.1 Cabimento e outros requisitos

A apelação é cabível contra sentença que: (a) indefere liminarmente a inicial; e (b) julga, a final, a impetração, seja concedendo, ou denegando a segurança, com ou sem apreciação de mérito.

Não importa o conteúdo da decisão, se com esta o julgador encerrou a relação processual:

> dando por finda a prestação jurisdicional, pouco importa o conteúdo dessa decisão: o caso será sempre de sentença, e o recurso manejável será, invariavelmente, o de apelação.[33]

28. Lei 12.016, art. 15, e Regimento Interno do STF, art. 297.
29. CF, arts. 102, inc. II, letra "a", e 104, letra "b".
30. CF, art. 105, inc. III.
31. CF, art. 102, inc. III.
32. Alfredo Buzaid, *Do Mandado de Segurança*, São Paulo, Saraiva, 1989, pp. 260, 261 e 262.
33. Humberto Theodoro Júnior, *Recursos*, Rio de Janeiro, Aide, 1991, p. 13.

Inexistem controvérsias quanto ao cabimento desse recurso, que é expressamente previsto em lei.

12.4.1.2 Prazo

O prazo para interpor apelação é de 15 dias.[34] Para a Fazenda Pública, esse prazo é contado em dobro.[35] No conceito de Fazenda Pública incluem-se as autarquias, e até as fundações governamentais.

> A Lei 7.526/87, que alterou os Decretos-leis ns. 200/67 e 900/69, insistindo que a fundação é "pessoa jurídica de direito privado", não foi recepcionada pela Constituição de 1988 no particular. Hoje, pelo tratamento constitucional, as fundações governamentais são pessoas jurídicas de direito público.[36]

Na contagem desse prazo aplica-se a regra geral. Começa do dia seguinte ao da intimação da sentença, e não termina em dia no qual não haja expediente normal no Juízo perante o qual deva ser interposto o recurso.[37]

12.4.1.3 Juízo de admissibilidade

O juiz prolator da sentença apelada exerce um primeiro juízo de admissibilidade, verificando se a apelação foi interposta por quem tem legitimidade, se é tempestiva e se foram pagas as custas, quando devidas.

Inicialmente o juiz manda intimar a parte contrária para manifestar-se sobre o recurso. Em seguida, com ou sem resposta, verifica o atendimento daquelas exigências legais e, se atendidas, manda subir a apelação ao juízo de segundo grau.

34. Art. 1003, § 5º, do CPC/2015.

35. Em seu art. 183, o CPC/2015 estabelece que a União, os Estados, o Distrito Federal, os Municípios e suas respectivas autarquias e fundações de direito público gozarão de prazo em dobro para todas as suas manifestações processuais, cuja contagem terá início a partir da intimação pessoal.

36. STJ, REsp 31.549-2-SC, rel. Min. Adhemar Maciel, *RSTJ* 47/414.

37. O CPC/1973 estabelecia: "Art. 184. Salvo disposição em contrário computar-se-ão os prazos, excluindo-se o do começo e incluindo o do vencimento. § 1º Considera-se prorrogado o prazo até o primeiro dia útil se o vencimento cair em feriado ou em dia que: I – for determinado o fechamento do fórum; II – o expediente forense for encerrado antes da hora normal". A esse dispositivo corresponde o art. 224 e seus §§ 1º e 3º, do CPC/2015.

No tribunal também é exercido um juízo de admissibilidade, podendo então haver decisão pelo não conhecimento da apelação.

12.4.1.4 Efeitos

A apelação, no regime do CPC/1973, podia ser, e era, geralmente, recebida em ambos os efeitos, isto é, o devolutivo e o suspensivo. O Código determinava que o juiz dissesse em que efeitos recebia a apelação.[38] É que a apelação, em certos casos, podia ser recebida apenas no efeito devolutivo.

O CPC/2015, diferentemente, dispõe, no art. 1.012, que "a apelação *terá efeito suspensivo*", salvo as ressalvas do seu § 1º.

12.4.1.4.1 Efeito devolutivo

O efeito devolutivo é essencial em qualquer recurso, e à apelação é atribuído por dispositivo legal expresso.[39] Ao tribunal cabe reexaminar as questões decididas pela sentença e atacadas na apelação. Segundo o entendimento que predominava na doutrina e na jurisprudência, que nos parecia inaceitável, porque, extremamente formalista, constituindo uma das causas da morosidade do Judiciário,[40] se a sentença encerrou o processo sem julgamento de mérito, o tribunal deveria limitar-se a examinar a questão processual, e, se desse provimento à apelação, devolveria o processo ao juízo de primeiro grau para decisão da questão ou das questões de mérito.

No dizer de Amaral Santos,

38. CPC/2015, art. 1.012.

39. Art. 1.013 do CPC/2015.

40. Entendemos que em se tratando de questões exclusivamente de direito, o tribunal deve desde logo examinar o mérito respectivo, em vez de devolver o processo ao primeiro grau. Cuida-se, porém, de um ponto de vista minoritário, praticamente isolado. Por isto temos preconizado a introdução de norma na Constituição Federal determinando que, indo o processo à instância superior em virtude de questões preliminares, nesta será desde logo examinado o mérito, a não ser que inexistam condições materiais para tanto, ou da decisão de mérito resulte contrariado interesse de quem não teve oportunidade de manifestar-se no processo. Neste sentido nos manifestamos no artigo "Morosidade e formalismo" em *Tribuna do Ceará,* dias 8 e 9 de junho de 1991, p. 2A, e em estudo sobre "Morosidade, formalismo e ineficácia das decisões judiciais", publicado na *Revista de Informação Legislativa*, Senado Federal, v. 30, n. 120, pp. 119-123, out./dez. 1993.

> tratando-se de apelação *total*, ou *plena*, há se considerar se a sentença é terminativa ou definitiva. No primeiro caso, ater-se-á o tribunal ao alegado vício, que pôs termo ao processo sem julgamento do mérito, ou ainda a outros vícios, inclusive da própria sentença, denunciados pelo apelante ou que possa conhecer de ofício, e, ocorrendo dar provimento à apelação, baixarão os autos ao juízo de primeiro grau para prosseguimento do processo. No segundo caso, isto é, se a apelação for de sentença definitiva, como esta foi impugnada no seu todo, caberá ao tribunal apreciar e julgar todas as questões ventiladas no processo, sejam de direito ou de fato, de direito substancial ou de direito processual.[41]

Com o CPC/2015 a questão recebeu novo tratamento. Pelo § 3º do art. 1.013,

> Se o processo estiver em condições de imediato julgamento, o tribunal deve decidir desde logo o mérito quando: I – reformar sentença fundada no art. 485; II – decretar a nulidade da sentença por não ser ela congruente com os limites do pedido ou da causa de pedir; III – constatar a omissão no exame de um dos pedidos, hipótese em que poderá julgá-lo; IV – decretar a nulidade de sentença por falta de fundamentação.

Sentença terminativa é a que põe fim ao processo, sem examinar a questão, ou as questões de mérito. Exemplos de sentenças dessa espécie, no caso do mandado de segurança, são, entre outras, aquelas que consideram ultrapassado o prazo dos 120 dias, ou entendem ser incabível o mandado de segurança em face de controvérsia quanto aos fatos.

Sentença definitiva é aquela que examina o mérito da causa, vale dizer, não se limita a questões processuais. Decide a respeito do pedido.

Todas as questões de direito material postas na impetração podem ser reexaminadas na apelação, ainda que a sentença não se tenha sobre as mesmas manifestado. Diversamente do que acontece no âmbito dos recursos especial e extraordinário, onde se verifica um estreitamento do caminho para as instâncias superiores, na apelação o caminho é amplo.[42]

Na apelação, todavia, pode ser impugnada apenas parte da sentença. Apenas essa parte será reexaminada pelo tribunal.

41. Moacyr Amaral Santos, *Primeiras Linhas de Direito Processual Civil*, 3ª vol. 10ª ed., São Paulo, Saraiva, 1989, p. 110.

42. Art. 1.013 e seus §§ 1º e 2º, do CPC/2015.

Ao juízo da apelação, neste caso, caberá apreciar e julgar todas as questões suscitadas e discutidas no processo e até as questões anteriores à sentença recorrida, desde que se comportem na parte da sentença contra a qual se recorreu.[43]

12.4.1.4.2 Efeito suspensivo

Nos termos do Código de Processo Civil, a apelação tem efeito suspensivo. Entretanto, tem efeito apenas devolutivo nos casos expressamente indicados.[44]

A Lei 12.016/2009 diz que a sentença que concede mandado de segurança fica sujeita ao duplo grau de jurisdição obrigatório (art. 14, § 1º). Pode parecer, portanto, que não comporta execução provisória, mas não é assim, porque a mesma lei estabelece que a sentença que conceder mandado de segurança pode ser executada provisoriamente, salvo nos casos em que for vedada a concessão de medida liminar (art. 14, § 3º). Em matéria tributária tais casos são os de mandado de segurança impetrado para garantir o direito à compensação e a liberação de mercadorias procedentes do exterior. Nesses casos, tenha sido interposta apelação ou não, só é possível a execução da sentença depois da decisão da segunda instância.

12.4.1.5 Procedimento

A apelação é interposta em petição escrita dirigida ao juiz, contendo o nome e a qualificação das partes, os fundamentos de fato e de direito da inconformação do apelante com a decisão, as razões do pedido de reforma ou de decretação de nulidade, bem como o pedido de nova decisão.[45]

Importante, para definir que o recurso foi interposto no prazo legal, é a data do protocolo, ou recibo do cartório ou secretaria da vara. A data do despacho, mesmo posterior ao prazo, é irrelevante. Conforme já decidiu o Supremo Tribunal Federal, não fica prejudicada a apelação entregue em cartório no prazo legal, embora despachada tardiamente.[46]

Ao despachar a apelação, o juiz mandará dar vista à parte contrária, para contrarrazões.[47]

43. Moacyr Amaral Santos, ob. e loc. cits.
44. Art. 1.012, § 1º, do CPC/2015.
45. CPC/1973, art. 514, ao qual corresponde o art. 1.010 do CPC/2015.
46. STF, Súmula 428.
47. Art. 1.010, § 1º.

12.4.2 Agravo de instrumento

12.4.2.1 Cabimento e outros requisitos

Segundo o Código de Processo Civil de 1973, o agravo de instrumento era cabível: a) de todas as decisões proferidas no processo, salvo os despachos de mero expediente, contra os quais não cabia recurso nenhum, e b) daquelas que punham fim ao processo, das quais cabia apelação.

A Lei 12.016/09 estabelece que da decisão do juiz de primeiro grau que conceder ou denegar a liminar caberá agravo de instrumento, observado o disposto no Código de Processo Civil. Estabelece, também, que nos casos de competência originária dos tribunais caberá ao relator a instrução do processo e que, da decisão deste, que conceder ou denegar a medida liminar caberá agravo ao órgão competente do tribunal que integre.

O cabimento do agravo de instrumento no âmbito do mandado de segurança, porém, foi objeto de muita polêmica, que abordamos em edição anterior e agora mantemos nos parágrafos seguintes, até o final deste item, para uma compreensão mais adequada da questão.

A Lei 1.533 não se reportava ao agravo de instrumento. Mesmo assim, admitia-se o seu cabimento em alguns casos, sendo o assunto polêmico. Sobre o tema, informava Eduardo Ribeiro:

> A jurisprudência do Tribunal Federal de Recursos estabilizou-se no sentido de que não há lugar para este recurso, no processo de mandado de segurança, salvo para impugnar despacho que de algum modo obste o prosseguimento da apelação em primeiro grau.[48]

Eduardo Ribeiro resumia, com inteira propriedade, os argumentos contrários ao cabimento do agravo de instrumento no mandado de segurança:

> A lei discrimina os dispositivos do Código de Processo Civil aplicáveis ao processo do mandado de segurança, discriminação esta que se haveria de entender como exaustiva. São eles os relativos à petição inicial (art. 6º) e ao litisconsórcio (art. 19). A conclusão se reforçaria com o fato de que o art. 20 da Lei do Mandado de Segurança revogou, expressamente, não apenas os dispositivos do Código de Processo Ci-

48. Eduardo Ribeiro de Oliveira, "Recursos em mandado de segurança", em Sálvio de Figueiredo Teixeira (Coord.), *Mandados de Segurança e de Injunção,* São Paulo, Saraiva, 1990, p. 279.

> vil sobre o assunto, como as demais disposições em contrário. Assim não fosse, a lei, de qualquer sorte, enumeraria os recursos admissíveis e, além deles, apenas poderia ser cabível o recurso extraordinário, em virtude da previsão constitucional. Por fim, o agravo de instrumento não se compadeceria com o rito célere, peculiar ao mandado de segurança.[49]

Com argumentação segura, porém, demonstrou Eduardo Ribeiro a improcedência daqueles argumentos.[50] E asseverava que, mesmo não sendo numerosas as hipóteses de cabimento do agravo no processo de mandado de segurança, em virtude da própria índole, a ensejar poucas decisões interlocutórias, quando estas ocorressem, o agravo poderia ser utilizado.

> Para dirimir, por exemplo, questão relativa a competência, a pagamento de custas, a intervenção de terceiros, além, evidentemente, dos problemas que se coloquem sobre o próprio processamento e subida da apelação.[51]

49. Eduardo Ribeiro de Oliveira, ob. e loc. cits.

50. Eduardo Ribeiro de Oliveira, ob. cit., pp 279-280.

51. Argumentava Eduardo Ribeiro, no estudo citado:

"a) Quanto à especificação dos dispositivos do Código de Processo Civil aplicáveis ao mandado de segurança

"A afirmativa de que a Lei 1.533/51 especificou os dispositivos do Código de Processo Civil aplicáveis, especificação está exaustiva, não resiste, *data venia,* à menor análise. Sem invocação daquele Código não será sequer possível processar um mandado de segurança. A Lei 1.533/51 não cogita, por exemplo, da capacidade processual, dos procuradores, da competência, da forma, tempo e lugar dos atos processuais, das nulidades, dos requisitos da sentença, assim como de vários outros temas cuja regulação é indispensável para que se possa fazer um processo. E tem-se ainda aceito, sem maiores divergências, que aplicável o incidente de uniformização de jurisprudência e admissível a ação rescisória. A primeira, pertinente ao processo de julgamento de recursos. A segunda, meio de impugnação da sentença.

"Em verdade, aplicam-se supletivamente, sem discussão numerosíssimas normas do Código, nenhuma delas mencionada na lei.

"A questão de que aqui se cogita não é peculiar ao mandado de segurança. Outras leis especiais existem e existiram, regulando procedimentos, sem que se questione sobre a aplicabilidade supletiva do que se contém no Código. Como observa Barbi: 'parece mais adequado entender que o sistema do Código, como geral que é,. deve aplicar-se aos procedimentos regidos em leis especiais, salvo naquele em que essas leis dispuserem em contrário ou em que as normas do Código não se coadunarem com as peculiaridades do procedimento regido por aquelas leis' *(Do mandado de segurança,* 3ª ed. Forense, p. 283).

"Causa, é certo, alguma estranheza o fato de que a Lei 1.533/51 se tenha referido a duas matérias, reguladas no Código de Processo Civil, quando é evidente que muitas outras normas igualmente haverão de aplicar-se. Explica-se em parte. A Lei 191/36 foi editada quando ainda vigentes os Códigos estaduais. Não havendo lei federal a que se reportar, sentiu-se a necessidade de enumerar os requisitos da inicial. Sobrevindo o Código de 1939, o mandado de segurança passou a ser por este regulado. Claro que as normas nele contidas se aplicavam, no que não fossem incompatíveis com o procedimento especial. Malgrado isso, o art. 321 reportou-se aos dispositivos do próprio Código, pertinentes à inicial. Justifica-se, em primeiro lugar, pelo simples fato de se terem repetido vários dispositivos da Lei 191. Em segundo, em virtude de a inicial do mandado de segurança apresentar algumas peculiaridades, o que fez conveniente explicitar que, no mais, seria regulada pelas regras comuns. A Lei 1.533/51 também reproduziu a menção aos artigos do Código e os motivos são semelhantes.

"Relativamente ao litisconsórcio, cumpre reconhecer, a Lei 1.533/51 foi redundante ao invocar, como aplicáveis, os arts. 88 a 94 do Código então vigente, compreensivos também da assistência. No texto atual, após a adaptação feita pela Lei 6.071/74, limitou-se a referência ao litisconsórcio, o que enseja o entendimento de que incabível a assistência. Não se haverá de concluir, entretanto, que se teve o propósito de excluir a aplicação de todos os demais dispositivos do Código de Processo Civil o que, como salientado, é impossível.

"Costumam os intérpretes repetir certas afirmações, como se fossem dogmas, daí resultando, muitas vezes, situações paradoxais. Uma delas, tida como regra de hermenêutica, é a de que a lei não contém palavras inúteis, posto que se presume sábio o legislador: *verba cum effectu sunt accipienda.* Nem sempre isto é verdade. Pode a lei não ter sido elaborada com obediência à melhor técnica, o que não deverá conduzir a que se tirem conclusões, fundadas em posições a *priori,* capazes de levar a um desvio do verdadeiro sentido do texto. Carlos Maximiliano lembra que os norte-americanos, bem-avisados, formularam diferentemente o princípio. E invoca Sutherland para afirmar: 'deve-se atribuir, quando for possível, algum efeito a toda palavra, cláusula ou sentença'. E prossegue: 'Não se presume a existência de expressões supérfluas; em regra supõe-se que leis e contratos foram redigidos com atenção e esmero; de sorte que traduzam o objetivo dos seus autores. Todavia é possível e não muito raro, suceder o contrário; e na dúvida entre a letra e o espírito, prevalece o último' *(Hermenêutica e aplicação do direito,* 3ª ed., Freitas Bastos, p. 301 – os grifos são do original).

"No caso, há que se concluir que era supérfluo o disposto na Lei 1.533/51 e, na redação atual, tem como única consequência poder-se afirmar que inadmissível a assistência, embora muito recomendável fosse o contrário.

"A invocação do art. 20, como salienta Cretela Jr., antes favorece a aplicabilidade dos institutos do Código de Processo Civil do que os afasta. Foram revogados os dispositivos do Código sobre o assunto – ou seja, os que regulavam diretamente o mandado de segurança – e os incompatíveis com a nova lei. Permanecem em vigor os com ela compatíveis (*Comentários às leis do mandado de segurança,* Saraiva, 1979, p. 303).

"b) Quanto à enumeração taxativa dos recursos

"Igualmente inaceitável a alegação de que a lei do mandado de segurança, se não é taxativa ao mencionar os dispositivos do Código, que ao processo em exame se aplicam, como tal haveria de considerar-se ao enumerar os recursos admissíveis. A alguns tendo feito referência e não a outros, argumenta-se, ter-se-iam como excluídos os últimos. A conclusão não é correta, entretanto, visto que facilmente explicável a origem dos dispositivos.

"Enquanto regulado o mandado de segurança pelos arts. 319 a 331 do Código de 1939, o lógico seria, em princípio, que fossem admissíveis a apelação para as sentenças de mérito e o agravo de petição para as sentenças terminativas. Ocorre que, como salientado, tais recursos tinham, em regra, efeito suspensivo, incompatível com a sentença concessiva de mandado de segurança que deve ser desde logo executada. Daí as dúvidas surgidas. Com a Lei 1.533/51, pretendeu-se deixar claro o ponto. Elegeu-se o agravo de petição, recurso de processamento mais rápido, fazendo-o cabível ainda para os casos em que adequada a apelação. A lei teve como objetivo fixar-se em um recurso, superando perplexidades, e fazer com que o rito mais célere fosse adotado. E dispondo que o recurso de ofício não tinha efeito suspensivo ficou evidente que também não o tinha o voluntário. Nesse contexto, não há razão alguma para supor-se que se pretendia excluir a admissibilidade de outros recursos.

"Abolindo o vigente Código o agravo de petição, a Lei 6.014/73 substitui-o pela apelação, como o fez relativamente a várias outras leis extravagantes. Vê-se que há razão muito clara para menção à apelação na lei do mandado de segurança, não se justificando em absoluto a conclusão a que chegaram os que pretendem, com base nisso, sustentar que os outros recursos não seriam cabíveis.

"Por outro lado, não serve de argumento o disposto no art. 13 da Lei do Mandado de Segurança e no art. 4º da Lei n. 4.348/64. Trata-se aí de impugnar decisão de presidente de tribunal, para o que o Código não estabelece recurso. Aliás, das decisões monocráticas de integrantes dos tribunais só se prevê recurso quando se cogita de embargos infringentes. A falta tem sido suprida pelo regimento interno.

"Argumento de valia para mostrar que o melhor entendimento é o de que não hão de confinar os recursos admissíveis, aos mencionados na lei especial e na Constituição, pode ser buscado no modo por que a doutrina e a jurisprudência tratam da revista no mandado de segurança. Esta, anteriormente regulada pela Lei 319/36, foi contemplada no art. 853 do Código de 1939, e era admissível quando entre si divergiam, em suas decisões finais, órgãos colegiados dos tribunais. Firmou-se o entendimento de que incabível em mandado de segurança. A razão disso, entretanto, não estava em não ter sido cogitada pela lei específica, mas no fato de que, havendo previsão constitucional de recurso ordinário para o Supremo Tribunal Federal, a decisão denegatória não se podia considerar final. Suprimido aquele pelo Ato Institucional 6, firmou-se o entendimento de que a revista passara a ser cabível, havendo assim decidido a Corte Suprema, por unanimidade de votos de seu Plenário, ao apreciar o RE 68.947 (*RTJ* 54:267), julgamento a que se sucederam outros, adotando a mesma tese. Na doutrina, consultem-se Frederico Marques (*Instituições de direito processual civil*, Forense, v. 4, p. 299) e Moacir Lôbo da Costa (*RT* 418:39), além de outros autores que a tinham como cabível, ao menos quando denegatória a decisão, mesmo quando

Especial atenção merecia a questão do cabimento do agravo de instrumento, em se tratando de despacho relativo à medida liminar.

12.4.2.1.1 Argumentos pelo incabimento – Tanto na doutrina como na jurisprudência o cabimento de agravo de instrumento contra despacho que deferia ou negava medida liminar, era questão polêmica.

Os argumentos contra o cabimento do agravo eram, além daqueles já examinados, os seguintes: (a) o despacho, no caso, seria de mero expediente; (b) o despacho que nega medida liminar seria insuscetível de controle jurisdicional, porque feria apenas *interesses,* não *direitos* do impetrante;[52] (c) a lei previa a suspensão da liminar apenas em certos casos; (d) haveria um problema técnico, pois o juiz, ao denegar a segurança, teria de cassar a liminar concedida em primeiro grau.

12.4.2.1.2 Refutação – Improcedem tais argumentos.

O primeiro deles (a) era absolutamente desprovido de fundamento, como demonstrou, com inteira propriedade, Eduardo Ribeiro:

subsistia o recurso ordinário para o Supremo Tribunal Federal (Pontes de Miranda, *Comentários ao Código de Processo Civil*, Forense, v. 5, p. 299; Barbosa Moreira, 'Notas sobre o cabimento do recurso de revista', *Direito processual civil*, Borsoi, 1971, p. 174-5; Celso Barbi, *Do mandado de segurança,* 1960, p. 152. Este apenas quando denegatória a decisão).

"c) Quanto à incompatibilidade com o rito e pouca conveniência prática.

"Alega-se, ainda, que o agravo de instrumento não seria compatível com o rito do mandado de segurança que a lei quer célere. Não se percebe porque seja assim. O agravo é processado em autos apartados, não sendo necessário mais que tirar cópias dos principais, o que se faz atualmente com grande facilidade. Não ocorre tumulto algum.

"De outra parte, o argumento de Othon Sidou (*RT* 418:11), de que pouca conveniência prática haveria, podendo a parte utilizar-se de meios diversos, entre eles outro mandado de segurança, também não é, *data venia,* aceitável e, em verdade, prova demais. Com efeito, se se admitir tão amplo uso do mandado de segurança, para atacar decisões interlocutórias, o que a jurisprudência restringe a casos especialíssimos, não haveria razão para limitá-lo ao processo em exame. E poder-se-ia chegar à conclusão de que o agravo de instrumento seria inteiramente desnecessário" (Eduardo Ribeiro de Oliveira, "Recursos em mandado de segurança", em Sálvio de Figueiredo Teixeira (Coord.), *Mandados de Segurança e de Injunção,* São Paulo, Saraiva, 1990, pp. 279-280).

52. José Cretela Jr., *Comentários à Lei do Mandado de Segurança*, Rio de Janeiro, Forense, 1989, p. 228.

O despacho de expediente é irrecorrível exatamente porque, não colocando fim ao processo nem decidindo questão incidente, carece de aptidão para causar gravame às partes. Não é o que sucede, a toda evidência, com o ato judicial que delibera sobre a concessão de liminar. Concedendo-a, imporá desde logo um comportamento à autoridade indicada como coatora; negando-a, terá indeferido o requerimento da parte, sujeitando-a a continuar sofrendo, até decisão final, a ameaça ou a lesão ao direito de que se diz titular. O gravame é claro. O ato decidiu uma questão incidente, tendo a natureza de decisão interlocutória (Código de Processo Civil, art. 162, § 2º), agravável no sistema do Código.[53]

O despacho que defere ou denega a medida liminar, muita vez, é de decisiva importância no processo de mandado de segurança, pela razão evidente de que preserva ou destrói a utilidade da sentença.

A improcedência do segundo (b) também era evidente. O despacho que defere ou indefere o pedido de liminar não estava a salvo de controle jurisdicional.

Na verdade, toda decisão tem sempre certa margem de discricionarismo, na medida em que a interpretação simplesmente cognoscitiva é incapaz de conduzir a um resultado que seja o único correto.

> A questão de saber qual é, de entre as possibilidades que se apresentam nos quadros do Direito a aplicar, a "correta", não é sequer – segundo o próprio pressuposto de que se parte – uma questão de conhecimento dirigido ao Direito positivo, não é um problema de teoria do Direito, mas um problema de política do Direito.[54]

Essa margem de discricionarismo, porém, não exclui o controle jurisdicional. Não confere ao ato a natureza de ato discricionário.

Presentes os requisitos legalmente exigidos, vale dizer, a relevância dos fundamentos do pedido e a possibilidade de ineficácia da sentença que, a final, venha a deferir a segurança, a liminar *deve* ser concedida. Não se trata de faculdade, mas de dever do juiz. Por outro lado, se tais requisitos não estão presentes no caso, o juiz tem o dever de negar a liminar.

53. Eduardo Ribeiro de Oliveira, "Recursos em Mandado de Segurança", em ob. cit., p. 285.

54. Hans Kelsen, *Teoria Pura do Direito*, 3ª ed., trad. de João Baptista Machado, Coimbra, Armênio Amado, 1974, p. 469.

Se o juiz nega, quando devia conceder, ou concede quando devia negar, está lesando direito da parte. Cabível, pois, o agravo de instrumento.

O terceiro (c) era igualmente infundado. O fato de haver a possibilidade de pedido de suspensão da execução da medida, a ser dirigido ao presidente do tribunal, apenas em certos casos, não queria dizer fosse irrecorrível o despacho que deferia ou denegasse a medida liminar. As razões para o cabimento da suspensão, pelo presidente do tribunal, da medida liminar, são diversas daquelas razões que ensejariam o acolhimento do agravo e consequente reforma da decisão agravada. A suspensão está legalmente autorizada quando a execução da medida liminar possa causar grava lesão à ordem, à saúde, à segurança e à economia públicas.

> Fora daí, ainda que indevidamente concedida a liminar, não se poderá suspendê-la. Por outro lado, mesmo presentes o relevante fundamento e a probabilidade de ineficácia da medida, a suspensão haverá de ser deferida se houver o risco apontado.[55]

Finalmente, também não tinha fundamento o último daqueles argumentos (d). Na verdade, o juiz não estava obrigado a cassar a liminar ao indeferir a segurança, e, ainda que assim não fosse, nada impedia que, interposto o agravo do despacho que tivesse concedido ou negado a medida liminar, essa questão ficasse desde logo atribuída ao juízo de segundo grau.

Aliás, entendemos que uma vez ocorrida manifestação do juízo de segundo grau, seja em agravo, ou em mandado de segurança originário ali impetrado, a questão pertinente à liminar já não pode ser examinada pelo juízo de primeiro grau, salvo, é claro, se a decisão de segundo grau abrir expressamente oportunidade para isto.

O Tribunal Regional Federal da 5ª Região, em sessão plenária, decidiu, por expressiva maioria, ser cabível o agravo de instrumento contra despacho que negava medida liminar em mandado de segurança.

Agora, repita-se, a questão está resolvida com os dispositivos legais que admitem expressamente o agravo de instrumento das decisões que concedem ou negam medidas liminares, tanto as do juiz singular, como as do relator, nos casos de competência originária dos tribunais (Lei 12.016, art. 15).

55. Eduardo Ribeiro de Oliveira, "Recursos em mandado de segurança", em Sálvio de Figueiredo Teixeira (Coord.), *Mandados de Segurança e de Injunção*, cit., p. 286.

12.4.2.2 Prazo

O agravo de instrumento deve ser interposto no prazo de 15 dias.[56] Na contagem desse prazo aplica-se a regra geral. Assim, este só começa a correr do primeiro dia útil após a intimação,[57] exclui-se o dia do início, e inclui-se o do vencimento. Se este cair em feriado, ou em dia no qual o fórum, por qualquer motivo, esteja fechado, ou tenha o expediente encerrado antes da hora normal, o prazo fica prorrogado até o primeiro dia útil seguinte.[58]

Segundo jurisprudência sumulada do Supremo Tribunal Federal, o agravo despachado no prazo legal não fica prejudicado pela demora da juntada, por culpa do cartório; nem o agravo entregue em cartório no prazo legal, embora despachado tardiamente.[59]

Para a Fazenda Pública, e para o Ministério Público, conta-se o prazo em dobro.[60] O direito ao prazo em dobro, para o Ministério Público, independe da condição na qual esteja atuando. Seja como parte, ou como fiscal da lei.[61]

Em alguns casos especiais o prazo para a interposição do agravo é de apenas cinco dias.[62]

12.4.2.3 Juízo de admissibilidade

O agravo de instrumento é interposto diretamente junto ao Tribunal, onde é distribuído ao relator, cabendo a este exercer o juízo de admissibilidade do recurso e, ainda, em certos casos, decidir o próprio mérito deste. Com efeito, o art. 557 do Código de Processo Civil de 1973, estabelecia o dever do relator de negar seguimento ao recurso manifestamente improcedente, prejudicado ou em confronto com súmula ou com jurisprudência dominante do respectivo tribunal, do Supremo Tribunal Federal, ou de Tribunal Superior. A esse dispositivo corresponde o art. 932 do Código de Processo Civil de 2015, que diz incumbir ao relator negar provimento

56. CPC/2015, art. 1.003, § 5º.

57. Art. 224, § 3º, do CPC/2015.

58. Art. 224, § 1º, do CPC/2015.

59. STF, Súmula 425.

60. CPC/2015, art. 183.

61. STJ, 3ª Turma, REsp 2.065-RJ, *DJU* II de 28.5.1990, p. 4.732; STF, *RTJ* 106/217.

62. É o caso do art. 15 da Lei 12.016/2009.

a recurso que for contrário a súmula do Supremo Tribunal Federal, do Superior Tribunal de Justiça do próprio tribunal (art. 932, inciso IV, alínea "a"), ou a acórdão proferido pelo Supremo Tribunal Federal ou pelo Superior Tribunal de Justiça em julgamento de recursos repetitivos (art. 932, inciso IV, alínea "b").

Cabe, portanto, ao relator do recurso examinar o mérito nas hipóteses em que o agravo seja indiscutivelmente improcedente.

12.4.2.4 Efeitos

O Código de Processo Civil de 2015, como se depreende de seus artigos 1.019, inciso I, e 932, incisos III e IV, estabelece que, recebido o agravo de instrumento no tribunal e distribuído, o relator poderá ao mesmo atribuir efeito suspensivo, salvo se: a) for caso de recurso inadmissível, prejudicado ou que não tenha impugnado especificamente os fundamentos da decisão; b) contrário a súmula do Supremo Tribunal Federal, do Superior Tribunal de Justiça ou do próprio tribunal ao qual é dirigido; c) contrário a acórdão proferido pelo Supremo Tribunal Federal ou pelo Superior Tribunal de Justiça em julgamento de recursos repetitivos, ou a entendimento firmado em incidente de resolução de demandas repetitivas ou de assunção de competência.

12.4.2.5 Procedimento

Nos termos do art. 1.016 do Código de Processo Civil de 2015, que corresponde aos artigos 525 e 525, § 2º, do Código de Processo Civil de 1973, o agravo de instrumento deve ser interposto diretamente junto ao tribunal competente para apreciar os recursos contra atos do juiz prolator da decisão atacada, em petição com os seguintes requisitos: a) nome das partes; b) a exposição do fato e do direito; c) as razões do pedido de reforma ou de invalidação da decisão e o próprio pedido; d) o nome e o endereço completo dos advogados constantes do processo.

A petição de agravo de instrumento, segundo o art. 1.017 do Código de Processo Civil de 2015, deve ser instruída:

a) obrigatoriamente, com cópias da petição inicial, da contestação, da petição que ensejou a decisão agravada, da própria decisão agravada, da certidão da respectiva intimação ou outro documento oficial que comprove a tempestividade e das procurações outorgadas aos advogados do agravante e do agravado;

b) com declaração de inexistência de qualquer dos documentos referidos na letra "a", acima, feita pelo advogado do agravante, sob pena de sua responsabilidade pessoal;

c) facultativamente, com outras peças que o agravante reputar úteis.

A petição de agravo deve ser acompanhada, ainda, do comprovante do pagamento das custas respectivas e do porte de retorno, quando devidos, conforme tabela publicada pelos tribunais.[63]

Ressalte-se que o Código de Processo Civil de 2015 introduziu regras novas, vale dizer, regras inexistentes no Código de Processo Civil de 1973, quanto ao procedimento do agravo de instrumento. Assim é que nos termos do seu art. 1.017, § 2º, incisos IV e V, e §§ 4º e 5º, o agravo de instrumento pode também ser interposto mediante transmissão de dados tipo fac-smile, nos termos da lei, e por outra forma prevista em lei. E ainda, na falta de cópia de qualquer peça ou no caso de algum outro vício que comprometa a sua admissibilidade, o relator deve conceder ao recorrente o prazo de 5 (cinco) dias para que seja sanada vício ou complementada a documentação exigível.

12.4.3 Embargos de declaração

12.4.3.1 Cabimento

A adequada compreensão do cabimento dos embargos de declaração pressupõe que se saiba a finalidade, a razão de ser desse recurso, que o Código de Processo Civil de 2015, em seu art. 994, inciso IV, arrola entre os cabíveis.

A finalidade dos embargos de declaração não consiste na reforma da decisão recorrida, embora possa nesta implicar, conforme o caso. Sua finalidade essencial consiste em esclarecer o sentido da decisão.

Assim é que, nos termos do art. 1.022 do Código de Processo Civil de 2015, cabem embargos de declaração para esclarecer obscuridade ou eliminar contradição, e ainda, para suprir omissão de ponto ou questão sobre a qual devia se pronunciar o juiz de ofício ou a requerimento.

Como se vê, em face do Código de Processo Civil de 2015, são cabíveis embargos de declaração em face de qualquer decisão judicial.

63. CPC/2015, art. 1.017, § 1º.

A finalidade dos embargos declaratórios é eliminar a obscuridade ou a contradição capazes de gerar dúvidas na interpretação da decisão, ou ainda suprir omissão desta sobre alguma questão posta à apreciação.

Os demais requisitos para o cabimento dos embargos são os comuns ao cabimento dos recursos em geral, com uma particularidade apenas. É que não se exige, para a interposição dos embargos de declaração, a sucumbência do recorrente. Seu interesse em recorrer decorre da necessidade de eliminar a obscuridade ou a contradição, ou suprir a omissão.

Ressalte-se que os embargos de declaração não ensejam o pagamento de custas.[64] Em outras palavras, não se sujeitam ao preparo, certamente porque o seu objetivo é a correção de uma deficiência do próprio órgão jurisdicional, não se justificando mesmo, por isto, a cobrança de custas.

12.4.3.2 Prazo

O prazo para a interposição dos embargos de declaração é de cinco dias, e também em cinco dias o recurso deve ser julgado.

Na contagem dos prazos aplicam-se as normas gerais. Começa o prazo com a intimação da decisão recorrida. Em se tratando de acórdão, porém, o prazo começa da publicação deste, e não da intimação da decisão nele consubstanciada. Como se sabe, muita vez é publicada a decisão proferida pelo órgão colegiado, e só algum tempo depois é lavrado e publicado o acórdão correspondente. Vale, então, para a contagem do prazo, a publicação do acórdão, o que se justifica porque contradições ou omissões que ensejam o recurso não podem ser sanadas antes de sua publicação.

Os litisconsortes que tiverem diferentes procuradores, de escritórios de advocacia distintos, terão prazos contados em dobro.[65]

12.4.3.3 Juízo de admissibilidade

Os embargos de declaração dirigem-se ao mesmo órgão que prolatou a decisão embargada. Assim, juízo de admissibilidade só pode ser desse órgão.

Objetivando evitar a interposição de embargos de declaração manifestamente protelatórios, o Código de Processo Civil estabelece multa

64. CPC/2015, art. 1.023, final.

65. CPC/2015, art. 1.023, § 1º, e art. 229.

para o embargante. Assim, sendo manifestamente protelatórios os embargos de declaração, o juiz ou o tribunal, em decisão fundamentada, condenará o embargante a pagar ao embargado multa não excedente a 2% sobre o valor atualizado da causa.[66] E na reiteração de embargos de declaração manifestamente protelatórios a multa será elevada a até 10% sobre o valor atualizado da causa, e a interposição de qualquer recurso ficará condicionada ao depósito prévio do valor da multa, à exceção da Fazenda Pública e do beneficiário de gratuidade da justiça, que a recolherão a final.[67]

12.4.3.4 Efeitos

Os embargos de declaração não possuem efeito suspensivo, mas interrompem o prazo para a interposição de recurso.[68] Cessa a interrupção com a intimação das partes a respeito da decisão que acolhe ou rejeita os embargos declaratórios. E a partir desse momento passa a correr o prazo.

A eficácia da decisão monocrática ou coletiva, todavia, poderá ser suspensa pelo juiz ou relator se demonstrada a probabilidade de provimento do recurso ou, sendo relevante a fundamentação, se houver risco de dano grave e de difícil reparação.

12.4.3.5 Procedimento

Os embargos serão opostos em petição dirigida ao juiz, com indicação do erro, obscuridade, contradição ou omissão, e não se sujeitam a preparo.

O juiz intimará o embargado para, querendo, manifestar-se, no prazo de cinco dias, sobre os embargos opostos, caso seu eventual acolhimento implique a modificação da decisão embargada. E julgará os embargos em cinco dias.

Nos tribunais, o relator apresentará os embargos em mesa na sessão subsequente, proferindo voto e, não havendo julgamento nessa sessão, será o recurso incluído em pauta automaticamente.[69]

66. CPC/2015, art. 1.026, § 2º.
67. CPC/2015, art.1.026, § 3º.
68. CPC/2015, art. 1.026.
69. CPC/2015, art. 1.024 e § 1º.

Quando os embargos de declaração forem opostos contra decisão do relator ou outra decisão unipessoal proferida em tribunal, o prolator da decisão embargada os decidirá monocraticamente.

Ainda a respeito de aspectos procedimentais dos embargos de declaração, recomendamos a leitura dos artigos 1.024, 1.025 e 1.026, do Código de Processo Civil de 2015.

12.4.4 Embargos infringentes

Depois de muita polêmica, a Lei 12.016/2009, finalmente, estabeleceu que no processo do mandado de segurança não cabe a interposição de embargos infringentes (art. 25). Parece que assim ficou resolvida a questão e desta forma não mais se justifica o exame, que fizemos em edição anterior, de outros aspectos desse recurso. E o Código de Processo Civil de 2015 não cogita desse recurso.

12.4.5 Recurso ordinário

12.4.5.1 Cabimento e outros requisitos

A Constituição Federal de 1988 atribui competência ao Supremo Tribunal Federal para julgar, em recurso ordinário, o mandado de segurança decidido em única instância pelos tribunais superiores,[70] e ao Superior Tribunal de Justiça, para julgar, também em recurso ordinário, o mandado de segurança decidido em única instância pelos Tribunais Regionais Federais, pelos Tribunais de Justiça dos Estados, do Distrito Federal e dos Territórios, se denegatória a decisão.[71]

Assim, nos casos em que o mandado de segurança for da competência originária do Superior Tribunal de Justiça, como acontece, por exemplo, com o mandado de segurança impetrado contra Ministros de Estado ou Ministros do próprio tribunal, se a decisão é denegatória cabe recurso ordinário para o Supremo Tribunal Federal.

Nos casos em que o mandado de segurança é da competência originária de um Tribunal Regional Federal, ou de um Tribunal de Justiça, e a decisão é denegatória, cabe o recurso ordinário para o Superior Tribunal de Justiça.

70. CF, art. 102, inciso II, alínea "a".
71. CF, art. 105, inciso II, alínea "b".

Como decisão *denegatória* do mandado de segurança há de ser entendida, a ensejar o recurso ordinário, tanto a que indefere o pedido sem apreciação do mérito da impetração, como a que julga improcedente o pedido. Os dispositivos constitucionais, no caso, não comportam interpretação restritiva.

O Superior Tribunal de Justiça já decidiu que o recurso ordinário não é cabível da decisão "que simplesmente extingue ou tranca o processo". Se não houve exame do mérito, a impugnação deve ser pelo recurso especial.[72] Celso Agrícola Barbi menciona essa decisão, mas dela discorda, destacando entre as razões contrárias à mesma "a dificuldade em definir o que seja o mérito no mandado de segurança".[73]

Essa postura, que ensejaria certamente dificuldades para o recorrente, felizmente já foi superada pela jurisprudência daquele Tribunal, que se firmou no sentido de admitir o recurso ordinário de qualquer decisão que, apreciando ou não o mérito da impetração, deixe de conceder a segurança.

> Qualquer decisão que não seja concessiva de segurança tem caráter denegatório, rendendo ensejo, pois, à interposição do recurso ordinário.[74]

Assim, o recurso ordinário é admissível "sempre que a ordem não é concedida, ainda que não examinado o mérito".[75] Em outras palavras "decisão denegatória" de que fala o art. 105, II, *b*, da Constituição Federal, compreende a que enfrenta o mérito da causa, quanto a que desacolhe o pleito por óbices preliminares insuperáveis.[76]

O ponto central da controvérsia residia em saber se no art. 105, inciso II, alínea *b*, da Constituição Federal, a expressão *quando denegatória a decisão* abrangia somente as decisões que denegam a segurança com exame de mérito, ou se alcançavam também aquelas que extinguiam o processo sem examinar-lhe o mérito.

São razoáveis ambas as interpretações, mas a que prevaleceu é indiscutivelmente a melhor.

72. RMS 82- MG, rel. Min. Gueiros Leite, *DJU* de 19.2.1990.

73. Celso Agrícola Barbi, "O recurso ordinário em mandado de segurança no Superior Tribunal de Justiça", em Sálvio de Figueiredo Teixeira (Coord.), *Recursos no Superior Tribunal de Justiça*, São Paulo, Saraiva, 1991, p. 228.

74. STJ, 6ª Turma, RMS 179-SP, rel. Min. Costa Leite, *RSTJ* 9/212.

75. STJ, RMS 792-0-MS, rel. Min. Eduardo Ribeiro, *RSTJ* 51/403.

76. STJ, RMS 1.170-0-ES, rel. Min. Cesar Rocha, *RSTJ* 46/510.

Manifestou-se o Superior Tribunal de Justiça no sentido de que "Não cabe recurso ordinário de despacho solitário de Relator que indefere mandado de segurança com base no art. 8º da Lei 1.533/51 [*art. 10 da Lei 12.016/2009*]". Argumentou o Min. César Rocha, relator do caso, que a decisão atacada não foi proferida por nenhum dos tribunais referidos no art. 105, inciso II, alínea *b*, da Constituição Federal, e, ainda, que deveria a recorrente se ter valido, antes, do agravo regimental.[77]

O indeferimento da inicial, fundado no art. 10 da Lei 12.016/2009, correspondente ao art. 8º da Lei 1.533/51, não se confunde com o indeferimento de medida liminar. É decisão definitiva que extingue o processo no juízo em que é proferida. Impertinente, pois, a restrição ao cabimento do agravo regimental contra despacho que defere ou denega medida liminar.[78]

O Supremo Tribunal Federal já decidira ser cabível, contra a decisão de relator que indefere liminarmente a inicial do mandado de segurança, o agravo de que tratava o art. 13 da Lei 1.533/1951, vale dizer, o mesmo recurso cabível contra o ato do Presidente de Tribunal que deferia o pedido de suspensão de liminar, ou de sentença em mandado de segurança.[79]

A Lei 12.016/2009 estabelece que das decisões em mandado de segurança proferidas em única instância pelos tribunais cabe recurso especial e extraordinário, nos casos legalmente previstos, e recurso ordinário, quando a ordem for denegada. Assim, parece que se a ordem for denegada é sempre cabível o recurso ordinário. Ao Supremo Tribunal Federal deve ser dirigido o recurso ordinário contra decisão denegatória proferida pelo Superior Tribunal de Justiça (CF, art. 102, inciso II). Ao Superior Tribunal de Justiça, se a decisão denegatória for de um tribunal regional federal ou tribunal de justiça de um Estado ou do Distrito Federal (CF, art. 105, inciso II, alínea "b").

12.4.6 Recurso especial

12.4.6.1 Cabimento e outros requisitos

O art. 105, inciso III, da Constituição Federal, atribui ao Superior Tribunal de Justiça competência para julgar, em recurso especial, as

77. STJ, RMS 2.392-8-SP, rel. Min. César Rocha, *RTJ* 48/544.
78. Regimento Interno do TRF da 5ª Região, art. 228, § 2º.
79. *RTJ* 83/240.

causas decididas em única ou última instância, pelos Tribunais Regionais Federais ou pelos Tribunais de Justiça dos Estados, do Distrito Federal e dos Territórios, quando a decisão recorrida: a) contrariar tratado ou lei federal, ou negar-lhes vigência; b) julgar válida lei ou ato de governo local contestado em face de lei federal; c) der à lei federal interpretação divergente da que lhe haja atribuído outro tribunal.

Se o tribunal deixa de aplicar uma lei federal, sem dizer que a considera inconstitucional, está a ela negando vigência, e, assim, ensejando a interposição do recurso especial.

Enseja também o cabimento de recurso especial a decisão que, no conflito entre uma lei estadual, ou um ato de governo estadual ou municipal, e uma lei federal, considera válida a lei estadual ou municipal, ou o ato do governador ou do prefeito, conflitante com a lei federal.

A exigência de referência expressa, na petição recursal, do dispositivo constitucional em que se funda, tem sido criticada pela doutrina:

> Admita-se que a natureza do recurso esteja a reclamar que o recorrente esclareça como o direito federal teria sido contrariado. Subsumir a petição formulada a uma das hipóteses constitucionalmente previstas, entretanto, é tarefa a que o juiz não pode furtar-se, havendo omissão ou equívoco da parte. Aproxima-se de chocante absurdo, formalismo inaceitável, não se conhecer de recurso, onde foi cumpridamente demonstrado que o acórdão divergiu da jurisprudência, consagrada em outros julgados, mas em que o recorrente deixou de consignar em que dispositivo a Constituição prevê a hipótese como de cabimento do especial. Como se sabê-lo não fosse próprio do ofício do magistrado. Nem há surpresa para a parte contrária, cujo patrono há de supor-se habilitado a proceder ao enquadramento constitucional da hipótese versada no recurso, como deverá fazê-lo qualquer advogado, ao contestar demanda em que o autor, expondo os fundamentos jurídicos do pedido, não indique as normas legais pertinentes.[80]

Em se tratando de recurso fundado em divergência jurisprudencial, é indispensável, além da transcrição dos textos dos julgados em conflito, a demonstração específica dos pontos nos quais se cristaliza a divergência, sendo, para tanto, importante a demonstração de que as causas em apreciação são similares, posto que

80. Eduardo Ribeiro, "Recurso Especial – Algumas questões de admissibilidade", em Sálvio de Figueiredo Teixeira (Coord.), *Recursos no Superior Tribunal de Justiça,* São Paulo, Saraiva, 1991, pp. 188-189.

> a admissibilidade do recurso, pelo dissídio, reclama se demonstre guardam as hipóteses suficiente similitude, para que se possa afirmar que o direito foi diversamente interpretado.[81]

Não será cabível o especial se não comprovado o dissídio, "à falta de similitude das bases empíricas das hipóteses colocadas em confronto".[82] Admite-se, todavia, para abrandar os rigores formalistas, a desnecessidade de demonstração da divergência, se esta for notória.[83]

Exige, ainda, a lei, que o recorrente faça a prova da divergência mediante certidão, cópia ou citação do repositório de jurisprudência, oficial ou credenciado que o houver publicado.[84]

Diferentemente do recurso extraordinário, o recurso especial não é instrumento de controle de constitucionalidade. Ele

> não se destina ao exame de matéria constitucional, mas para verificar se a causa decidida em única ou última instância contrariou tratado ou lei federal ou negou-lhes vigência, bem assim se interpretou lei federal divergindo de outro tribunal. De tal modo, não se presta para discutir inconstitucionalidade de lei complementar estadual.[85]

Não comporta, em princípio, reexame de questões de fato. Simples reexame de prova não autoriza o recurso especial.[86]

É importante, todavia, a distinção que se há de fazer, principalmente em tema de mandado de segurança, entre reexame de prova e questão de direito concernente a provas. Se o que se discute não é propriamente a prova de determinado fato, mas a validade ou não de determinado meio de prova, a prevalência de uma prova sobre outra, enfim, se o que se questiona é uma tese jurídica concernente à teoria das provas, é cabível a controvérsia no recurso especial.

Quanto aos demais requisitos, aplicam-se as normas concernentes aos demais recursos.

Ressalte-se que não é cabível recurso especial contra acórdão que, apreciando a remessa oficial, mantém a sentença, porque se deu a pre-

81. STJ, REsp 702-0-RS, rel. Min. Eduardo Ribeiro, *RTJ* 48/113.
82. STJ, REsp 8.046-0-SP, rel. Min. Bueno de Souza, *RSTJ* 51/85.
83. STJ, REsp 1.049-MT, rel. Min. Bueno de Souza, *DJU* de 24.2.1992.
84. Art. 1.029, § 1º, do CPC/2015.
85. STJ, REsp 32.317-8-SP, rel. Min. Costa Lima, *RSTJ* 47/422.
86. STJ, Súmula 7.

clusão do direito da Fazenda Pública desde o término do prazo para a correspondente apelação, sem que esta tenha sido interposta.[87]

A Lei 12.016/2009 estabelece que das decisões em mandado de segurança proferidas em única instância pelos tribunais cabe recurso especial e extraordinário, nos casos legalmente previstos. Não se refere às decisões em mandado de segurança proferidas em última instância. Poderia, assim, parecer que destas não caberia recurso especial, mas não é assim, em face do que estabelece o art. 105, inciso III, da Constituição, que atribui competência ao Superior Tribunal de Justiça para julgar, em recurso especial, as causas decididas em única ou última instância pelos Tribunais Regionais Federais e pelos Tribunais dos Estados e do Distrito Federal, nas hipóteses que indicam, entre as quais estão aquelas decididas como instância recursal nos mandados de segurança.

12.4.6.2 Prazo

É de 15 dias o prazo para interposição do recurso especial, contados da publicação do acórdão recorrido.[88] Aplicam-se, aqui, também, as normas concernentes aos prazos processuais em geral.

12.4.6.3 Juízo de admissibilidade

Com a promulgação do CPC/2015, a admissibilidade do recurso especial, no tribunal de origem, seria automática, vale dizer, o recurso deveria subir ao tribunal superior independentemente de juízo de admissibilidade. Com efeito, o parágrafo único do art. 1.030 dispunha que "A remessa de que trata o *caput* dar-se-á independentemente de juízo de admissibilidade". A Lei 13.256, de 4.2.2016, promulgada antes da entrada em vigor do novo CPC, alterou a redação do art. 1.030 e de seu parágrafo único, dispondo que:

> Recebida a petição do recurso pela secretaria do tribunal, o recorrido será intimado para apresentar contrarrazões no prazo de 15 (quinze) dias, findo o qual os autos serão conclusos ao presidente ou ao vice-presidente do tribunal recorrido, que deverá (...) V – *realizar o juízo de admissibilidade* e, se positivo, remeter o feito ao Supremo Tribunal

87. STJ, 1ª Seção, REsp 904.885-SP, rela. Min. Eliana Calmon, j. 12.11.2008, *DJe* de 9.12.2008.

88. Esse prazo estava previsto no art. 508 do CPC/1973, e foi mantido no § 5º, do art. 1.003, do CPC/2015.

Federal ou ao Superior Tribunal de Justiça, desde que: a) o recurso ainda não tenha sido submetido ao regime de repercussão geral ou de julgamento de recursos repetitivos; b) o recurso tenha sido selecionado como representativo da controvérsia; ou c) o tribunal recorrido tenha refutado o juízo de retratação.

12.4.6.4 Efeitos

Segundo o art. 1.034, parágrafo único, do CPC/2015,

> Admitido o recurso extraordinário ou o recurso especial por um fundamento, devolve-se ao tribunal superior o conhecimento dos demais fundamentos para a solução do capítulo impugnado.

No regime do CPC/1973, o recurso especial tinha efeito simplesmente devolutivo (art. 542, § 2º). Não suspendia a execução do julgado, que poderia ser executado provisoriamente.

Não se admitia, porém, execução provisória tratando-se de sentença concessiva do mandado de segurança para garantir o direito a compensação tributária, ou para a liberação de mercadorias importadas, por força do disposto no art. 14, § 3º, da Lei 12.016/2009, segundo o qual "a sentença que concede mandado de segurança não pode ser executada provisoriamente nos casos em que for vedada a concessão da medida liminar", combinado com o disposto no art. 7º, § 2º, que veda a concessão da medida liminar que tenha por objeto a compensação de créditos tributários e a entrega de mercadorias e bens provenientes do exterior.

Pelo Código atual (art. 995 e parágrafo único),

> os recursos não impedem a eficácia da decisão, salvo disposição legal ou decisão judicial em sentido diverso. A eficácia da decisão recorrida poderá ser suspensa por decisão do relator, se da imediata produção de seus efeitos houver risco de dano grave, de difícil ou impossível reparação, e ficar demonstrada a probabilidade de provimento do recurso.

12.4.6.5 Procedimento

O recurso especial deve ser interposto, no prazo de 15 dias, perante o Presidente do Tribunal de cuja decisão se recorre, em petição escrita que deve conter: (a) a exposição do fato e do direito; (b) a demonstração do cabimento do recurso, e (c) as razões do pedido de reforma ou de invalidação da decisão recorrida.[89]

Quando o recurso fundar-se em dissídio jurisprudencial, o recorrente fará a prova da divergência com a certidão, cópia ou citação do repertório de jurisprudência, oficial ou credenciado, inclusive em mídia eletrônica, em que houver sido publicado o acórdão divergente, ou ainda com a reprodução de julgado disponível na rede mundial de computadores, com indicação da respectiva fonte, devendo-se, em qualquer caso, mencionar as circunstâncias que identifiquem ou assemelhem os casos confrontados.[90]

Recebida a petição do recurso pela secretaria do tribunal, o recorrido será intimado para apresentar contrarrazões no prazo de 15 dias, findo o qual os autos serão remetidos ao tribunal superior. A remessa é feita, repita-se, independentemente de juízo de admissibilidade.[91]

12.4.7 Recurso extraordinário

12.4.7.1 Cabimento e outros requisitos

As hipóteses de cabimento do recurso extraordinário, tal como acontece com as do recurso especial, são estabelecidas na Constituição Federal, que atribui ao Supremo Tribunal Federal competência para julgar, mediante recurso extraordinário, as causas decididas em única ou última instância, quando a decisão recorrida: a) contrariar dispositivo da própria Constituição; b) declarar a inconstitucionalidade de tratado ou lei federal; c) julgar válida lei ou ato de governo local contestado em face da Constituição Federal. d) julgar válida lei local contestada em face de lei federal.[92]

12.4.7.1.1 Contrariedade a dispositivo constitucional – A contrariedade a dispositivo constitucional, a ensejar a interposição do extraordinário, há de ser direta e frontal.

> A ofensa oblíqua da Constituição, inferida de prévia vulneração da lei, não oferece trânsito ao recurso extraordinário. O desrespeito

89. CPC/2015, art. 1.029.
90. CPC/2015, art. 1.029, § 1º.
91. CPC/2015, art. 1.030.
92. CF, art. 103, inciso III.

ao texto constitucional, que enseja a interposição do apelo extremo, é aquele direto e frontal, invocado em momento procedimentalmente adequado.[93]

Tal como acontece em relação ao recurso especial, também aqui merece atenção a expressão *em única ou última instância*. Ela tem sido entendida no sentido de que somente depois de esgotados todos os recursos cabíveis nas instâncias inferiores abre-se a via para o extraordinário.

12.4.7.1.2 Pré-questionamento – O Supremo Tribunal Federal tem entendido que matéria constitucional não ventilada na decisão recorrida não enseja o extraordinário, ainda que neste se faça expressa referência ao dispositivo constitucional tido como violado.[94]

12.4.7.2 Prazo

O prazo para interposição do recurso extraordinário é de 15 dias, contados da publicação do acórdão recorrido.[95] São aplicáveis as regras gerais a respeito dos prazos processuais, mas o Supremo Tribunal Federal já decidiu que o prazo para interposição do recurso extraordinário, e do agravo contra despacho que denega o seguimento deste, corre durante as férias forenses.[96]

12.4.7.3 Juízo de admissibilidade

Vale, aqui, o que se disse sobre o Juízo de admissibilidade do recurso especial.

12.4.7.4 Efeitos

Tal como o recurso especial, também o recurso extraordinário não tem efeito suspensivo, mas apenas o efeito devolutivo. Sua interposição, todavia, impede a execução provisória da sentença concessiva da segu-

93. STF, 1ª Turma, AI 125.934-5-SP-AgRg, rel. Min. Celso de Mello, *DJU* de 27.419.90, e *RT* 674/250.

94. RE 116.948-6-DF-ED, rel. Min. Célio Borja, *DJU* de 20.4.1990 e *RT* 674/247.

95. Esse prazo estava previsto no art. 508 do CPC/1973, e foi mantido no § 5º, do art. 1.003, do CPC/2015.

96. Cf. Hely Lopes Meirelles, *Mandado de Segurança,* cit., p. 144 e *RT* 532/268.

rança nos mesmos casos e pelas mesmas razões expostas a propósito do recurso especial.

12.5 O mandado de segurança como recurso

Não obstante a resistência de alguns, verdade é que a partir do momento em que se passou a admitir o mandado de segurança contra ato jurisdicional, este passou a funcionar como verdadeiro recurso. A jurisprudência tenta negar, mas na verdade termina afirmando isto:

> É inadmissível a utilização de mandado de segurança como recurso contra decisão concessiva de liminar em outra ação mandamental. O recurso próprio é o agravo de instrumento. Trata-se de medida anômala de caráter acautelatório, admitindo-se, excepcionalmente o *writ*, quando demonstrada a ilegalidade do ato, dano irreparável ou abuso de poder do juiz.[97]

Dizer que o mandado de segurança somente é cabível contra ato judicial *quando demonstrada a ilegalidade do ato, ou a possibilidade de dano irreparável, ou abuso de poder do juiz,* nada mais é do que admitir o mandado de segurança como um recurso, com aquelas especiais condições de admissibilidade.

Em se tratando de decisão judicial com trânsito em julgado, a via fica mais estreita, mas não totalmente fechada. "Contra decisão transitada em julgado não cabe o mandado de segurança".[98] Esta é a regra, mas a impetração tem sido admitida, em situações especialíssimas, mesmo contra a coisa julgada.

De todo modo, é relevante notar que a impetração do mandado de segurança contra ato judicial não é cabível em face apenas da ilegalidade ou do abuso de poder.

> O ato judicial adversável pelo remédio constitucional do mandado de segurança é somente aquele, do qual não caiba recurso com efeito suspensivo, que, além de ilegal (requisito constitucional inafastável), acarreta dano irreparável ou de difícil ressarcimento (requisito de criação pretoriana).[99]

97. STJ, RMS 1.070-0-PR, rel. Min. Américo Luz, *RSTJ* 48/510.
98. STJ, RMS 1.401-0-DF, rel. Min. Garcia Vieira, *RSTJ* 51/459.
99. STJ, RMS 189-SP, rel. Min. Cláudio Santos, *RSTJ* 11/204.

Quando impetrado contra ato judicial, portanto, o mandado de segurança funciona, em princípio, como verdadeira medida cautelar. Se há recurso, e a impetração tem por finalidade dar a este efeito suspensivo, a decisão definitiva acontecerá no recurso.

13. IMPETRAÇÃO PREVENTIVA

13.1 Introdução. 13.2 A garantia constitucional de prevenção. 13.3 As restrições. 13.4 Os fatos incontroversos. 13.5 Impetração preventiva e impetração contra a lei em tese. 13.6 A ameaça e o justo receio. 13.7 A impetração preventiva e o fato complexo. 13.8 A questão da decadência. 13.8.1 Restrições aos instrumentos contra o arbítrio. 13.8.2 Impetração contra a lei em tese e decadência. 13.8.3 Distinção entre lesão e ameaça. 13.8.4 Impetração preventiva e decadência na jurisprudência do STJ. 13.8.5 As relações de trato sucessivo. 13.8.6 Leis de efeitos concretos. 13.8.7 Equívocos ou tendências ideológicas?. 13.9 Conclusões.

13.1 Introdução

Não obstante a existência de várias e excelentes obras a respeito do mandado de segurança, ainda é precária a doutrina sobre essa garantia constitucional, especialmente no pertinente a algumas questões, entre as quais a da impetração preventiva.

A lei certamente é a fonte do direito, por excelência. Entretanto, na compreensão da lei, a doutrina tem papel de grande relevância, razão pela qual tem sido considerada também uma fonte do direito.[1] Também a jurisprudência, sabemos todos, tem grande importância na fixação de conceitos jurídicos, sendo inegável por isto o seu valor didático.

Ocorre que, em tema de mandado de segurança preventivo, algumas lições da doutrina foram mal compreendidas pela jurisprudência, impondo-se, portanto, um reexame de algumas questões. É o que pretendemos fazer neste estudo.

1. Arnaldo Vasconcelos, *Teoria da Norma Jurídica*, 2ª ed., Forense, Rio de Janeiro, 1986, p. 275.

13.2 A garantia constitucional de prevenção

Estabelece a Constituição, entre os direitos e garantias individuais:

> Conceder-se-á *habeas corpus* sempre que alguém sofrer ou se achar ameaçado de sofrer violência ou coação em sua liberdade de locomoção, por ilegalidade ou abuso de poder.[2]

E dispõe, em seguida:

> Conceder-se-á mandado de segurança para proteger direito líquido e certo, não amparado por *habeas corpus* ou *habeas data*, quando o responsável pela ilegalidade ou abuso de poder for autoridade pública ou agente de pessoa jurídica no exercício de atribuições do Poder Público.[3]

Vê-se, pois, que a garantia do mandado de segurança, tal como a do *habeas corpus*, presta-se não apenas para as situações em que alguém sofre, mas também para aquelas situações em que alguém *está ameaçado de sofrer* lesão em seu direito. De resto, seria injustificável, sob todos os aspectos, restringir o cabimento dessas garantias constitucionais aos casos de lesão consumada aos direitos individuais, quando a maior virtude das mesmas reside, induvidosamente, na possibilidade de evitar tais lesões.

> O mandado de segurança preventivo, junto com as cautelares, é o mais eficaz instrumento de distribuição de justiça, posto que prevenir é melhor que reparar, proteger é melhor que recompor. Nenhuma lesão é completamente reparada ou recomposta. – É ilegal o provimento jurisdicional que extingue Mandado de Segurança preventivo à míngua de ato coator, pois a decisão que poderia ser tomada dirigir-se-ia ao impedimento da efetivação de atos acoimados de ilegítimos, prestes a ocorrer. – Caracterizado o *periculum in mora*, porquanto em não satisfazendo a imposição, a postulante se oferece como inadimplente, ficando sujeita às sanções daí decorrentes. – Segurança concedida, para o fim de assegurar o regular processamento do *writ* aforado em primeiro grau.[4]

2. CF, art. 5º, inciso LXVIII.
3. F, art. 5º, inciso LXIX.
4. TRF-3ª Região, 2ª Seção, MS 77.983-SP, rela. Juíza Annamaria Pimentel, j. 6.4.1993, *DJ SP* de 24.5.1993, p. 98, e *Repertório IOB de Jurisprudência* 13/93, p. 247.

A ementa do acórdão, acima transcrita, da lavra da Juíza Annamaria Pimentel, releva sua profunda sensibilidade, que a caracteriza como excelente julgadora. A Constituição garante não apenas a reparação, mas também a prevenção. E ao aplicador da norma constitucional não é lícito desconhecer que na verdade *prevenir é melhor que reparar*, *proteger é melhor que recompor*, porque de fato *nenhuma lesão é completamente reparada ou recomposta*.

Se o impetrante afirma ser a cobrança do tributo ilegal, ou, sendo legal, ser a lei em que se funda tal cobrança violadora da Constituição, não existe razão lógica, nem jurídica, que recomende aguardar-se o início da ação fiscal. Menos ainda que se aguarde o lançamento. E muito menos ainda que se aguarde a cobrança do tributo, para que possa o Poder Judiciário manifestar-se sobre a alegada ilegalidade, ou inconstitucionalidade.

13.3 As restrições

Não há dúvida de que a simples ameaça a um direito líquido e certo enseja a impetração de mandado de segurança. Mesmo antes da atual Constituição, era induvidoso o cabimento de mandado de segurança preventivo. Em matéria tributária, todavia, restrições foram feitas pela doutrina.

O mestre Castro Nunes nem mesmo admitia o mandado de segurança preventivo em matéria de impostos. Em suas palavras:

> Contra o imposto apenas criado, antes de individuado o contribuinte pelo lançamento ou por outras provas de expediente administrativo, não me parece cabível o mandado de segurança, porque inadmissível contra a lei em tese.[5]

Outros, sem repelir diretamente o mandado de segurança preventivo, a ele colocam restrições por via indireta, exigindo comprovação da ameaça. Neste sentido, Alfredo Buzaid reproduz a doutrina de Caio Tácito:

> Não é suficiente o temor ou receio de que a autoridade exorbite de seus poderes. Para que esse receio se torne *justo*, é mister que a autoridade tenha manifestado objetivamente, por meio de atos preparatórios ou de indícios razoáveis, a tendência de praticar atos ou omitir-se a

5. Castro Nunes, *Do Mandado de Segurança*, 7ª ed., atualizada por José Aguiar Dias, Rio de Janeiro, Forense, 1967, p. 205.

fazê-los, de tal forma que, a consumar-se este propósito, a lesão do direito se torne efetiva.[6]

E acolhe a lição de Barbi, segundo a qual

a ameaça será "objetiva" quando "real", traduzida por fatos e atos e não pela mera suposição; e será "atual" se existir no momento, não bastando que tenha existido em outros tempos e haja desaparecido.[7]

Sérgio Sahione Fadel, depois de invocar a mesma lição de Barbi, assevera que a ameaça

há de ser *fundada, atual e individual*, ou seja, lastreada em fatos concretos e não em simples suspeitas. E o ônus da prova é, no caso, do requerente da medida.[8]

Celso Ribeiro Bastos também afirma que a ameaça, capaz de ensejar o mandado de segurança preventivo,

há de decorrer de indícios objetivos (daí porque a expressão tradicionalmente utilizada era "justo receio", a nosso ver termo mais adequado para expressar a idéia pretendida) da existência de lesão iminente, na configuração de indícios que tornem certa ou bastante provável, a pendência da prática do ato impugnado. Se abandonarmos tal requisito estaremos admitindo a possibilidade da utilização do mandado de segurança contra a lei em tese. Editada esta, todo aquele que se considerasse ameaçado da sua futura aplicação poderia comparecer a juízo. Ora, tal permissividade acabaria por excluir um dos pressupostos básicos do comparecimento a juízo, qual seja, o da demonstração do legítimo interesse e, este há de decorrer, repita-se, de um direito lesado ou ameaçado.[9]

Humberto Theodoro Júnior afirma haver opinião unânime dos processualistas, no sentido de que o justo receio é o temor justificado, embasado em fatos exteriores, em dados objetivos.[10]

6. Alfredo Buzaid, *Do Mandado de Segurança*, vol. I, São Paulo, Saraiva, 1989, p. 203.

7. Idem, ibidem.

8. Sergio Sahione Fadel, *Teoria e prática do Mandado de Segurança*, 2ª ed., Rio de Janeiro, José Konfino Editor, 1976, p. 38.

9. Celso Ribeiro Bastos, *Do Mandado de Segurança*, São Paulo, Saraiva, 1978, pp. 44-45.

10. Humberto Theodoro Júnior, "O Mandado de Segurança preventivo e a lei em tese", em Sálvio de Figueiredo Teixeira (Coord.), *Mandado de Segurança e de Injunção*, São Paulo, Saraiva, 1990, p. 292.

A jurisprudência dos tribunais vem adotando tal entendimento. Já o Tribunal Federal de Recursos consagrara a doutrina segundo a qual receio justo de violação de direito, capaz de autorizar o mandado de segurança preventivo é aquele que tem por pressuposto uma ameaça objetiva e atual, apoiada em fatos e atos, e não em meras suposições.[11] No Tribunal Regional Federal da 5ª Região essa tese também vem sendo adotada por muitos Juízes.[12]

13.4 Os fatos incontroversos

No Tribunal Regional Federal da 5ª Região, especialmente em sua Primeira Turma, alguns julgados exigem a prova de que a parte impetrante é contribuinte do imposto impugnado. Prova dos fatos que a colocam na condição de sujeito passivo da relação tributária objeto da questão. Os Juízes Ridalvo Costa e Francisco Falcão sustentaram ser inadmissível a impetração na qual a petição inicial vem instruída apenas com o instrumento procuratório. Entendem que nesses casos estaria havendo impetração contra a *lei em tese*.

O equívoco, porém, é evidente. O impetrante, naqueles casos, afirma os fatos com base nos quais pede a segurança. O que se há de resolver, portanto, não é a questão de saber se a impetração está sendo dirigida, ou não, contra *lei em tese*. A verdadeira questão, aí, é a de saber se fatos afirmados pelo impetrante, e não negados, mas até implicitamente afirmados também pela autoridade impetrada, carecem de prova.

Segundo o Código de Processo Civil, independem de prova os fatos afirmados por uma parte e confessados pela parte contrária.[13] E também os fatos admitidos, no processo, como incontroversos.[14]

11. TFR, AMS 90.301-SP, rel. Min. Carlos Velloso, *DJU* de 1.3.1984, p. 2.680.

12. TRF-5ª Região, 1ª Turma, AMS 5.533-PE, rel. Juiz Castro Meira, j. 26.3.1992, *DJU* II 10.4.92, p. 8.977, e *Repertório IOB de Jurisprudência* 12/92, p. 216, cujo acórdão, unânime, tem a seguinte ementa: "*Mandado de segurança preventivo. Documentos. Justo receio.* – Incabível o exame de mandado de segurança em que a inicial está acompanhada apenas de procuração, prova do ato constitutivo da impetrante e fotocópia de voto proferido em caso similar. – O justo receio não deve ser apenas pressuposto, mas traduzido em atos concretos que evidenciem sua objetividade e atualidade. – Processo que se declara extinto".

13. Art. 374, inciso II, do CPC/2015.

14. Art. 374, inciso III, do CPC/2015.

> Onde não haja controvérsia quanto aos fatos alegados pelos litigantes, a questão se traduz à mera aplicação do direito.[15]

De fatos incontroversos se cuida tanto na hipótese de confissão, quanto na hipótese de admissão. Há, porém, uma diferença importante entre as duas hipóteses, tanto que o legislador as distinguiu, referindo-se a cada uma delas em inciso diverso do art. 374 do Código de 2015.

O verbo *admitir* é usado em sentido abrangente, tanto para dizer-se de situações nas quais ocorre confissão, como para dizer de situações nas quais ocorre admissão. Mas a própria lei define confissão de modo a indicar a distinção que se há de estabelecer entre esta e a admissão.

Há confissão, quando a parte admite a verdade de um fato, contrário ao seu interesse e favorável ao adversário.[16] Caracteriza a confissão, portanto, o favorecimento da parte contrária. Por isto mesmo a lei estabelece certas restrições à confissão. Não vale a confissão de fatos relativos a direitos indisponíveis.[17] No pertinente à confissão implícita, resultante da omissão do dever de impugnar os fatos alegados pela parte contrária, a lei não lhe atribui valor, se não for admissível a respeito dos fatos não impugnados a confissão expressa; se a petição inicial não estiver acompanhada do instrumento público que a lei considerar da substância do ato, e, ainda, se estiver em contradição com a defesa, considerada em seu conjunto.[18]

Na admissão, nenhuma dessas restrições é invocável, pois o que a distingue da confissão é precisamente o não favorecimento da parte contrária. Os fatos, na admissão, são incontroversos, no interesse comum, do autor e do réu, para que a demanda possa ser julgada.

No dizer de Carnelutti,

> à afirmação de um fato por parte de um litigante pode corresponder a afirmação do *mesmo fato* por parte do outro. Isto sucede sempre que *também este outro ponha aquele fato como pressuposto de seu pedido ao juiz*. Se peço ao juiz que condene Ticio à restituição da soma mutuada, e Ticio por sua vez pede ao Juiz que indefira meu pedido por não se haver celebrado contrato algum de mútuo entre nós, existe somente a afirmação (da existência) do contrato, feita por

15. Moacir Amaral Santos, *Primeiras Linhas de Direito Processual Civil*, 13ª ed., Saraiva, São Paulo, 1990, 2º vol., p. 335.

16. Art. 389 do CPC/2015.

17. Art. 392 do CPC/2015.

18. Art. 341 do CPC/2015.

mim; se Ticio em vez disto pede ao juiz que indefira meu pedido por já haver restituído a soma mutuada, então existe *afirmação bilateral* quanto à celebração do contrato de mútuo e quanto à entrega da soma em dinheiro ao mutuário, posto que também Ticio coloca estes fatos como pressupostos de seu pedido. A afirmação de um fato já afirmado pela parte contrária chama-se *admissão*, que pode ser definida como *colocação como pressuposto do pedido, de um fato já pressuposto do pedido do adversário.*[19]

O impetrante afirma fatos que constituem pressupostos para a questão de saber, por exemplo, se tributo questionado é devido ou não. Explícita ou implicitamente afirma a existência de fatos que o coloca na condição de sujeito passivo da relação tributária em questionamento. E a autoridade impetrada os admite, limitando-se a questionar o direito, sustentando a constitucionalidade da lei reguladora da espécie. Não há, assim, o que se deva questionar em torno dos aspectos factuais da demanda.

É importante notar que, nesse caso, o Juiz concederá ou negará a segurança requerida, sem fazer qualquer referência aos fatos pressupostos da demanda, certamente por considerá-los irrelevantes. Na verdade, tais fatos são irrelevantes, porque não é em torno deles que se estabelece a controvérsia. E não são apenas fatos incontroversos. São fatos bilateralmente colocados como pressuposto das respectivas demandas, de sorte que o juiz não pode deixar de os colocar na base da decisão, sob pena de estar, a pretexto de exigir provas, denegando o direito, de ambas as partes, a uma decisão de mérito.

De todo modo, para evitar situações assim, que muita vez acarretam graves prejuízos para os impetrantes, devem estes, com a inicial, fazer

19. Francesco Carnelutti, La Prova Civile, Giuffrè, Milano, 1992, p. 19: “Alla affermazione di un fatto da parte di un litigante può corrispondere a la affermazione del medesimo fatto da parte dell'altro; ciò segue in quanto anche l`altro ponga quel fatto como pressupposto della sua domanda al giudice. Se domando al giucice di condanare Tizio alla restituzione della somma mutuata, e Tizio alla sua volta domanda al giudice di respingere la mia domanda perché nessun contratto di mutuo fu tra noi concluso, vi è affermazione (della esistenza) del contratto solo da parte mia; se Tizio invece domanda al giudice di respingere la mia domanda perché la somma tutuata fu già restituita, vi è affermazione bilaterale della conclusione del contratto di mutuo e della consegna della somma al mutuario, perché anche Tizio pone questi fatti como premesse della sua domanda. La affermazione di un fatto già afermato dalla contraparte si chiama ammissione, la cui nozione dunque si precisa in questi termini: posizione como presuposto della domanda di unfatto già pressuposto dalla domanda avversaria”.

a prova da condição de contribuintes do tributo questionado. Ou, mais exatamente, devem fazer a prova dos fatos que os colocam na condição de sujeito passivo da relação tributária a respeito de cuja existência, ou modo de ser, se questiona. Embora indevida, a exigência pode ser atendida facilmente, e com isto são evitadas as soluções formalistas, quase sempre extremamente gravosas para as partes.

13.5 Impetração preventiva e impetração contra a lei em tese

Afastemos desde logo a confusão, feita por alguns, entre mandado de segurança preventivo e mandado de segurança contra a lei em tese. São coisas inteiramente distintas.

Há quem entenda

> como lei em tese aquelas normas abstratas que, enquanto não aplicadas por ato concreto de execução, são incapazes de acarretar lesão a direito individual.[20]

Na verdade, porém, a lei deixa de ser *em tese* no momento em que *incide*. No momento em que ocorrem os fatos na mesma descritos, e que, por isto mesmo nasce a possibilidade de sua aplicação. Não é o ato de aplicar a lei, mas a ocorrência de seu suporte fático, que faz com que a lei possa ser considerada já no plano concreto.[21]

Mandado de segurança contra *lei em tese* é mandado de segurança contra lei que não incidiu. De outro modo, diz-se que há impetração *contra a lei em tese*, se esta ocorre sem que esteja configurada a situação de fato em face da qual pode vir a ser praticado o ato tido como ilegal, contra o qual se pede a segurança.

Diz-se que a impetração é dirigida contra a lei *em tese* precisamente porque, inocorrente o suporte fático da lei questionada, esta ainda não incidiu, e por isto mesmo não se pode falar em *direito*, no sentido de direito *subjetivo*, sabido que este resulta da incidência da lei.

Aliás, contra a lei em tese descabe não apenas o mandado de segurança, mas toda e qualquer ação, salvo, é claro, a direta de controle

20. Roberto Eurico Schmidt Júnior, *Mandado de Segurança*, Curitiba, Juruá, 1993, p. 41.

21. Esta consideração é da maior relevância para explicar a distinção entre mandado de segurança contra a lei em tese e mandado de segurança preventivo.

de constitucionalidade, perante o Supremo Tribunal Federal. Inexiste prestação jurisdicional contra lei que não incidiu, pois a atividade jurisdicional caracteriza-se, exatamente, por desenvolver-se em face de casos concretos.[22]

Tais assertivas, todavia, devem ser entendidas em seus devidos termos. Uma norma pode ainda não haver incidido e, não obstante, existir uma situação concreta que torna iminente sua incidência, que virá a afetar um direito já em formação, ainda que não aperfeiçoado.

Tem-se, pois, de distinguir as situações nas quais inexiste qualquer fato capaz de formar, ou de iniciar a formação do direito, cuja lesão é temida pelo impetrante, em face das quais a impetração há de ser considerada contra a lei em tese, daquelas outras situações nas quais já ocorreu o suporte fático da norma, ou já acontecerem fatos suficientes para indicar a formação daquele suporte fático.

Assim, se *apenas* pretendo importar determinada mercadoria para a qual a alíquota do imposto de importação foi aumentada, e considero que o aumento se deu contrariando a Constituição, mas *ainda* não adquiri a mercadoria no exterior, não posso dizer que tenho um *direito* sob ameaça de lesão. Se impetro mandado de segurança, a impetração estará atacando a norma, em tese, que elevou a alíquota do imposto. Por outro lado, se já adquiri a mercadoria, e especialmente se a mercadoria já foi remetida para o Brasil, já estou diante de situações das quais inexoravelmente decorrerá o fato imponível. Já posso, portanto, impetrar o *writ*, em caráter preventivo.

Para ensejar a impetração preventiva, portanto, não é necessário esteja consumada a situação de fato sobre a qual incide a lei questionada. Basta que tal situação esteja *acontecendo*, vale dizer, tenha tido iniciada a sua efetiva formação. Ou pelo menos que estejam concretizados fatos dos quais logicamente decorre o fato gerador do direito cuja lesão é temida.

Especificamente em matéria tributária, para que se torne cabível a impetração de mandado de segurança preventivo, não é necessário esteja consumado o fato imponível. Basta que estejam concretizados fatos dos quais logicamente decorra o fato imponível.

Em síntese e em geral, o mandado de segurança é *preventivo* quando, já existente ou em vias de surgimento a situação de fato que ensejaria a

22. Jurisdição, segundo a definição dos tratadistas, e a afirmação do Direito em face de caso concreto. Nada tem a ver com a afirmação do Direito em tese.

prática do ato considerado ilegal, tal ato ainda não tenha sido praticado, existindo apenas o *justo receio* de que venha a ser praticado pela autoridade impetrada. É preventivo porque destinado a evitar a lesão ao direito, já existente ou em vias de surgimento, mas pressupõe a existência da situação concreta na qual o impetrante afirma residir ou dela recorrer o seu direito cuja proteção, contra a ameaça de lesão, está a reclamar do Judiciário.

13.6 A ameaça e o justo receio

É importante o exame da razão pela qual se exige, nos mandados de segurança preventivos em geral, a prova da ameaça. Com isto poderemos resolver, com segurança, a questão de saber se há, ou não, necessidade de prova da ameaça a direito do contribuinte, para ensejar o conhecimento de impetração preventiva contra a exigência de tributo que se reputa indevido.

A atividade administrativa goza de presunção de legalidade. Não se pode, então, presumir que a autoridade administrativa vai praticar uma ilegalidade. Por tal razão a ameaça, da qual decorre o justo receio de lesão a direito, há de ser comprovada.

Em matéria tributária merece o mandado de segurança preventivo especial atenção, pois a atividade administrativa de lançamento é vinculada e obrigatória, sob pena de responsabilidade funcional.[23] Isto significa dizer que, tendo conhecimento da ocorrência de um fato tributável, a autoridade administrativa não pode deixar de fazer o lançamento correspondente. Assim, editada uma lei criando ou aumentando tributo, desde que ocorrida a situação de fato sobre a qual incide, gerando a possibilidade de sua cobrança, desde logo a autoridade está obrigada a exigir o tributo, e a impor penalidades aos inadimplentes.

Em tais condições, é viável a impetração de mandado de segurança preventivo. Não terá o contribuinte de esperar que se concretize tal cobrança. Nem é necessária a ocorrência de ameaça dessa cobrança. O *justo receio*, a ensejar a impetração, decorre do dever legal da autoridade administrativa de lançar o tributo, impor as penalidades e de fazer a cobrança respectiva. A autoridade administrativa não pode deixar de aplicar a lei tributária, ainda que a considere inconstitucional.[24] E não é razoável presumir-se que vai descumprir o seu dever.

23. Código Tributário Nacional, art. 142, parágrafo único.

24. Cf. Josaphat Marinho, *Estudos Constitucionais*, Centro de Estudos Baianos da UFBA, 1989, p. 101. Relativamente ao tema, esclarecemos que existem valiosas

De todo modo, mesmo que se admita que a autoridade administrativa pode descumprir uma lei por considerá-la inconstitucional,[25] forçoso é reconhecer que isto jamais acontece de fato. As autoridades administrativas não assumem, de nenhum modo, a responsabilidade pelo descumprimento da lei. Preferem cumpri-la, mesmo diante de inconstitucionalidade flagrante. Por isto, não é razoável exigir-se do impetrante a prova da ameaça da autoridade administrativa, de que vai aplicar a lei.

No Tribunal Regional Federal da 5ª Região alguns julgados foram proferidos no sentido de que

manifestações em sentido contrário, entre as quais pode ser citada a de Luiz Roberto Barroso, em excelente parecer que se encontra em apêndice da segunda edição de seu livro *O Direito Constitucional e a efetividade de suas normas*, Renovar, 1993.

Temos examinado com toda a atenção os argumentos dos que assim entendem, mas persistimos no entendimento segundo o qual a autoridade administrativa não pode deixar de aplicar uma lei por considerá-la inconstitucional. Não é que ela não deva obediência à Constituição. A questão que se coloca é a da competência para dizer se uma lei é contrária à constituição. No sistema jurídico brasileiro a autoridade administrativa não tem essa competência. E a lei, porque submetida, em sua feitura, a controle de constitucionalidade, presume-se de acordo com a Constituição até que a autoridade competente diga o contrário.

Em face dessa presunção, os órgãos colegiados do Poder Judiciário só mediante quórum qualificado – maioria absoluta de seus membros – podem dizer que uma lei é inconstitucional. Não é razoável, pois, admitir que uma autoridade administrativa possa fazê-lo. Isto seria extremamente prejudicial à segurança jurídica.

Registramos, ainda, várias decisões do Supremo Tribunal Federal em sentido contrário, vale dizer, afirmando que "O Poder Executivo não é obrigado a cumprir leis que considere inconstitucionais" (RMS 13.950, *RTJ* 48, p. 14). Na análise de tais decisões, todavia, além dos excelentes argumentos desenvolvidos pelo mestre Josaphat Marinho, tem-se de considerar que elas se referem a atos do Chefe do Poder Executivo. Na verdade elas dizem que o Chefe do Poder Executivo não é obrigado a cumprir lei inconstitucional. Tais decisões, portanto, não se prestam como fundamento para contraditar a tese que sustentamos, segundo a qual as autoridades da Administração Tributária não podem deixar de aplicar uma lei porque a considerem inconstitucional. Ou um Decreto, porque o considerem ilegal. É que em relação a essas autoridades prevalece o princípio hierárquico. Elas estão subordinadas ao Chefe do Poder Executivo, e se este entende que a lei é constitucional, ou o Decreto é legal, elas não podem deixar de seguir tal entendimento, sob pena de subversão da ordem administrativa.

25. Neste sentido é a referida lição de Luiz Roberto Barroso, no excelente parecer que se encontra em apêndice da segunda edição de seu livro *O Direito Constitucional e a efetividade de suas normas*, cit.

> inexistindo qualquer ameaça de prática de ato abusivo pela autoridade coatora, descabe a concessão da segurança apenas para se precaver contra possível aplicação de lei que a parte entende inconstitucional, pois assim implicaria em atribuir ao mandado de segurança a natureza de ação declaratória, o que não se coaduna com sua índole de ação mandamental.[26]

A tese, aliás, chegou a ser adotada pelo Superior Tribunal de Justiça.[27] O equívoco dessa colocação, todavia, é evidente. O que distingue e individualiza a ação declaratória é seu pedido, que se limita à declaração. No mandado de segurança se pede uma ordem, dirigida à autoridade impetrada. Assim, a inexistência da ameaça, que inviabiliza a impetração preventiva, não enseja qualquer confusão entre esta e a ação declaratória.

Insistimos, todavia, em que a ameaça de prática de ato abusivo, pela autoridade da administração tributária, decorre da edição de norma que lhe caiba aplicar, e que seja desprovida de validade jurídica. Lei inconstitucional, ou norma inferior, ilegal.

Não obstante a resistência de alguns juízes, vem-se firmando a jurisprudência no sentido de afastar as restrições ao cabimento do mandado de segurança preventivo.

Os que restringem o cabimento do mandado de segurança preventivo buscam amparo em tese indiscutível, como a da necessidade de prova dos fatos alegados pelo impetrante.[28] Não se trata, porém, de aceitar simples-

26. TRF-5ª Região, 1ª Turma, REO 1.564-PB, rel. Juiz Castro Meira; AMS 1.653-CE, rel. Juiz Castro Meira, além de diversos outros julgados com ementas exatamente iguais, *DJU* II de 19.7.1991, pp. 16.838-16.839.

27. "*Constitucional – Mandado de Segurança Preventivo – Inexistência de ato omissivo da autoridade coatora – Incabimento – Agravo Regimental.* Inexistindo ameaça evidente de prática de ato abusivo pela autoridade coatora, descabe a concessão da segurança, apenas, para preservar, o impetrante, em relação às consequências da possível aplicação de lei, que o autor entende inconstitucional, impingindo-se ao mandado de segurança a natureza de ação direta de inconstitucionalidade, para cuja propositura a parte não possui legitimidade. A ação de segurança, ainda que usada em caráter preventivo, deve fundar-se em prova pré-constituída, para que a ameaça seja verificada de plano, pelo Juiz, ao exame de elementos informadores documentais" (STJ, 1ª Turma, AgRg no REsp 25.373-5-PE, rel. Min. Demócrito Reinaldo, v.u., *DJ* 8.3.1993 e *Ementário da Jurisprudência do STJ*, Ano 4, 8, pp.149-150).

28. "*Ementa: Processual Civil. Mandado de Segurança em matéria tributária. Ausência de prova pré-constituída.* É consabido que a ação mandamental exige, necessariamente, prova pré-constituída de todas as circunstâncias fáticas relevantes

mente a desnecessidade de prova. É evidente que os fatos alegados pelo impetrante de um mandado de segurança carecem de prova. A questão essencial, porém, reside na distinção entre o mandado de segurança contra a lei em tese e o mandado de segurança preventivo, e, ainda, na consideração dos fatos incontroversos em face da admissão, como acima demonstramos.

A 1ª Turma do Superior Tribunal de Justiça, em acórdão da lavra do Min. Gomes de Barros, acolheu a tese que temos sustentado, admitindo o mandado de segurança preventivo. Diz a ementa daquele julgado:

> Editada uma lei mudando critérios de incidência de tributo em contribuição social, é de se presumir que os agentes arrecadadores irão executá-los. Em tal hipótese, cabe mandado de segurança preventivo contra o agente arrecadador – tanto mais, quando tal agente manifesta nas informações o propósito de efetuar a cobrança malsinada.[29]

Também a 2ª Turma do Superior Tribunal de Justiça, em acórdão da lavra do Min. Ari Pargendler, por maioria de votos, acolheu a tese que temos sustentado, decidindo que

> a lei instituidora de tributo que o contribuinte considere inexígivel constitui ameaça suficiente para a impetração do mandado de segurança preventivo, na medida em que deve ser obrigatoriamente aplicada pela autoridade fazendária.[30]

Aliás, a divergência existente naquele Tribunal a esse respeito já fora superada, quando sua 1ª Seção, por unanimidade, acolheu a tese que sustentamos.[31]

do processo. Sendo pessoa jurídica a impetrante, deve provar inclusive sua própria existência no mundo jurídico. Se a requerente, em *writ* que versa matéria tributária, junta à peça vestibular apenas o instrumento do mandado e cópias de acórdãos, abstendo-se de comprovar inclusive ser contribuinte do tributo em questão, confirma-se o indeferimento da inicial. Recurso provido, por unanimidade" (STJ, 1ª Turma, rel. Min. Demócrito Reinaldo, *DJU* de 31.8.1992, seção I, p. 13.635).

29. STJ, REsp 17.295-0-CE, rel. Min. Humberto Gomes de Barros, *DJU* I de 10.5.1993, p. 8.607.

30. STJ, REsp 119.239-PE, *DJU* I de 6.4.1998, p. 81 e *Repertório IOB de Jurisprudência* 16/98, texto 1/12.525.

31. EDiv em REsp 18.429-PE, rel. Min. Ari Pargendler, j. 10.11.1997, *DJU* I de 24.11.1997, p. 61.086 e *Repertório IOB de Jurisprudência* 3/98, p. 52.

Mesmo assim, cumpre-nos registrar o voto vencido, do Ministro Ahemar Maciel, considerando não ser bastante

> que o impetrante tenha receio que determinada autoridade pública irá praticar ato contrário a ordem jurídica. É necessário que existam indícios que o ato será praticado, não sendo suficiente meras suposições.[32]

Essa posição, *data maxima venia*, além de se mostrar rebelde ao entendimento da 1ª Seção, mostra-se também inteiramente divorciada da realidade, em face da qual sabemos todos que a edição de uma lei tributária inconstitucional é muito mais do que um simples indício, por consubstanciar na verdade uma *certeza* de eminente prática de ato lesivo de direito, uma *certeza* de que ocorrerá cobrança indevida do tributo.

A propósito da *acción de amparo* do direito peruano, que corresponde ao nosso mandado de segurança, doutrina Luís Hernández Berenguel:

> La acción de amparo puede interponer-se desde que entra en vigencia la norma inconstitucional – pese a que no exista todavia violación del derecho y debido a que éste ya se encuentra amenazado – y no solamente desde que el tributo se haga efectivo – es decir, cuando la violación del derecho se hace efectiva. Sería absurdo exigir que el contribuyente amenazado sólo pueda interponer la acción de amparo cuando su propiedad se vea menoscabada.[33]

E mais adiante, em absoluta sintonia com o ponto de vista que temos sustentado, esclarece o ilustre jurista peruano:

> El órgano administrador del tributo no tiene la faculdad de dejar de determinar la obrigación tributaria, pues no está en capacidad de obrar o no según que crea que la norma es constitucional. Dicho órgano se limitará a aplicar la norma y tratará de cobrar el tributo incrementado con los intereses moratorios correspondientes.[34]

O justo receio de vir a ser molestado por ato de autoridade, fundado em lei inconstitucional ou em ato normativo infralegal desprovido de validade jurídica, decorre do próprio princípio da legalidade, ao qual está vinculada a autoridade administrativa.

32. *Repertório IOB de Jurisprudência* 16/98, texto 1/12.525, p. 376.

33. Luís Hernández Berenguel, "El poder tributario y la nueva Constitución", *Revista del Instituto Peruano de Derecho Tributario* 24/27, junho/1993.

34. Luís Hernández Berenguel, idem, ibidem.

13.7 A impetração preventiva e o fato complexo

Afirmamos que o mandado de segurança é *preventivo* quando, já existente a situação de fato que ensejaria a prática do ato considerado ilegal, tal ato ainda não tenha sido praticado, existindo apenas o *justo receio* de que venha a ser praticado pela autoridade impetrada. Dissemos que ele *pressupõe a existência da situação concreta na qual o impetrante afirma residir o seu direito* cuja proteção, contra a ameaça de lesão, está a reclamar do Judiciário.

Tal assertiva deve ser entendida em termos. Não é indispensável que tal *situação concreta* compreenda desde logo todos os elementos do fato gerador do tributo. Basta que compreenda fatos integrativos daquele, a demonstrar que a sua ocorrência está em via de concretização, não se podendo falar mais em simples hipótese.

Sabemos que a doutrina classifica os fatos geradores dos tributos em *simples*, ou instantâneos, e *complexos*, ou continuados.[35] Não importa aqui a divergência surgida em torno dessa classificação,[36] que, a final, foi adotada pelo Código Tributário Nacional,[37] pois o que na verdade queremos expressar independe de sua aceitação. Em se tratando de um fato gerador complexo, como tal entendido aquele que é integrado por um conjunto de fatos que se sucedem, basta que se tenha o mesmo iniciado.

Ainda, porém, que se trate de um fato gerador classificado pela doutrina do Direito Tributário como *simples*, tem-se de considerar a ocorrência de certos atos preparatórios que, por sua importância, pelos ônus que representam, autorizam a consideração de que a ocorrência do fato gerador do tributo é de tal sorte iminente, a não se poder mais considerar que se trata de simples cogitação.

Relativamente ao imposto de importação, por exemplo, não se há de exigir que a mercadoria tenha entrado no território nacional, para que se mostre cabível a impetração preventiva. Basta que tenham sido praticados atos que tornam a importação da mercadoria um fato, e não simples

35. Cf. Aliomar Baleeiro, *Direito Tributário Brasileiro*, 10ª ed., Rio de Janeiro, Forense, 1981, p. 45.

36. Paulo de Barros Carvalho, *Curso de Direito Tributário*, São Paulo, Saraiva, 1985, pp. 151-155.

37. Com efeito, reportando-se o Código, como se reporta em seu art. 105, a fatos geradores pendentes, implicitamente admitiu a classificação doutrinária dos fatos geradores em instantâneos e continuados.

cogitação. Basta que se tenha, por exemplo, obtido a guia de importação respectiva, ou fechado o contrato com o exportador estrangeiro. A prática de atos concretos pelo importador, a deixá-lo em situação concreta de não mais poder desistir, sem graves prejuízos, de realizar a importação, pode ser considerada suficiente a ensejar a impetração preventiva.

Na verdade, embora se possa dizer que o fato gerador de um tributo enquadra-se como fato *simples*, muita vez aquele fato pressupõe outros fatos, cujo acontecimento justifica plenamente a impetração preventiva.

13.8 A questão da decadência

13.8.1 Restrições aos instrumentos contra o arbítrio

Parece que os instrumentos processuais destinados à proteção dos direitos contra o arbítrio dos que exercem o Poder Público são os objetos mais comuns de controvérsias, porque muitos, talvez por razões ideológicas, ou por falta de sensibilidade, querem amesquinhar esses instrumentos. Na apreciação de mandados de segurança, talvez o mais importante instrumento processual oferecido ao particular para a defesa de seus direitos contra o arbítrio estatal, muitos exemplos disto podem ser constatados, dentre os quais destacamos para examinar aqui a polêmica que se tem estabelecido em torno do prazo para impetração do mandado de segurança, que está intimamente ligada às questões da impetração preventiva e da impetração do *writ* contra a lei em tese.

A 2ª Turma do Superior Tribunal de Justiça, em acórdão publicado em 18.2.2002, relativo a julgamento ocorrido em 5.6.2001, ofereceu-nos importante exemplo dessa tendência de amesquinhamento do mandado de segurança, que se somou ao exemplo dado pelas instâncias inferiores naquele mesmo caso. Negou provimento a Recurso Especial, e assim confirmou decisão de tribunal estadual que deixara de conhecer de mandado de segurança preventivo impetrado por contribuinte do Imposto sobre Serviços de Qualquer Natureza. No Recurso Especial improvido o recorrente sustentou a inaplicabilidade do art. 18 da Lei do Mandado de Segurança [*Lei 1.533/1951, correspondente ao art. 23 da Lei 12.016/*2009] por se tratar de impetração preventiva, e ainda, que se aplicável aquele dispositivo legal ter-se-ia de contar o prazo nele estabelecido a partir da cada parcela mensal do imposto que é objeto de lançamento por homologação.

Apreciando o recurso, a 2ª Turma do Superior Tribunal de Justiça afirmou que, uma vez editada a lei tributária,

> evidencia-se que será devidamente aplicada, constituindo-se em ameaça real e configurando-se o justo receio de que o fisco efetuará a cobrança do tributo.

E contrariando a jurisprudência torrencial daquela Corte, concluiu que

> transcorridos mais de 120 dias da data de vigência da referida lei, não há como negar-se a consumação da decadência do direito à impetração.[38]

Esse julgado nos chama a atenção para a necessidade de exame mais cuidadoso de aspectos do mandado de segurança, tais como: a) a distinção entre a impetração contra a lei em tese e impetração preventiva; b) a distinção entre a lesão e a ameaça de lesão, e a relevância dessa distinção no trato da questão da decadência do direito à impetração do *writ*; c) as relações de trato sucessivo, ou relações jurídicas continuativas e a contagem do prazo extintivo do direito ao *writ*; e, finalmente, d) a distinção entre a lei da decorre o *justo receio* de lesão e a *lei de efeitos concretos*.

É dessas questões que nos vamos ocupar aqui, sem qualquer pretensão de fazer doutrina, mas com o desejo sincero de oferecer modestos subsídios àqueles que, ideologicamente inclinados contra o arbítrio do Poder Público, queiram contribuir para evitar o amesquinhamento do denominado *remédio heroico*.

13.8.2 Impetração contra a lei em tese e decadência

Quando se diz que não é cabível o mandado de segurança contra a lei em tese o que se pretende é evitar impetrações que seriam meras consultas ao Poder Judiciário, pois não estaria com elas pedindo proteção para direitos subjetivos, mas simplesmente orientação a respeito de um poder agir futuro. Um empresário que pretendesse instalar uma fábrica de determinado produto, por exemplo, impetraria um mandado de segurança contra a futura cobrança do IPI. Se concedida a segurança, instalaria a fábrica. Se denegada a segurança simplesmente não instalaria a fábrica. Em nenhuma hipótese a lei tributária produziria o seu efeito próprio e o Poder Judiciário teria agido como simples consultor daquele empresário.

A razão de ser do não cabimento da impetração contra a lei em tese, como facilmente se percebe, reside no fato de que o Poder Judiciário não

38. STJ, REsp 242.737–MG, rel. Min. Peçanha Martins, *DJU* 1 de 18.2.2002.

é órgão de consultoria jurídica, mas órgão destinado a dirimir conflitos. Órgão que desenvolve atividade jurisdicional, a qual pressupõe situação concreta, ou, em outras palavras, é uma atividade que pressupõe a concreção do Direito.

Por outro lado, a garantia do mandado de segurança preventivo tem a finalidade evitar a consumação de lesões a direitos. Pressupõe, portanto, a existência de direito subjetivo, vale dizer, pressupõe a concreção da norma, completa ou em vias de completar-se, de sorte que o provimento judicial não estará funcionando como mera orientação, mas como remédio contra uma lesão iminente a direito do impetrante.

Para a adequada compreensão da tese que afirma não haver decadência relativamente à impetração preventiva tal esclarecimento é de fundamental importância, desde que se tenha também claramente estabelecida a distinção, aliás, muito simples, entre lesão e ameaça.

13.8.3 Distinção entre lesão e ameaça

Na medida em que parece esclarecida a distinção entre a impetração contra a lei em tese e a impetração preventiva, e com isto o mandado de segurança ganha merecido fortalecimento, eis que novo caminho trilhado pelos que o pretendem amesquinhado.

Em matéria tributária passou-se a admitir a impetração do mandado de segurança preventivo diante de uma lei que institui ou aumenta tributo e que se reputa desprovida de validade jurídica. Presume-se que a lei será aplicada e, por isto, desde logo se admite o *writ* contra a possível lesão decorrente de sua aplicação.

Ao mesmo tempo, porém, buscou-se outro caminho para o amesquinhamento do *writ*, desenvolvendo-se o raciocínio segundo o qual se a lei já consubstancia um ato impugnável, é a partir de sua vigência que se deve contar o prazo decadencial de 120 dias.

Esse raciocínio, porém, incide em erro primário, de fácil demonstração, pois além de não enxergar a distinção entre lei e direito subjetivo, inafastável e importantíssima no contexto do tema de que se cuida, confunde a ameaça, que justifica a impetração preventiva, com a lesão ao direito que justifica a impetração corretiva.

Alguém que não está na situação de fato sobre a qual incide a lei evidentemente não pode impetrar mandado de segurança contra a possível aplicação dela. É possível, porém, que vários meses depois do início da sua vigência, a situação nela prevista venha a ocorrer. Só então, é claro, surgirá a possibilidade de aplicação e, consequentemente, a possibilidade de lesão a direito. Evidentemente só a partir do momento em que surgiu, pela situação de fato concretizada, a possibilidade de aplicação da lei que se reputa sem validade jurídica, é que surge o direito à impetração. Não é razoável, portanto, que o prazo para tanto se tenha iniciado com a vigência da lei.

Decisiva, porém, é a distinção que se há de fazer entre *ameaça* e *lesão* a direito. A ameaça apenas gera o justo receito de lesão. Ela não é, em se mesma e desde logo, uma lesão. Por isto mesmo é que se fala em impetração *preventiva*, que só é possível em face do justo receio gerado pela *ameaça*, e tem por fim evitar a *lesão* ao direito do impetrante. Admitir-se que a impetração pode dar-se diante da ameaça, não quer dizer que esta seja o ato impugnado, ou ato coator, mas que a ameaça é geradora do justo receio. Como assevera Lúcia Valle Figueiredo,

> basta que haja o justo receio de que o ato venha a acontecer para termos a possibilidade de impetração do mandado de segurança.[39]

Não é razoável, portanto, confundir-se a ameaça, capaz de produzir o justo receio a ensejar a impetração preventiva, com o ato impugnado ou ato lesivo do direito, cuja prática a impetração preventiva visa evitar.

Aliás, chega mesmo a ser incoerente admitir o curso do prazo decadencial a partir da ameaça, se a própria prática do ato lesivo, lógica e cronologicamente posterior a ela, ainda enseja a impetração corretiva. Por isto mesmo Pontes de Miranda ensina que a

> ameaça, se houve, não determina o início do prazo preclusivo para as ameaças futuras, nem, com mais forte razão, para as ofensas futuras.[40]

Para ele, se a impetração é contra uma ameaça determinada, deve ocorrer em 120 dias, mas o decurso desse prazo não extingue o direito à impetração contra outra ameaça de prática do mesmo ato lesivo, nem

39. Lúcia Valle Figueiredo, *Mandado de Segurança*, São Paulo, Malheiros Editores, 1996, p. 78.

40. Pontes de Miranda, *Comentários à Constituição de 1967*, São Paulo, Ed. RT, tomo V, 1968, p. 354.

contra a própria prática deste. Essa afirmação do Mestre, todavia, deve ser entendida em seus devidos termos. Impetração contra uma ameaça é uma coisa, e coisa diversa é a impetração preventiva contra um ato de cuja prática está o impetrante sendo ameaçado.

A distinção entre a *lesão* e a *ameaça*, ou em outras palavras, a distinção entre a *ameaça* da qual decorre o *justo receito*, e o *ato impugnado*, do qual decorre a *lesão* ao direito do impetrante, é fundamental no trato da questão da decadência do direito ao mandado de segurança. Sua não consideração, motivada ou não pela tendência ideológica de amesquinhar o mandado de segurança, explica a afirmação de que o prazo de decadência para impetração pode ser contado a partir da ameaça, quando esse prazo deve ser contado, realmente, é a partir do conhecimento do ato impugnado.

13.8.4 Impetração preventiva e decadência na jurisprudência do STJ

Curioso é observar que o julgado em análise, da 2ª Turma do Superior Tribunal de Justiça, contraria a jurisprudência torrencial daquela Corte, orientada no sentido de que na impetração preventiva não se pode cogitar de decadência. E parece ter por objetivo resistir à tese, já acolhida na jurisprudência daquela Corte, de que a publicação da lei tributária tida como juridicamente inválida configura ameaça a direito do contribuinte e assim enseja a impetração de mandado de segurança preventivo.

Realmente, a própria 2ª Turma daquele Tribunal, vislumbrando a distinção entre *ameaça* e *ato impugnado*, tem decidido que o prazo de 120 dias só pode ser contado a partir da ciência do ato de autoridade, o qual nem sequer existe nas impetrações preventivas, as quais são formuladas apenas com base em ameaça.[41] Já nesse julgado foram invocados como precedentes os recursos especiais 76.217-PE, 90.966-BA e 93.282-RS. E em julgados posteriores seguiu-se a mesma orientação, como se pode ver nos acórdãos proferidos nos REsp 184.911-ES[42] e 135.117-RS.[43]

41. STJ, 2ª Turma, REsp 110.714-BA, j. 4.9.1997, *DJU* de 6.10.1997, p. 49.932.

42. STJ, 2ª Turma, rel. Min. Helio Mosimann, j. 18.5.1999, *DJU* de 21.6.1999, p. 127.

43. STJ, 2ª Turma, rela. Min. Nancy Andrighi, j. 17.2.2000, *DJU* de 20.3.2000, p. 61 e *RSTJ* 15/128.

Também a 1ª Turma daquele Tribunal tem decidido, invocando uma variedade de precedentes, que é inaplicável o prazo decadencial de 120 dias ao mandado de segurança preventivo.[44]

Por outro lado, o julgado em análise parece albergar o propósito de resistência à tese, já acolhida na jurisprudência daquela Corte, de que a publicação da lei tributária já pode configurar ameaça a direito do contribuinte e assim ensejar a impetração de mandado de segurança preventivo.

Com efeito, na Segunda Turma do Superior Tribunal de Justiça, no julgamento do REsp 105.250-CE, o relator, Min. Peçanha Martins, elogiando julgado do TRF da 5ª Região, que acolhera a preliminar de incabimento do mandado de segurança contra lei em tese, votou pelo não conhecimento do recurso, tendo em seguida votado o Ministro Ari Pargendler que afirmou:

> Sr. Ministro Peçanha Martins, este caso está contrariando nossa jurisprudência. É um mandado de segurança preventivo. A Fazenda alega que o mandado de segurança é contra a lei em tese, mas não é. Existe uma lei que manda o contribuinte recolher o tributo, independentemente de qualquer ação da Fazenda; se ele não recolher, evidentemente que, por força do art. 142 do Código Tributário Nacional, a autoridade tributária vai lançar o tributo. É uma ameaça. Temos vários precedentes. Conheço do recurso e dou-lhe provimento.[45]

E prevaleceu naquele caso a tese, já realmente consagrada pela jurisprudência daquele Tribunal, segundo a qual

> a iminência da cobrança de taxa que o contribuinte entende inexigível autoriza a impetração de mandado de segurança que, longe de atacar lei em tese, visa a evitar lesão em concreto.[46]

Essa tese já fora realmente consagrada pela 1ª Seção do Superior Tribunal de Justiça, que no dia 5.12.1995, apreciando embargos de divergência, decidira, por unanimidade,[47] que:

> Editada uma lei, mudando critérios de incidência tributária, é de se presumir que os agentes fiscais irão executá-la. Em tal hipótese,

44. REsp 278.840-SP, j. 5.5.2001, j. 17.2.2000, *DJU* de 18.6.2001, p. 115.

45. *RDDT* 55/186, São Paulo, Dialética, abril/2000.

46. STJ, 2ª Turma, REsp 18.415-CE, rel. Min. Ari Pargendler, j. 5.21996, *DJU* 1 de 18.3.1996, p. 7554 e *RDDT* 8/203, São Paulo, Dialética, maio/96.

47. Participou da votação o Min. Peçanha Martins.

> cabe Mandado de Segurança preventivo contra agente fiscal – tanto mais, quando esse manifesta, nas informações, o propósito de efetuar o lançamento e a cobrança malsinados.[48]

Como se vê, não faz sentido mais a tese restritiva defendida sempre pelas autoridades fazendárias em repetidas preliminares, de que o mandado de segurança está sendo impetrado contra a lei em tese, quando na verdade a impetração se faz em face do justo receio do lançamento, inclusive com aplicação de sanções, pela não observância por parte do contribuinte impetrante, de lei que considera desprovida de validade jurídica.

Acrescente-se que o julgado em análise deixou de examinar a alegação do impetrante recorrente de que, mesmo fosse possível a decadência nessas impetrações, na contagem do prazo decadencial teria de ser considerado tratar-se de tributo mensal lançado por homologação.

Realmente, em matéria tributária são bastante comuns as situações nas quais o justo receio diz respeito à cobrança de tributo que se renova periodicamente, sendo importante, pois, no trato da questão da decadência do direito à impetração, a consideração das relações jurídicas continuativas ou de trato sucessivo.

13.8.5 As relações de trato sucessivo

Doutrina e jurisprudência são firmes na tese segundo a qual

> Nos atos de trato sucessivo, como no pagamento de vencimentos ou outras prestações periódicas, o prazo renova-se a cada ato. Também não corre durante a omissão ou inércia da Administração em despachar o requerido pelo interessado.[49]

Alfredo Buzaid invoca e endossa decisão do Supremo Tribunal Federal, referente ao antigo imposto sobre vendas e consignações, substituído pelo atual ICMS, ao dizer que o contribuinte tem renovado o seu direito à impetração de mandado de segurança a cada cobrança individualizada e acoimada de ilegal.[50]

48. STJ, 1ª Seção, EDv no REsp 18.424-CE, rel. Min. Humberto Gomes de Barros, *DJU* 1 de 4.3.1996, p. 5.330 e *RDDT* 8/203, São Paulo, Dialética, maio/1996.

49. Hely Lopes Meirelles, *Mandado de Segurança e Ações Constitucionais*, 36ª ed., São Paulo, Malheiros Editores, 2014, p. 66.

50. Alfredo Buzaid, *Do Mandado de Segurança*, vol. 1, cit., pp. 162 e 163.

Realmente, sendo possível a formulação periódica da exigência fiscal, mediante auto de infração lavrado sempre que finda o período de apuração do imposto sem que tenha havido o pagamento correspondente, é possível contra cada um desses autos de infração um mandado de segurança. Do mesmo modo, é possível a impetração preventiva tendo em vista o receio de lavratura de cada um deles. E, sendo assim, é evidente que o prazo de decadência recomeça a cada período em que a exigência fiscal tida como indevida é formulada, ou se tem receio de que venha a ser formulada.

A respeito do assunto já afirmamos que a relação tributária, ou relação jurídica que se estabelece entre o contribuinte ou o responsável e o fisco pode ser: (a) *instantânea*, como acontece no caso de venda eventual de um imóvel, por exemplo, ou (b) *continuativa*, como acontece com o contribuinte do ICMS, por exemplo (Capítulo 3, item 3.6.1.)

Felizmente se mantém na jurisprudência do Superior Tribunal de Justiça a tese segundo a qual inexiste decadência do direito à impetração se o ato coator atinge relação jurídica continuativa ou de trato sucessivo.[51]

A relação jurídica tributária *instantânea* é peculiar aos tributos relacionados com ocorrências eventuais. Por isto mesmo não existe, nem se faz necessário, um cadastro de contribuintes, de sujeitos passivos dessa relação.

A relação jurídica tributária *continuativa* é peculiar aos tributos relacionados a ocorrências que se repetem, formando uma atividade mais ou menos duradoura. Por isto mesmo os contribuintes, sujeitos passivos dessa relação, inscrevem-se em cadastro específico, que se faz necessário precisamente em virtude da continuidade dos acontecimentos relevantes do ponto de vista tributário. Na relação jurídica *continuativa*, ou *continuada*, muita vez até a determinação do valor a ser pago pelo contribuinte depende não apenas de um fato tributável, mas do encadeamento dos fatos que a integram, como acontece no Imposto sobre Produtos Industrializados (IPI), e no Imposto sobre Operações Relativas à Circulação de Mercadorias e Prestação de Serviços de Transporte Interestadual e Intermunicipal e de Comunicação (ICMS), tributos ditos *não cumulativos*.

Realmente, no IPI, como no ICMS, o valor a ser pago, em cada período, é apurado em função de uma *conta corrente* na qual são registrados *débitos*, relativos às saídas de mercadorias ou produtos, e *créditos*,

51. STJ, 2ª Turma, REsp 1.108.515-RS, rela. Min. Eliana Calmon, j. 9.6.2009.

relativos às entradas de mercadorias ou de matérias-primas e outros insumos, no período de apuração respectivo. Havendo saldo devedor, este constituirá o valor devido no período. Havendo saldo credor, será este transferido para o período seguinte, somando-se aos créditos daquele para efeito de nova apuração, e assim sucessivamente. Os fatos relevantes para esta determinação do valor do tributo devido entrelaçam-se de tal modo que tornam evidente a existência de uma relação continuativa.

A natureza *continuativa* da relação jurídica tributária, todavia, não é exclusiva dos impostos não cumulativos, embora nestes seja ela de evidência indiscutível.

A jurisprudência tem feito a distinção

> entre ato administrativo único, mas com efeitos permanentes, e atos administrativos sucessivos e autônomos, embora tendo como origem norma inicial idêntica. Na primeira hipótese, o prazo do art. 18 da lei do mandado de segurança [*de 1951*] deve ser contado da data do ato impugnado; na segunda, porém, cada ato pode ser atacado pelo *writ* e, assim, a cada qual corresponderá prazo próprio e independente (STF, RE 95.238-PR, rel. Min. Néri da Silveira, *RTJ* 112/278-281).

Em se tratando de relação tributária continuativa, não há dúvida de que se está diante da segunda hipótese, vale dizer, cada ato pode ser atacado pelo *writ*, e a cada um deles, portanto, se inicia novo prazo para a impetração.

13.8.6 Leis de efeitos concretos

Finalmente, para completarmos o exame da questão do início do prazo de decadência para impetração do mandado de segurança é importante uma referência à questão da denominada *lei de efeitos concretos*.

Quando se diz não caber mandado de segurança contra a lei em tese, repita-se, o que se está dizendo é que a lei, enquanto norma jurídica,[52] apenas dispõe em tese, sem referir-se a nenhuma situação concreta e por

52. É evidente que nos estamos referindo a norma jurídica no sentido estrito, próprio dessa expressão, e não desconhecemos as divergências existentes a respeito de seu significado na Teoria Geral do Direito. Para nós, a norma jurídica em sentido estrito é somente aquela que expressa o direito em tese, e que assim não diz respeito a nenhuma situação concreta. É neste sentido que a expressão está sendo empregada neste estudo.

isto mesmo não lesiona direito algum. É sabido, porém, que os conceitos de *lei* e de *norma* não se confundem. Pode haver lei que não contém norma, do mesmo modo que pode haver norma que não está na lei. E quando se fala de lei de efeitos concretos se está fazendo referência exatamente à lei que não tem conteúdo de norma, mas de ato administrativo, de efeitos concretos.

Uma lei que cria ou que extingue determinado órgão público, por exemplo, é uma lei de efeitos concretos. Poderá em determinadas situações lesionar direito de alguém, e por isto pode ser atacada com a impetração de mandado de segurança. Neste caso, como a lesão resulta da própria lei, esta será o ato impugnado, e o prazo de decadência evidentemente deve ser contado a partir da data em a lei entrou em vigor.

Sobre o assunto ensina Meirelles:

> É de se lembrar que o prazo para impetração não se conta da publicação da lei ou do decreto normativo, mas do ato administrativo que, com base neles, concretiza a ofensa a direito do impetrante (STF, RTJ 96/376), salvo se a lei ou o decreto forem de *efeitos concretos*, caso em que se expõem à invalidação por mandado de segurança desde o dia em que entram em vigência.[53]

Ocorre que a expressão *lei de efeitos concretos* tem sido utilizada em situações nas quais a impetração é cabível preventivamente, e nas quais a lei não é mais do que o elemento capaz de gerar o justo receio. Em outras palavras, a lei, por ser de observância obrigatória pela autoridade administrativa tributária, traz em si mesma a presunção de que será aplicada, e por isto consubstancia a ameaça de lesão ao direito do contribuinte que a entende desprovida de validade jurídica.Talvez o uso da expressão lei de efeitos concretos, em seu sentido impróprio, seja responsável pelo equívoco albergado na decisão em análise, segundo a qual o prazo de decadência tem seu início na data em que começa a vigência da lei. Da maior importância, portanto, é esclarecermos que a lei de efeito concreto é aquela que não alberga normas jurídicas, que na verdade com as leis não se confundem.

A esse respeito já escrevemos:

> Importante é a distinção que se há de fazer entre *norma* e *lei*. A norma pode ser veiculada através da lei, mas com esta não se con-

53. Hely Lopes Meirelles, *Mandado de Segurança*, 36ª ed., cit., p. 66.

funde. Lei, em sentido formal, é o ato estatal, produzido pelo órgão do Estado, geralmente o parlamento, dotado de competência para o exercício da função legislativa. Pode albergar uma norma, e pode albergar uma prescrição jurídica concreta, vale dizer, destinada a uma situação concreta determinada. A lei, em sentido material, esta sim é uma norma. Mas a norma não é necessariamente uma lei. Pode estar na Constituição, e pode estar em um ato estatal inferior, como o regulamento, uma portaria, etc. Por outro lado, uma norma pode estar em mais de uma lei. Parte em uma e parte em outra. A palavra *lei* designa o veículo, que pode conduzir uma *norma* ou um *ato de efeitos concretos*. A palavra *norma* designa a prescrição jurídica de efeito repetitivo, e pode ser veiculada através da Constituição, da lei, do regulamento, da portaria, etc. A diferença entre norma e lei fica bem clara quando se constata que a *norma* é um conceito de Teoria Geral do Direito, ou de Lógica Jurídica, enquanto *lei* é um conceito de Direito Positivo. É certo que a palavra *lei* pode ser utilizada com outros significados, mas em Direito convém reservá-la para designar o ato em que se expressa a função legislativa do Estado. Assim, lei é o ato produzido pelo órgão ao qual a Constituição atribui a função legislativa, praticado com observância do procedimento previsto para esse fim. Diz-se que lei é um conceito de Direito Positivo porque em cada ordenamento jurídico a palavra lei pode ter um significado diverso, no sentido de que pode ser um ato unipessoal, ou coletivo, praticado com obediência a esse ou àquele procedimento. E ainda porque em cada ordenamento jurídico é que se define o que há de ser o conteúdo das leis. É possível que a prática de determinado ato dependa de autorização da lei, em cada caso concreto. A lei, então, não conterá uma prescrição normativa, mas um verdadeiro ato administrativo. Será lei, formalmente, mas será um ato administrativo, substancialmente. Tudo isto fica a depender de cada ordenamento jurídico. Por outro lado, em determinado ordenamento jurídico o ato legislativo pode ter outro nome. Pode ter o nome de *resolução*, ou de *deliberação*, por exemplo.[54]

Em síntese, a lei de efeitos concretos é apenas aquela que, por se referir a uma determinada situação concreta, não alberga uma norma jurídica. Os seus efeitos são concretos exatamente porque, referindo-se a uma situação de fato concretizada, ela prescinde da concreção que em relação às normas jurídicas verifica-se com a ocorrência do correspondente suporte fático.

54. Hugo de Brito Machado, *Uma Introdução ao Estudo do Direito*, Dialética, São Paulo, 2000, pp. 72 e 73.

As normas jurídicas que instituem ou aumentam tributos não são leis de efeitos concretos. Elas ensejam a impetração de mandado de segurança desde logo porque sendo, como são, de aplicação obrigatória pela autoridade administrativa, consubstanciam, quanto não sejam juridicamente válidas, ameaça de lesão a direitos do contribuinte.

13.8.7 Equívoco ou tendência ideológica?

Diante de acórdãos como o aqui analisado fica-se diante da questão de saber se os mesmos decorrem de equívoco a que são levados os magistrados em razão do excesso de trabalho que enfrentam, cada vez maior, ou se resultam de tendência ideológica do magistrado que os profere, ou mais exatamente, que lidera o pensamento nos mesmos consubstanciados.

Um acórdão que se põe em conflito com a jurisprudência pacífica do próprio tribunal pode na verdade resultar de um erro, perfeitamente compreensível em face do enorme volume de casos que são examinados em cada assentada, não dispondo por isto mesmo os julgadores do tempo necessário a um exame mais cuidadoso, nem muito menos para meditar sobre o caso. Curioso, porém, é observarmos que acórdãos assim geralmente expressam as posturas ideológicas já externadas em outros casos pelo julgador que liderou sua formação, vale dizer, o relator do caso.

Isto nos leva à convicção de que mais provavelmente não se trata de equívoco, e sim de expressão do julgador que a rigor não se quer conformar com a orientação jurisprudencial do tribunal, e a esta nem sequer faz referência, votando no sentido de suas convicções pessoais como se atuasse na condição de julgador monocrático, do que decorre, além do significativo prejuízo para a segurança jurídica em face da diminuição do efeito didático da jurisprudência, o aumento do número de recursos e a possibilidade de lesão séria e definitiva do direito da parte que eventualmente não os interpõe.

13.9 Conclusões

Diante de tudo o que aqui foi exposto, podemos chegar às seguintes conclusões:

1ª) O mandado de segurança pode ser impetrado para impugnar um ato de autoridade praticado com ilegalidade ou abuso de poder (mandado de segurança corretivo), ou para evitar o ato ilegal ou abusivo de cuja prática o impetrante tem justo receio (mandado de segurança preventivo).

2ª) O art. 23 da Lei 12.016/2009 estabelece que "O direito de requerer mandado de segurança extinguir-se-á decorridos 120 (cento e vinte) dias, contados da ciência, pelo interessado, do ato impugnado", e esse dispositivo não incide no caso de impetração preventiva porque esta antecede o ato da autoridade visando a impedir a sua prática.

3ª) Quando são questionados atos relativos a relações continuativas, ou de trato sucessivo, o início do prazo extintivo do direito à impetração é restabelecido em cada ato, autonomamente considerado.

4ª) As controvérsias em torno da decadência do direito ao mandado de segurança, especialmente tratando-se de impetrações preventivas, talvez resulte da desatenção para as distinções entre impetração contra a lei em tese e impetração preventiva, entre lesão e ameaça, e entre lei que consubstancia uma ameaça, e por isto enseja impetração preventiva, e lei de efeitos concretos que enseja desde logo a impetração corretiva.

5ª) A jurisprudência do Superior Tribunal de Justiça é firme no sentido de que não se pode cogitar de decadência do direito ao mandado de segurança nas impetrações preventivas, sendo o acórdão que concluiu em sentido contrário uma decisão isolada, decorrente de simples equívoco ou da resistência de quem liderou sua formação contra a jurisprudência do Tribunal.

14. MANDADO DE SEGURANÇA E CONSULTA FISCAL

14.1 A finalidade da consulta. 14.2 Consulta sobre situação hipotética. 14.3 Consulta em caso concreto. 14.4 Os equívocos da doutrina e da jurisprudência. 14.5 Julgado anterior. 14.6 Os diversos efeitos da resposta à consulta. 14.6.1 Efeito vinculante. 14.6.2 Efeito de simples interpretação. 14.7 A resposta à consulta e o mandado de segurança. 14.8 O mandado de segurança preventivo contra respostas em tese.

14.1 A finalidade da consulta

É sabido que a atividade administrativa de cobrança do tributo é *plenamente vinculada*.[1] Na verdade, porém, é impraticável uma vinculação plena dos atos administrativos concretos da Administração Tributária à lei. Por isto,

> utiliza-se a técnica da atividade administrativa normativa. Através dos regulamentos e das denominadas *normas complementares* da legislação tributária, mencionadas no art. 100 do Código Tributário Nacional, opera-se a redução da vaguidade dos conceitos usados na lei, de sorte que o ato de concreção, vale dizer, o ato administrativo de execução, é praticado com o mínimo possível de discricionarismo.[2]

A finalidade da consulta é assegurar o máximo de certeza possível na relação fisco-contribuinte. Evitar, quanto possível, o discricionarismo. Não em uma relação jurídica específica e determinada, mas *no relacionamento*, que é duradouro e composto de múltiplas relações jurídicas.

1. CTN, art. 3º.

2. Hugo de Brito Machado, *O conceito de tributo no Direito Brasileiro*, Rio de Janeiro, Forense, 1987, p. 86.

14.2 Consulta sobre situação hipotética

A certeza é desejada não apenas em face de fatos consumados. Ela é importante, também, como elemento a viabilizar decisões, sobretudo para os que desenvolvem atividades empresariais, onde os custos, inclusive tributários, devem ser cuidadosamente calculados.

A consulta, por isto mesmo, não pressupõe a existência de *lide*. Nem mesmo a iminência ou probabilidade desta. Sua formulação, portanto, é possível em face de situações hipotéticas.

Luciano da Silva Amaro, no melhor estudo até hoje publicado a respeito desse instituto jurídico, assevera, com inteira propriedade:

> A consulta não precisa ser instruída com documentos nem com quaisquer outras provas, salvo quando necessários à exata compreensão da hipótese sobre que se consulta, vale dizer, não se requer que o consulente apresente provas de que o fato descrito na consulta corresponde fielmente ao fato real em que tem interesse, pois a consulta é feita *em tese*, e a resposta soluciona a dúvida proposta, sendo inaplicável à situação real do consulente, se esta não coincidir com a hipótese descrita.[3]

A resposta à consulta, neste caso, vale como simples orientação. Não passa de manifestação antecipada, por parte da Administração Tributária, de seu ponto de vista a respeito da interpretação de determinada norma tributária.

14.3 Consulta em caso concreto

Pode ocorrer, porém, que a consulta seja formulada em face de caso concreto. Consumado já está o fato, e a dúvida suscitada diz respeito aos efeitos jurídicos deste, em face de determinada norma tributária. O que se põe, então, ao exame da Administração Tributária, não é simplesmente uma questão teórica, mas a questão de saber se, no caso, surgiu, ou que dimensões terá determinada relação jurídica tributária.

Neste caso, a resposta oferecida pela Administração Tributária tem efeito vinculante para o consulente. Não é, em relação a este, simples opinião.

3. Luciano da Silva Amaro, "Do processo de consulta", *Novo Processo Tributário*, São Paulo, Resenha Tributária, 1975, p. 96.

Nos termos da vigente legislação a respeito de consulta fiscal, a resposta oferecida pela Administração, uma vez aprovada pela autoridade competente, passa a valer como critério de interpretação da lei. Isto, porém, não significa tenha tal resposta perdido seu caráter de ato administrativo concreto e individual, relativamente àquele que formulou a consulta.

Tem-se de distinguir, nesse passo, os efeitos que da resposta decorrem, para o consulente, e para terceiros.

A resposta à consulta, ensina Bernardo Ribeiro de Moraes,

> se contrária ao contribuinte, obriga-o a ajustar-se à nova orientação dentro do prazo de 30 dias, a contar da ciência da decisão.[4]

Realmente, segundo estabelece o art. 56 do Decreto 70.235, de 6.3.1972, que regula o processo administrativo fiscal, cabe recurso voluntário, com efeito suspensivo, de decisão de primeira instância, dentro de 30 dias contados da ciência. O ter efeito suspensivo, significa, exatamente, que o efeito da consulta somente se produzirá depois de apreciado o recurso. Não tivesse a resposta, vale dizer, a decisão proferida no processo de consulta, efeito lesivo a direito do consulente, não haveria razão para se atribuir ao recurso efeito suspensivo.

Estabelece, ainda, o art. 50, do mencionado Decreto, que

> a decisão de segunda instância não obriga ao recolhimento de tributo que deixou de ser retido ou autolançado após a decisão reformada e de acordo com a orientação desta, no período compreendido entre as datas de ciência das duas decisões.

Isto significa que em se tratando, por exemplo, de imposto de renda na fonte, ou dos tributos objeto do denominado lançamento por homologação, impropriamente aí ditos tributos *autolançados*, a decisão de primeira instância, favorável ao contribuinte consulente, produz efeitos que não são afetados em virtude de sua reforma. Em outras palavras: se a decisão de primeira instância disse não ser devido o imposto de renda na fonte, ou o IPI, em certo caso, e essa decisão foi reformada em segunda instância, o contribuinte não será obrigado a recolher esses tributos relativamente ao período compreendido entre as duas decisões.

4. Bernardo Ribeiro de Moraes, *Compêndio de Direito Tributário*, Rio de Janeiro, Forense, 1984, p. 880.

A regra do art. 50, acima transcrita e interpretada, significa também que *a decisão proferida em processo de consulta obriga o consulente a recolher tributo*. Em outras palavras, a resposta tem efeito vinculante para o contribuinte, ressalvado, é claro, o recurso deste ao Judiciário. A resposta dada pelo Fisco a uma consulta do contribuinte não é, portanto, apenas *um critério genérico* de aplicação obrigatória para a Administração.

14.4 Os equívocos da doutrina e da jurisprudência

Independentemente dos efeitos que produz, relativamente ao consulente quando formulada em face de caso concreto, a resposta à consulta toma a forma de *parecer normativo*.[5] Daí decorreram lamentáveis equívocos.

O mestre Alfredo Buzaid, por exemplo, fez doutrina:

> Cumpre ressaltar que embora apresente o instituto da *consulta* efeitos que vinculam a administração à posição assumida, não vai além entretanto de uma manifestação do poder tributante, sobre dúvida na aplicação da legislação tributária, constituindo "parecer normativo", segundo ensina o saudoso Fábio Fanucchi (*Curso de direito tributário*, v. 1, p. 329). Como tal, a consulta não pode ser considerada como ato lesivo ou como ameaça aos direitos do contribuinte, em termos de autorizar a impetração de mandado de segurança.[6]

Manifestação partida de doutrinador do porte de Alfredo Buzaid, inegavelmente um dos maiores processualistas brasileiros, certamente exerceu influência nos meios jurídicos. Talvez por isto, equívocos também cometeu a jurisprudência.

O antigo Tribunal Federal de Recursos decidiu ser incabível ação ordinária na qual, ao argumento de que a autoridade administrativa teria interpretado mal o direito, pretendia-se o anulamento da decisão administrativa. Decidiu pelo "incabimento da ação, por pretender discutir ato administrativo em tese, sem lesar direito individual em concreto". Confirmou sentença que acolhera preliminar de carência de ação, suscitada pela União Federal. Foi acolhida, assim, em ambas as instâncias, a tese pela qual

5. Salvo, é claro, nos caos em que a legislação específica considera desnecessária tal providência.

6. Alfredo Buzaid, *Do Mandado de Segurança*, 1º vol., cit., p. 104.

a Administração é livre para interpretar as disposições legais e, por conseguinte, para responder a consultas segundo seu entendimento, nos casos em que a lei lhe concede essa faculdade. Não pode o Poder Judiciário substituí-la nesse mister, ingerindo-se indebitamente nas atribuições do outro Poder, de modo a fazê-lo aceitar, acima de seu próprio entendimento, o da autoridade judicial. Somente é dado ao Poder Judiciário manifestar-se, nos casos concretos, quando tenha havido lesão a direito individual.[7]

Depois de transcrever as razões da sentença, afirmou o Min. Pedro Acioli, relator do caso:

> Não vejo como, à luz das regras processuais, discutir-se, em tese, o acerto ou desacerto de decisão administrativa sem efeito concreto e malferidor de direito individual.

Em outra oportunidade, decidiu o mesmo Tribunal não ser cabível mandado de segurança contra resposta a consulta porque esta, depois de aprovada pela autoridade competente, converte-se em critério genérico de aplicação obrigatória para a Administração.

> O que conta, para imprimir generalidade ao parecer exarado em caso de interesse individual, é a aprovação pela autoridade legalmente competente. A partir da concordância da autoridade antevista na lei, para estabelecer o critério, o parecer perde seu caráter individual, transubstanciando-se em disposição normativa, a cavaleiro de ataque por via de segurança, por força do princípio de que descabe tal medida contra lei em tese – Súmula 266 –, sendo comportável somente contra lei em espécie, isto é, contra o ato que tenha aplicado a norma genérica, lesionando o interesse de determinada pessoa.[8]

14.5 Julgado anterior

Aliás, o mesmo Tribunal Federal de Recursos, por sua antiga 3ª Turma, já decidira, acolhendo recurso por nós interposto, pouco antes de nosso ingresso na magistratura federal. O MM. Juiz Federal da 2ª Vara no Ceará negara mandado de segurança a cliente nosso, acolhendo a tese da Fazenda, segundo a qual a decisão, solucionando consulta fiscal, não

7. AC 60.107-RJ, rel. Min. Pedro da Rocha Acioli, *DJU* de 1.7.1982.
8. MS 96.797-DF, *DJU* de 4.8.1983, p. 11.126.

constitui ato decisório sujeito a controle jurisdicional.[9] O eminente Min. Armando Rollemberg, relator do caso, disse havermos argumentado com inteira propriedade, e transcreveu em seu voto os argumentos por nós utilizados no recurso, concluindo que

> se a decisão da autoridade impetrada fora dada em consulta formulada pelo impetrante a qual se seguiu intimação para recolhimento do tributo assentada na decisão, não é possível considerar a esta norma em tese desde que, concretamente, incide sobre direito que o executado pretende lhe assistir.[10]

O referido julgado está assim ementado:

> Mandado de segurança. Sua admissibilidade contra decisão proferida em consulta e seguida de intimação para recolhimento do tributo. Sentença reformada para que outra seja proferida examinando-se o mérito da pretensão posta na inicial.

14.6 Os diversos efeitos da resposta à consulta

É importante, neste contexto, distinguir o efeito da resposta do Fisco à consulta: (a) em relação ao consulente, em face de caso concreto; (b) em relação ao consulente, em face de situação hipotética; e finalmente, (c) em relação a terceiros.

14.6.1 Efeito vinculante

Na primeira dessas três situações, a resposta tem efeito vinculante para o consulente. Em relação ao consulente, a resposta opera como ato administrativo *em concreto.* Afirma a existência, ou o modo de ser, de uma relação jurídica tributária, e afirma a pretensão do fisco de haver o que em função daquela relação lhe é devido.

O fato de haver sido a resposta aprovada, passando a ter efeito genérico, não lhe retira o efeito de ato administrativo *em concreto*, relativamente ao consulente. O voto do eminente Min. José Dantas, no MS 96.797-DF, antes referido, é bastante expressivo. Não obstante tenha acompanhado o Ministro Relator, considerando as impetrantes carecedoras de ação, Sua Excelência esclareceu que o fazia,

9. Processo 0011/71, Classe II, Sentença 133/71, de 24.5.1971.
10. AMS 69.307-CE, j. 17.4.1974.

> tanto mais porque essa conclusão se colhe da própria posição das impetrantes, que se dizem alcançadas pelos ditos atos, quando sequer foram partes no seu processamento, isto é, estão rebeladas contra os atos, por mera extensão, a qual não poderia ser outra, senão a extensão normativa, certamente não possuída pelos atos de específica individuação.

No mesmo julgado, votou vencido, mas com absoluta propriedade, o eminente Min. Antonio de Pádua Ribeiro, afirmando:

> discordo do eminente Sr. Ministro Relator apenas em parte, isto é, no tocante às empresas que fizeram a consulta; entendo que, quanto a elas, ocorreu a prática de ato concreto que poderá ser violador de seus direitos individuais. E, portanto, no tocante a elas, afasto a carência de ação.

14.6.2 Efeito de simples interpretação

Nas duas últimas situações ("b" e "c"), a resposta realmente não passa de manifestação de opinião da Administração Tributária. Tem efeito de simples interpretação.

Quando diga respeito a consulta formulada em situação hipotética, pela razão, óbvia aliás, de que sem o fato, sem a ocorrência da hipótese descrita, não se pode falar de relação jurídica, e sem esta não se pode falar em efeitos vinculantes da conduta do consulente ou de terceiros.

Em relação aos terceiros, vale dizer, a pessoas diversas do consulente, a resposta não pode ter efeito vinculante, mesmo que formulada em face de caso concreto. É que o caso concreto objeto da consulta diz respeito apenas à relação que do fato pode ter nascido, vinculando ao Fisco o consulente. Não terceiros, em relação aos quais não se pode afirmar a existência daquela relação.

Na verdade a resposta oferecida pelo Fisco à consulta, formulada em face de caso concreto, produz efeito como ato administrativo, *em concreto*, relativamente ao consulente. E produz efeito *normativo,* isto é, vale como norma em tese, em qualquer situação, tenha sido formulada em face de caso concreto ou de situação hipotética, relativamente a terceiros.

Isto, porém, não autoriza a conclusão pelo descabimento do mandado de segurança, mesmo nos casos da inexistência de efeito vinculante, como adiante demonstraremos.

14.7 A resposta à consulta e o mandado de segurança

Há, é certo, doutrina extremamente restritiva do cabimento do mandado de segurança:

> Até mesmo a segurança *preventiva* só poderá ser pedida ante um ato perfeito e *exequível*, mas ainda não executado. Enquanto o ato estiver em formação, ou com efeitos suspensos, ou depender de formalidades complementares para a sua operatividade, não se nos antolha passível de invalidação por mandado de segurança.[11]

Adotando-se tal entendimento, que consideramos, *data venia,* inteiramente inaceitável, mesmo diante do lançamento tributário consumado não caberia mandado de segurança. Sabemos todos que o lançamento só se torna exequível depois da inscrição do crédito correspondente na dívida ativa da pessoa jurídica de Direito Público credora. A inscrição é uma formalidade complementar da qual depende a operatividade do lançamento.

Mais adequado tem sido o entendimento do Tribunal de Justiça do Rio Grande do Sul, segundo o qual, editado um regulamento, desde logo é cabível o mandado de segurança preventivo contra ameaça de lançamento de tributo, que se considera configurada desde a edição de norma. Na Apelação 584.00224-0, da qual foi relator o então desembargador Athos Gusmão Carneiro, depois eminente Ministro do Superior Tribunal de Justiça, a Corte Gaúcha afirmou o cabimento do mandado de segurança, "ante a amplitude da garantia constitucional" em face do "justo receio de lançamento ilegal de tributo", que teve como configurado pela simples edição de um regulamento.[12]

A norma tida como ilegal, na verdade, é aquele indício razoável a que se refere Alfredo Buzaid,[13] que demonstra haver na autoridade administrativa a tendência para a prática do ato temido pelo contribuinte.

O cidadão tem o direito de não ser molestado por cobranças indevidas, mesmo administrativas. Tem o direito de não ser considerado *devedor,* quando em verdade devedor não é. Tem, assim, o direito de impedir que se faça contra ele um lançamento tributário, se tal lançamento é indevido. Assim, a cobrança que lhe é feita, administrativamente, de

11. Hely Lopes Meirelles, *Mandado de Segurança*, cit., p. 64.
12. *Revista do Tribunal de Justiça do Rio Grande do Sul*, 118/232.
13. Alfredo Buzaid, *Do Mandado de Segurança*, vol. I, cit., p. 203.

tributo que não deve, é lesiva de seu direito, e enseja a impetração de mandado de segurança.

A resposta a consulta formulada em face de situação concreta, pode significar uma cobrança de tributo, feita administrativamente, inclusive sob a ameaça das sanções legalmente previstas para o inadimplente da obrigação tributária. E, sendo assim, enseja, induvidosamente, a impetração de mandado de segurança.

De todo modo, ainda que não significasse uma lesão ao direito do impetrante de não ser molestado com cobranças indevidas, significaria uma ameaça concreta de agressão a seu patrimônio, a ser executada mediante a posterior cobrança judicial. Por isto, o cabimento do mandado de segurança em caráter preventivo, não admite, nesses casos, qualquer contestação razoável.

14.8 O mandado de segurança preventivo contra respostas em tese

Como acima demonstrado, as respostas a consultas feitas pelo contribuinte sobre situações hipotéticas, ou feitas por terceiros, valem apenas como manifestação de opinião do Fisco.

Se a consulta foi feita pelo contribuinte, em face de situação hipotética, e tal situação não chega a concretizar-se, evidentemente não se pode cogitar de lesão a direito. A norma editada sob a forma de *parecer normativo* não saiu, para aquele contribuinte, do plano da abstração. Não incidiu, à míngua de suporte fático.

Se a consulta foi formulada por terceiro, a resposta, salvo para o consulente que tenha feito a consulta em face de caso concreto, também não passa de um *parecer normativo*.

Não se pode, todavia, ao argumento de que a resposta à consulta é simplesmente manifestação de opinião do Fisco, é simplesmente um parecer normativo, afastar o cabimento do mandado de segurança. Fazê-lo seria confundir a impetração contra a lei em tese, com a impetração preventiva.

Como doutrina, com inteira propriedade, Arnaldo Vasconcelos,

> o que se aplica é a interpretação normativa, e nunca a norma em seu presumível e problemático significado original.[14]

14. Arnaldo Vasconcelos, *Teoria da Norma Jurídica*, Forense, Rio de Janeiro, 1976, p. 24.

Havendo um *parecer normativo,* por certo é a interpretação nele consubstanciada que a autoridade da Administração Tributária vai aplicar.

Assim, uma vez concretizada a situação objeto de um *parecer normativo*, com o qual o contribuinte não esteja de acordo, e por isto não adote a conduta no mesmo indicada, surge, evidentemente, para esse contribuinte, o *justo receio* de vir a ser molestado pelo Fisco. A autoridade administrativa responsável pelo lançamento do tributo ou pela aplicação de penalidade em face de inobservância de obrigações tributárias, com certeza, providências vai adotar, para fazer valer a interpretação oficial. Em situações assim é induvidoso o cabimento do mandado de segurança preventivo.

Inadmissível é a impetração do mandado de segurança por parte de alguém que, sem participar de situação concreta sobre a qual incide a norma, pretenda uma sentença que lhe garanta a certeza no que diz respeito ao alcance da norma, para só então decidir se concretiza, ou não, a situação. É que, neste caso, inexistente o *fato*, inexiste o *direito,* cuja titularidade confere ao impetrante a legitimidade para pedir a prestação jurisdicional.

15.
A COMPENSAÇÃO TRIBUTÁRIA

15.1 Introdução. 15.2. O direito à compensação. 15.3. Compensação e lançamento. 15.4. Compensação e medida liminar em mandado de segurança. 15.4.1. O cabimento do mandado de segurança. 15.4.2 A medida liminar. 15.4.3 A formulação do pedido. 15.5 Compensação e ação ordinária.

15.1 Introdução

A compensação de crédito tributário, nos termos do art. 170 do Código Tributário Nacional, não vinha sendo ordinariamente praticada em face de lei ordinária que a regule e por absoluto desinteresse da Administração. Com o advento da Lei 8.383/1991, que em seu art. 66 cuidou da compensação de tributos pagos indevidamente, o tema passou a despertar grande interesse para os contribuintes.

Não tardaram, porém, as restrições estabelecidas em ato normativo infralegal pelas autoridades da Administração Tributária, e o contribuinte, diante de tais restrições, tem procurado o Judiciário para ter garantido o seu direito à compensação dos valores pagos indevidamente a título de tributo.

Talvez por confundirem a compensação a que se reporta o Código Tributário Nacional, com aquela autorizada pelo art. 66 da Lei 8.383/1991, e por desatenção à figura do lançamento tributário, muitos juízes deixam de assegurar o direito à compensação de tributos pagos indevidamente, ao argumento de que a mesma pressupõe a liquidez e certeza dos créditos a serem compensados, sendo impossível ao Judiciário conceder liminar para que o contribuinte realize a compensação de forma unilateral.[1] Mas a culpa pela inadequada solução da questão cabe

1. TRF-3ª Região, 2ª Seção, AgRg no MS 13.893-SP, rel. Juiz Roberto Haddad, *Boletim* 11/93, p. 59.

especialmente aos advogados, que não a têm colocado em seus devidos termos.

Realmente, em vários casos dos quais tiemos conhecimento, o contribuinte impetra mandado de segurança, ou promove ação ordinária, sem demonstrar com clareza o objeto da lide. Ou, o que é pior, formulando a pretensão de modo inteiramente inadequado. Infelizmente a Lei 12.016/2009, em vez de estabelecer com clareza as situações nas quais é cabível o mandado de segurança, e em que casos pode ser concedida medida liminar, proibiu a concessão de medida liminar e vedou a execução provisória de sentença que conceda mandado de segurança para garantir o direito à compensação de créditos tributários. Assim, praticamente aboliu essa garantia constitucional para esse fim.

15.2 O direito à compensação

Segundo o Código Tributário Nacional

> a lei pode, nas condições e sob as garantias que estipular, ou cuja estipulação em cada caso atribuir à autoridade administrativa, autorizar a compensação de créditos tributários com créditos líquidos e certos, vencidos ou vincendos, do sujeito passivo contra a Fazenda Pública (art. 170).

Não decorre, portanto, do Código, um direito à compensação.

Por outro lado, cuida o Código de compensação de créditos tributários, com créditos de qualquer natureza, desde que líquidos e certos, vencidos ou vincendos, do sujeito passivo com a Fazenda Pública. Objetos da compensação, neste caso, são, de um lado, um crédito tributário, que é por natureza líquido e certo, posto que constituído pelo regular procedimento administrativo de lançamento; e do outro, créditos líquidos e certos, vencidos ou vincendos, do sujeito passivo contra a Fazenda pública. Por isto mesmo o titular desse crédito está, em princípio, obrigado a comprovar sua titularidade, assim como a liquidez do crédito.

Na Lei 8.383/1991, a compensação autorizada é apenas de créditos do contribuinte, ou responsável tributário, contra a Fazenda Pública, decorrentes de pagamento indevido de tributos ou contribuições federais, com tributo da mesma espécie, relativo a períodos subsequentes. Objetos da compensação, neste caso, são, de um lado, um futuro crédito tributário, e não um crédito tributário já constituído, posto que relativo a período futuro; e do outro, um crédito que o sujeito passivo da relação tributária tem perante a Fazenda Pública, em decorrência de pagamento indevido de tributo. Não exige a lei que se trate de crédito líquido e certo, posto que, limitando o direito à compensação aos valores concernentes a tributo pago indevidamente, tem como suficiente o reconhecimento de que realmente era indevido o tributo.

A compensação a que alude o art. 170 do Código Tributário Nacional pressupõe a existência de crédito tributário. Pressupõe, em outras palavras, lançamento já consumado. Já a compensação a que alude o art. 66 da Lei 8.383/1991, diversamente, pressupõe tributo futuro, cujo lançamento ainda não foi feito, e cujo fato gerador pode até nem ter ainda ocorrido. Para a compreensão da diferença entre uma situação e a outra é de grande importância o lançamento tributário.

15.3 Compensação e lançamento

Como é sabido, existem três modalidades de lançamento tributário, a saber: por declaração, por homologação e de ofício. Em qualquer de suas modalidades, o lançamento é, nos termos do art. 142 do Código Tributário Nacional, um procedimento privativo da autoridade administrativa.

No lançamento por declaração, o contribuinte oferece à autoridade informações quanto ao fato gerador do tributo e aguarda a notificação para fazer o respectivo pagamento. No lançamento por homologação, o contribuinte também oferece à autoridade as informações quanto ao fato gerador do tributo, mas apura o valor respectivo e efetua desde logo o pagamento, completando-se o lançamento com a homologação feita pela autoridade administrativa. No lançamento de ofício, a apuração do valor do tributo é feita pela autoridade administrativa, por sua iniciativa, e notifica o contribuinte para o respectivo pagamento.

Embora o lançamento seja sempre uma atividade administrativa, no lançamento por homologação ao contribuinte cabe a prática de todos os atos materiais de determinação do valor do tributo, praticando a autoridade administrativa apenas a homologação dessa atividade, sendo certo que tal homologação, na prática, ocorre sempre de forma tácita, como admitida pelo § 4º do art. 150 do Código Tributário Nacional. De fato, o lançamento por homologação é feito pelo contribuinte. Seu ingresso no mundo jurídico, porém, depende da homologação. Em outras palavras, os atos praticados pelo contribuinte, para determinar o valor do tributo, ganha a significação jurídica de lançamento com a homologação, expressa ou tácita.

Conclui-se, portanto, que a compensação autorizada pelo art. 66 da Lei 8.383/1991 diz respeito especialmente aos casos de lançamento por homologação, visto como aquele dispositivo diz que "o contribuinte poderá efetuar a compensação", deixando claro que a compensação deve ser praticada pelo contribuinte, porque é atribuição deste e não da autoridade administrativa.

15.4 Compensação e medida liminar em mandado de segurança

15.4.1 O cabimento do mandado de segurança

Como a lei atribui ao contribuinte o direito de fazer a compensação, pode esta dar-se independentemente de qualquer procedimento judicial.[2] Ocorre que em atos normativos infralegais foram colocadas pela Administração algumas restrições tanto ao próprio direito à compensação, como ao modo de exercitá-lo. Assim, se o contribuinte está diante de uma situação em que incidem tais restrições, terá justo receio de vir a ter não homologado o lançamento que venha a fazer, efetuando a questionada compensação. Além disto, em certos casos a Administração questiona o entendimento do contribuinte sobre o haver sido indevido o pagamento do tributo que este pretende compensar.

Por tais razões, é justo o receio do contribuinte de vir a ser contra ele intentada ação fiscal, e, em certos casos, até ação penal por apropriação indébita.[3] Constatado o não recolhimento do tributo, decorrente da

2. Neste sentido decidiu o TRF-3ª Região no MS 135.534, rela. Juíza Ana Scartezzini, *Boletim* 02-03/94, p. 65. Denegou, porém, a segurança, por entender "desnecessária a intervenção judicial, preventiva, a obstar atividade de autuação também legítima, em tese, da Administração".

Observo que a autuação que o contribuinte, nos casos de compensação, pretende evitar, é apenas aquela fundada nas disposições de atos infralegais editados pelo Fisco, que o contribuinte reputa juridicamente inválidos. É certo que não pode o Judiciário impedir, em tese, a autuação. Pode, todavia, e deve, impedi-la em casos concretos, quando fundada em norma desprovida de validade jurídica.

3. Manifestamos, já, o entendimento de que a capitulação da conduta de deixar de recolher tributo, inclusive contribuições dos empregados à Previdência Social, como apropriação indébita, é inconstitucional, porque viola a norma que proíbe a prisão por dívida ("Apropriação indébita e dívida de tributo", em *Repertório IOB de Jurisprudência,* 12/94, texto 3/9764).

compensação feita pelo contribuinte, a autoridade administrativa passa a considerá-lo em débito, recusando o fornecimento da certidão negativa, promove ação fiscal contra ele e, em certos casos, remete peças do procedimento administrativo ao Ministério Público, para a propositura de ação penal contra dirigentes e administradores da pessoa jurídica, quando é o caso de IPI ou de contribuições de seguridade social.

Em tais situações, geralmente não se estabelece qualquer controvérsia quanto aos fatos. Pretende a autoridade administrativa, simplesmente, fazer valer as restrições constantes de atos normativos inferiores. E o contribuinte sustenta serem ilegais tais restrições.

Cabível, pois, o mandado de segurança, posto que as questões em disputa, nesses casos, são exclusivamente *de direito*. Não se questiona a expressão quantitativa do tributo. As quantias, em moeda, não ensejam controvérsia alguma. Gira esta, exclusivamente, em torno de saber, por exemplo, se pode o contribuinte fazer a compensação independentemente de autorização prévia da Administração, ou se determinado tributo pago indevidamente pode ser compensado com determinado outro tributo, por serem de espécies diversas. Enfim, as controvérsias não envolvem fatos.

Depois de muita divergência entre suas Turmas, o Superior Tribunal de Justiça sumulou sua jurisprudência no sentido de que "o mandado de segurança constitui ação adequada para a declaração do direito à compensação tributária",[4] Entretanto, sumulou, também, o entendimento segundo o qual "a compensação de créditos tributários não pode ser deferida por medida liminar".[5] Parece haver contradição entre as referidas súmulas, pois, sendo cabível o mandado de segurança, deveria ser também cabível a medida liminar. A contradição, entretanto, é apenas aparente.

Com efeito, nem sempre é cabível medida liminar em mandado de segurança. Para o deferimento de medida liminar a lei exige a presença de dois requisitos, a saber, a relevância dos fundamentos e a possibilidade de ineficácia da sentença que, a final, venha a conceder a segurança. É possível, portanto, que determinada matéria possa ser apreciada em mandado de segurança, mas, mesmo assim, não seja cabível medida liminar à míngua de um, ou dos dois de seus requisitos legais.

Assim, na verdade não existe contradição alguma entre as Sumulas 212 e 213, do Superior Tribunal de Justiça. A restrição albergada pela

4. STJ, Súmula 213.
5. STJ, Súmula 212.

Súmula 212 há de ser entendida no sentido de que, em matéria de compensação de créditos tributários, não deve o Juiz considerar presentes os requisitos para o deferimento de medida liminar.

Ives Gandra da Silva Martins não vislumbra contradição entre as referidas súmulas, asseverando que

> só a sentença pode declarar a extinção da relação jurídica que autoriza a compensação ou a procedência do exercício desse direito. A medida liminar não pode fazê-lo, autorizando a compensação.

Entretanto, sustenta também que

> o juiz, no exercício do seu poder cautelar, que tem fundamento constitucional no art. 5º, inciso XXXV, determinar a autoridade fiscal que se abstenha de impor medidas coercitivas ou de exigir o débito tributário ao qual o autor pretenda opor seu crédito, até a sentença de mérito, assegurando a utilidade do processo principal.[6]

Não há dúvida de que a medida liminar em mandado de segurança, no qual se pede seja garantido o direito de compensar crédito do contribuinte com débito tributário seu, tem exatamente o efeito de impedir sejam adotadas contra o impetrante medidas coercitivas pela autoridade fiscal. Assim, se o Juiz defere media liminar com esse fim, dizendo que não está desobedecendo a súmula porque não está deferindo a compensação liminarmente, estará na verdade formulando mero jogo de palavras. Mero sofisma. O que se pode admitir, para justificar a Súmula 212, é que a norma na mesma contida parte do princípio de , em matéria de compensação, não se podem considerar presentes os requisitos para o deferimento da liminar.

Seja como for, penso que a Súmula 212 é de inconsistência flagrante. Não porque esteja em conflito com a Súmula 213, mas porque somente em face do caso concreto é que se pode averiguar se estão presentes ou não os requisitos para o deferimento de medida liminar. Não se pode estabelecer nem o cabimento, nem o descabimento de liminar, como regra para todos os casos.

6. Ives Gandra da Silva Martins, "Repetição do indébito", em Hugo de Brito Machado (Coord.), *Repetição do indébito e compensação no Direito Tributário*, São Paulo/Fortaleza, Dialética/ICET, 1999, p. 184.

15.4.2 A medida liminar

Como é sabido, para o deferimento de medida liminar devem estar presentes o perigo da demora e a aparência do bom direito.

Embora persistam algumas vozes discordantes, predomina nos tribunais o entendimento segundo o qual a possibilidade de exigência de tributo indevido, com os constrangimentos daí decorrentes, configura o perigo da demora. Além disto, a possibilidade de instauração de ação penal contra o contribuinte, ou em se tratando de pessoa jurídica contra os dirigentes desta, configura, sem sombra de dúvida, constrangimento capaz de justificar, sobradamente, o deferimento de medida liminar.

Quanto à aparência do bom direito, tem-se de examinar se é fundada a alegação do impetrante no sentido de ter sido indevido o pagamento do tributo cujo valor pretende compensar. Se existem precedentes, especialmente se há manifestação do Supremo Tribunal Federal a favor do contribuinte quanto a essa questão, como aconteceu, por exemplo, no caso do Finsocial, ao da contribuição sobre a remuneração de autônomos e dirigentes de empresas, estará presente também este requisito para o deferimento da liminar. De todo modo, tais precedentes não são indispensáveis, podendo ocorrer a aparência do bom direito mesmo que se trate de caso ainda não submetido ao Judiciário.

Havia quem entendesse indevido o deferimento de medida liminar, para autorizar a compensação, porque esta seria plenamente satisfativa. Sendo a compensação uma forma de extinção do crédito tributário, uma vez efetuada estaria extinto o crédito tributário e criada uma situação irreversível. O argumento, porém, é de validade apenas aparente; a compensação autorizada pelo art. 66 da Lei 8.383/1991 não extingue o crédito tributário, ou o extingue sob condição resolutória de ulterior homologação. E ainda porque a extinção definitiva, se ocorresse, não criaria situação irreversível.

Realmente, a compensação autorizada pelo art. 66 da Lei 8.383/1991 não é suficiente para extinguir o crédito tributário porque se faz em momento anterior à sua constituição. É ato do contribuinte, encartado no procedimento de lançamento, que somente se completa com a homologação, que é ato da autoridade administrativa. Essa compensação, feita pelo contribuinte, tem a mesma natureza do pagamento antecipado, que, segundo expressa disposição do Código Tributário Nacional, extingue o crédito sob condição resolutória da ulterior homologação do lançamento (Código Tributário Nacional, art. 150, § 1º). "Negada essa homologação, anula-se a extinção e abre-se oportunidade a lançamento de ofício".[7] Aliás, extinção do crédito, a rigor, somente acontece com a homologação do lançamento, porque não se pode extinguir o que ainda não existe, e o crédito é constituído pelo lançamento, e este só ganha existência jurídica com a homologação.

A compensação que, nos termos do art. 156, inciso II, do Código Tributário Nacional, extingue o crédito é aquela prevista no art. 170 do mesmo Código, coisa diversa, como já demonstrado, que pressupõe a existência de crédito tributário.

Por outro lado, ainda que a compensação extinguisse em definitivo o crédito tributário, não se poderia considerar plenamente satisfativa a medida liminar que a autorizasse. Aliás, satisfativos são, em princípio, todos os provimentos judiciais, pois atendem pedidos de uma ou de outra parte. A liminar que não deve ser concedida é aquela que cria situação irreversível, e como tal não se pode considerar a mera extinção de uma relação jurídica.

As situações irreversíveis são aquelas constituídas por fatos consumados. O que torna a situação irreversível é o ingrediente fático, não o ingrediente jurídico normativo, porque o fato é que em certos casos não pode ser desfeito. Não se pode considerar irreversível a situação na qual o elemento constitutivo essencial é meramente normativo. A extinção do crédito tributário, como a extinção de uma relação jurídica qualquer, não tem, em princípio, conteúdo factual nenhum. É puro efeito jurídico, cujo desfazimento depende exclusivamente de outro provimento judicial. No próprio mandado de segurança em que foi concedida a medida liminar, se, a final, o Juiz restar convencido de que inexistia o direito à compensação, e por isto denegar a segurança, poderá ser, com a sentença denegatória, restabelecido o crédito tributário correspondente.

Quando o Juiz concede medida liminar em mandado de segurança em que o contribuinte pretende, por exemplo, ter assegurado o seu direito à compensação do que indevidamente pagou a título de de tributo devido à Receita Federal, com o que deve pagar a título de contribuição previdenciária, está dizendo apenas que a Fazenda Nacional não poderá molestar aquele contribuinte na tentativa de fazer prevalecerem as restrições que estabeleceu em normas infralegais, até que, na sentença definitiva, fique decidido se tais restrições são, ou não, juridicamente válidas.

7. Aliomar Baleeiro, *Direito Tributário Brasileiro*, 10ª ed., cit., p. 521.

Não obstante todas essas razões, que sustentamos já em edições anteriores, a Lei 12.016/2009 vedou expressamente a concessão de medida liminar em mandado de segurança que tenha por objeto a compensação de créditos tributários e a entrega de mercadorias e bens provenientes do exterior. E estabeleceu, ainda, que em tais casos a sentença que concede a segurança não pode ser executada provisoriamente, isto é, tem a sua execução a depender do trânsito em julgado. Além disto, estabeleceu também que tais restrições se aplicam à antecipação da tutela jurisdicional nos termos dos arts. 300 e 497 do Código de Processo Civil.

Pode-se concluir, portanto, que a lei praticamente aboliu a garantia constitucional de jurisdição no que concerne ao direito à compensação de créditos tributários e ao direito de propriedade relativamente a tais mercadorias ou bens. E que por isto mesmo é flagrante sua inconstitucionalidade.

Realmente, a Constituição Federal é de clareza meridiana ao estabelecer que a lei não excluirá da apreciação do Poder Judiciário lesão ou ameaça a direito (art. 5º, inciso XXXV). E a apreciação do Poder Judiciário, que não pode ser excluída, há de ser útil, vale dizer, há de ser capaz de promover a reparação do direito lesado, ou de prevenir a sua lesão. É evidente, portanto, que a lei não pode, sem violar essa garantia constitucional, excluir a tutela judicial de urgência.

Não se venha argumentar com um suposto interesse público que estaria protegido pelos dispositivos legais em questão. Mesmo quando exista um interesse público a ser protegido, existem fórmulas capazes de assegurar tal proteção sem destruir a tutela judicial de urgência. Assim, se é verdade que em certos casos o pedido de tutela judicial de urgência pode esconder uma fraude contra a Fazenda Pública, é certo também que a lei poderia ter estabelecido, em lugar da proibição pura e simples da concessão da medida liminar, a exigência de contracautela.

Realmente, poderia a Lei 12.016/2009, ter estabelecido que, em se tratando de mandado de segurança que tenha por objeto a compensação de créditos tributários ou a entrega de mercadorias e bens provenientes do exterior, a concessão da medida liminar dependeria de caução, fiança ou depósito. E que a execução provisória da sentença concessiva da segurança, em tais casos, também dependeria dessa contracautela destinada a garantir o ressarcimento de eventuais prejuízos da Fazenda Pública nos caso de provimento de seus recursos.

Assim, é recomendável que o impetrante requeira medida liminar sempre que estejam presentes os requisitos legais para o deferimento desta. E nos casos em que a concessão desta esteja legalmente vedada, suscite a inconstitucionalidade dos dispositivos legais restritivos, pedindo a correspondente declaração incidental. Os juízes que estejam realmente preparados para o exercício de suas funções certamente vão declarar a inconstitucionalidade, que é evidente, e conceder a medida liminar. Os mais cautelosos poderão exigir do impetrante caução, fiança ou depósito, com o objetivo de assegurar o ressarcimento à pessoa jurídica, nos termos do art. 7º, inciso III, da Lei 12.016/2009.

15.4.3 A formulação do pedido

A formulação inadequada dos pedidos de mandado de segurança responde, em grande parte, pelo tratamento incorreto que a questão tem recebido do Poder Judiciário.

O impetrante deve pedir o mandado de segurança, não para autorizar a compensação, que esta é ato do contribuinte, já de forma inequívoca autorizado pelo art. 66 da Lei 8.383/1991. Deve pedir mandado de segurança para impedir a exigência do tributo que, em face da compensação, deixou ou vai deixar de pagar. Deve esclarecer que se trata de tributo cujo lançamento se faz por homologação, e que tem justo receio de que a autoridade impetrada tentará impor as restrições constantes de normas infralegais, desprovidas de validade jurídica, resultando daí o cabimento da impetração.

O fundamento do pedido de mandado de segurança deve ser a existência do direito à compensação, o qual resulta: a) da norma albergada pelo art. 66 da Lei 8.383/1991; e b) de haver sido indevido o pagamento de um tributo, cujo valor se pretende compensar. Se no caso a citada norma é aplicável, e se ocorreu realmente pagamento indevido, o direito à compensação é induvidoso.

O deferimento da segurança impetrada nestes termos será, certamente, o reconhecimento judicial da existência do direito à compensação. Como de resto, em qualquer caso, o deferimento de qualquer mandado de segurança tem como fundamento a declaração de um direito.

Ao formular o pedido de medida liminar, deve o impetrante indicar os fatos e circunstâncias dos quais decorre o perigo da demora, e explicar porque tem como presente, também, a aparência do bom direito. Especialmente no que concerne ao primeiro desses dois requisitos, cada caso pode ter peculiaridades que devem ser ressaltadas. Uma empresa que necessita frequentemente de certidões negativas, por exemplo, pode alegar que a recusa no fornecimento de tais certidões produz prejuízos irreparáveis, que configuram de forma inequívoca o perigo da demora.

O Superior Tribunal de Justiça já decidiu[8] que a sentença do mandado de segurança que declara o direito à compensação tributária (Súmula 213 do STJ) é título executivo extrajudicial, podendo o contribuinte optar entre a compensação e a restituição do indébito (Súmula 461 do STJ):

> O contribuinte pode optar por receber, por meio de precatório ou por compensação, o indébito tributário certificado por sentença declaratória transitada em julgado.

15.5 Compensação e ação ordinária

Há quem sustente que o direito à compensação deve ser pleiteado em ação ordinária. O contribuinte teria de produzir a prova, mediante perícia contábil, de todos os fatos que compõem o procedimento de determinação do crédito tributário.

Poderia, querendo, pedir medida cautelar, na qual produziria tal prova. O perito faria o levantamento de todos os fatos, elaboraria o seu laudo, e uma vez concedida a cautelar estaria o contribuinte autorizado a fazer a compensação. Com a sentença definitiva na ação principal correspondente, dando pela procedência do pedido, estaria extinto o crédito tributário.

Tal procedimento coloca o Juiz como autoridade lançadora, o que não é compatível com o Código Tributário Nacional, que afirma ser o lançamento privativo da autoridade administrativa (Código Tributário Nacional, art. 142). O juiz estaria se valendo do perito para fazer um verdadeiro acertamento tributário.

Mesmo que se admita a validade jurídica do citado procedimento, não se pode deixar de qualificá-lo como *a arte de complicar as coisas simples*. Não havendo controvérsia quanto aos fatos, evidentemente não há razão para a produção de prova pericial.

Nas pendências entre o fisco e o contribuinte, em torno do direito à compensação de que trata o art. 66 da Lei 8.383/1991, em princípio não são colocadas questões de fato. Em nenhuma das inúmeras ações que

8. AgRg no AgRg no AI 1.399.296-RS, *DJe* de 12.9.2011.

temos apreciado foi colocada uma única questão de fato. As questões colocadas a julgamento são, todas elas, exclusivamente *de direito,* e muitas não passam de questiúnculas processuais, apoiadas em formalismo arcaico, a esconder o propósito de injustificável resistência à pretensão da parte contrária.

Se a Fazenda Pública constatar, nos dados que lhe forneceu o contribuinte que praticou a compensação, algum fato cuja existência, ou cuja dimensão econômica, possa ensejar controvérsia, adotará o procedimento cabível, vale dizer, lavrará o auto de infração, que poderá ser impugnado na via administrativa, ou atacado desde logo mediante ação anulatória.

Ao lavrar o auto de infração a Fazenda Pública define a controvérsia. Deve este descrever objetivamente a infração constatada e, assim, terá o contribuinte autuado a oportunidade de saber se está diante de uma questão de fato ou simplesmente de direito. Se do auto de infração constar apenas que o contribuinte fez a compensação sem a autorização prévia da autoridade administrativa, ou que compensou valores pagos a título de tributos, com contribuições previdenciárias, desobedecendo a Instrução Normativa RFB 1.300, de 20.11.2012,[9] colocadas estarão apenas questões de direito. Se, todavia, do auto de infração constar que o contribuinte compensou valores recolhidos a título de tributos, mas não ofereceu comprovação do recolhimento correspondente, aí então estará colocada uma questão de fato.

O auto de infração, em que é colocada apenas questão de direito, pode ser atacado pela via do mandado de segurança. Já o auto de infração que coloca questão de fato certamente só pela via ordinária pode ser atacado.

9. Publicada no *DOU* de 21.11.2012, seção 1, p. 34.

16.
O DEVIDO PROCESSO LEGAL ADMINISTRATIVO

16.1 Introdução. 16.2 O processo administrativo tributário. 16.2.1 Conceito. 16.2.2 Natureza jurídica e utilidade. 16.3 Decisão administrativa. 16.3.1 O direito à decisão no lançamento. 16.3.2 O direito à decisão sobre outras pretensões. 16.3.3 Decisão fundamentada. 16.3.4 Fundamentação e controle judicial. 16.3.5 Decisão sobre inconstitucionalidade das leis. 16.4 O contraditório e a ampla defesa. 16.4.1 Os conceitos. 16.4.2 A prova. 16.4.3 Diligências prescindíveis ou impraticáveis. 16.4.4 O ônus da prova. 16.5 Vício formal. 16.5.1 Conceito. 16.5.2 Consequência. Novo lançamento. 16.6 Impetração de mandado de segurança. 16.7 Utilidade da decisão administrativa.

16.1 Introdução

É certo que muitas das questões suscitadas a respeito do lançamento tributário envolvem fatos controvertidos. Mesmo nesses casos, porém, o mandado de segurança é útil como instrumento de garantia do devido processo legal administrativo.

O contribuinte tem direito de ter examinadas e decididas pela Administração todas as questões, sejam de direito ou de fato, suscitadas no âmbito do processo administrativo fiscal. Tanto aquelas diretamente concernentes à constituição do crédito tributário, como aquelas outras, concernentes ao direito a certidões negativas de débito tributário, ao reconhecimento de isenções ou imunidades, à restituição de tributo indevidamente pago, e à interpretação da legislação tributária pela Fazenda Pública.

O mandado de segurança pode ser de grande utilidade, tanto para a garantia do direito material pleiteado perante a Administração, e por esta denegado, como para assegurar, conforme o caso, o direito a uma decisão da autoridade administrativa.

Importante, portanto, que se faça um exame, ainda que sumário, de alguns aspectos do processo administrativo fiscal, ou tributário, e se esclareça como pode ser neste contexto utilizado o mandado de segurança.

16.2 O processo administrativo tributário

16.2.1 Conceito

O processo administrativo tributário é a série ordenada de atos que tem por finalidade a apuração e a exigência do crédito tributário, ou o oferecimento de resposta a consulta sobre a aplicação da legislação tributária.

Este é o conceito de processo administrativo fiscal, ou tributário, que se pode extrair da legislação federal pertinente.[1] Tem-se, todavia, de considerar que também os atos concernentes ao exame de pedidos de certidões negativas de débito, ou de reconhecimento de isenção, ou de imunidade, ou, ainda, pedidos de restituição de tributo pago indevidamente, também constituem processos administrativos tributários, embora de menor importância.

É razoável, portanto, estabelecer-se um conceito mais amplo, dizendo que processo administrativo tributário é uma série ordenada de atos administrativos mediante a qual se manifesta a Administração Tributária a respeito de uma relação sua com um contribuinte, ou responsável tributário, ou mesmo com um terceiro, ou simplesmente interpreta a legislação tributária.

Não é indispensável a existência de uma relação jurídica tributária entre a Administração e alguém para que ocorra a manifestação. Se a ação fiscal é julgada improcedente, se é reconhecida uma isenção, ou uma imunidade, pode ocorrer que não exista relação tributária alguma.

16.2.2 Natureza jurídica e utilidade

Por outro lado, o processo administrativo tributário não envolve necessariamente a idéia de litígio. Pelo contrário, mesmo o processo de determinação e exigência do crédito tributário tem uma fase inicial não litigiosa. Por isto não é razoável concebê-lo como instrumento para a solução de conflitos.

1. Decreto 70.235, de 6.3.1972, art. 1º.

Nos processos em que é pedido o reconhecimento de uma isenção ou de uma imunidade, naqueles em que se formula uma consulta, e naqueles em que se pede uma certidão negativa de débito, conflito nenhum é resolvido.

16.3 Decisão administrativa

16.3.1 O direito à decisão no lançamento

Estabelece a Constituição Federal que ninguém será privado da liberdade, ou de seus bens, sem o devido processo legal.[2] O tributo constitui, induvidosamente, uma forma de privar o cidadão de seus bens. Por isto é que há de ser instituído por lei, e a determinação do valor a ser pago para cada um, em cada caso, se faz mediante um lançamento, como tal entendido, por definição legal,

> o procedimento administrativo tendente a verificar a ocorrência do fato gerador da obrigação correspondente, determinar a matéria tributável, calcular o montante do tributo devido, identificar o sujeito passivo e, sendo o caso, propor a aplicação da penalidade cabível.[3]

Temos sustentado que o lançamento tributário não *propõe* a aplicação da penalidade. Ele a aplica.

> Somente assim é possível determinar o montante do crédito tributário. Sem que esteja aplicada a penalidade não é possível determinar o montante do crédito tributário de cuja constituição se cogita, porque a penalidade pecuniária integra esse montante.[4]

Seja como for, induvidoso é que o sujeito passivo da obrigação tributária tem direito a que o montante do crédito tributário respectivo seja determinado em procedimento administrativo regular, com observância das leis e dos princípios constitucionais do contraditório e da ampla defesa.[5] E tem, inegavelmente, direito a uma decisão administrativa a respeito das objeções que formalmente tenha oposto à pretensão do Fisco,

2. CF, art. 5º, inciso LIV.

3. Código Tributário Nacional, art. 142.

4. *Curso de Direito Tributário*, 37ª ed., São Paulo, Malheiros Editores, 2016, p. 177.

5. CF, art. 5º, inciso LV.

de constituir o crédito tributário.[6] O direito de petição, que a Constituição Federal assegura, tem como corolário o direito a uma decisão administrativa, ainda que denegatória da pretensão do administrado.

16.3.2 O direito à decisão sobre outras pretensões

O direito à decisão administrativa não diz respeito apenas ao lançamento tributário. Ele é bem mais amplo. Estabelece a Constituição Federal que *são a todos assegurados* (...) *o direito de petição aos Poderes Públicos em defesa de direitos e esclarecimento de situações*,[7] e dessa norma decorre o direito a uma decisão sobre a pretensão manifestada pelo administrado.

Assim, se alguém pede o reconhecimento de uma isenção, ou imunidade tributária, tem evidente direito a uma decisão que aprecie esse pedido, ainda que seja para indeferi-lo. O mesmo ocorre com o pedido de certidão negativa de débito tributário. Se inexistente débito, terá o requerente o direito à certidão negativa, e se entende a Administração que inexiste esse direito, seja porque considera existente um débito, seja por qualquer outra razão, tem o requerente direito a uma certidão na qual constem as razões pelas quais não lhe é fornecida a certidão negativa de débito tributário.

O direito à certidão, seja a negativa de débito tributário, seja a afirmativa de qualquer fato ou circunstância impeditiva do fornecimento daquela, é assegurado, outrossim, expressamente, pela Constituição Federal, ao dizer que *são a todos assegurados, independentemente do pagamento de taxas,* (...) *a obtenção de certidões em repartições públicas, para defesa de direitos e esclarecimento de situações de interesse pessoal.*[8] O silêncio da Administração fere esse direito constitucional que, sendo de todos, é também, evidentemente, do contribuinte requerente.

16.3.3 Decisão fundamentada

Embora ao dizer que "serão fundamentadas todas as decisões" refira-se a Constituição Federal apenas ao Poder Judiciário, a necessida-

6. Direito fundado, também, na regra do art. 5º, inciso XXXIV, alínea "a", que garante o direito de petição aos Poderes Públicos em defesa de direitos ou contra ilegalidade ou abuso de poder.

7. CF, art. 5º, inciso XXXIV, alínea "a".

8. CF, art. 5º, inciso XXXIV, alínea "b".

de de fundamentação das decisões da autoridade administrativa decorre do preceito constitucional segundo o qual *aos litigantes, em processo judicial ou administrativo, e aos acusados em geral são assegurados o contraditório e a ampla defesa, com os meios e recursos a ela inerentes.*[9]

Na lição de Ada Pellegrini Grinover,

> a motivação tem íntima relação com o direito que as partes têm de influir concretamente *sobre a formação do convencimento do Juiz.*[10]

Também em se tratando de decisão administrativa, é inegável que a fundamentação está diretamente relacionada com o direito do interessado de influir na formação do convencimento, seja da autoridade administrativa superior, competente para apreciar o recurso cabível no caso, seja do Juiz, ao qual for submetida a pretensão de controle de validade daquela decisão administrativa.

Não se considera fundamentada uma decisão que diz apenas inexistir o direito pleiteado, ou que *a pretensão do requerente não tem amparo legal.* Tais "fundamentos" são de tal generalidade que se prestam para justificar qualquer indeferimento, e, por isto mesmo, a rigor, não se prestam para nada. A decisão que tenha fundamentação assim tão genérica não permite o exercício do direito de defesa por parte daquele a quem prejudica, que não tem como argumentar em sentido contrário. Tal decisão, portanto, é nula.

A propósito da exigência de fundamentação das decisões judiciais, o Código de Processo Civil de 2015 estabelece, em seu art. 489, § 1º, que

> Não se considera fundamentada qualquer decisão judicial, seja ela interlocutória, sentença ou acórdão, que:
>
> I – se limitar à indicação, à reprodução ou à paráfrase de ato normativo, sem explicar sua relação com a causa ou a questão decidida;
>
> II – empregar conceitos jurídicos indeterminados, sem explicar o motivo concreto de sua incidência no caso;
>
> III – invocar motivos que se prestariam a justificar qualquer outra decisão;
>
> IV – não enfrentar todos os argumentos deduzidos no processo capazes de, em tese, infirmar a conclusão adotada pelo julgador;

9. CF, art. 5º, inciso LV.

10. Ada Pellegrini Grinover, citada por Valdir de Oliveira Rocha, *O novo Processo Administrativo Tributário*, São Paulo, IOB, 1993, p. 26.

V – se limitar a invocar precedente ou enunciado de súmula, sem identificar seus fundamentos determinantes nem demonstrar que o caso sob julgamento se ajusta àqueles fundamentos;

VI – deixar de seguir enunciado de súmula, jurisprudência ou precedente invocado pela parte, sem demonstrar a existência de distinção no caso em julgamento ou a superação do entendimento.

É importante a distinção entre decisão sem fundamentação e decisão com fundamentação contrária ao Direito. A primeira é nula – e essa nulidade deve ser decretada independentemente do exame da questão de saber se a decisão, em sua parte conclusiva, é incorreta. Já a segunda é anulável, ou reformável, mas seu anulamento, ou reforma, depende do exame de sua conclusão, em confronto com o direito material sobre o qual versar. No primeiro caso, diz-se que a nulidade da decisão independe do exame de seu mérito. No segundo caso, o exame do mérito da decisão é indispensável.

16.3.4 Fundamentação e controle judicial

A importância da fundamentação das decisões administrativas é ressaltada na medida em que se cogita do questionamento judicial destas.

Se o lançamento tributário tem um fundamento, se foi feito porque a autoridade administrativa entende presente algum fato, ou porque interpreta a norma jurídica de determinada maneira, e o contribuinte ingressa em Juízo para questionar aquele lançamento, evidentemente o questionamento proposto se limitará ao fato apontado pela autoridade administrativa e ao entendimento por ela manifestado.

Posta a questão em Juízo, já não será lícito à autoridade administrativa modificar os fundamentos de sua decisão.

> Tendo sido o lançamento feito por determinado fundamento de fato, não pode a Fazenda Pública, em Juízo, pretender sua validação com fundamento em fato diverso.[11]

11. TRF-5ª Região, 1ª Turma, AC 34.915-CE, rel. Juiz Hugo Machado, j. 7.4.1994. No caso, o auto de infração foi lavrado porque, segundo os fiscais, a empresa omitira receitas, tanto que fora constatada a ocorrência de "passivo fictício", e não entregara suas declarações de rendimentos nos prazos legais. A autora alegou e comprovou ser titular de isenção do imposto de renda, nos termos da Lei 4.239, que instituiu incentivos fiscais para empresas industriais e agrícolas sediadas na área de

16.3.5 Decisão sobre inconstitucionalidade das leis

Não tem o sujeito passivo de obrigações tributárias direito a uma decisão da autoridade administrativa a respeito de pretensão sua de que determinada lei não seja aplicada por ser inconstitucional.

A doutrina da supremacia constitucional suscita interessantes questões, entre as quais a de saber se a autoridade administrativa pode deixar de aplicar leis que considere inconstitucional.

Já ouvi de juristas de notório saber, como Roberto Martins Rodrigues e Adriano Pinto, a assertiva segundo a qual negar à autoridade administrativa o poder de recusar aplicação a uma lei inconstitucional seria negar a própria supremacia da Constituição. Valdir de Oliveira Rocha é incisivo na sustentação de igual entendimento.[12]

O Superior Tribunal de Justiça já decidiu que o Poder Executivo deve negar execução a ato normativo que lhe pareça inconstitucional.[13]

Argumentou o relator: lei inconstitucional é nula. Não pode obrigar.

E citou opinião de Francisco Campos, pela qual

> os tribunais só opinam mediante provocação. Assim, cada um dos poderes do Estado vê-se na contingência de efetuar o controle imediato da constitucionalidade. Do contrário, estar-se-iam estes poderes relegando-se à inércia e fugindo de sua responsabilidade para com o Estado de Direito.[14]

Ocorre que a verdadeira questão não reside em saber se uma autoridade administrativa pode recusar aplicação a uma lei inconstitucional, mas em saber se ela tem competência para dizer se a lei é inconstitucional.

A competência para dizer a respeito da conformidade da lei com a Constituição, ou resulta expressamente indicada na própria Constituição, ou encarta-se no desempenho da atividade jurisdicional. Em qualquer caso, pressupõe a possibilidade de uniformização das decisões, de sorte

atuação da Sudene. A Fazenda Pública, então, passou a sustentar que o lucro sobre o qual estava exigindo o imposto de renda era decorrente de atividades não abrangidas pela isenção referida, posto que não compreendido no conceito de lucro da exploração.

12. Valdir de Oliveira Rocha, *O novo Processo Administrativo Tributário*, São Paulo, IOB, 1993, pp. 11-13.

13. STJ, 1ª Turma, REsp 23.121-1-GO, rel. Min. Humberto Gomes de Barros, v.u., j. 6.10.1993, *DJU* I de 8.11.1993, p. 23.521.

14. *Repertório IOB de Jurisprudência* 23/93, texto 1/6.889.

que uma lei não venha a ser considerada inconstitucional em um caso, e considerada constitucional em outros, sem que exista a possibilidade de superação dessas diferenças de entendimento lesivas ao princípio da isonomia.

Nossa Constituição não alberga norma que atribua às autoridades da Administração competência para decidir sobre a inconstitucionalidade de leis. Assim, já é possível afirmar-se que no desempenho de atividades substancialmente administrativas o exame da inconstitucionalidade é inadmissível. Resta, assim, saber se tal exame é possível nas situações em que a autoridade da Administração desempenha atividade substancialmente jurisdicional, como, por exemplo, quando aprecia uma questão fiscal.

Desde os conselhos de contribuintes do Ministério da Fazenda a tese segundo a qual não lhes competia apreciar a arguição de inconstitucionalidade de lei sempre foi aceita tranquilamente. No âmbito dos Estados essa tese também tem prevalecido, mas existem manifestações discrepantes, daí o interesse em seu exame.

Quando os órgãos do contencioso administrativo fiscal julgam as questões entre o contribuinte e a Fazenda Pública, praticam atividade substancialmente jurisdicional, desempenhada, aliás, em processo de certo modo idêntico ao processo no qual se desenvolve a atividade peculiar, própria do Poder Judiciário. Poder-se-ia, assim, admitir, em tais situações, o exame de arguições de inconstitucionalidade pela autoridade administrativa. A competência da autoridade administrativa resultaria implícita na competência para o desempenho da atividade jurisdicional. Isto, porém, é inteiramente inaceitável, porque enseja situações verdadeiramente absurdas, posto que o controle da atividade administrativa pelo Judiciário não pode ser provocado pela própria Administração.

Se um órgão do contencioso administrativo fiscal pudesse examinar a arguição de inconstitucionalidade de uma lei tributária, disso poderia resultar a prevalência de decisões divergentes sobre um mesmo dispositivo de uma lei, sem qualquer possibilidade de uniformização.

Acolhida a arguição de inconstitucionalidade, a Fazenda não pode ir ao Judiciário contra a decisão de um órgão que integra a própria Administração. O contribuinte, por seu turno, não terá interesse processual, nem de fato, para fazê-lo. A decisão tornar-se-á, assim, definitiva, ainda que o mesmo dispositivo tenha sido, ou venha a ser, considerado constitucional pelo Supremo Tribunal Federal, que é, em nosso ordenamento jurídico, o responsável maior pelo deslinde de todas as questões de constitucionalidade, vale dizer, o "guardião da Constituição".

É certo que também uma decisão de um órgão do Poder Judiciário, dando pela inconstitucionalidade de uma lei, poderá tornar-se definitiva sem que tenha sido a questão nela abordada levada à apreciação do Supremo Tribunal Federal. Isto, porém, pode acontecer eventualmente, como resultado da falta de iniciativa de alguém, que deixou de interpor o recurso cabível, mas não em virtude da ausência de mecanismo do sistema jurídico, para viabilizar aquela apreciação.

Diversamente, uma decisão do contencioso administrativo fiscal, que diga ser inconstitucional uma lei, e por isto deixe de aplicá-la, tornar-se-á definitiva, à míngua de mecanismo no sistema jurídico que permita levá-la ao Supremo Tribunal Federal.

É sabido que o princípio da supremacia constitucional tem por fim garantir a unidade do sistema jurídico. É sabido também que ao Supremo Tribunal Federal cabe a tarefa de garantir essa unidade, mediante o controle da constitucionalidade das leis. Não é razoável, portanto, admitir-se que uma autoridade administrativa possa decidir a respeito dessa constitucionalidade, posto que o sistema jurídico não oferece instrumentos para que essa decisão seja submetida à Corte Maior.

A conclusão mais consentânea com o sistema jurídico brasileiro vigente, portanto, há de ser no sentido de que a autoridade administrativa não pode deixar de aplicar uma lei por considerá-la inconstitucional, ou, mais exatamente, a de que a autoridade administrativa não tem competência para decidir se uma lei é ou não inconstitucional.

Tal conclusão, que aparentemente contraria o princípio da supremacia constitucional, na verdade o realiza melhor do que a solução oposta, na medida em que preserva a unidade do sistema jurídico, que é o objetivo maior daquele princípio.

Poder-se-ia sustentar, *de lege ferenda,* a solução de permitir o ingresso da Administração em Juízo, para suscitar a invalidade de suas próprias decisões. Com isto estaria removido o obstáculo por nós apontado.

Ocorre que a finalidade do contencioso administrativo consiste precisamente em reduzir a presença da Administração Pública em ações judiciais. O contencioso administrativo funciona como um filtro. A Administração não deve ir a juízo quando o seu próprio órgão entende que razão não lhe assiste. A não ser assim, a existência desses órgãos da Administração, com função jurisdicional, resultará inútil.

Não se pode deixar de registrar a existência de alguns julgados do Supremo Tribunal Federal admitindo o descumprimento, pela autoridade administrativa, de lei que esta entende ser inconstitucional. Nem da doutrina que, invocando aquela jurisprudência da Corte Maior, conclui pela validade do descumprimento de lei, por autoridade administrativa que a considera inconstitucional.[15]

É de relevo, todavia, notar-se que a mencionada jurisprudência, como a doutrina nela apoiada, dizem respeito a situações nas quais a autoridade administrativa é o Chefe do Poder Executivo estadual.

É de notar-se, outrossim, que se deu aquela construção jurisprudencial na vigência de constituições anteriores, em face das quais os governadores não estavam legitimados a promover a declaratória de inconstitucionalidade. Hoje ainda é razoável admitir-se que um governador deixe de aplicar uma lei que repute inconstitucional, mas desde que ele próprio tome a iniciativa de submeter a questão ao Supremo Tribunal Federal. Assim, afasta-se a possibilidade de decisões sobre a constitucionalidade de leis fora do controle da Corte Maior.

16.4 O contraditório e a ampla defesa

16.4.1 Os conceitos

Garante a Constituição Federal aos litigantes, em processo judicial ou administrativo, o contraditório e a ampla defesa, com os meios e recursos a ela inerentes.

Os conceitos de contraditório e de ampla defesa são interligados, até porque o contraditório é, de certa forma, um meio, ou um instrumento inerente à ampla defesa.

Por contraditório entende-se a garantia de que nenhuma decisão ocorrerá sem a manifestação dos que são parte no conflito. No processo administrativo fiscal a garantia do contraditório quer dizer que o contribuinte tem direito de manifestar-se sobre toda e qualquer afirmação dos agentes do fisco, antes da decisão. E também que os agentes do fisco devem ser ouvidos sobre a defesa oferecida pelo contribuinte.

Assim, se, em face da impugnação do auto de infração, o agente do Fisco, ao prestar informações, faz qualquer afirmação nova, ou oferece qualquer documento, o contribuinte deve ser ouvido. Nada que seja re-

15. Judicael Sudário de Pinho, em estudo publicado na *Revista da PGE* 10.

levante para a decisão pode ser colocado nos autos do processo por uma das partes, sem que a outra tenha conhecimento, e tenha oportunidade de sobre aquilo se manifestar, antes do julgamento.

A ampla defesa quer dizer que o contribuinte tem direito de manifestar-se sobre qualquer pretensão do Fisco antes da decisão da autoridade administrativa. Se agentes desta entendem devido um tributo, ou uma penalidade, e lavram um auto de infração, tem o contribuinte o direito de defender-se contra a exigência.

A ampla defesa, na qual se inclui o contraditório, diz respeito a qualquer conflito de interesses entre o Fisco e o contribuinte, a ser objeto de uma decisão da autoridade administrativa. Os conflitos de interesse entre o Fisco e o contribuinte devem ser resolvidos, todos eles, em processo regular, por força do inciso LIV, do art. 5º, da Constituição Federal, posto que direta ou indiretamente as pretensões do Fisco, todas elas, dizem respeito ao patrimônio do contribuinte. São pretensões ao pagamento de tributo, ou de penalidades pecuniárias.

16.4.2 A prova

Como instrumento da ampla defesa destaca-se a prova. Em face da garantia constitucional não se pode admitir que a autoridade administrativa indefira a produção de provas, a realização de diligências com esse fim, sob pretexto algum, a não ser que sejam absolutamente desnecessárias, ou revelem puro e simples intuito protelatório.

Quando a prova do fato questionado possa ser feita mediante o exame da escrita contábil de outra empresa, o agente do fisco geralmente alega que não tem o dever de fazer tal exame, e que o ônus da prova é do contribuinte.

Digamos que a empresa extraviou o comprovante de determinada despesa, ou que o comprovante de que dispõe é reputado inidôneo pelo agente fiscal. A prova do pagamento da despesa pode ser feita, em muitos casos, mediante o exame da contabilidade da empresa recebedora. E o contribuinte, embora possa obter daquela um comprovante idôneo do pagamento, tem direito à diligência fiscal para exame da contabilidade da empresa recebedora. Exame que, mais do que qualquer outro meio de prova, deixará o fato a salvo de dúvidas.

Diz a lei que a autoridade julgadora de primeira instância determinará, de ofício ou a requerimento do impugnante, a realização de diligências ou perícias, quando entendê-las necessárias, indeferindo as que considerar prescindíveis ou impraticáveis, devendo, no caso de indeferimento, apreciar este aspecto como preliminar na decisão em que julgar a impugnação.[16]

16.4.3 Diligências prescindíveis ou impraticáveis

Questão das mais relevantes reside em saber o que se deve entender por uma diligência *prescindível,* e por uma diligência *impraticável.*

Será *prescindível* uma diligência requerida pelo contribuinte quando o fato que este deseja comprovar já esteja suficientemente comprovado. Mas, será que se pode ter como *prescindível* uma diligência com a qual o contribuinte pretenda comprovar um fato, porque a autoridade preparadora entende estar suficientemente provado fato com ele incompatível, já demonstrado pelos agentes do Fisco, capaz de justificar uma decisão a este favorável?

Parece que a melhor solução consiste em somente deixar de realizar a diligência, ou oferecer oportunidade à produção da prova, quando o fato alegado pelo contribuinte já se considere provado. Ou, então, nos casos em que o fato, mesmo existente, seja absolutamente irrelevante para o deslinde do caso. Se o fato pode ter algum relevo no julgamento do caso, a prova requerida para demonstrar sua existência deve ser deferida.

Assim não agindo a autoridade, não estará ela assegurando ao contribuinte a ampla defesa garantida pela Constituição, e o processo administrativo poderá ter declarada sua nulidade, quer pela autoridade administrativa superior, quer pelo Judiciário.

Será *impraticável* a realização de uma diligência nos casos em que inexistentes os meios para tanto necessários. Não é impraticável uma diligência apenas porque a autoridade administrativa não disponha de pessoa habilitada para a tarefa, ou porque não disponha de verba para o custeio respectivo. A impraticabilidade não se confunde com a dificuldade de realização.

16.4.4 O ônus da prova

Não se aplica ao lançamento tributário a doutrina segundo a qual os atos administrativos gozam de presunção de validade, cabendo sempre ao particular o ônus da prova dos fatos necessários a infirmá-los. O tributo

16. Decreto 70.235/1972, arts. 18 e 28, com redação que lhes deu a Lei 8.748, de 9.12.1993.

somente é devido se ocorre o fato que, nos termos da lei, cria a obrigação tributária correspondente. Seria, assim, absurdo admitir que o contribuinte tivesse de pagar um tributo apenas porque não teve condições de provar a inocorrência de determinado fato.

O desconhecimento da teoria da prova, ou a ideologia autoritária, tem levado alguns a afirmarem que no processo administrativo fiscal o ônus da prova é do contribuinte. Isto não é, nem poderia ser correto em um Estado de Direito democrático. O ônus da prova no processo administrativo fiscal é regulado pelos princípios fundamentais da teoria da prova, expressos, aliás, pelo Código de Processo Civil, cujas normas são aplicáveis ao processo administrativo fiscal.

No processo administrativo fiscal para apuração e exigência do crédito tributário, ou procedimento administrativo de lançamento tributário, autor é o Fisco. A ele, portanto, incumbe o ônus de provar a ocorrência do fato gerador da obrigação tributária que serve de suporte à exigência do crédito que está a constituir. Na linguagem do Código de Processo Civil, ao autor incumbe o ônus da prova do fato constitutivo de seu direito.[17] Se o contribuinte, ao impugnar a exigência, em vez de negar o fato gerador do tributo, alega ser imune, ou isento, ou haver sido, no todo ou em parte, desconstituída a situação de fato geradora da obrigação tributária, ou, ainda, já haver pago o tributo, é seu o ônus de provar o que alegou. A imunidade, como a isenção, impedem o nascimento da obrigação tributária. São, na linguagem do Código de Processo Civil, fatos impeditivos do direito do Fisco. A desconstituição, parcial ou total, do fato gerador do tributo, é fato modificativo ou extintivo, e o pagamento é fato extintivo do direito do Fisco. Deve ser comprovado, portanto, pelo contribuinte, que assume no processo administrativo de determinação e exigência do tributo posição equivalente a do réu no processo civil.

Se no processo administrativo fiscal são violadas as regras concernentes ao ônus da prova, pode dar-se a nulidade da decisão correspondente, sem questionar-se o mérito desta. É caso de nulidade por vício formal.

16.5 Vício formal

16.5.1 Conceito

Diz-se que há um vício formal no processo de determinação e exigência do crédito quando algum dispositivo legal concernente ao

17. Art. 373 do CPC/2015.

procedimento não for observado. Tal inobservância da lei implica denegação do direito fundamental, constitucionalmente assegurado, que tem o contribuinte, ao devido processo legal, ao contraditório e à ampla defesa.

Diz-se que o vício é *formal* porque sua ocorrência independe da questão substancial de saber se a obrigação tributária correspondente efetivamente existe, e de seu dimensionamento econômico.

16.5.2 Consequência. Novo lançamento

Da ocorrência de vício formal no procedimento, decorre a nulidade deste.

Anulado o lançamento, pode a Administração Tributária iniciar um novo procedimento, visando a constituir o crédito tributário. E pode fazê-lo no prazo de cinco anos, contado

> da data em que se tornar definitiva a decisão que houver anulado, por vício formal, o lançamento anteriormente efetuado.[18]

16.6 Impetração de mandado de segurança

É cabível a impetração de mandado de segurança para o anulamento da decisão administrativa, por vício formal. Como qualquer ato administrativo está sujeito ao controle judicial de legalidade, esse controle de legalidade pode ocorrer pela via do mandado de segurança, bastando para tanto que não se faça necessário o deslinde de questão de fato. Ou, mais exatamente, desde que as provas a serem oferecidas pelo contribuinte sejam pré-constituídas.

Importante é a distinção, que se há de fazer, entre a impetração de mandado de segurança para impugnar a exigência do tributo, em que o impetrante coloca em juízo a questão de direito material, de saber se o tributo é devido, ou não, e a impetração em que é posta em juízo apenas a questão de saber se ocorreu, ou não, no curso do processo administrativo fiscal de lançamento, alguma ilegalidade. No primeiro caso discute-se em juízo o mérito da exigência tributária, enquanto no segundo o que se questiona é apenas a forma pela qual aquela exigência está sendo feita.

Em qualquer caso a impetração do mandado de segurança pode dar-se antes ou depois de definitivamente encerrado o procedimento

18. Código Tributário Nacional, art. 173, inciso II.

administrativo. Mesmo assim, aquela distinção é importante porque se ocorrer, antes de encerrado o procedimento administrativo, a impetração em que se questiona o mérito da exigência tributária, entende-se que o impetrante renunciou ao direito de recorrer na via administrativa, ou desistiu do recurso acaso interposto.[19] Já, em se tratando de impetração em que se discute pura e simplesmente a ocorrência de vício formal, não se pode entender tenha ocorrido renúncia ao direito de recorrer, nem desistência de recurso acaso interposto.

Assim é porque, na impetração em que se questiona apenas um vício formal, o direito que o impetrante pretende ver amparado é exatamente o de ter, na via administrativa, uma decisão que tenha arrimo em um procedimento administrativo regular. Não se questiona se o tributo é devido, ou não, mas, sim, o direito de ter essa questão resolvida pela autoridade da Administração Tributária, com observância do devido processo legal administrativo.

16.7 Utilidade da decisão administrativa

Pode parecer estranho que o contribuinte, dispondo da via judicial para a defesa de suas pretensões concernentes à tributação, vá a juízo para defender o seu direito a uma decisão administrativa sobre as mesmas. Quem militou na defesa de contribuintes na via administrativa, porém, sabe que muitas vezes o exame dos fatos, no processo administrativo fiscal, se faz com mais conhecimento de causa. E muitas questões de direito ordinário são também melhor apreciadas. A legislação específica de cada tributo é muito melhormente conhecida das autoridades administrativas julgadoras do que da maioria dos juízes.

Quando o deslinde do caso depende da aplicação de princípios jurídicos, depende de uma visão mais geral e sistêmica do Direito, evidentemente o juiz será melhor julgador do que a autoridade administrativa. Mas quando o adequado deslinde do caso depende apenas do conhecimento específico de certas normas da legislação tributária, ou do conhecimento do que rotineiramente ocorre na atividade empresarial, seguramente o contrário acontece.

Casos, aliás, já ocorreram, nos quais o contribuinte, autuado, foi a juízo e, a final, perdeu a causa, enquanto outros, em situações exatamente

19. Lei 6.830, de 22.9.1980, art. 38, parágrafo único.

iguais, tiveram seus direitos assegurados no julgamento das respectivas ações fiscais na via administrativa.[20]

Importante é observar que decidindo em última instância a autoridade administrativa contra o contribuinte, tem este a seu dispor a via judicial.

> Não tem sido, entretanto, facultado à Fazenda Pública ingressar em Juízo pleiteando a revisão das decisões dos Conselhos que são finais quando lhes sejam desfavoráveis.[21]

Seja como for, a decisão administrativa é mais uma possibilidade que o sistema jurídico oferece ao contribuinte, para uma adequada solução de seus conflitos com o Fisco, e constitui um direito seu, amparável pela via do mandado de segurança.

20. Exemplo disto se deu no caso de exigência de imposto de renda de pessoas jurídicas que alienaram imóvel do ativo permanente mediante incorporação destes ao capital de outras pessoas jurídicas. Enquanto o Judiciário entendeu que a isenção instituída pelo Decreto-lei 1.260 somente era aplicável aos casos de venda, a autoridade administrativa, até pela via de parecer normativo, admitiu que o conceito de alienação, do referido Decreto-lei, incluía, como efetivamente inclui, o ato de incorporar o bem ao capital de outra empresa.

21. Dejalma de Campos, *Direito Processual Tributário*, São Paulo, Atlas, 1993, p. 60.

17.

O MANDADO DE SEGURANÇA COLETIVO

17.1 Garantia constitucional. 17.2 O impetrante e os direitos protegidos. 17.3 Particularidade referente à medida liminar. 17.4 Litispendência e coisa julgada.

17.1 Garantia constitucional

O mandado de segurança constitui um valioso instrumento para o exercício do direito à jurisdição, que é indiscutivelmente uma garantia fundamental, seguramente a mais importante em qualquer sistema jurídico, posto que sem ela nenhum outro direito será efetivo. E se destina a proteger tanto os direitos individuais, como os coletivos.

Por isto mesmo o mandado de segurança coletivo está previsto pela Constituição Federal entre as garantias fundamentais, estabelecendo, em seu art. 5º, inciso LXX, que este pode ser impetrado por partido político com representação no Congresso Nacional e por organização sindical, entidade de classe ou associação legalmente constituída e em funcionamento há pelo menos um ano, em defesa dos interesses de seus membros ou associados.[1]

17.2 O impetrante e os direitos protegidos

Em matéria tributária o mandado de segurança coletivo pode ser impetrado por entidade de classe ou associação legalmente constituída e em funcionamento há pelo menos um ano, em defesa de direitos líquidos e certos da totalidade, ou de parte, dos seus membros ou associados, na

1. CF, art. 5º, inciso LXX.

forma dos seus estatutos e desde que pertinentes às suas finalidades, dispensado, para tanto, autorização especial.[2]

Os direitos protegidos pelo mandado de segurança coletivo podem ser:

> I – coletivos, assim entendidos, para esse fim, os transindividuais, de natureza indivisível, de que seja titular grupo ou categoria de pessoas ligadas entre si ou com a parte contrária por uma relação jurídica básica.
>
> II – individuais homogêneos, assim entendidos, para esse fim, os decorrentes de origem comum e da atividade ou situação específica da totalidade ou de parte dos associados ou membros da entidade impetrante.[3]

Na relação de tributação podem existir direitos transindividuais de natureza indivisível, como é o caso do direito de não se submeter a um tributo que não tenha sido instituído ou aumentado por lei, nos termos da Constituição Federal. O mandado de segurança coletivo será, então, um instrumento adequado para a proteção desse direito. Entretanto, talvez a impetração do mandado de segurança coletivo venha a ser mais frequente para a defesa dos direitos individuais homogêneos, pois na relação de tributação quase todos os direitos dos contribuintes podem ser catalogados nessa categoria.

Realmente, direitos individuais homogêneos são direitos individuais porque situados em relações jurídicas com titularidade individualizada em sujeitos determinados, que são homogêneos porque decorrem da mesma lei e de fatos iguais, isto é, fatos que cabem mo mesmo modelo. Assim, por exemplo, se a Administração Tributária pretende cobrar imposto de renda sobre determinados rendimentos, adotando para esse fim uma interpretação restritiva de determinados conceitos utilizados na definição de uma hipótese de isenção tributária, os direitos das diversas pessoas atingidas pela cobrança são direitos individuais homogêneos. São individuais porque seus titulares estão perfeitamente identificados nas relações jurídicas que envolvem prestações com valores determinados para cada sujeito passivo, e são homogêneos porque são originados das mesmas normas jurídicas, que são pertinentes aos mesmos fatos, ou fatos do mesmo modelo.

2. Lei 12.016/2009, art. 21.
3. Lei 12.016/2009, art. 21, parágrafo único.

Em síntese, se a disputa entre o Fisco e os contribuintes decorre da interpretação do mesmo dispositivo legal, cuja incidência, ou não incidência, sobre fatos iguais ou do mesmo modelo gera a divergência, os direitos dos contribuintes, se existirem, são direitos individuais homogêneos. Nas palavras da lei, são direitos "decorrentes de origem comum e da atividade ou situação específica da totalidade ou de parte dos associados ou membros da entidade impetrante".[4]

E assim podem ser protegidos através do mandado de segurança coletivo, impetrado por uma entidade de classe ou associação à qual estes pertençam.

17.3 Particularidade referente à medida liminar

Diversamente do que ocorre no mandado de segurança impetrado para defesa de direito individual,

> no mandado de segurança coletivo a liminar só poderá ser concedida após a audiência do representante judicial da pessoa jurídica de direito público, que deverá se pronunciar no prazo de 72 (setenta e duas) horas.[5]

Embora existam bons argumentos em sentido contrário, é razoável sustentar-se que não são aplicáveis ao mandado de segurança coletivo as restrições que a lei estabelece à concessão de medida liminar e à execução provisória da sentença, porque as restrições legais não comportam ampliações, devendo ser interpretadas restritivamente.

17.4 litispendência e coisa julgada

O mandado de segurança coletivo não induz litispendência para as ações individuais. Assim, os membros de uma entidade ou associação impetrante de mandado de segurança coletivo poderão impetrar mandado de segurança individualmente. Ou promover ação ordinária para questionar o mesmo direito pleiteado no mandado de segurança coletivo. Entretanto, os efeitos da coisa julgada que venha a ocorrer no mandado de segurança coletivo não beneficiarão o impetrante individual se este não requerer a desistência do seu mandado de segurança individual no prazo

4. Lei 12.016/2009, art. 21, parágrafo único, II.
5. Lei 12.016/2009, art. 22, § 2º.

de 30 dias a contar da ciência comprovada da impetração coletiva. Esse prazo, a nosso ver, deveria ser contado da ciência da sentença proferida no mandado de segurança coletivo e não de sua impetração, como está na lei. Contado da impetração, como está na lei, praticamente elimina a liberdade dos membros da entidade ou associação impetrante de buscarem proteção também pela via individual. Restam eles obrigados a optar por uma ou pela outra via.

No mandado de segurança coletivo a sentença fará coisa julgada limitadamente aos membros do grupo ou categoria substituída. Entre estes, todavia, não se incluem aqueles que tiverem optado pela impetração individual. Isto quer dizer que embora tenha sido denegado o mandado de segurança coletivo, um membro da entidade ou associação que houver impetrado mandado de segurança individual poderá vir a ser favorecido no procedimento individual.

BIBLIOGRAFIA

AMARO, Luciano da Silva. "Do processo de consulta". *Novo processo tributário*. São Paulo, Resenha Tributária, 1975.

ANDE, Joaquín Blanco. *Teoría del Poder*. Madrid, Pirámide, 1977.

ANDRADE, Manuel A. Domingos de. *Ensaio sobre a teoria da interpretação das leis*. Coimbra. Arménio Amado, 1978.

ARAÚJO, Fabio Caldas de. *Curso de Processo Civil*, vol. I. São Paulo, Malheiros Editores, 2016.

ARRUDA ALVIM, José Manoel de, e ARRUDA ALVIM, Teresa. *Manual de Direito Processual Civil*, vol. 2. 4ª ed. São Paulo, Ed. RT, 1994.

ARRUDA ALVIM, Teresa. *Agravo de Instrumento*. São Paulo, Ed. RT, 1992.

________. *Mandado de segurança contra ato judicial*. São Paulo, Ed. RT, 1989.

________. *Agravo de Instrumento*. São Paulo, Ed. RT, 1992.

________. *Mandado de Segurança Contra Ato Judicial*. São Paulo, Ed. RT, 1989.

BALEEIRO, Aliomar. *Uma Introdução à Ciência das Finanças*. 13ª ed. Rio de Janeiro, Forense, 1981.

________. *Direito Tributario Brasileiro*. 10ª ed. Rio de Janeiro, Forense, 1981.

BARBI, Celso Agrícola. *Do mandado de segurança*. 6ª ed. Rio de Janeiro, Forense, 1993.

________. "O recurso ordinário em mandado de segurança no Superior Tribunal de Justiça". In TEIXEIRA, Sálvio de Figueiredo (Coord.). *Recursos no Superior Tribunal de Justiça*. São Paulo, Saraiva, 1991.

BARBOSA MOREIRA, José Carlos. "Os limites objetivos da coisa julgada no sistema do novo Código de Processo Civil". *Revista Forense* 246.

________. *O Novo Processo Civil Brasileiro*. 10ª ed. Rio de Janeiro, Forense, 1990.

BARROSO, Luiz Roberto. *O Direito Constitucional e a efetividade de suas normas*. 2ª ed. Rio de Janeiro, Renovar, 1993.

BASTOS, Celso Ribeiro. *Comentários à Constituição do Brasil*, vol. I. São Paulo, Saraiva, 1988.

________. *Do mandado de segurança*. São Paulo, Saraiva, 1978.

________. *Reflexões, estudos e pareceres de Direito Público*. Rio de Janeiro, Forense, 1984.

BERENGUEL, Luís Hernández. "El poder tributario y la nueva Constitución". *Revista del Instituto Peruano de Derecho Tributario* 24, junho/1993.

BONAVIDES, Paulo. *Curso de Direito Constitucional*. 31ª ed. São Paulo, Malheiros Editores, 2016.

________. *Teoria Geral do Estado*. 10ª ed. São Paulo, Malheiros Editores, 2015.

________. *Teoria do Estado*. 2ª ed. Rio de Janeiro, Forense, 1980.

BUZAID, Alfredo. *A Ação Declaratória no Direito Brasileiro*. 2ª ed. São Paulo, Saraiva, 1986.

________. *Do mandado de Segurança*, vol. I. São Paulo, Saraiva, 1989.

CAMPOS, Antonio Vianei. "Suspensão de liminares". *Diário do Nordeste*. Fortaleza, 1995.

CAMPOS, Dejalma de. *Direito Processual Tributário*. São Paulo, Atlas, 1993.

CARNEIRO, Athos Gusmão. "Liminar na segurança individual e coletiva". *Revista da AJUFE* 32, 1992.

________. "O mandado de segurança coletivo e suas características básicas". *Revista Forense* 316. Rio de Janeiro, Forense.

________. *Intervenção de Terceiros*. 6ª ed. São Paulo, Saraiva, 1994.

CARNELUTTI, Francesco. *La Prova Civile*. Milano, Giuffrè, 1992.

CARVALHO, Paulo de Barros. *Curso de Direito Tributário*. São Paulo, Saraiva, 1985.

CAVALCANTE FILHO, Theophilo. *O Problema da Segurança no Direito*. São Paulo, Ed. RT, 1964.

CHIOVENDA. *Instituições de Direito Processual Civil,* vol. I. Tradução de J. Guimarães Menegale. São Paulo, Saraiva, 1965.

CRETELLA JÚNIOR, José. *Comentários à Lei do Mandado de Segurança*. Rio de Janeiro, Forense, 1989.

________. *Comentários às Leis do Mandado de Segurança*. São Paulo, Saraiva, 1979.

DAHRENDORF, Ralf. *Ley y orden*. Tradução de Luis María Díez-Picazo. Madri, Civitas, 1994.

DANTAS, Francisco Wildo Lacerda. "A questão da decadência do mandado de segurança". *Revista dos Tribunais* 703. São Paulo, Ed. RT.

DINAMARCO, Cândido Rangel. "Suspensão do mandado de segurança pelo presidente do tribunal". *Revista Forense* 363/25, setembro/outubro/2002.

________, e LOPES, Bruno Vasconcelos Carrilho. *Teoria geral do novo Processo Civil*. São Paulo, Malheiros Editores, 2016.

DOBROWOLSKI, Silvio. “Efeitos patrimoniais da sentença em mandado de segurança”. *Revista da Faculdade de Direito da Universidade Federal do Ceará*, jul./dez. 1982.

FADEL, Sérgio Sahione. *Teoria e Prática do Mandado de Segurança*. 2ª ed. Rio de Janeiro, José Konfino, 1976.

FERRAZ, Sérgio. “Aspectos processuais do mandado de segurança”. *Curso de Mandado de Segurança* (diversos autores). São Paulo, Ed. RT, 1986.

________. *Mandado de Segurança (Individual e Coletivo – Aspectos Polêmicos)*. 3ª ed. São Paulo, Malheiros Editores, 1996.

FERRAZ JR., Tercio Sampaio. *Interpretação e Estudos da Constituição de 1988*. São Paulo, Atlas, 1990.

FERREIRA, Pinto. *Teoria e Prática do Mandado de Segurança*. 2ª ed. São Paulo, Saraiva, 1985.

FIGUEIREDO, Lucia Valle. *A Autoridade Coatora e o Sujeito Passivo do Mandado de Segurança*. São Paulo, Ed. RT, 1991.

________. *Curso de Direito Administrativo*. 9ª ed. São Paulo, Malheiros Editores, 2008.

________. “A liminar no mandado de segurança”. In BANDEIRA DE MELLO, Celso Antônio (Coord.). *Curso de Mandado de Segurança*. São Paulo, Ed. RT, 1986.

________. *Mandado de Segurança*. São Paulo, Malheiros Editores, 1996.

FLAKS, Milton. *Mandado de Segurança – Pressupostos da impetração*. Rio de Janeiro, Forense, 1980.

FRANCO João Melo, e MARTINS, Herlander Antunes. *Dicionário de Conceitos e Princípios Jurídicos*. 2ª ed. Coimbra, Almedina, 1988.

GRECO, Leonardo. “Novas Súmulas do STF e alguns reflexos sobre o Mandado de Segurança”. *Revista Dialética de Direito Processual* 10, São Paulo, Dialética, janeiro/2004.

GRECO FILHO, Vicente. *Direito Processual Civil Brasileiro*, vol. 2º, 6ª ed. São Paulo, Saraiva, 1993,

________. *Direito Processual Civil Brasileiro*, vol. 1. 8ª ed. São Paulo, Saraiva, 1993.

________. *Tutela Constitucional das Liberdades*. São Paulo, Saraiva, 1989.

GUIMARÃES, José Lázaro Alfredo. *As Ações Coletivas e as Liminares Contra Atos do Poder Público*. 2ª ed. Brasília, Brasília Jurídica, 1993.

GUIMARÃES, Deocleciano Torrieri. *Dicionário Técnico Jurídico*. São Paulo, Rideel, 1995.

KELSEN, Hans. *Teoria Pura do Direito*. 3ª ed. Tradução de João Baptista Machado. Coimbra, Arménio Amado, 1974.

LARENZ, Karl. *Metodologia da Ciência do Direito*. Tradução de José de Sousa e Brito e José Antônio Veloso. Lisboa, Calouste Gulbenkian, 1969.

LEAL, Antônio Luís da Câmara. *Da Prescrição e da Decadência*. 3ª ed. Rio de Janeiro, Forense, 1978.

LEIBNIZ, G. W. *Los Elementos del Derecho Natural*, trad. de Tomás Guillen Vera. Madri, Tecnos, 1991.

LOPES, Bruno Vasconcelos Carrilho, e DINAMARCO, Cândido Rangel. *Teoria geral do novo Processo Civil*. São Paulo, Malheiros Editores, 2016.

LUNARDELI, Pedro Guilherme Accorsi. "Dos efeitos da cassação da liminar". *Repertório IOB de Jurisprudência* 23/92.

MACHADO, Agapito. "Liminar cassada pelo tribunal". *Diário do Nordeste*. Fortaleza, 1995.

MACHADO, Hugo de Brito. *Curso de Direito Tributário*. 37ª ed. São Paulo, Malheiros Editores, 2016.

________. "Aspectos da Coisa Julgada em Questões Tributárias". *Revista de Informação Legislativa do Senado Federal* 111, ano 28. jul./set. 1991.

________. *O Conceito de Tributo no Direito Brasileiro*. Rio de Janeiro, Forense, 1987.

________. "Descumprimento de decisão judicial e responsabilidade pessoal do agente público". *RDDT* 86/50-59. São Paulo, Dialética, novembro/2002.

________.*Uma Introdução ao Estudo do Direito*. São Paulo. Dialética, 2000.

________. "Aspectos da coisa julgada em matéria tributária". In *Coisa julgada, constitucionalidade e legalidade em matéria tributária*. São Paulo/Fortaleza, Dialética/ICET, 2006.

________. "Morosidade, formalismo e ineficácia das decisões judiciais". *Revista de Informação Legislativa*, Senado Federal, vol. 30, n. 120, pp. 119-123, out./dez. 1993.

________. "Apropriação indébita e dívida de tributo". *Repertório IOB de Jurisprudência* 12/94, texto 3/9764.

________ (Coord.). *Repetição do indébito e compensação no Direito Tributário*. São Paulo/Fortaleza, Dialética/ICET, 1999.

MACHADO SEGUNDO, Hugo de Brito. *Processo Tributário*. São Paulo, Atlas, 2004.

________, e MACHADO, Raquel Cavalcante Ramos. "O formalismo e a instrumentalidade do processo – Questões relativas à instrução do agravo de instrumento". *RDDP* 2. São Paulo, Dialética, maio/2003.

MACIEL, Adhemar Ferreira. "Observações sobre a liminar no mandado de segurança". In TEIXEIRA, Sálvio de Figueiredo (Coord.). *Mandados de Segurança e de Injunção*. São Paulo, Saraiva, 1990.

MARINHO, Josaphat. *Estudos Constitucionais*. Centro de Estudos Baianos da UFBA, 1989.

MARQUES, José Frederico. *Manual de Direito Processual Civil*, vol. 1. São Paulo, Saraiva, 1974.

MARTINS, Herlander Antunes, e FRANCO João Melo. *Dicionário de Conceitos e Princípios Jurídicos*. 2ª ed. Coimbra, Almedina, 1988.

MARTINS, Ives Gandra da Silva. "Repetição do indébito". In MACHADO, Hugo de Brito (Coord.), *Repetição do indébito e compensação no Direito Tributário*. São Paulo/Fortaleza, Dialética/ICET, 1999.

MAZLOUM, Ali. "O Prazo para impetração do mandado de segurança". *Revista Jurídica* 186. Porto Alegre, Síntese, abril/1993.

MAZZILI, Hugo Nigro. *O Ministério Público na Constituição de 1988*. São Paulo, Saraiva, 1989.

MEIRELLES, Hely Lopes, WALD, Arnoldo, e MENDES, Gilmar Ferreira. *Mandado de Segurança e Ações Constitucionais*. 36ª ed. São Paulo, Malheiros Editores, 2014.

MELLO, Marco Aurélio. "Consequência da greve nas universidades". *Gazeta Mercantil*, 6.11.2001, Legislação e Tributos, p. 4.

MELLO FILHO, José Celso de. *Constituição Federal Anotada*. São Paulo, Saraiva, 1984.

MENDES, Gilmar Ferreira, MEIRELLES, Hely Lopes, e WALD, Arnoldo. *Mandado de Segurança e Ações Constitucionais*. 36ª ed. São Paulo, Malheiros Editores, 2014.

MORAES, Alexandre de. *Constituição do Brasil Interpretada*, São Paulo, Atlas, 2002.

MORAES, Bernardo Ribeiro de. *Compêndio de Direito Tributário*. Rio de Janeiro, Forense, 1984.

MORAES, Oswaldo de. *Dicionário de Direito Tributário Brasileiro*. São Paulo, Saraiva, 1973.

MOTTA MAIA, José, e TENÓRIO Igor. *Dicionário de Direito Tributário*. 2ª ed. Rio de Janeiro, Forense, 1996.

NEGRÃO, Theotonio. *Código de Processo Civil e Legislação Processual em Vigor*. 24ª ed. São Paulo, Malheiros Editores, 1993; 35ª ed., São Paulo, Saraiva.

NEVES E CASTRO, Francisco Augusto das. *Theoria das Provas*. Rio de Janeiro, Jacinto Ribeiro dos Santos Editor, 1917.

NOBRE JÚNIOR, Edilson Pereira. "Algumas considerações sobre a medida liminar em mandado de segurança". *Revista Jurídica da Procuradoria-Geral da Fazenda Estadual* (Estado de Minas Gerais) 7, 1992.

NUNES, Castro. *Do Mandado de Segurança*. 7ª ed. atualizada por José Aguiar Dias. Rio de Janeiro, Forense, 1967.

________. *Do Mandado de Segurança*. 9ª ed. Rio de Janeiro, Forense, 1988.

NUNES, Pedro. *Dicionário de Tecnologia Jurídica*, vols. I e II. 8ª ed. São Paulo\ Rio de Janeiro, Freitas Bastos, 1974.

OLIVEIRA, Eduardo Ribeiro de. "Recursos em mandado de segurança". In TEIXEIRA, Sálvio de Figueiredo (Coord.). *Mandados de Segurança e de Injunção*. Saraiva, São Paulo, 1990.

PACHECO, José da Silva. *O Mandado de Segurança e Outras Ações Constitucionais Típicas*. 2ª ed. São Paulo, Ed. RT, 1990.

PAULSEN, Leandro "Empréstimo compulsório no pacote fiscal". *Repertório IOB Jurisprudência*, 23/98, 1ª quinzena dez./98/609.

PINHO, Judicael Sudário de. *Revista da PGE* 10.

PINTO FERREIRA. *Teoria e prática do mandado de segurança*. 2ª ed. São Paulo, Saraiva, 1985.

PONTES DE MIRANDA. *Comentários à Constituição de 1967*, t. V. São Paulo, Ed. RT, 1968.

________. *Comentários ao Código de Processo Civil*, vol. IV. Rio de Janeiro, Forense, 1976; vol. V. Rio de Janeiro, Forense, 1974.

PRATA, Ana. *Dicionário Jurídico*. 3ª ed. Coimbra, Almedina, 1990.

RADBRUCH, Gustav. *Filosofia do Direito*. 5ª ed. Tradução de L. Cabral de Moncada, Coimbra, Arménio Amado, 1974.

REALE, Miguel. *Revogação e Anulamento do Ato Administrativo*. Rio de Janeiro, Forense, 1968.

REGO, Hermenegildo de Souza. "Os motivos da sentença e a coisa julgada". *Revista de Processo* 35.

RIBEIRO, Eduardo. "Recurso Especial – Algumas questões de admissibilidade". In TEIXEIRA, Sálvio de Figueiredo (Coord.). *Recursos no Superior Tribunal de Justiça*. São Paulo, Saraiva, 1991.

ROCHA, José Albuquerque. *Teoria Geral do Processo*. São Paulo, Saraiva, 1986; 2ª ed. São Paulo, Saraiva, 1991.

ROCHA, Valdir de Oliveira. *O Novo Processo Administrativo Tributário*. São Paulo, IOB, 1993.

ROLIM, João Dácio. "Medida liminar em mandado de segurança e acréscimos moratórios no recolhimento de tributos". *Repertório IOB de Jurisprudência* 6/93.

ROSAS, Roberto. *Direito Sumular*. 14ª ed. São Paulo, Malheiros Editores, 2012.

SAAD, Eduardo Gabriel. *Comentários ao Código do Consumidor – Lei n. 8.079 de 11.9.90*. São Paulo, LTr, 1991.

SANTOS, Ernane Fidélis dos. *Manual de Direito Processual Civil*, vol. 3, 3ª ed. São Paulo, Saraiva, 1994.

SANTOS, Moacir Amaral. *Primeiras Linhas de Direito Processual Civil*, vols. 2 e 3, 13ª ed. São Paulo, Saraiva, 1990.

________. *Comentários ao Código de Processo Civil*, vol. IV. 4ª ed.. Rio de Janeiro, Forense, 1986.

SCHAPP, Jan. *Problemas Fundamentais da Metodologia Jurídica*. Tradução de Ernildo Stein. Porto Alegre, Sérgio Antonio Fabris, 1985.

SCHMIDT JÚNIOR, Roberto Eurico. *Mandado de Segurança*. Curitiba, Juruá, 1993.

SEABRA FAGUNDES, Miguel. *O Controle dos Atos Administrativos pelo Poder Judiciário*. 4ª ed. Rio de Janeiro, Forense, 1967.

SILVA, De Plácido e. *Vocabulário Jurídico*, vol. III. Rio de Janeiro, Forense, 1991.

SILVA, José Afonso da. *Curso de Direito Constitucional Positivo*. 39ª ed. São Paulo, Malheiros Editores, 2016.

SIQUEIRA FILHO, Élio Wanderley de. "Da ultratividade da suspensão de liminar em *writ*". *Revista Forense* 321.

TEIXEIRA, J. H. Meireles. *Curso de Direito Constitucional*. Rio de Janeiro, Forense Universitária, 1991.

TEIXEIRA, Sálvio de Figueiredo. *Código de Processo Civil Anotado*. 4ª ed. São Paulo, Saraiva, 1992.

________. (Coord.). *Mandados de Segurança e de Injunção*. São Paulo, Saraiva, 1990.

________. (Coord.). *Recursos no Superior Tribunal de Justiça*. São Paulo, Saraiva, 1991.

TENÓRIO Igor, e MOTTA MAIA. José *Dicionário de Direito Tributário*, 2ª ed. Rio de Janeiro, Forense, 1996.

THEODORO JÚNIOR, Humberto. *Curso de Direito Processual Civil*, vol. 1, 7ª ed. Rio de Janeiro, Forense, 1991.

________. *Recursos*. Rio de Janeiro, AIDE, 1991.

________. "Tutela cautelar e antecipatória em matéria tributária". *Revista Jurídica* 245. Porto Alegre, Síntese.

________. "O Mandado de Segurança preventivo e a lei em tese". In TEIXEIRA, Sálvio de Figueiredo (Coord.). *Mandado de Segurança e de Injunção*. São Paulo, Saraiva, 1990.

VASCONCELOS, Antônio Vital Ramos de. "Aspectos controvertidos da suspensão da segurança". *Repertório IOB de Jurisprudência* 16/93.

VASCONCELOS, Arnaldo. *Teoria da Norma Jurídica*. Rio de Janeiro, Forense, 1976; 6ª ed. São Paulo, Malheiros Editores, 2006.

VELLOSO, Carlos Mário da Silva. *Temas de Direito Público*. Belo Horizonte, Del Rey, 1994.

WALD, Arnoldo, MEIRELLES, Hely Lopes, e MENDES, Gilmar Ferreira. *Mandado de Segurança e Ações Constitucionais*. 36ª ed. São Paulo, Malheiros Editores, 2014.

XAVIER, Alberto. *Os Princípios da Legalidade e da Tipicidade da Tributação*. São Paulo, Ed. RT, 1978.

ÍNDICE ALFABÉTICO DE ASSUNTOS

(Os números remetem aos capítulos, itens e subitens)

* * *

00765

GRÁFICA PAYM
Tel. [11] 4392-3344
paym@graficapaym.com.br